Wolfgang Linke · Frühestes Bauerntum und geographische Umwelt

BOCHUMER GEOGRAPHISCHE ARBEITEN

Herausgegeben vom Geographischen Institut der Ruhr-Universität Bochum
durch Dietrich Hafemann · Karlheinz Hottes · Herbert Liedtke · Peter Schöller
Schriftleitung: Alois Mayr

Heft 28

Frühestes Bauerntum und geographische Umwelt

Eine historisch-geographische Untersuchung
des Früh- und Mittelneolithikums
westfälischer und nordhessischer Bördenlandschaften

Wolfgang Linke

FERDINAND SCHÖNINGH · PADERBORN · 1976

Die vorliegende Arbeit wurde von der Fakultät der Abteilung für Geowissenschaften
an der Ruhr-Universität Bochum 1976 als Dissertation angenommen.

Alle Rechte, auch das der auszugsweisen und photomechanischen Wiedergabe, vorbehalten.
©1976 by Ferdinand Schöningh, Paderborn. ISBN 3-506-71208-X

Gesamtherstellung: Druckhaus Schürmann u. Klagges, 463 Bochum, Hans-Böckler-Straße 12-16

Einbandgestaltung: D. Rühlemann

VORWORT

Die vorliegende Untersuchung entstand auf Anregung meiner verehrten Lehrer Herrn Prof. Dr. Dietrich Hafemann, Geographisches Institut der Ruhr-Universität Bochum, und Herrn Prof. Dr. Gerhard Mildenberger, Institut für Ur- und Frühgeschichte der Ruhr-Universität Bochum. Ihnen gilt mein Dank für die stete Bereitschaft zur Beratung und Anleitung. Herrn Prof. Hafemann habe ich ferner für den Freiraum zu danken, der mir an seinem Lehrstuhl für die Anfertigung dieser Arbeit gelassen wurde.

Die ersten Ergebnisse dieser Untersuchung konnten bereits im Jahre 1973 in einer Staatsexamensarbeit mit dem Titel "Die neolithische Besiedlung im Fritzlarer Becken" vorgelegt werden. Da die Ergebnisse zu einer Vertiefung und zu einer regionalen Erweiterung ermutigten, wurde mit der vorliegenden Untersuchung die gesamte westfälische-nordhessische Bördenzone erfaßt. An dieser Stelle ist Herrn Dr. Ingo Gabriel, Schleswig, zu danken, der bereitwillig seine archäologische Fundaufnahme für das Vorhaben dieser Arbeit zur Verfügung stellte. Meinen Dank möchte ich auch den Mitarbeitern des Heimatmuseums Fritzlar aussprechen, die meine im Jahre 1972 durchgeführte Fundaufnahme durch ihre ständige Hilfsbereitschaft erst ermöglicht haben. Zu danken habe ich ferner den Amtstellenleitern der aufgesuchten Katasterämter für die Bereitschaft, mir die Aufarbeitung der Materialien zur Reichsbodenschätzung zu gestatten und mich bei diesem Vorhaben zu unterstützen.

Den Mitarbeitern am Geographischen Institut, die bei der Fertigstellung dieser Arbeit mitgewirkt haben, danke ich für ihre Hilfe. Insbesondere habe ich Herrn Rühlemann für die kartographische Beratung und für die Überarbeitung des Kartenteils und Frl. Brünninghaus für die Übernahme der fototechnischen Arbeiten zu danken. Meinen Kollegen am Geographischen Institut danke ich für die ausgedehnten Diskussionen, durch die ich zahlreiche Anregungen erhielt. Herrn Dr. Jürgen Dodt, Akademischer Oberrat am Geographischen Institut, danke ich für die Übersetzung des Summary.

Den Herausgebern der BOCHUMER GEOGRAPHISCHEN ARBEITEN habe ich für die Aufnahme meiner Arbeit in ihre Schriftenreihe und dem Geographischen Institut und der Gesellschaft für Geographie und Geologie Bochum für die hohen Druckkostenzuschüsse zu danken. Ganz besonders habe ich aber dem Landschaftsverband Westfalen-Lippe für einen erheblichen Druckkostenzuschuß zu danken.

Bochum, im November 1976   Wolfgang Linke

INHALTSVERZEICHNIS

	Seite
1. Der Umweltbezug früher bäuerlicher Kulturen als Untersuchungsobjekt	1
1.1 Die Fragestellung in forschungsgeschichtlicher Sicht	1
1.2 Das Früh- und Mittelneolithikum in Mitteleuropa	1
1.3 Die Fragestellung aus geographischer Sicht	4
2. Die Auswahl der Untersuchungsgebiete	6
3. Die Untersuchungsmethoden und die Darstellung der Ergebnisse	7
3.1 Die Aufnahme der Fundplätze und die Bestimmung der Siedlungsindikatoren	7
3.2 Die Methoden der geographischen Untersuchung und die Darstellung der Ergebnisse	9
3.2.1 Abgrenzung und Definition der Untersuchungseinheiten	9
3.2.2 Die geographische Untersuchung der Siedlungsumfelder und ihre kartographische Darstellung	9
3.2.3 Die Darstellung der Untersuchungsergebnisse	12
4. Die Bewertungsmöglichkeiten der Faktoren Boden, Relief und Gewässernetz	13
4.1 Die Bodenerosion als gestaltender Vorgang	13
4.1.1 Die Wirkung natürlicher und anthropogener Faktoren auf die Abspülungsprozesse	14
4.1.1.1 Der Einfluß von Hangneigung, Hanglänge, Lage am Hang und Hangform	14
4.1.1.2 Der Einfluß des Bodens auf den Intensitätsgrad der Abtragung	15
4.1.1.3 Die Auswirkung der anthropogenen Eingriffe auf die Bodenerosion	16
4.1.2 Die Auswirkungen der Bodenerosion	17
4.1.3 Die Möglichkeiten der Feststellung erodierter Böden anhand der Umfeldkarten	18
4.2 Die Bewertungsmöglichkeit des Faktors Boden	19
4.3 Die Bewertungsmöglichkeiten von Relief und Gewässernetz	19
5. Der Einfluss physisch-geographischer Raumfaktoren auf die Früh- und Mittelneolitische Besiedlung	20
5.1 Zur Nomenklatur der Besiedlungseinheiten	20
5.2 Das Besiedlungsgebiet in der Hellwegzone	21
5.2.1 Der Siedlungsraum in den Hellwegbörden	22
5.2.1.1 Die naturräumliche Ausstattung des Siedlungsraumes	22
5.2.1.2 Der Ablauf des Besiedlungsvorganges und die Abgrenzung der Besiedlungseinheiten	23
5.2.1.2.1 Die Siedlungskammer am Ostrand der Hellwegbörden	25
5.2.1.3 Die Topographie der Siedlungsplätze	25
5.2.1.4 Die Ausstattung der Umfelder	27
5.3 Das südostwestfälische und nordhessische Besiedlungsgebiet	30
5.3.1 Der Siedlungsbereich in der Warburger Börde und in den angrenzenden Mittelgebirgsräumen	31
5.3.1.1 Die naturräumliche Ausstattung	31
5.3.1.2 Der Ablauf des Besiedlungsvorganges und die Abgrenzung der Besiedlungseinheiten	31
5.3.1.3 Die Topographie der Siedlungsplätze	33
5.3.1.4 Die Ausstattung der Umfelder	34
5.3.2 Die Siedlungskammern von Hofgeismar und Immenhausen	38
5.3.2.1 Die naturräumliche Ausstattung	38
5.3.2.2 Der Besiedlungsvorgang	39
5.3.2.3 Die Topographie der Siedlungsplätze und die Ausstattungsmerkmale der Umfelder	39
5.3.3 Die Siedlungskammern im Kasseler Becken	40
5.3.3.1 Die naturräumliche Ausstattung	40
5.3.3.2 Der Ablauf des Besiedlungsvorganges und die Abgrenzung der Besiedlungseinheiten	41

Seite

        5.3.3.3 Die Topographie der Siedlungsplätze   41

        5.3.3.4 Die Ausstattung der Umfelder   42

    5.3.4 Die Siedlungskammern im südlichen Teil des Kasseler Beckens, im Hessengau und in den benachbarten Bereichen   43

        5.3.4.1 Die naturräumliche Ausstattung   43

        5.3.4.2 Der Ablauf des Besiedlungsvorganges und die Abgrenzung der Besiedlungseinheiten   43

        5.3.4.3 Die Topographie der Siedlungsplätze   45

        5.3.4.4 Die Ausstattung der Umfelder   46

6. Konstanz und Wandel im Siedlungsverhalten während des Früh- und Mittelneolithikums und eine mögliche Rangfolge der siedlungsbedingenden Faktoren   50

  6.1 Die topographischen Merkmale der Siedlungsstandorte   51

    6.1.1 Die Exposition der Siedlungsplätze   51

    6.1.2 Der morphologische Standort   52

    6.1.3 Die Lage zu den Wasservorkommen   53

  6.2 Die Ausstattungsmerkmale der Siedlungsumfelder   56

    6.2.1 Die Reliefverhältnisse   56

    6.2.2 Der Anteil von Fluß- und Bachauen im Nahbereich der Siedlungen   60

    6.2.3 Der Anteil von Nichtlößböden in den Umfeldern   62

    6.2.4 Die Bodenarten in den Umfeldern   63

    6.2.5 Heutige Ackergüte und prähistorische Standortwahl   65

  6.3 Konstanz und Wandel im Siedlungsverhalten vom Früh- zum Mittelneolithikum   67

  6.4 Zusammenfassung   71

  6.5 Eine mögliche Rangfolge der siedlungsbedingenden Faktoren   71

7. Die Siedlungs- und Wirtschaftsweise im Früh- und Mittelneolithikum und deren Einwirkung auf die Landschaft   73

  7.1 Die Siedlungs- und Wirtschaftsweise der frühen Bauern   73

    7.1.1 Die Anlage der Häuser und Siedlungen   73

    7.1.2 Die Interpretationsmöglichkeiten der neolithischen Arbeitsgeräte   74

    7.1.3 Das Problem eines urgeschichtlichen Wanderbauerntums   75

  7.2 Die Naturlandschaft vor dem neolithischen Besiedlungsvorgang und die Einwirkung des Menschen auf die Landschaft   77

8. Untersuchungsgang, Ergebnis und Ausblick   78

9. Summary   80

10. Chronologieschema der Linienbandkeramik nach I. Gabriel   81

11. Literaturverzeichnis   81

    A n h a n g   87

I   Verbreitungskarten

II   Siedlungsumfeldkarten und Katalog

III   Verzeichnis der benutzten Karten

IV   Verzeichnis der Aufenthaltsorte der benutzten Unterlagen zur Reichsbodenschätzung

V   Ausklappbare Legende zu den Siedlungsumfeldkarten

Verzeichnis der Tabellen

		Seite
Tabelle 1:	Exposition der Siedlungsplätze	51
Tabelle 2:	Geomorphologischer Standort der Siedlungen	53
Tabelle 3:	Abstand zwischen Siedlungsplatz und Wasservorkommen	54
Tabelle 4:	Arten der Wasservorkommen	55
Tabelle 4a:	Art der Wasservorkommen und Abstand zu den Siedlungsplätzen	55
Tabelle 5:	Anteil von Flächen mit Hangneigung unter $2°$ in den Umfeldern	57
Tabelle 6:	Anteil von Flächen mit Hangneigung über $4°$ in den Umfeldern	58
Tabelle 7:	Anteil von Flächen mit Hangneigung über $8°$ in den Umfeldern	59
Tabelle 8:	Anteil der Auen in den Umfeldern	61
Tabelle 9:	Anteil der Nichtlößböden (V- und D-Böden) in den Umfeldern	62
Tabelle 10:	Anteil der schweren Böden (LT, T) in den Umfeldern	64
Tabelle 10a:	Auenanteile und schwere Böden in den Umfeldern der Standorte der Phase 1	65
Tabelle 11:	Standorte mit Anteilen hoch bonitierter Flächen im Umfeld	66
Tabelle 12:	Standorte mit Anteilen geringwertig eingestufter Böden im Umfeld	66

1. Der Umweltbezug früher bäuerlicher Kulturen als Untersuchungsobjekt

1.1 Die Fragestellung in forschungsgeschichtlicher Sicht

Seit den frühen Arbeiten von R. GRADMANN und H. NIETSCH ist das Verhältnis zwischen prähistorischen bäuerlichen Kulturen und der geographischen Umwelt in vielfältiger Weise behandelt worden. Wenn auch die Einzelergebnisse in R. GRADMANNs Steppenheidetheorie [1] in der Folgezeit nicht zuletzt durch das Aufkommen neuer naturwissenschaftlicher Methoden widerlegt wurden, so kommt R. GRADMANN doch das Verdienst zu, mit seiner spezifischen Fragestellung einen forschungsgeschichtlichen Ansatz geliefert zu haben, der gerade in der jüngeren Zeit wieder verstärkt in den Vordergrund prähistorischer Untersuchungen gerückt ist. Denn wurden die Ergebnisse der Steppenheidetheorie anfänglich überwiegend im Bereich der geographischen Wissenschaft diskutiert und ihnen auch widersprochen [2], so wendet sich die Urgeschichtsforschung in den letzten Jahren [3] einer Richtung zu, die die gesamtheitliche Betrachtung prähistorischer Kulturen zum Ziel hat und somit jene Fragen nach dem Verhältnis von Mensch und Umwelt einschließt, die in den frühen Arbeiten von R. GRADMANN zum ersten Mal gestellt worden waren. Allerdings ergibt sich bei Arbeiten dieser Art, die ja außerhalb der urgeschichtlichen Methodik liegen, für den Prähistoriker die Schwierigkeit, zwar als Ausgangspunkt eine Fragestellung innerhalb seiner Wissenschaft zu haben, Methodik und Lösungswege aber Nachbarwissenschaften entlehnen zu müssen. So ist es nicht verwunderlich, daß es gerade in letzter Zeit zu einer verstärkten Zusammenarbeit zwischen physischer Geographie und Bodenkunde auf der einen und Ur- und Frühgeschichtswissenschaft auf der anderen Seite kommt. Während bei dieser interdisziplinären Zusammenarbeit der prähistorischen Wissenschaft die schwierige Aufgabe zufällt, das chronologische Gerüst für Kulturen und ihre Abfolgen aufzubauen, können die Probleme, die sich aus der Fragestellung des Verhältnisses von Mensch und Raum in urgeschichtlicher Zeit ergeben, nur im Bereich der geographischen Wissenschaft gelöst werden.

Die grundsätzliche Fragestellung solcher Untersuchungen verweist auf den Aufgabenbereich der historischen Geographie, deren Schwerpunkt jedoch nicht in der Erforschung der Anfänge von Kulturlandschaftsgenesen liegt, sondern im Bereich der mittelalterlichen und neuzeitlichen Entwicklungen, die ja überwiegend von zahlreichen Umformungsprozessen der bereits vorhandenen Kulturlandschaft geprägt wurden. [4] Die Gründe für eine derartige Schwerpunktbildung sind naheliegend: die zeitliche Ferne zu den erstgenannten Bereichen ist so groß, daß zahlreiche Unsicherheiten, und diese sind nicht nur chronologischer Art, eingeschlossen werden, während Untersuchungen der mittelalterlichen und neuzeitlichen Kulturlandschaftsgenesen und -wandlungen in der Regel auf einer relativ gut abgesicherten Quellenlage fußen können. Trotz dieser Schwierigkeiten sind die Aufschlüsse, die in den letzten Jahrzehnten über die Herausbildung der ältesten Siedlungsräume gewonnen wurden, an Zahl und Bedeutung beträchtlich. Da die Frage nach den natürlichen Bedingungen, unter denen sich die älteste bäuerliche Besiedlung in Mitteleuropa vollzog, auf die Zeit des frühen Neolithikums verweist, scheint es angebracht zu sein, die Bedeutung dieser Epoche nicht nur aus geographischer, sondern auch aus allgemein historischer Sicht zumindest in groben Zügen zu umreißen.

1.2 Das Früh- und Mittelneolithikum in Mitteleuropa

In der Forschung dient der Begriff Neolithikum sowohl zur Kennzeichnung des Entwicklungsgrades von Kulturgruppen als auch zur Fixierung eines Zeitraumes.

Der Grad der Entwicklung wird mit diesem Begriff insofern gefaßt, als er nur auf ethnische Ein-

---

1) Gute Zusammenfassungen dieser Theorie befinden sich bei Schlüter, O., 1952, S. 36 ff. und bei Krzymowski, R., 1951, S. 131 ff.
2) Es ist hier in erster Linie an H. NIETSCH zu denken, der der Theorie R. GRADMANNs, daß das Altsiedelland durch seinen waldfreien Charakter und nicht primär durch eine besondere Bodenfruchtbarkeit die Erstbesiedlung bedingte, seine Anschauung entgegensetzte, daß gerade die konsequente Nutzung vorhandener Wälder in Form der Waldweide bei der frühesten Besiedlung eine besondere Bedeutung zukam. Vgl. Nietsch, H., 1939, S. 116 ff.
3) Wie die Arbeit von E. WAHLE zeigt, ist diese Richtung innerhalb der Urgeschichtsforschung auch schon einmal in früherer Zeit vertreten gewesen. Jedoch wurde dieser Forschungsansatz in der Folgezeit durch Untersuchungen mit ausschließlich typologischen Fragestellungen in den Hintergrund gedrängt. Vgl. Wahle, E., 1920.
4) Als Beispiele solcher Umformungsprozesse sei auf die spätmittelalterliche Wüstungsperiode und auf die Zeit der Industrialisierung im 19. Jahrhundert verwiesen.

heiten zu beziehen ist, deren zivilisatorischer Stand durch das Auftreten sogenannter Neolithisierungsmerkmale hinreichend typisiert ist. Ein Zeitraum wird mit diesem Begriff in der Weise definiert, als er nur auf Epochen zu übertragen ist, in denen Kulturgruppen dieses Entwicklungsstandes auftreten. Nur muß eben berücksichtigt werden, daß ethnische Einheiten diesen Entwicklungsstand zu völlig unterschiedlichen Zeiten erreichen können, und es so zu den bekannten Phasenverschiebungen in der Kulturentwicklung kommt.

So wird als erstes Neolithisierungsmerkmal die Art und Weise angesehen, in der die ethnischen Träger kultureller Gruppen ihre Existenz sichern. Denn deckte der Mensch im Paläo- und Mesolithikum seinen Nahrungsbedarf nur durch Jagen, Sammeln und Fischen, so daß er über eine *aneignende* Wirtschaftsform nicht hinaus kam, gelangt er im Neolithikum zu der Fähigkeit, seine Nahrungsmittel bewußt zu *produzieren* und seine Existenz so weitgehend abzusichern. Dieser grundlegende Wandel in der Wirtschaftsform geschieht zum einen durch die Kultivierung der Getreidewildformen [1] und zum anderen durch die Domestikation von Rind, Schwein, Schaf und Ziege.

Dem Wandel der Wirtschaftsform folgt zwangsläufig eine grundlegende Veränderung der Siedlungsart: Der Sammler und Jäger der vorneolithischen Epochen mit ephemerer und temporärer Siedlungsart [2] wird zu einem seßhaften bzw. halbseßhaften [3] Bodenbauer und Viehzüchter. Damit erhält der Mensch ein völlig anderes Verhältnis zu seiner natürlichen Umwelt; von nun an beginnt er diese zu *gestalten*, so daß der umwälzende Charakter der neolithischen Perioden nicht allein auf die Entwicklung von Kultur und Zivilisation zu beziehen ist, sondern bedingt durch diese auch auf den Beginn einer Kulturlandschaftsgenese. [4] Neben den primären Neolithisierungsmerkmalen Bodenbau und Viehzucht und daraus resultierender Seßhaftigkeit bzw. Halbseßhaftigkeit lassen sich auch Kennzeichen sekundärer Art herausarbeiten. In Verbindung mit dem Getreideanbau tritt die nachweisbare Vorratshaltung auf. Diese wiederum mag in erster Linie die Keramikherstellung, das zweite wichtige Kennzeichen der sekundären Merkmalsgruppe, bedingt haben. Denn der Anbau von Getreide erfordert ja gleichzeitig die Fähigkeit, die Ernte über einen längeren Zeitraum zu lagern, und dies geschah in Gefäßen aus Ton. [5] Eine weitere Änderung vollzog sich in der Art der Steinbearbeitung bei der Geräte- und Waffenherstellung. Neben der Abschlagtechnik tritt die des Schleifens der Steinmaterialien. So verdeutlichen gerade die beiden letzten Merkmale - Keramikherstellung und Steinschliff - den Entwicklungsstand einer Kulturgruppe im archäologischen Fundmaterial: sie heben die Gruppen des Neolithikums von denen der Alt- und Mittelsteinzeit ab, während das Auftreten von Metall wiederum den Abschluß der Jungsteinzeit markiert.

Aus archäologischer Sicht kommt den Überresten der Keramikherstellung innerhalb der materiellen Hinterlassenschaft früher Kulturen eine besondere Bedeutung zu: Form und Verzierungen der Gefäße bieten die Möglichkeiten einer Typisierung, und sie werden damit zum wichtigsten Hilfsmittel für die Erstellung eines chronologischen Gerüstes.

So wird die älteste bekannte bäuerliche Kulturgruppe in Mitteleuropa wegen ihrer spezifischen Art der Keramikverzierung mit bandartigen Mustern als Bandkeramik, Linearbandkeramik oder auch

---

1) Bei der Entstehung einer Anbauwirtschaft mag der Kultivierung tropischer Knollengewächse (Tarok, Yams) eine gleich große Bedeutung zugekommen sein wie der Kultivierung der Getreidewildformen. So besteht die Möglichkeit, daß diese Knollengewächse in Südostasien früher kultiviert wurden als die Wildformen der neolitischen Getreidearten im iranisch-irakischen Steppensaum. Vgl. Smolla, G., 1960, S. 116 ff. u. v.Wissmann, H., 1957, S. 84 f.

2) Gebrauch der Begriffe im Sinne der Klassifikation der Siedlungsarten nach W. MÜLLER-WILLE. Vgl. Müller-Wille, W., 1954.

3) Seßhaftigkeit wurde hier als Folge und nicht als Voraussetzung eines jeglichen Bodenbaus gesehen. Es kann allerdings nicht ausgeschlossen werden, daß bestimmte Vorstufen der Seßhaftigkeit - wie sie z.B. bei Jägern oder Sammlern auftreten, die in ihrem Schweifbereich bestimmte Punkte in regelmäßigen Abständen aufsuchen - erst die äußere Voraussetzung für das Entstehen einer Anbauwirtschaft waren.

4) Um den Stellenwert des Neolithikums für die Zivilisationsentfaltung genügend verdeutlichen zu können, wird in der angelsächsischen Forschung in Anlehnung an den Begriff der industriellen Revolution der Begriff 'neolithic revolution' verwendet. Childe. V.G., 1965, S. 66 ff.

5) Jedoch scheint das frühe Neolithikum gerade in den Ursprungsgebieten der bäuerlichen Wirtschaftsweise nicht an das gleichzeitige Auftreten mit Keramik gebunden gewesen zu sein. Denn bei Ausgrabungen bäuerlicher Siedlungen in Vorderasien und auf dem Balkan konnte jeweils eine nichtkeramikführende Schicht als frühester Siedlungshorizont nachgewiesen werden.
Braidwood, R.J.C., 1960, S. 53 u. 64 und Milojčić, V., 1956, S. 208 ff.

Linienbandkeramik bezeichnet. Sie erscheint, ohne deutliche Bezüge zu den vor ihr verlaufenden mesolithischen Epochen aufzuweisen, in einer Verbreitung von der Ukraine bis in das Pariser Becken mit einer großen Einheitlichkeit der Hausformen und der Gebrauchsgegenstände. Diese bemerkenswerte Einheitlichkeit in dem doch sehr großen Verbreitungsgebiet wurde zum Ausgangspunkt der Theorie einer Einwanderung der ethnischen Träger der Bandkeramikkultur aus dem unteren Donaugebiet nach Mitteleuropa. Diese Theorie wird dadurch bestärkt, daß einerseits die Gengebiete [1] für die wichtigsten mitteleuropäischen Kulturpflanzen wie Saatweizen (Triticum aestivum), Einkorn (Triticum monococcum), Emmer (Triticum dicoccon) und die zweizeilige Gerste (Hordeum vulgare) im vorderasiatischen Raum liegen und daß sich andererseits das *nachweislich* älteste Bauerntum ebenfalls dort befand. [2] So kann mit Recht angenommen werden, daß die Kenntnis des Bodenbaus von Vorderasien zuerst in den süddonauländischen Bereich gelangte und sich dann von dort über Böhmen nach Mitteleuropa ausbreitete. Aus der Zeitspanne zwischen dem ersten Auftreten seßhafter Bevölkerungsgruppen im vorderen Orient und dem in Mitteleuropa ergibt sich eine Phasenverschiebung in einem Südost-Nordwest-Gefälle bei dem Einsetzen des Neolithikums, dessen Beginn in Vorderasien etwa um 8000-7000 v.Chr., in Mitteleuropa um 4500 v.Chr. angesetzt wird. Da die angegebenen Zahlen über die Radiocarbonmethode ermittelt worden sind, ist zu berücksichtigen, daß bei einer Datierung nach konventioneller Methode in Form des kulturhistorischen Vergleichs mit der absoluten Chronologie des Alten Orients der Beginn des Neolithikums in Mitteleuropa etwa tausend Jahre später anzusetzen ist. [3]

Die bandkeramische Kultur mag etwa einen Zeitraum von 600-800 Jahren umfaßt haben. Eine relativ chronologische Untergliederung dieser Zeitspanne aufgrund des Fundmaterials und der Fundverhältnisse ist für nahezu alle bandkeramischen Siedlungsbereiche geschehen. Eine chronologische Grobuntergliederung wäre die in eine ältere und eine jüngere Stufe; abgeschlossen würde dann diese Epoche durch die stichbandkeramischen Gruppenbildungen.

In der bandkeramischen Folgezeit kommt es in Mitteleuropa zur Ausbildung zahlreicher Gruppen regionaler und lokaler Art [4], so daß es sinnvoll zu sein scheint, nur noch die im Arbeitsgebiet auftretenden Gruppen näher zu betrachten. Es sind dies die Gruppen Großgartach, Rössen und Bischheim [5], die noch einen Fundniederschlag in Nordhessen und den westfälischen Börden gefunden haben.

Während die zeitliche Stellung der Gruppe Bischheim am Ende des Mittelneolithikums als gesichert betrachtet werden darf, ist das zeitliche Zueinander der Gruppen Großgartach und Rössen umstritten. [6] Sah man in der frühen Zeit der Forschungsgeschichte die Rössener Gruppe als die ältere an, neigt man nunmehr dazu, Großgartach als früher einzustufen, wobei eine zeitliche Überschneidung der beiden Gruppen durchaus möglich ist. [7] Schwierig ist auch die Bestimmung der Herkunft dieser Kulturgruppen. Für die Großgartacher Gruppe besteht die Möglichkeit der Entstehung sowohl aus dem bandkeramischen Kulturkreis als auch aus dem südwesteuropäischen Neolithikum. [8] Der Herkunftsbereich der Rössener Kultur ist seit Beginn der Erforschung dieser Gruppe sehr umstritten gewesen. Während A. STROH [9] die Meinung vertrat, Rössen sei nordischer Provenienz, versuchte W. BUTTLER [10] diese Gruppe als Eigenleistung einer mesolithischen Restbevölkerung Mitteldeutschlands zu erklären. Auch in der jüngsten Forschung wird diese These noch einmal aufgenommen. So kommt K. GOLLER zu dem Schluß, daß die ethnischen Träger der Rössener Kultur eine vom donauländischen Kreis unabhängige Bevölkerungsgruppe gewesen sein mag, wobei nicht auszuschließen sei, daß diese Gruppe auf eine einheimische mesolithische Be-

---

1) Vgl. Willerdings, U., 1969, S. 200 Tabelle 1.
2) Siehe Brentjes, B., 1971, S. 28; Matson, F.R., 1960, S. 69 und Mellaart, J., 1967, S. 52.
3) Vgl. die Chronologiesysteme von H. BEHRENS und G. MILDENBERGER. Behrens, H., 1973, S. 171 Abb. 72, Mildenberger, G., 1953, S. 54 Tab. 3.
4) Vgl. zum Problem der Gruppenbildungen im Mittelneolithikum: Behrens, H., 1972; Goller, K., 1972 und Meier-Arendt, W., 1972a.
5) Namengebend sind jeweils die Fundplätze, auf denen die charakteristischen Merkmale der Keramikverzierung zuerst festgestellt wurden: Großgartach bei Heilbronn, Rössen bei Merseburg und Bischheim bei Kirchheimbolanden (Pfalz).
6) Vgl. hierzu Goller, K., 1972, S. 255 ff.
7) Goller, K., 1972 und Meier-Arendt, W., 1969.
8) Nach MEIER-ARENDT ist Großgartach aus der Hinkelstein-Gruppe Südwestdeutschlands entstanden, d.h. aus einer Nachfolgekultur der späten Linienbandkeramik. Meier-Arendt, W., 1974, S. 1 f.
9) Stroh, A., 1938, S. 114 ff.
10) Buttler, W., 1938, S. 45.

völkerung zurückgehe. Die typologische Herleitung des Rössener-Kulturgutes ist hingegen eindeutig, denn zahlreiche Elemente dieser Gruppe haben ihre Ausgangsformen im Großgartacher Milieu, so daß der Schluß, Rössen sei aus Großgartach entstanden, hinreichend abgesichert erscheint.[1] Das Entstehungszentrum dieser Gruppe liegt also weit außerhalb des Gebietes, in dem sich das namengebende Gräberfeld befand.

Die Bischheimer Gruppe, die chronologisch jüngste Regionalbildung innerhalb dieser Betrachtung, weist sowohl Bezüge zu Rössen als auch zu anderen mittelneolithischen Gruppenbildungen auf.

Auch die Träger dieser kleineren Sondergruppen waren Bauern, so daß als gemeinsames Merkmal aller Kulturgruppen des Früh- und Mittelneolithikums die bäuerliche Wirtschaftsweise mit einem wesentlichen Schwerpunkt im Getreideanbau genannt werden kann.

1.3 Die Fragestellung aus geographischer Sicht

Als Ausgangspunkt einer spezifisch geographischen Betrachtungsweise des Mensch-Raum-Verhältnisses im beginnenden Neolithikum kann die These genommen werden, daß die aus dem unteren Donauraum nach Mitteleuropa eingewanderten Ackerbauern der Linienbandkultur nur solche Areale besiedelten, die in ihrer natürlichen Ausstattung nahezu den gewohnten süddonauländischen Verhältnissen entsprachen. Diese These geht damit von zwei Voraussetzungen aus: Zum einen von der bewußten Auswahl der Besiedlungsräume und des Siedlungsplatzes und zum anderen davon, daß diese frühen Bauern die Fähigkeit besaßen, die Physiotopenkorrelate des Süddonaubereiches in Mitteleuropa ausfindig zu machen. Da vorausgesetzt werden muß, daß jede bäuerliche Gemeinschaft - so sie frei entscheiden kann - stets versucht sein wird, *den* Naturraum als Wirtschaftsfläche zu wählen, dessen Ausstattung eine optimale Nahrungsgewinnung verspricht, kann die erste Voraussetzung als gegeben angesehen werden, während es schwerfällt, die zweite ohne weitere Nebenüberlegungen zu akzeptieren. Denn es ist zu fragen, ob der Mensch des Frühneolithikums schon einen solchen Entwicklungsstand erreicht hatte, auf dem es möglich war, den Grad der agrarischen Produktivität eines Physiotopenkomplexes schon gleich bei der Auswahl des Siedlungsbereiches voll erfassen und somit fruchtbare Gebiete von weniger fruchtbaren unterscheiden zu können.

So wird in der prähistorischen Forschung diese Prämisse dahingehend definiert, daß die aus dem unteren Donaubereich hinreichend bekannten Lößböden bei der Auswahl der zu besiedelnden Bereiche der bestimmende Faktor waren. Bei einer großräumigen Betrachtung scheint die Richtigkeit dieser These voll bewiesen zu sein: Lößverbreitung und bandkeramische Siedlungsbereiche sind in Mitteleuropa nahezu identisch.[2] Zu überprüfen bliebe hier nur, ob bei einer großmaßstäbigen Darstellung diese Aussage weiter gefestigt wird, oder ob die Kongruenz von Lößbereichen und frühester Ackerbauernbesiedlung teilweise nur scheinbar, d.h. durch die kleinmaßstäbige, stark generalisierende Wiedergabe bedingt ist.

Ferner ist von der Grundüberlegung auszugehen, daß in Räumen mit einer nahezu geschlossenen Lößdecke durch die homogenen Verhältnisse für eine ackerbautreibende Gemeinschaft fast überall die gleiche Siedlungsgunst besteht, so daß sich hier die bewußte Selektion der Wirtschaftsflächen nicht an der Bodenqualität, sondern an anderen Landschaftselementen orientiert haben wird. Die Frage nach einer an den Bodenverhältnissen ausgerichteten Auswahl des Siedlungsplatzes kann dort also nur insofern beantwortet werden, als von der Bevorzugung des lößbedeckten Gesamtgebietes die spezifische Fähigkeit der bandkeramischen Bauern abgeleitet werden kann, ackerbaugünstige Gebiete von weniger günstigen unterscheiden zu können.

Anders verhält es sich dagegen in Räumen, deren Teilbereiche von unterschiedlicher ökologischer Qualität sind, so daß die Berücksichtigung der jeweiligen lokalen Standortgunst sich in der bewußten Auswahl des Siedlungsplatzes zwangsläufig dokumentieren muß. Bei Untersuchungen in diesen Gebieten sollten daher genauere Aussagen über den Grad der Fähigkeit der frühen Ackerbauern, das ökologische Potential eines Teilraumes erfassen und bewerten zu können, zu erwarten sein.

---

1) Meier-Arendt, W., 1974, S. 3.

Eine an diesen Vorüberlegungen konzipierte Untersuchung wäre folglich so anzulegen, daß mit ihr Räume erfaßt werden, deren unterschiedliche natürliche Ausstattung eine vergleichende Gegenüberstellung im Sinne des Untersuchungszieles erlaubt: Das Siedlungsverhalten neolithischer Bauern in Gebieten mit geschlossener Lößbedeckung und solchen, in denen die Lößbedeckung nur inselhaft und von geringer Flächenausdehnung ist, könnte in dieser Weise überprüft und verglichen werden. So muß zwangsläufig bei der Beantwortung der Frage, welche Bestandteile des geographischen Raumes von den ersten seßhaften Bevölkerungsgruppen bevorzugt wurden, eine Untersuchung der Bodenverhältnisse im Vordergrund stehen. Weiterhin stellt sich die Frage nach der Bedeutung von Gewässernetz und Relief. Insgesamt wird also zu prüfen sein, welche Einzelelemente der Landschaft sich in dieser frühen Phase der Kulturlandschaftsgenese als besonders anziehend für den siedelnden Menschen erwiesen haben. Mit dieser Fragestellung wird aber schon gleich die grundlegende Problematik einer solchen Betrachtungsweise sichtbar: Nämlich die Schwierigkeit, von den rezenten Verhältnissen ausgehend das ökologische Milieu eines Siedlungsplatzes während des Atlantikums erschließen zu müssen. Damit ist die Frage nach der Transponierbarkeit heutiger Physiotopengefüge als so grundlegend anzusehen, daß die Diskussion um die Entwicklungen von Boden, Relief und Gewässernetz und ihre Beeinflussung und Überformung durch den Menschen seit dem Neolithikum eine ausreichende Berücksichtigung zu finden hat.

Bei einer vollen Ausschöpfung der Problematik des Mensch-Umwelt-Verhältnisses in prähistorischer Zeit ist notwendigerweise auch der Komplex der Einwirkung des Menschen auf die Landschaft einzubeziehen. Dieser Teilaspekt bedingt eine Untersuchung der Bodenfunde auf ihre wirtschaftsanzeigende Aussagefähigkeit, da der spezifische Charakter der Geräte und Werkzeuge Schlüsse auf die Art der wirtschaftenden Tätigkeit des prähistorischen Menschen ermöglicht.

Eine besondere Bedeutung kommt auch der Frage nach der Konstanz im Siedlungsverhalten der einzelnen Kulturgruppen zu. Ausgehend von der Tatsache, daß der hier zu behandelnde Zeitraum immerhin die Spanne von etwa einem Jahrtausend umfaßt, darf angenommen werden, daß die ackerbautreibenden Gemeinschaften nicht konstanten, sondern in Art und Intensität wechselnden Kräften ausgesetzt waren. Die Bedingungen, unter denen sich die Besiedlung in der Frühphase der Bandkeramik vollzog, können daher in der Folgezeit den verschiedensten Wandlungen unterworfen gewesen sein. So muß in diesem Zusammenhang untersucht werden, ob es möglich ist, von Änderungen im Siedlungsverhalten auf die Kräfte zu schließen, die diese Änderungen bedingten. Wie vielfältig die Veränderungen in einem derartigen Kräftefeld sein können, mag an folgenden Überlegungen verdeutlicht werden. Die frühen bäuerlichen Gemeinschaften waren in ihrer Existenz unmittelbar von dem abhängig, was sie *selbst* an Nahrungsmitteln produzierten; d.h. es bestand nur dann die Möglichkeit des Überlebens, wenn der notwendige Nahrungsbedarf einer Siedlungsgemeinschaft durch die eigenen Erträge des Ackerbaus und/oder der Viehwirtschaft gedeckt werden konnte. Darüber hinaus bestand ferner die Möglichkeit, die pflanzliche und tierische Eiweißgewinnung durch die Tätigkeiten des Sammelns und Jagens in bestimmtem Umfang zu ergänzen. Insgesamt können aber die bäuerlichen Gruppen in einem geschlossenen Systems gesehen werden, d.h. es bestand nicht die Möglichkeit, eine Unterproduktion an Nahrungsmitteln langfristig durch *außerhalb* der bäuerlichen Wirtschaftsweise liegende Maßnahmen auszugleichen. Dieses geschlossene System ist gekennzeichnet von Kräften verschiedenster Art, die in wechselseitigen Abhängigkeiten zueinander stehen: Die Größenänderung einer dieser Kräfte hat unmittelbare Folgen für die Größenordnung einer oder mehrerer anderer Kräfte.

Diese, das Siedlungsverhalten bäuerlicher Gemeinschaften bestimmenden Kräfte sind das Bevölkerungswachstum, die Art der bäuerlichen Wirtschaftsweise, der Stand der Agrartechnik, die Größe der agrarischen Nutzflächen und das natürlich Potential des Siedlungsraumes.

Bedingt z.B. eine Klimaschwankung eine so starke Verschlechterung der Anbauverhältnisse, daß sich die vorhandenen Nutzflächen für die bisherige Bevölkerungsgröße als nicht mehr tragfähig erweisen, sind folgende Änderungen in diesem Kräftefeld möglich: Reduzierung der Bevölkerungszahl durch Abwanderung oder erhöhte Sterbeziffern; Erweiterung oder Intensivierung der Nutzungsmöglichkeiten der Wirtschaftsfläche durch eine Verbesserung der Agrartechnik oder einen Wechsel [1]) in der Art der gemischten bäuerlichen Wirtschaftsweise oder schließlich die Vergrößerung der agrarischen Nutzfläche. Die gleichen Veränderungen wären ebenfalls denkbar bei einer allmählichen Erschöpfung des Bodens.

---

1) Ein solcher Wechsel wäre z.B. durch eine Verlagerung des Schwerpunktes vom Getreideanbau zur Viehzucht möglich gewesen.

Die Veränderung der Tragfähigkeit des natürlichen Potentials eines Gebietes ist vom Menschen grundsätzlich nur durch eine Verbesserung der Agrartechnik möglich, und da grundlegende, die Größenordnung der Tragfähigkeit radikal verändernde Verbesserungen für das Frühneolithikum nicht nachweisbar sind, muß dieser Faktor als mehr oder weniger konstant angesehen werden. [1]

Eine ähnliche Konstellation ergibt sich bei einem starken Bevölkerungswachstum. Sobald die Grenze der Tragfähigkeit der in Nutzung genommenen Flächen erreicht ist, werden Maßnahmen notwendig, die auf eine Veränderung der Art oder der Größenverhältnisse der einzelnen Faktoren hinwirken. Die naheliegendste Reaktion in diesem Falle wäre die Ausweitung der Anbauflächen oder, wenn dieses nicht möglich ist, weil die natürliche Ausstattung des besiedelten Gebietes dies nicht zuläßt, eine Abschöpfung des Bevölkerungsüberschusses durch Abwanderung und Erschließung eines bisher nicht besiedelten Bereiches.

Gerade diese letzte Möglichkeit dürfte im Rahmen dieser Untersuchung eine besondere Beachtung verdienen. Denn die Notwendigkeit, neue Besiedlungsbereiche erschließen zu müssen, kann eine bodenbautreibende Gruppe zwingen, auch solche Gebiete in Nutzung zu nehmen, deren ökologische Qualität nicht der des vorher besiedelten Raumes entspricht und so zu einem Wandel im Siedlungsverhalten dieser Gruppe führen. Inwieweit in solchen Fällen jedesmal eine Verstärkung der Viehzuchtkomponente eingeschlossen gewesen sein mag, wird mit den in dieser Untersuchung zur Anwendung kommenden Methoden nicht feststellbar sein. Es kann nur der Wandel im Siedlungsverhalten aufgezeigt werden, von dem aus ein solcher Schluß aber durchaus möglich erscheint.

Mit diesen Beispielen mag in groben Zügen verdeutlicht sein, welche Änderungen im Gefüge der das Siedlungsverhalten bestimmenden Kräfte grundsätzlich möglich sind, so daß abschließend noch einmal die Hauptziele dieser Arbeit genannt seien: Untersuchung der Abhängigkeit des Besiedlungsganges im Früh- und Mittelneolithikum von den geographischen Umweltbedingungen und eine Prüfung der Frage, ob im Verlauf eines Jahrtausends wesentliche Änderungen des Wirtschaftsverhaltens früher bäuerlicher Kulturgruppen *auch* durch ein unterschiedliches Siedlungsverhalten zu kennzeichnen sind.

2. Die Auswahl der Untersuchungsgebiete

Die Auswahl der Untersuchungsgebiete hatte unter dem Aspekt zu erfolgen, daß eine unterschiedliche natürliche Ausstattung der einzelnen Gebiete einen Vergleich entsprechend der Zielsetzung der Arbeit möglich werden ließ. Als ein weiteres wichtiges Kriterium bei der Auswahl erwies sich der archäologische Forschungs- und Bearbeitungsstand. Denn verständlicherweise bieten jene Bereiche, die einen guten archäologischen Forschungsstand aufweisen, die besten Möglichkeiten, das Siedlungsverhalten prähistorischer Gruppen in seiner Gesamtheit zu erfassen.

Der weitgespannte Rahmen dieser Untersuchung läßt keine eigene Bearbeitung des Fundmaterials zu, und dieses ist ja letztlich einer prähistorischen Arbeit vorbehalten. Deshalb war es notwendig, solche Bereiche zu wählen, deren Fundmaterial in jüngster Zeit im Rahmen einer Chronologiearbeit untersucht worden ist. Bei einer Beachtung dieser Auswahlkriterien boten sich die früh- und mittelneolithischen Siedlungsräume Westfalens und Nordhessens als nahezu ideales Untersuchungsobjekt an. Denn dieser Gesamtbereich ist erst vor wenigen Jahren Gegenstand einer prähistorischen Untersuchung [2] gewesen, so daß eine chronologische Einordnung der Siedlungsplätze aus den Ergebnissen dieser Arbeit möglich wird. Ferner scheint die große Fundhäufigkeit in diesen Gebieten auf einen relativ guten Forschungsstand hinzuweisen. Das Kriterium der unterschiedlichen natürlichen Ausstattung der Einzelgebiete kann von diesem Großraum vollständig erfüllt werden. Mit den Hellwegbörden würde der Untersuchungsraum einen Bereich erfassen, der in seiner natürlichen Ausstattung durch die beinahe geschlossene Lößbedeckung im Sinne dieser Arbeit als weitgehend homogen zu bezeichnen ist. [3] Dieser einheitlich geprägten Bördenlandschaft kann mit der Warburger Börde einschließlich ihrer Randgebiete und mit dem nördlichen Teil des hessischen Hügel- und Beckenlandes ein Gesamtbereich gegenübergestellt werden, dessen natürliche Ausstattung sehr große Unterschiede aufweist. Wenn auch

---

1) Als eine solche mögliche Innovation ist der Pflug zu werten. Für das ausgehende Neolithikum läßt sich die Verwendung des Hakenpfluges durch Pflugspuren unter neolithischen Grabhügeln nachweisen. Ob der Pflug nun schon zu Beginn des Neolithikums in Mitteleuropa Bestandteil des ackerbautechnischen Instrumentariums war, oder ob er erst im Verlauf des Neolithikums dieses wesentlich erweiterte, kann bei dem derzeitigen Forschungsstand nicht gesagt werden.
Vgl. Jankuhn, H., 1969, S. 37
Als eine weitere wichtige Verbesserung der Agrartechnik ist die Düngung zu betrachten. Jedoch läßt sich diese auch noch nicht für die Zeit des Frühneolithikums nachweisen.
2) Gabriel, I., 1971
3) Mückenhausen, E. u. H. Wortmann, 1953

die Warburger Börde in ihrer Bodenausstattung als einheitlich zu bezeichnen ist, so ist sie dennoch als gutes Gegenstück zu den Hellwegbörden aufzufassen, weil die Ausdehnung der Lößbedeckung hier nicht so umfangreich ist, und deshalb bei einer Erweiterung des Siedlungsraumes die Randbereiche viel früher erschlossen werden mußten als in den erheblich ausgedehnteren Hellwegbörden. Der von dieser Untersuchung erfaßte nördliche Teil des hessischen Hügel- und Beckenlandes erweist sich hingegen als ausgesprochen gut geeignet für die beabsichtigte vergleichende Betrachtungsweise. Denn hier wechseln Böden, die auf inselhaften, teilweise kleinflächigen Lößdecken entstanden sind, ständig mit Böden, deren Substrat aus Verwitterungsprozessen des Anstehenden hervorgegangen ist. [1] So weist insgesamt gesehen dieser Bereich eine mosaikartige Zusammensetzung auf, und es müßte hier möglich sein, die These der an der Bodenfruchtbarkeit orientierten Standortwahl zu beweisen oder zu widerlegen.

Auf verwaltungspolitische Einheiten bezogen werden mit der Untersuchung die Gebiete folgender Kreise erfaßt: Soest, Lippstadt, Warburg, Hofgeismar, Korbach, Kassel, Fritzlar-Homberg und Melsungen. [2]

3. DIE UNTERSUCHUNGSMETHODEN UND DIE DARSTELLUNG DER ERGEBNISSE

3.1 Die Aufnahme der Fundplätze und die Bestimmung der Siedlungsindikatoren

Als Ausgangspunkt einer historisch-geographischen Untersuchung sind jene Arbeiten zu betrachten, deren Ausführung außerhalb des Anwendungsbereiches geographischer Methoden liegt: im Rahmen dieser Arbeit also die Aufnahme und Aufbereitung des archäologischen Quellenmaterials. Da die Fundaufnahme bereits im Rahmen der Arbeit von I. GABRIEL durchgeführt worden ist, bietet sich die Möglichkeit, auch diese Ergebnisse für die Untersuchung zu verwenden. [3]

Bei einer Chronologiearbeit muß das *gesamte* Fundmaterial eines Arbeitsgebietes aufbereitet werden, d.h. eine Differenzierung des Materials nach der Art der Fundumstände und nach der Qualität eines Fundplatzes braucht nicht zu erfolgen. Eine historisch-geographische Arbeit hat hingegen nicht das Fundmaterial, sondern den Siedlungsplatz und seine vermutliche Wirtschaftsfläche zum Forschungsgegenstand. Folglich muß hier nach der Qualität eines jeden Fundplatzes gefragt werden, und es ist zu entscheiden, ob ein Siedlungsplatz vorliegt, oder ob die Art und Zusammensetzung der Fundmaterialien eine genauere Einordnung des Fundplatzes nicht zulassen. So ist zunächst einmal zu berücksichtigen, daß die Fundumstände und damit die Möglichkeiten, eine qualitative Einordnung des Fundplatzes vorzunehmen, keineswegs einheitlich sind: Das Material stammt von planmäßig durchgeführten Grabungen, aus Notbergungen bei Haus-, Kanal- oder Straßenbauarbeiten angeschnittener Fundplätze und schließlich aus sogenannten Oberflächen- oder Lesefunden.

Aber gerade der letzten Kategorie, bei der eine sichere Einordnung der Fundplätze weit weniger möglich ist als bei den übrigen Fundumständen, entstammt die Überzahl der Funde, so daß es notwendig wird, Kriterien zu ermitteln, die es ermöglichen, auch einen *nur* durch Oberflächenfunde ausgemachten Fundplatz näher einzuordnen. So ist die Frage nach Siedlungsindikatoren zu stellen, d.h. es wird zu überprüfen sein, welche Art der Funde und vor allem welche Fundhäufigkeit sich als Nachweis einer ehemaligen Siedlung verwenden lassen. Die auftretenden Funde bestehen aus Keramikteilen, Werkzeugen und Geräten verschiedenster Art oder deren Überreste und ferner aus Waffen und Materialabfällen, die bei der Herstellung der Geräte entstanden sind.

---

[1] Vgl. dazu SCHÖNHALS, E., 1951

[2] Es werden in dieser Arbeit die Kreis- und Gemarkungsbezeichnungen, die vor der Durchführung der Gebietsreformen bestanden, verwendet, weil die jeweiligen Fundplatzbezeichnungen z.T. in der Literatur zu fest eingeführten Begriffen geworden sind, und es jetzt nur verwirrend wäre, wenn die bekannten Fundplätze andere Bezeichnungen erhielten.

[3] Für das Gebiet des ehemaligen Kreises Fritzlar-Homberg wurde im Rahmen einer Staatsexamensarbeit eine eigene Fundaufnahme geleistet. Da diese im Jahre 1972 durchgeführt wurde, die von I. GABRIEL aber den Forschungsstand von 1968 wiedergibt, konnte die Anzahl der bandkeramischen Siedlungen um zwei bisher nicht bekannte Plätze erweitert werden.

Da die Anzahl der Fundstücke eines Fundplatzes sehr stark schwanken kann [1] und es andererseits nicht möglich ist, erst von einer festgelegten Anzahl von Fundstücken diese als Indikator eines Siedlungsplatzes zu werten, sollte immer nach der Art der Fundzusammensetzung und nach der Streuung der Funde gefragt werden. *Treten in einer Verbreitung von mehreren Dekametern Keramikreste, Geräte oder deren Bruchstücke auf, so scheint es möglich zu sein, von diesem Fundplatz auch bei geringer Fundzahl als Siedlungsplatz zu sprechen.* Wird diese Fundkombination noch durch Hüttenlehmreste vervollständigt, so sollten jegliche Zweifel über den Charakter des Fundplatzes aufgehoben sein.

Anders verhält es sich dagegen bei Einzelfunden von Waffen und Geräten. Ganz abgesehen davon, daß es sich hierbei um Sekundärfunde handeln kann, da die Möglichkeiten der Fundverschleppung sehr mannigfaltig sind, vermögen einzeln gefundene Geräte oder Waffen keine Hinweise auf eine Siedlung zu geben. [2] Die Möglichkeit, den Einzelfund zur Absteckung des Schweif- und Wirkungsbereiches des prähistorischen Menschen heranzuziehen, wie es z.B. B. WACHTER [3] vorschlägt, scheint doch - schon wegen der bereits genannten Gefahren der Fundverschleppung - recht zweifelhaft zu sein und soll im Rahmen dieser Arbeit auch keine weitere Berücksichtigung finden. [4]

Die Identifizierung einer ehemaligen Siedlung wird allerdings an jenen Stellen erleichtert, wo durch Bauarbeiten gleich welcher Art die obersten Bodenhorizonte entweder großflächig abgetragen oder im Profil angeschnitten wurden und so Verfärbungen im Boden sichtbar werden. Diese Verfärbungen entstanden durch die Anlage von Abfallgruben und Pfostenlöchern. Ganz abgesehen davon, daß die Existenz dieser Gruben schon ein sicherer Hinweis für einen Siedlungsplatz ist, bieten die häufig zahlreichen Funde an Keramikresten gute Möglichkeiten der chronologischen Einordnung der ehemaligen Siedlung.

Die Bodenverfärbungen können allerdings auch schon bei einer größeren Pflugtiefe auf Ackerflächen sichtbar werden und auf diese Weise einen Fundplatz, von dem nur wenige Oberflächenfunde bekannt sind und dessen Einordnung noch unsicher ist, endgültig als Siedlungsplatz ausweisen.

Als besonders gutes Hilfsmittel bietet sich in diesen Fällen die Auswertung von Luftbildern an, die die anthropogenen Eingriffe in die oberen Bodenhorizonte deutlich sichtbar werden lassen. Allerdings ist es bisher noch nicht zu einer Luftbildauswertung des gesamten Arbeitsbereiches gekommen; nur bei einzelnen Plätzen, die durch Bodenfunde bereits als Siedlungen ausgewiesen waren, sind die für diese spezielle Art [5] der Luftbildauswertung notwendigen Luftbilder angefertigt worden. Als ein besonders erfolgreicher Versuch dieser Art sei die Farbaufnahme einer bandkeramischen Siedlung genannt. [6] Durch die Aufnahme ließen sich zwei Langhäuser, die sich in ihren Umrissen und Unterteilungen sichtbar im Bewuchs abhoben, gut erkennen.

So mag deutlich geworden sein, daß die Möglichkeiten der Identifikation einer ehemaligen Siedlung vielfältig sind und eine sichere Einordnung eines Fundplatzes sehr stark von der Art der Fundumstände abhängig ist. Die im Untersuchungsgebiet häufigste Art - der Lese- und Oberflächenfund - kann als die Art bezeichnet werden, die eine sichere Zuweisung eines Fundplatzes am wenigsten gewährleistet. Jedoch scheint bei einer konsequenten Anwendung der hier herausgearbeiteten Kriterien der Siedlungsbestimmung eine sichere Einordnung auch dieser Fundplätze möglich zu sein.

---

1) Neben Fundplätzen mit einer sehr geringen Fundausbeute (10-20 Einzelstücke) treten solche mit einigen hundert Fundstücken. Die umfangreichste Fundausbeute im Untersuchungsgebiet stammt von dem Fundplatz Wernswig, Kreis Fritzlar-Homberg. Die Zahl der gemachten Funde belief sich z.Z. der Fundaufnahme auf 24.748 Einzelstücke.

2) Die Gefahr einer Fundverschleppung ist bei Einzelfunden neolithischer Geräte und Waffen im besonderen Maße gegeben, da Steinbeile und -äxte vom Mittelalter bis in die jüngste Vergangenheit hinein als sog. Donnerkeile - abergläubischer Gebrauch der Steingeräte als Blitzschutz und Schutz vor Unglücken aller Art - verwendet worden sind. Durch diese Sekundärnutzung kamen neolithische Geräte in Gebiete, in denen keine anderen Funde gemacht worden sind. Deshalb ist bei der Interpretation gefundener Steingeräte, die ohne einen deutlichen Fundzusammenhang auftreten, immer mit der Möglichkeit der Fundverschleppung zu rechnen. Mildenberger, G., 1969

3) Wachter, B., 1963, S. 75

4) Auch G. KOSSACK sieht Einzel- und Depotfunde bei einer siedlungsgeographischen Interpretation des Fundgutes als unbrauchbar an und scheidet sie deshalb ebenfalls aus. Brunnacker, K. u. G. Kossack, 1957, S. 45

5) Die Aufnahme der für archäologische Interpretationen erforderlichen Luftbilder ist an bestimmte Jahreszeiten gebunden. Bodenverfärbungen - sogenannte 'soil marks' - sind am besten erkennbar, wenn die Aufnahmen unmittelbar nach dem Pflügen des Ackers gemacht werden. Diese Bodenmerkmale gehen auf die Eingriffe in den obersten Bodenhorizont zurück, die Kontraste zum ungestörten Boden bedingen. Dieselbe Störung im Boden kann ferner zu einem unterschiedlichen Bewuchs führen, so daß sich z.B. bei Getreide die unterschiedlichen Halmhöhen im Luftbild deutlich erkennen lassen. So ist der Bewuchs auf Pfostenlöchern und besonders auf Abfallgruben wesentlich stärker (positives Merkmal), hingegen auf Mauerwerk, Steinsetzungen etc. erheblich geringer (negatives Merkmal). Vgl. Scollar, I., 1965, S. 17-31

6) Siedlung-Nr. 90, Niederurff, Kreis Fritzlar-Homberg. Vgl. Fundberichte aus Hessen 8, 1968, S. 106

3.2 Die Methoden der geographischen Untersuchung und die Darstellung der Ergebnisse

3.2.1 Abgrenzung und Definition der Untersuchungseinheiten

Eine erhebliche Schwierigkeit einer in dieser Weise konzipierten historisch-geographischen Untersuchung liegt zunächst einmal in der Definition und sinnvollen Abgrenzung des Untersuchungsobjektes. Da eine Untersuchung, die sich nur auf die Topographie der Siedlungsplätze beschränkt, die Ausstattung der Wirtschaftsflächen der Siedlungen aber unberücksichtigt läßt, der Zielsetzung dieser Arbeit in keiner Weise zu entsprechen vermag, ist nach einer Methode zu fragen, die es ermöglicht, den agrarischen Nutzungsraum [1] oder zumindest einen Teil von ihm in die Untersuchung einzubeziehen. Verständlicherweise ist es nicht möglich, jeder Siedlung einen klar umgrenzten Bereich zuzuweisen, der als Nutzungsraum dieser Siedlung angesprochen werden kann. Jedoch kann bei der Abgrenzung dieses Bereiches von der Überlegung ausgegangen werden, daß es auch *in urgeschichtlicher Zeit für eine ackerbautreibende Gruppe wichtig gewesen sein muß, die Distanz zwischen Wohnplatz und Ackerfläche möglichst gering zu halten.* So darf dann auch vorausgesetzt werden, daß sich in der Regel der Siedlungsplatz in unmittelbarer Nähe der Wirtschaftsflächen befunden haben wird und eine Untersuchung des Nahbereiches eines Siedlungsplatzes als eine Untersuchung eines Teils der ehemaligen Wirtschaftsfläche zu verstehen ist.

Um aber eine umfassende Untersuchung dieses Bereiches zu gewährleisten, ist es notwendig, eine Abgrenzung zu vollziehen, die eine Untersuchung in einem vertretbaren Rahmen möglich werden läßt. Deshalb wurde jeweils das Gebiet in einem Radius von 750 m um einen Siedlungsplatz als Untersuchungseinheit bestimmt und als *Siedlungsumfeld* bezeichnet. *Diese Abgrenzung ist rein willkürlich, und es soll mit ihr weder ausgesagt werden, daß der Nutzungsraum prähistorischer Siedlungen der Größenordnung eines Siedlungsumfeldes entsprach, noch daß dieser sich konzentrisch um einen Siedlungsplatz befunden haben muß.* Die Ausrichtung der Wirtschaftsflächen wird sich jeweils nach den Geländeverhältnissen gerichtet haben, so daß sich die Siedlungen auch in Randlage zu ihnen befinden konnten. Aber auch in diesen Fällen gewährleistet eine derartige Abgrenzung der Untersuchungseinheiten, daß zumindest ein Teil der Wirtschaftsflächen einer Siedlung erfaßt wird und Aussagen über die Qualität des Standortes der jeweiligen Siedlung möglich werden.

3.2.2 Die geographische Untersuchung der Siedlungsumfelder und ihre karthographische Darstellung

Eine Untersuchung der Abhängigkeiten des Siedlungsverhaltens früher bäuerlicher Gruppen von den Umweltfaktoren Wasservorkommen, Relief und Boden muß zunächst zwangsläufig von den gegenwärtigen Verhältnissen ausgehen. So hat am Anfang dieser Untersuchung eine Bestandsaufnahme der einzelnen Faktoren in ihren rezenten Ausprägungen zu stehen; erst die Ergebnisse einer Analyse der Verhältnisse können dann zu Ansätzen der Diskussion werden, inwieweit die heutigen Verhältnisse Rückschlüsse auf die Ausformung dieser Faktoren zur Zeit des Atlantikums zu geben vermögen.

Bei der Bestandsaufnahme der gegenwärtigen Verhältnisse wurde zunächst einmal nach dem morphologischen Standort des Siedlungsplatzes und nach seinem Bezug zu einem Wasservorkommen gefragt; um diese Faktoren hinreichend verdeutlichen zu können, wurden sie in Form einer orohydrographischen Karte dargestellt (Karte A). Gleichzeitig dient diese Karte zur Darstellung des Streubereiches der Funde oder, wenn die Siedlung ergraben worden ist, der genauen Ausdehnung des Siedlungsplatzes.

Bei der Feststellung des Bezuges der Siedlungen zum Relief schien es unbedingt notwendig zu sein, über die bei ähnlichen Untersuchungen [2] häufig zu findenden allgemein gehaltenen Aussagen wie eben, wellig oder hügelig hinauszukommen und zu möglichst genauen, quantifizierbaren Angaben über die Neigungsverhältnisse eines Siedlungsumfeldes zu gelangen. So wurden als Grundlage dieses Untersuchungsabschnittes die Höhenplatten der topographischen Karte

---
[1] Als Nutzungsraum soll hier nur das Gebiet verstanden werden, das durch eine agrarische Nutzung die Basis der Ernährung der Bewohner einer Siedlung bildete, nicht aber der Bereich, der durch die Tätigkeiten des Sammelns und Jagens ebenfalls wirtschaftlich genutzt wurde und als Nutzungsraum in einem weiteren Sinne zu interpretieren ist.

[2] Vgl. Sielmann, B., 1971a, S. 101 u. 1971b, S. 34

1:25.000 gewählt, von deren Isohypsenbild die einzelnen Stufen der Hangneigung mit dem Neigungsmaßstab abgeleitet wurden. Die Einteilung der Stufen hatte nicht nur unter dem primären Aspekt des Nachweises der Beziehungen zwischen neolithischem Bodenbau und Relief zu erfolgen, sondern auch unter dem Gesichtspunkt, daß die Hangneigungsverhältnisse eine der entscheidenden Voraussetzungen sowohl des rezenten als auch des historischen Bodenabtrages sind. Diese Zweckbestimmung der Hangneigungskarte (Karte B) erforderte deshalb gerade in den Bereichen geringer Neigung eine scharfe Differenzierung des Reliefs. Bei der Abgrenzung der einzelnen Neigungsbereiche ist, bedingt durch die Übertragungsmethode, mit einer Genauigkeitstoleranz von etwa ± 3' zu den in der topographischen Karte dargestellten Reliefverhältnissen zu rechnen.

Bei der Behandlung der Frage, in wie starkem Maße frühneolithische Siedlungskammern nach den Bodenverhältnissen ausgerichtet waren, muß die Untersuchung des Bodens, wenn die Ergebnisse auch für die Diskussion des Problems, inwieweit heutige Ausprägungen Aufschlüsse über frühe Verhältnisse zulassen, verwertbar sein sollen, über die Feststellung des Ausgangsmaterials der Bodenbildung hinausgehen. Als großes arbeitstechnisches Problem einer solchen Fragestellung erweist sich zunächst das nahezu gänzliche Fehlen einer großmaßstäbigen Bodenkarte. Zwar ist der Gesamtbereich durch Bodenkarten im Maßstab 1:300.000 abgedeckt, jedoch können diese nicht als ausreichende Basis dieser Untersuchung angesehen werden. Die vorhandenen geologischen Karten im Maßstab 1:25.000 sind ebenfalls nicht für alle Aspekte der Untersuchung geeignet. Da aber eigene Bodenuntersuchungen wegen der Größe der Untersuchungsfläche - ein Siedlungsumfeld umfaßt 1.766.250 qm (176,7 ha), die Gesamtuntersuchungsfläche bei 93 Beispielen mithin 16.426 ha (164,26 qkm) - nicht durchführbar sind, mußte eine Methode erarbeitet werden, durch die es möglich war, vorhandene Untersuchungsergebnisse, wie sie in Form der Reichsbodenschätzung vorliegen, zu verwenden.

Diese Ergebnisse, deren Zugänglichkeit im Arbeitsgebiet jedoch recht unterschiedlich war, mußten zunächst einmal in den Darstellungsmaßstab dieser Arbeit übertragen werden. Während für den Bereich der Soester Börde hierfür die vom Landesvermessungsamt Nordrhein-Westfalen herausgegebene 'Bodenkarte auf der Grundlage der Bodenschätzung' im übertragungsgünstigen Maßstab 1:5.000 zur Verfügung stand, mußten für alle anderen Teilgebiete die bei den Katasterämtern lagernden Originalkarten der Reichsbodenschätzung verwendet werden. Im hessischen Teil des Arbeitsgebietes waren die Schätzungsergebnisse in der Form von Inselkarten im Maßstab von 1:500 bis 1:1.500 dargestellt, so daß bei der Übertragung in den Darstellungsmaßstab 1:25.000 zwangsläufig sehr stark generalisiert werden mußte; der für das Untersuchungsziel anzustrebende Genauigkeitswert wurde dadurch jedoch nicht gemindert.

Bevor die Methode der Verwertung der Ergebnisse der Reichsbodenschätzung erläutert werden kann, sollte zunächst einmal die Reichsbodenschätzung in ihren Grundzügen skizziert werden, damit im ausreichenden Maße verdeutlicht wird, daß durch sie nicht nur Aussagen über das jeweilige bodenbildende Substrat, sondern auch über die Bodendynamik und über die von dieser abhängigen Stadien der Genese der Böden möglich sind.

Die Bodenschätzung in der heutigen Form [1]) geht auf ein Gesetz des Reichsfinanzministeriums vom 16.10.1934 zurück, das eine gerechte und einheitliche Bewertung des agrarischen Nutzlandes ermöglichen sollte. Der Anlaß zu diesen umfangreichen Untersuchungen des Kulturlandes ging also von fiskalischen Interessen aus. Das Ziel der Untersuchung sollte eine genaue Kennzeichnung des Bodens und die Feststellung seiner Ertragsfähigkeit sein. Diese wird mit einer Wertzahl, der sogenannten Bodenzahl, ausgedrückt. Der höchste Wert ist einhundert, der niedrigste sieben.

Um die Verschiedenheit von Ackerland und Grünland hinreichend berücksichtigen zu können, wurden beide getrennt nach verschiedenen Schätzungsrahmen bewertet. [2]) Diese Schätzungsrahmen enthalten Einstellungsprinzipien, die die Böden umfassend zu charakterisieren vermögen. Die Schätzung des Ackerlandes geschah nach den Bewertungsmerkmalen *Bodenart*, *Zustandsstufe* und *Entstehung des Bodens*. Insgesamt werden neun Bodenarten unterschieden: Sand (S), anlehmiger Sand (Sl), lehmiger Sand (lS), stark lehmiger Sand (SL), sandiger Lehm (sL), Lehm (L), schwerer Lehm (LT), Ton (T) und Moor (Mo). Ein weiteres wichtiges Bewertungsmerkmal wird durch die Einteilung der Böden in sieben Zustandsstufen gegeben, die das jeweilige Stadium eines Bodens in seiner Genese kennzeichnen. Die optimale Leistungsfähigkeit haben Böden mit den Zustandsstufen 1 bis 3 erreicht. Die Stufen 6 und 7 bezeichnen Böden, die entweder noch als unreif - d.h., der Prozeß der Bodenbildung befindet sich noch in einem jungen Stadium - zu bezeichnen sind, oder die ihr Leistungsoptimum längst überschritten haben und sich jetzt infolge der Auswaschung in einem gealterten, degradierten Zustand befinden, der sie für die

---

1) Das Problem einer die unterschiedliche Ertragsfähigkeit der Böden berücksichtigende Grundbesteuerung scheint so alt zu sein wie die Erhebung von Grundsteuern. Den Quellen nach gab es eine solche Bonitierung schon in den Hochkulturen am Nil und an Euphrat und Tigris; diese von der Bodengüte abhängige Besteuerung der Agrarflächen läßt sich über die mediterranen Reiche bis ins Mittelalter verfolgen.
In der Neuzeit kommen in den einzelnen Territorien des deutschsprachigen Raumes verschiedene Bonitierungssysteme zur Anwendung. Verfeinert und letztlich in ihren Ergebnissen abgesicherter werden diese Schätzungssysteme im Verlauf des 19. Jh. Sie können als unmittelbare Vorläufer des heutigen Systems aufgefaßt werden. Vgl. Rothkegel, W., 1950

2) Vgl. zu den folgenden Ausführungen Rothkegel, W., 1950 und Mückenhausen, E. u. H. Mertens, 1966

agrarische Nutzung nahezu wertlos macht. Die Stufen 4 und 5 sind Mittelwerte zwischen den beiden eben skizzierten Stadien der Pedogenese.

Die Entstehungsart eines Bodens wurde als drittes Bewertungsmerkmal hinzugezogen. So unterscheidet man Alluvium (Al), Diluvium (D), Löß (Lö) und Verwitterungsböden (V). Die letzte Gruppe umfaßt alle Böden, die sich aus festem, anstehenden Gestein gebildet haben.

Bei flachgründigen Böden mit hohem Skelettgehalt wird der Buchstabe g (grob) zur näheren Kennzeichnung hinzugefügt. Die Al-Böden bezeichnen alle im Postglazial angeschwemmten und umgelagerten Böden, während die D-Böden in ihrem geologischen Alter von der Bezeichnung Diluvium her allein nicht zu erfassen sind, da zu dieser Gruppe ebenfalls kreidezeitliche und tertiäre Sande und Tone gerechnet werden.

Die Schätzung des Grünlandes geschieht nach Kriterien, die vom Ackerschätzungsrahmen abweichen. Hier werden nur fünf Bodenarten (S, lS, L, T, Mo) unterschieden, und Angaben über die Entstehungsart werden nicht gemacht. Die Stadien im Bodenbildungsprozeß werden nur durch drei Zustandsstufen (I = günstigste Stufe, II = mittlere Stufe, III = ungünstige Stufe) markiert. Jedoch werden bei der Grünlandschätzung noch das Klima und die Wasserverhältnisse als Beurteilungskriterien herangezogen. Die Klimaverhältnisse werden durch eine Einteilung in vier Stufen erfaßt: a = 8° C Jahresdurchschnittstemperatur und mehr, b = 7,9-7,0° C, c = 6,9-5,7° C und d = 5,6° C Jahresdurchschnittstemperatur und weniger. Zur Kennzeichnung der Wasserverhältnisse werden fünf Wasserstufen aufgenommen, wobei die Stufe 1 die günstigste und die Stufe 5 die ungünstigste darstellt.

Insgesamt gesehen bietet also die Reichsbodenschätzung eine Fülle von Informationen, die für die Erreichung des Arbeitszieles eine gutes Voraussetzung zu bilden vermögen. So läßt sich die Beziehung zum Ausgangsmaterial in voller Anlehnung an die in der Reichsbodenschätzung vorgenommene Differenzierung darstellen und eine Gliederung in folgende Gruppen vollziehen:

1. aus Löß hervorgegangene Böden
2. Böden, die sich aus sogenannten diluvialen Lockermassen gebildet haben
3. Böden, die aus Verwitterung des anstehenden Gesteins entstanden sind und
4. Böden der Alluvialzonen.

Da im Rahmen dieser Arbeit eine Differenzierung der Bodenarten nicht so scharf durchgeführt zu werden braucht wie in der Reichsbodenschätzung, genügt eine Zusammenfassung der neun Bodenarten in drei Gruppen [1]:

1. leichte Böden   2. mittelschwere Böden   3. schwere Böden
   S, Sl und lS   SL, sL und L   LT und T

Bei der Festlegung des Entwicklungsstandes eines Bodens ist ebenfalls eine Gruppierung der sieben in der Reichsbodenschätzung unterschiedenen Stadien erforderlich. Jedoch sollten die Löß-Böden eine abweichende Differenzierung erfahren, weil der Prozeß der Auswaschung und Entkalkung im Löß nur bei einer Feinunterscheidung faßbar wird. So ließen sich folgende Gruppen [2] bilden:

1. Böden, die sich im Stadium der optimalen Leistungsfähigkeit befinden.
   Zustandsstufen 1 und 2 nach den Ackerschätzungsrahmen und I nach der Grünlandschätzung.

2. Böden, die sich in einem mittleren Stadium der Leistungsfähigkeit befinden.
   Zustandsstufen 3-5 nach dem Ackerschätzungsrahmen und II nach der Grünlandschätzung. Bei Löß-Böden Zustandsstufen 3-4.

3. Böden, deren Leistungsfähigkeit gering ist. Es kann sich hierbei sowohl um unreife als auch gealterte Böden handeln.
   Zustandsstufen 6 und 7 nach dem Ackerschätzungsrahmen und III nach der Grünlandschätzung
   Bei Löß-Böden Zustandsstufen 5-6.

Da die Grundlage der Bodenkarte in erster Linie die Reichsbodenschätzung ist, müssen sich zwangsläufig deren Grenzen bei der Anfertigung dieser Karte voll auswirken. Diese Grenzen liegen einmal in den Bereichen, die nicht agrarisch, sondern forstwirtschaftlich genutzt werden, so daß für diese Areale keine Unterlagen zur Verfügung standen. Weiterhin fehlen die Schätzungsunterlagen für jene Bereiche, die heute von Siedlungen eingenommen werden. Jedoch ist hierbei zu beachten, daß die nicht erfaßten Areale in den Bereichen heutiger Siedlungen flächenmäßig nicht sehr umfangreich sind, weil vielfach die agrarischen Nutzflächen erst zu einem Zeitpunkt überbaut wurden, als die Reichsbodenschätzung schon einige Jahrzehnte abgeschlossen war.

Die Lücken im Material wurden durch die Angaben der geologischen Karte 1:25.000 bzw. durch die der Bodenkarte 1:300.000 geschlossen. Jedoch ließen sich hier nur die Angaben zum Ausgangsmaterial der Bodenbildung ableiten, so daß an diesen Stellen die Bodenart und der Entwicklungsstand des Bodens nicht genannt werden konnten. [3]

---

1) Da von den Siedlungsumfeldern der 93 Untersuchungsbeispiele keine Moorbereiche erfaßt wurden, konnte die Bodenart Moor in dieser Systematik unberücksichtigt bleiben.

2) Vgl. hierzu Rothkegel, W., 1950, S. 85 Abb. 2

3) Vielfach läßt sich beobachten, daß die Angaben zum Ausgangsmaterial zwischen der Reichsbodenschätzung und den geologischen Karten nicht übereinstimmen. In diesen Fällen wurde jeweils der Reichsbodenschätzung als Primärgrundlage der Untersuchung der Vorzug gegeben. Eine häufige Divergenz war besonders in den Bereichen zu finden, wo ein dünner, vom Schutt des Anstehenden durchsetzter Lößschleier die Hänge bedeckte. Während in den geologischen Karten hier jeweils nur das anstehende Material bezeichnet ist, wird der Boden auf diesen Parzellen durch die Bonitierung mit dem Klassenzeichen L5LöVg gekennzeichnet, d.h. als ein geringmächtiger, aus Löß hervorgegangener Lehmboden mit hohem Skelettanteil über festem Material ausgewiesen.

Die Alluvialzonen wurden in der Untersuchung nicht berücksichtigt, weil diese Bereiche seit der Zeit des Neolothikums durch die ständigen Anschwemmungsprozesse den wohl stärksten Veränderungen unterworfen gewesen sind und sie für die Rekonstruktion der früheren Verhältnisse nicht einmal als Orientierungsgrundlage dienen können. [1]

Da in vielen Untersuchungen über die Standorte bandkeramischer Siedlungen immer wieder auf die vorzügliche Bodenqualität der die Siedlungen umgebenden Ackerflächen hingewiesen wird, schien es notwendig zu sein, auch die Beziehungen zwischen heutiger Ackergüte und prähistorischer Besiedlung innerhalb dieser Untersuchung zu behandeln. Als geeignete Meßdaten für die Bodenqualität können die in der Reichsbodenschätzung festgelegten Bodenzahlen betrachtet werden, so daß ihre Verwendung für diese Fragestellung als einzige Möglichkeit angesehen werden muß, quantifizierbare Aussagen über die heutige Ertragsfähigkeit eines Siedlungsumfeldes zu machen.

Bei der Anfertigung dieser Bodenzahlkarten wurden die einzelnen Unterteilungsgruppen so gewählt, daß sich insgesamt sechs Qualitätsstufen erfassen ließen. Um jedoch diese Bonitierungsgrade immer in Relation zu den Bodenverhältnissen der verschiedenen untersuchten Naturräume setzen zu können, wurden die Abstufungen der Bodenzahlen für die einzelnen Großbereiche unterschiedlich vorgenommen:

		Nordhessen *)	Hellwegbörden u. **) Warburger Börde
Stufe 1	Spitzenwerte	über 80	über 82
Stufe 2	Sehr gute Böden	71 - 80	74 - 82
Stufe 3	Gute Böden	61 - 70	65 - 73
Stufe 4	Mittlere Bo.-Güte	51 - 60	56 - 64
Stufe 5	Schlechte Böden	40 - 50	46 - 55
Stufe 6	Geringwertige Böden	unter 40	unter 46

*) Und die Gemarkungen Natingen, Schweckhausen und Willebadessen

**) Ohne die Gemarkungen Natingen, Schweckhausen und Willebadessen.

Die Abgrenzungen der einzelnen Qualitätsstufen wurden nach Rücksprache mit den amtlichen Bodenschätzern an den jeweiligen Kreisfinanzämtern vorgenommen. Während Nordhessen und die Hellwegbörden als einheitlich für eine solche graduelle Abstufung angesehen wurden, war bei der Warburger Börde eine Differenzierung zwischen den Gemarkungen im Kerngebiet und denen in den Randbereichen erforderlich.

Die vorliegenden vier Karten der Siedlungsumfelder bildeten im Untersuchungsgang die Grundlage der nächsten Arbeitsschritte. Um die Siedlungsumfelder in ihrer Zusammensetzung nach den Kriterien Relief, Ausgangsmaterial des Bodens, Bodenart, Reifestand des Bodens und Bodenertragsfähigkeit sicher beurteilen zu können, wurden die Flächenanteile der einzelnen Sachbereiche durch die Quadratmethode ausgezählt und ihr prozentualer Anteil im gesamten Umfeld errechnet.

3.2.3 Die Darstellung der Untersuchungsergebnisse

Um die Ergebnisse dieser Untersuchungen übersichtlich aufführen zu können, wurde die bei prähistorischen Arbeiten übliche Form eines Kataloges als Darstellungsart gewählt. Aufgegliedert wurde der Katalog in einen prähistorischen und einen geographischen Teil.

Der *prähistorische Teil* umfaßt neben einer genauen Bezeichnung (Gemarkungs- und Flurname) und Lokalisation des Fundplatzes Angaben zur zeitlichen Einordnung des Fundmaterials. Ferner war es wichtig, an dieser Stelle die Merkmale zu nennen, die es rechtfertigen, den jeweiligen Fundplatz als Standort einer Siedlung zu bezeichnen. In einigen Fällen war es dabei notwendig, mehrere Fundplätze, die nur durch wenige hundert Meter Abstand voneinander getrennt waren, deren Fundmaterial aber als zeitgleich einzuordnen war, als Hinweise auf *einen* Siedlungsplatz zu betrachten. Die Benennung der Fundumstände sollte ferner die Möglichkeit bieten, den Grad der Zuverlässigkeit der Einordnung des Fundplatzes als Siedlungsplatz zu überprüfen.

Der *geographische Teil* des Kataloges enthält neben einer Aufzählung der Standortmerkmale des Siedlungsplatzes eine Tabelle über die Ausstattungsmerkmale des Siedlungsumfeldes, die es ermöglichen soll, das ökologische Potential des Umfeldes zu erkennen und zu bewerten.

Die Angaben zur Höhenlage einer Siedlung beziehen sich immer auf den Mittelpunkt des Streubereiches der Funde. Auch bei den Angaben der Entfernung zum Wasservorkommen und zum nächsten lößbedeckten Bereich wurde von diesem Mittelpunkt ausgegangen. Neben der Distanzangabe zum Wasservorkommen schien es sinnvoll zu sein, die Art des Wasservorkommens zu bezeichnen. Die

---
[1] Vgl. zu diesem Fragenkomplex das Kapitel 4!

Entfernungsangabe bezieht sich, so es sich bei dem Wasservorkommen um einen Fluß oder Bach handelt, nicht auf die heutige Lage des Wasserlaufes, sondern auf dessen Auenbereich. Bei Quellen wurde allerdings - ungeachtet der Möglichkeit, daß diese ihre Lage rückschreitend am Hang verlegt haben können - von der heutigen Situation ausgegangen.

Bei der Kennzeichnung der Ausstattungsmerkmale des Umfeldes ist zu beachten, daß die Werte für die Hangneigung und für das Ausgangsmaterial der Bodenbildung sich auf das gesamte Umfeld beziehen, während die Werte für Bodenart, Entwicklungsstand und Bonitierung sich nur auf die Bereiche heutiger agrarischer Nutzflächen beziehen können. Die nicht erfaßbaren Bereiche sind neben Wald (W) und heutigen Siedlungen (HS) Abbauflächen (ABF) [1], klippenartig ausgebildete Felsbereiche (F) und Böschungen, deren Flächenanteil so groß ist, daß sie in der Reichsbodenschätzung wie Ödland, d.h. als dauernd nicht agrarisch nutzbarer Bereich, behandelt wurden. [2] Zu diesen nicht erfaßbaren Bereichen treten jene Zonen, die der Zielsetzung der Untersuchung entsprechend unberücksichtigt bleiben müssen. Es sind dieses die Alluvialbereiche (Al), die durch holozäne Akkumulationsprozesse gekennzeichnet sind.

4. Die Bewertungsmöglichkeiten der Faktoren Boden, Relief und Gewässernetz

Eine historisch-geographische Untersuchung der physisch-geographischen Bedingungen, unter denen sich die Ausbreitung einer bäuerlichen Kultur in Mitteleuropa vollzog, hat als Ausgangspunkt eine Bestandsaufnahme der *gegenwärtigen Verhältnisse*. Wenn auch die Frage, inwieweit die rezenten Verhältnisse zur Bewertung eines Standortes verwendet werden können, jeweils nur am Einzelfall zu entscheiden ist, so müssen dennoch einige grundsätzliche Überlegungen über den Grad und die Art der möglichen Veränderungen der einzelnen siedlungsbestimmenden Faktoren vom Atlantikum bis in die gegenwärtige Zeit durchgeführt werden. Hierbei ist außer nach den Formen der möglichen Veränderungen auch nach den Kräften zu fragen, die diese Umformungen bedingen.

Eine Grundfrage dieser Untersuchung bezieht sich auf den Ausrichtungsgrad der frühneolithischen Wirtschaftsflächen nach lößbedeckten Bereichen. In jenen Gebieten, in denen der Siedlungsplatz durch eine Lage im Löß oder durch eine randliche Lage zu einem lößbedeckten Areal einen eindeutigen Bezug zu diesem Ausgangsmaterial der Bodenbildung hat, ist eine solche Fragestellung verständlicherweise überflüssig. Dort aber, wo dieser Bezug den gegenwärtigen Verhältnissen nach nicht so klar festgestellt werden kann, muß jedesmal geprüft werden, ob nicht postneolithische Vorgänge boden- und auch reliefgestaltender Art das Verbreitungsbild lößbedeckter Flächen entscheidend veränderten und so eine ursprünglich an einem Lößboden ausgerichtete Standortwahl nicht erkennen lassen.

Die Untersuchung der möglichen Veränderungen des Faktors Boden können daher hauptsächlich in Verbindung mit dem Problem der Bodenerosion gesehen werden; daneben sind aber noch grundsätzliche Probleme der Bodenentwicklung seit dem Atlantikum zu erörtern.

4.1 Die Bodenerosion als gestaltender Vorgang

Mit dem Begriff Bodenerosion werden nach G. RICHTER alle Erscheinungen der Abtragung (Denudation, Erosion und Akkumulation) gekennzeichnet, die den Haushalt einer Landschaft *über ein naturgegebenes Maß hinaus* verändern. [3] Diese Erscheinungen werden durch die Wirtschaftstätigkeit der Menschen in Gang gesetzt und durch die Kraft des fließenden Wassers und des Windes bewirkt.

Da die Probleme der Auswehung eines Bodens sich hauptsächlich nur in sandbedeckten Gebieten ergeben, [4] diese aber von der Untersuchung nicht erfaßt werden, kann die Behandlung der Bodenerosion innerhalb dieser Arbeit auf die Auswirkungen des fließenden Wassers beschränkt bleiben.

In der Definition der Bodenerosion durch G. RICHTER wird als auslösender Faktor der wirtschaftende Mensch genannt. Die Erörterung der Formen und der bestimmenden Faktoren dieses

---

1) Ton- und Kiesgruben

2) In der Regel blieben aber die Böschungen wegen ihrer geringen Flächenausdehnung in der Reichsbodenschätzung unberücksichtigt, so daß sie bei der Darstellung der Umfelder nur in den Karten A und B eingezeichnet zu werden brauchten.

3) Richter, G., 1965, S. 2

4) Die Gefahr der Bodenzerstörung durch Auswehung ist z.B. bei Lößböden nur in einem sehr geringen Maße gegeben, und sie hat hier gegenüber der Abspülung nur eine untergeordnete Bedeutung. Vgl. Richter, G., 1965, S. 179

Vorganges hat daher auch den Grad der Einwirkung der anthropogenen Maßnahmen als auslösendes Moment hinreichend zu berücksichtigen.

4.1.1 Die Wirkung natürlicher und anthropogener Faktoren auf die Abspülungsprozesse

Um jeden Siedlungsstandort richtig bewerten zu können, ist nach den Vorgängen zu fragen, als deren Ergebnisse die heutigen Verhältnisse zu gelten haben. Die Erschließung der Intensität dieser Vorgänge wird aber dann möglich, wenn von den Faktoren ausgegangen wird, die das Maß der Abspülung wesentlich beeinflussen. Neben Menge und Dauer des Niederschlages und der Art der Vegetationsdecke können Hangneigung und Boden als die wichtigsten natürlichen Faktoren der Bodenerosion angesehen werden.

4.1.1.1 Der Einfluß von Hangneigung, Hanglänge, Lage am Hang und Hangform

Die Hangneigung beeinflußt den Abspülungsprozeß auf zweierlei Weise. An einem flachen Hang werden die Niederschlagsmengen länger zurückgehalten als auf einem steilen. Das Wasser hat also länger Zeit, in den Boden einzusickern, während es bei einem steilen Hang durch die Schwerkraft gezwungen wird, schneller abzufließen. Mit zunehmender Hangneigung vergrößert sich also bei Böden mit gleicher Wasseraufnahmefähigkeit die abfließende Wassermenge. Die zweite Auswirkung der Hangneigung auf den Bodenabtrag liegt in der Beschleunigung des abfließenden Wassers und damit in der erheblichen Erhöhung der Fließgeschwindigkeit. Da aber die kinetische Energie des abfließenden Wassers im Quadrat der Fließgeschwindigkeit wächst [1], wirken sich schon geringe Versteilungen um 1 oder $2°$ in deutlicher Weise auf die Mächtigkeit eines Bodens aus.

Die Einzeluntersuchung der Siedlungsplätze mit dem Ziele der Erfassung der möglichen Auswirkung der rezenten und historischen Erosionsvorgänge hat also die Reliefunterschiede so genau wie eben möglich zu beachten. Aus diesem Grund war auch die Feindifferenzierung des Reliefs, wie sie bei der Aufnahme der Umfelder vorgenommen wurde, unbedingt erforderlich.

Ein weiterer das Maß des Bodenabtrages beeinflussender Faktor ist die Hanglänge. Allgemein kann hierbei angenommen werden, daß ein längerer Hang von der Bodenerosion im stärkeren Maße erfaßt wird als ein kurzer, da sich mit zunehmender Hanglänge das Einzugsgebiet des abfließenden Oberflächenwassers erweitert und eine größere Wassermenge bedingt. Jedoch haben Messungen ergeben, daß durch topographische Unterschiede bedingt Abweichungen von dieser Regel durchaus möglich sind, so daß ein längerer Hang unter sonst gleichen Bedingungen nicht unbedingt stärker erosionsgeschädigt bzw. erosionsgefährdet zu sein braucht als ein kurzer. [2]

Eine weitere Veränderung des Verhältnisses von Hangneigung und Bodenabtrag ergibt sich aus der Lage am Hang: bei gleichbleibendem oder nur leicht ansteigendem Hangneigungswinkel nimmt die Bodenmächtigkeit trotz der hier allgemein höheren Abtragungsintensität hangabwärts zu. Die stärkere Verkürzung des Bodenprofils wird hier verhindert, weil der hangabwärts zunehmende Abtransport von abschwemmbaren Partikeln durch einen immer größer werdenden Zutransport von höher gelegenen Partien ausgeglichen wird. Jedem Punkt am Hang kann daher ein bestimmter Materialhaushalt zugewiesen werden, dessen beide Seiten Bodenabtrag und vorübergehende Ablagerung von Bodenpartikeln sind. [3] Je nach dem Verhältnis dieser beiden Komponenten zueinander werden die Bodenprofile am Hang stark oder weniger stark verkürzt. Nach der Art und Intensität der Erosionsvorgänge lassen sich daher am Hang Erosionsbereiche, Erosions-/Akkumulationsbereiche und Akkumulationsbereiche unterscheiden. Überträgt man diese Gliederung eines Hanges auf das Schema einer gebräuchlichen Gliederung in Unterhang bzw. Hangfuß, Mittelhang und Oberhang, so ist die Akkumulationszone dem Unterhang und Hangfuß, die Erosions-/Akkumulationszone dem Mittelhang und die Erosionszone dem Oberhang zuzuordnen.

Diese Intensitätszonen des Bodenabtrages bedürfen noch einer kurzen definitorischen Kennzeichnung. Der Erosionsbereich wird durch eine starke Profilverkürzung markiert, die aus dem Über-

---

[1] Richter, G., 1965, S. 69
[2] Richter, G., 1965, S. 66 ff.
[3] Richter, G., 1965, S. 71

wiegen der abtragenden Komponente resultiert. Liegt der Erosionsbereich unterhalb einer weiträumigen Verebnung, so setzt er am Hangknick zwischen Verebnung und Hang ein. Befindet sich aber der Erosionsbereich unterhalb eines wenig ausgedehnten Hangkopfes, so wird auch das Material des Hangkopfes abgetragen, und der Hangkopf muß in diesen Intensitätsbereich des Bodenabtrages einbezogen werden.

Der Erosions-/Akkumulationsbereich eines Hanges setzt dort ein, wo bei nahezu gleicher Hangneigung die Mächtigkeit des Solums gegenüber der Mächtigkeit des Solums am Oberhang deutlich zunimmt.

Der Akkumulationsbereich hat dort seinen Anfang, wo die aufschüttende Komponente gegenüber der abtragenden in einer Überlagerung des ursprünglichen Bodenprofils in Form des Kolluviums deutlich zum Ausdruck kommt.

Diese verschiedenen Intensitätszonen des Bodenabtrages liegen am Hang nicht fest, sondern können sich z.B. im Gefolge der agrarischen Nutzung am Hang verlagern. Auch kann sich diese Abfolge der einzelnen Zonen an einem Hang wiederholen, wenn ein kleiner Verflachungsbereich eine Akkumulation der abgetragenen Schwemmstoffe bedingt.

Für die Gliederung eines Hanges in Intensitätszonen des Bodenabtrages ist ferner seine Form von großer Wichtigkeit. Die Untersuchungen an Hanglängsprofilen haben ergeben, daß konvexe Hänge stärker erosionsgeschädigt sind als konvexkonkave und gestreckte. Den relativ geringsten Schädigungsgrad weisen Hänge mit einem konkaven Längsprofil auf. [1] Eine Auswirkung des Querprofils auf den Intensitätsgrad der Abtragung ist ebenfalls feststellbar. Im Vergleich zu glatten Hängen und Vollhängen wird der Boden an Hohlhängen am stärksten von der Erosion erfaßt. Bei einer Betrachtung, die die Auswirkung sowohl des Längs- als auch des Querprofils berücksichtigt, zeigt sich, daß konkave Hänge mit dem Querprofil eines Vollhanges am geringsten und konvexe Hänge mit Hohlhangquerprofil am stärksten den Abtragungskräften unterliegen. [2]

Eine weitere Verstärkung der Bodenerosion kann sich bei Einbruch des sogenannten Fremdwassers [3] ergeben, der eine erhebliche Vergrößerung der Abflußmenge des Oberflächenwassers zur Folge hat.

4.1.1.2 Der Einfluß des Bodens auf den Intensitätsgrad der Abtragung

Einen wichtigen Hinweis auf die Widerstandsfähigkeit eines Bodens gegenüber den Abspülungsprozessen vermag dessen Korngrößenzusammensetzung zu geben. Bestimmte feinere Korngrößen sind leichter erodierbar als gröbere, weil für deren Transport eine größere Schleppkraft erforderlich ist. [4] Daneben kann sich die Resistenz eines Bodens bei der Feinfraktion des Tons erhöhen, weil mit der zunehmenden Dichtlagerung feiner Korngrößen die Kohäsion dieser Partikel beim Abtransport eine Erhöhung der Schleppkraft erforderlich macht. Neben der Körnung wirkt sich auch noch die Stabilität der Bodenaggregate auf die Erosionsresistenz eines Bodens aus. Böden mit einem hohen Tongehalt neigen wegen ihres hohen Anteils an natürlichem Kolloid zur Aggregatbildung. Mit der Zunahme gröberer Kornfraktionen nimmt die Fähigkeit des Bodens ab, Aggregate zu bilden. Während also die Sandfraktionen durch das größere Eigengewicht der Bodenpartikel und die Tonfraktionen durch die Bildung von Aggregaten eine relative Erosionsresistenz aufweisen, haben schluffige Böden weder eine Korngröße, die durch das Eigengewicht der Körner der Abtragungskraft des fließenden Wassers genügend Widerstand entgegensetzt, noch die Fähigkeit, Aggregate zu bilden.

Schluffreiche Böden haben deshalb die schwächste Erosionsresistenz, die außer durch die geringe Strukturstabilität auch noch durch die Neigung zur Zerschlämmung bedingt ist.

So läßt sich bei Lößböden vielfach beobachten, daß durch die Zerschlämmung an der Oberfläche nach anfangs den Lößböden eigener hoher Wasseraufnahmefähigkeit diese Fähigkeit sehr schnell abnimmt und einen schichtflutartigen Oberflächenabfluß bedingt, der starke Abtragungskräfte auslöst. Dieser Prozeß ist besonders bei Starkregen festzustellen.

Da aber in dieser Untersuchung vielfach von der Fragestellung auszugehen ist, ob eine noch im Neolithikum vorhandene Lößbedeckung inzwischen durch die Bodenerosionsprozesse völlig abgetragen ist, *muß die geringe Widerstandsfähigkeit der Lößböden stets bei der Beurteilung*

---

1) Richter, G., 1965, S. 76 ff; Scheffer, F. und P. Schachtschabel, 1966, S. 372
2) Vgl. dazu Abb. 5
3) Als Fremdwasser wird das abfließende Niederschlagswasser bezeichnet, das nicht vom Hang stammt, sondern von höher gelegenen Reliefteilen, von denen das Fremdwasser durch Fremdwassersammler (z.B. Dellen) abgeleitet wird.
4) Richter, G., 1965, S. 82; Scheffer, F. und P. Schachtschabel, 1966, S. 372

der Ausstattungsmerkmale der Umfelder berücksichtigt werden. Gerade für diesen Bewertungsaspekt ist es nun von großer Wichtigkeit, jene Hangneigungsbereiche zu kennen, bei denen eine Lößerosion mit einiger Sicherheit noch auszuschließen ist.

Nach LENA HEMPEL läßt sich auf Löß bereits bei $2°$, gelegentlich schon bei $1°$ Hangneigung eine sichtbare Abtragung feststellen,[1] G. RICHTER dagegen wertet die Abspülungsgefahr im Flachrelief ($0-2°$) als sehr gering.[2] Auf größeren Verflachungsbereichen mit einem nahezu ebenen Relief (maximal $1°$ Neigung) oder gar auf Verebnungsflächen dürften daher nur Verspülungsprozesse mit einer einebnenden Wirkung, nicht aber ein Abtransport der abschwemmbaren Bodenteilchen im großen Maße zu erwarten sein. Außer der Hangneigung muß also auch die Flächengröße eines Bereiches mit nahezu ebenem Relief berücksichtigt werden, um prüfen zu können, ob eine ehemalige Lößbedeckung völlig erodiert werden konnte.

Auf der Grundlage dieser Überlegungen soll bei den Umfelduntersuchungen das Vorkommen von Nichtlößbödensubstraten kritisch gewertet werden, und es ist dabei stets zu prüfen, wie groß die Möglichkeit ist, daß die heutigen Verhältnisse die Ausrichtung eines Siedlungsplatzes nach ehemals lößbedeckten Flächen nicht erkennen lassen.

4.1.1.3 Die Auswirkung der anthropogenen Eingriffe auf die Bodenerosion

Nach G. RICHTER ist der auslösende Faktor der Bodenerosionsprozesse der wirtschaftende Mensch.[3] Die ersten Eingriffe in den Bodenhaushalt der Naturlandschaft mit dieser Initialwirkung geschahen seit dem Neolithikum durch die Anlage von Ackerflächen oder, allerdings in abgeschwächter Form, durch die Waldweide.[4] Diese Eingriffe setzten sich in dem Maße verstärkt fort, wie in prähistorischer und historischer Zeit weitere Bereiche von der Besiedlung erfaßt wurden und der Bodenbau immer intensiver betrieben wurde.

Das die Bodenerosion auslösende Element liegt in der Auflockerung oder gar völligen Entfernung der Vegetationsdecke. Ein ständiges Bearbeiten der Bodenoberfläche durch Pflügen und Hacken ermöglicht aber erst einen Abspülungsprozeß großen Ausmaßes.

Das Größenverhältnis der Abtragung auf Ackerflächen gegenüber Waldflächen zeigt sich sehr anschaulich an der Feld-Waldgrenze, wo der Übergang von den Ackerflächen zu den forstwirtschaftlich genutzten Arealen durch eine deutlich sichtbare Geländestufe, die sogenannte Waldrandstufe, gekennzeichnet ist.[5]

Unter Laubwaldbedeckung mit einer ausreichenden Bestockungsdichte läßt sich kein rezenter Bodenabtrag feststellen,[6] während allerdings auf Arealen mit Nadelwaldbedeckung nach LUDWIG HEMPEL noch Abspülungsprozesse stattfinden können.[7]

Wie groß der Erosionsschutz einer Laubwaldbedeckung sein kann, läßt sich an den von LENA HEMPEL untersuchten Tilken und Sieken aufweisen.[8] Denn überall dort, wo diese überwiegend im Pleistozän angelegten und in prähistorischer und vor allem in historischer Zeit mit dem Abspülungsmaterial benachbarter Ackerflächen an der Talsohle aufgefüllten und damit in ihrem Aussehen veränderten Hohlformen durch einen Wald verlaufen, ist die Sohle noch nicht oder nur gering mit Erosionsmaterial verfüllt, und die Ausgangsformen der Tilken bzw. der Sieke, Kerb- oder Muldentäler, sind erhalten geblieben.[9]

Eine Grasvegetation in Form einer dauernden Grünlandnutzung kann auch schon ein wesentliches Erosionshemmnis darstellen. Einschränkend muß dazu aber gesagt werden, daß eine ständige Überweidung ebenfalls eine schwere Erosionsschädigung des Bodens zur Folge haben kann. Aber am stärksten sind die Bereiche betroffen - und dieses gilt besonders für Lößböden - die schon jahrhundertelang in Ackernutzung sind. Die Fähigkeit des Lößbodens, auch bei einem ständigen Bodenabtrag noch im hohen Grade produktiv zu sein, begünstigte eine Nutzung zum Teil ohne jegliche Schutzmaßnahmen gegen die Erosion. Nach G. RICHTER kann auf diese Weise an erosionsgefährdeten Hanglagen eine Lößdecke mit einer Mächtigkeit von einem Meter in der

---

1) Hempel, Lena, geb. Tecklenburg, 1957, S. 7

2) Richter, G., 1965, S. 235

3) Richter, G., 1965, S. 135

4) Vgl. zum Fragenkomplex der Auswirkungen der frühesten bäuerlichen Besiedlung Kapitel 7

5) Wandel, G. und E. Mückenhausen, 1949

6) Wandel, G. u. E. Mückenhausen, 1949, S. 538; Werner, D., 1962, S. 393

7) Hempel, Ludwig, 1956b, S. 142 f.

8) Als anthropogene Ausgangsform der Tilken treten auch Hohlwege auf, die später an ihrer Sohle mit Abspülungsmaterial verfüllt wurden und eine ähnliche Form wie die Tilken natürlichen Ursprungs haben.
Hempel, Lena, geb. Tecklenburg, 1957, S. 38

9) Hempel, Lena, geb. Tecklenburg, 1954a

Zeit von 1-1 1/2 Jahrhunderten total aufgezehrt sein.[1] Das Problem der stark erosionsanfälligen Ackerflächen ist, wie eine Untersuchung von LENA HEMPEL zeigt, ein altes Übel des Ackerbaus, das schon früh erkannt wurde.[2]

Als ein Indikator für die besonders in Lößgebieten stattgefundene und noch ablaufende Bodenerosion kann die Bildung der sogenannten Auelehme gewertet werden. Bei den Überschwemmungen der Flüsse kommt es wegen der hohen Sinkstoffbelastung zu einer Ablagerung der mitgeführten, von den Hängen erodierten Bodenpartikel in einer zusammenhängenden Decke in den Auen der Flüsse. Der Auelehm ist also ein ausgesprochenes Hochwassersediment,[3] dessen Mächtigkeit bis zu einigen Metern reichen kann.

W. STRAUTZ[4] sieht in den das Landschaftsbild verändernden Tätigkeiten des Menschen zwar ein verstärkendes Element der Auelehmbildung, nicht aber die Ursache dieser Akkumulationsprozesse. Als Voraussetzung der Auelehmsedimentation wird von W. STRAUTZ die Tatsache angesehen, daß im Einzugsbereich eines Flusses feinklastisches Bodenmaterial in einem zur Auelehmbildung ausreichenden Maße zur Verfügung steht, als Ursache werden jedoch holozäne Klimaänderungen und eustatische Meeresspiegelschwankungen gewertet, die eine häufige Überflutung der Talauen bedingten.[5] LUDWIG HEMPEL[6], K.D. JÄGER[7], H. MENSCHING[8] und H. NIETSCH[9] sehen dagegen die mit der Besiedlung einhergehenden Entwaldungen und den intensiven Ackerbau als eigentliche Ursache der Auelehmsedimentation der Flüsse an.

Entscheidend ist aber, daß in beiden Positionen zur Ursachenfrage *die Bodenerosion* als ein wichtiger, das Maß der Auelehmablagerung bestimmender Faktor gewertet wird.[10]

4.1.2 Die Auswirkungen der Bodenerosion

Die wesentlichste Auswirkung der Bodenerosion liegt, wie bereits dargestellt, in der ständigen Profilverkürzung eines Bodens. Die damit einhergehenden Veränderungen der Korngrößenzusammensetzung, der Struktur und der Strukturstabilität und die damit verbundene Minderung der Permeabilität, ferner die Veränderung des Wasserhaushalts und des Bodenprofils und die Herabsetzung des Gehaltes an organischen Substanzen und Mineralien bedürfen im Rahmen dieser Untersuchung keiner ausführlichen Erläuterungen[11], sondern es genügt an dieser Stelle der Hinweis, daß diese Auswirkungen, die alle erst *nach* der frühesten bäuerlichen Besiedlung eintreten konnten, die Ertragsfähigkeit eines Bodens im hohen Grade mindern bzw. bei einer Erosion mit einer Profilverkürzung bis auf das bodenbildende Substrat total herabsetzen können. Die Frage, inwieweit die heutige Ertragsfähigkeit eines Bodens, wie sie durch die Bodenzahl bei der Bonitierung ausgedrückt wird, als Orientierung bei der Ableitung der Verhältnisse im beginnenden Neolithikum zu verwenden ist, kann also nur dann beantwortet werden, wenn diese mindernden Einflüsse der Bodenerosion auch berücksichtigt werden.

Als einzigen Fall einer positiven Auswirkung der Bodenerosion kann auf die Untersuchung einer Parabraunerde verwiesen werden, bei der durch die Anschneidung eines tonreicheren Horizontes eine Verbesserung der Sorptionsverhältnisse, des Wasserhaltevermögens und eine größere Stabilität des Bodengefüges für eine begrenzte Übergangszeit bewirkt wurde.[12] Eine weitere positive Auswirkung der Erosion ist noch in den Bereichen denkbar, wo auf Löß ein bestimmter Bodenabtrag den A-Horizont immer im Einflußbereich des sich vertikal nach unten verlagernden Kalklösungshorizontes beläßt und so eine Reaktion des Bodens im günstigen PH-Wertbereich bedingt.

Eine weitere Auswirkung des Bodenabtrages liegt in der Umformung des Kleinreliefs. Die Größenordnung der Reliefgestaltung durch holozäne Prozesse ist in der Forschung jedoch umstrit-

---

1) Richter, G., 1965, S. 100
2) Hempel, Lena, geb. Tecklenburg, 1954b
3) Mensching, H., 1952, S. 219
4) Strautz, W., 1963
5) Strautz, W., 1963, S. 303 f.
6) Hempel, Ludwig, 1956a, S. 41
7) Jäger, K.D., 1962, S. 49
8) Mensching, H., 1951, S. 64 und 1952, S. 220
9) Nietsch, H., 1955, S. 38
10) Vgl. zu den weitergehenden Interpretationsmöglichkeiten der Auelehme für die Fragestellung dieser Untersuchung Kapitel 7
11) Vgl. zum Problem der Auswirkungen der Bodenerosion Richter, G., 1965, S. 253-279!
12) Große, B., 1963

ten. Während mit J. BÜDEL, C. TROLL und H. MORTENSEN [1] eine Forschungsrichtung repräsentiert wird, die den Einfluß holozäner, insbesondere die vom Menschen ausgelösten bzw. beeinflußten Vorgänge der Reliefformung als unbedeutend [2] und die periglazialen Formen im Kleinrelief als vorherrschend betrachtet, betonen die Untersuchungen, die vorwiegend in Ackerlandschaften durchgeführt wurden, [3] den Einfluß der von den Menschen ausgelösten Formungskräfte der Bodenerosion. Das reliefformende Element der Bodenerosion liegt in der Umgestaltung bzw. Auffüllung periglaziärer Hohlformen, aber auch in der Bildung von Hohlformen wie Hangrinnen und sogenannten Schluchten im Ackerland. Als weitere, allerdings hochgradig durch die spezifische Art der Bodenbearbeitungstechnik bedingten Formungen der Akkumulationskräfte können Ackerterrassen und Hoch- oder Stufenraine gewertet werden. Die Veränderungen am Hanglängsprofil gelten dagegen als unwesentlich. [4]

4.1.3 Die Möglichkeiten der Feststellung erodierter Böden anhand der Umfeldkarten

Die Grundlage für die Bearbeitung aller Fragestellungen dieser Untersuchung bilden die Umfeldkarten der einzelnen Siedlungsplätze. Die Frage nach erodierten Böden im Nahbereich einer Siedlung ist also auch auf dieser Arbeitsgrundlage zu beantworten. Während die Karte A Auskunft über die morphologischen Elemente des Umfeldes gibt, können von der Karte B Aufschlüsse über erosionsgefährdete Hangneigungsbereiche gewonnen werden.

Als eigentliche Grundlage für die Beantwortung der Frage, inwieweit die heutigen Verhältnisse Auskunft über in der Vergangenheit stattgefundene oder noch heute ablaufende Vorgänge mit verändernder Wirkung zu geben vermögen, kann die Karte C betrachtet werden, weil sie sowohl das Ausgangsmaterial der Bodenbildung, die Bodenart und den Entwicklungsstand des Bodens erfaßt.

Die Möglichkeit, daß eine ehemals vorhandene Lößbedeckung total dem Bodenabtrag unterlag, muß bei allen Umfeldern überprüft werden, *deren Böden den heutigen Verhältnissen nach n i c h t aus Löß hervorgegangen sind*. Gerade aber für diese Fragestellung kann die auf der Grundlage der Reichsbodenschätzung erstellte Karte als gutes Arbeitsmaterial gewertet werden. Denn im Gegensatz zu der Aufnahme der geologischen Meßtischblätter werden bei der Reichsbodenschätzung auch noch kleinflächige Lößdeckenreste und vor allem geringmächtige Lößböden - bei der geologischen Aufnahme werden Lößdecken nur mit einer Mächtigkeit von über 40 cm kartiert - erfaßt.

Erodierte, aber noch relikthaft vorhandene Lößböden werden durch das Klassenzeichen LöV oder Lö/V oder analog dazu LöD oder Lö/D kenntlich gemacht. Während das erste Zeichen darauf verweist, daß ein Lößbodenhorizont nicht mehr vorhanden ist, sondern daß der Löß mit den Verwitterungsprodukten des Anstehenden vermengt ist, zeigt das zweite Zeichen noch eine deutliche Schichtung des Lösses über den Verwitterungsböden bzw. über dem sogenannten Diluvialmaterial an. Das Zusatzzeichen g = grob weist auf einen hohen Skelettanteil im Solum hin. Der fortgeschrittene Erosionsprozeß mit allen seinen Auswirkungen auf den Boden wird weiterhin noch durch die Gruppe 3 des Entwicklungsstandes (Zustandsstufen 6 u. 7 und bei Löß 5 u. 6 der Reichsbodenschätzung) des Bodens verdeutlicht. [5]

Einschränkend muß allerdings gesagt werden, daß Grenzfälle denkbar sind, bei denen die in der Reichsbodenschätzung verwendete Methode der Substratbestimmung nicht ausreichen kann, um letzte Klarheit über einen möglicherweise einst vorhandenen und heute erodierten Lößboden zu geben.

---

1) Vgl. Richter, G., 1965, S. 283 f.

2) "Alle unsere Messungen über die soil erosion erfassen nur ein Augenblicksbild, das weder für die früher entstandene heutige Form noch für die heute entstehende zukünftige Form bedeutungsvoll zu sein braucht. Unsere heutigen Hänge sind zu einem wesentlichen Teil entstanden in einer Zeit. wo der Mensch noch nicht maßgeblich in den Ablauf der Kräfte eingegriffen hatte." Mortensen, H., 1963, S. 23

3) Hempel, Lena, geb. Tecklenburg, 1957

4) Vgl. dazu Richter, G., 1965, S. 283-310

5) An dieser Stelle sei Herrn Dr. H. MERTENS, Geologisches Landesamt Nordrhein-Westfalen, Krefeld, für seine freundliche Beratung gedankt.

4.2 Die Bewertungsmöglichkeit des Faktors Boden

Bei der Bewertung des Bodenbildes sind also in erster Linie die Auswirkungen der Bodenerosion zu bedenken, und es ist immer zu fragen, ob die postmesolithischen Veränderungen nicht so radikal waren, daß das im Neolithikum bodenbildende geologische Substrat mit den dieser Untersuchung zugrundeliegenden Bestimmungsmethoden nicht mehr faßbar wird.

Weiterhin muß berücksichtigt werden, daß der heutige Boden in einem ganz anderen Stadium der Entwicklung steht als zur Zeit des Neolithikums. Die Frage nach der Übertragbarkeit des heutigen Leistungsbildes eines Bodens in die Zeit des Atlantikums hat also davon auszugehen, daß mit den Veränderungen der bodengenetisch wichtigen Faktoren Klima, Wasserverhältnisse und Vegetation auch der normale Ablauf der Entwicklung eines Bodens gestört oder gar geändert wurde, daß der Faktor Zeit mit einer Dauer von ca. 6.000 Jahren eine wichtige Bedeutung hat und daß letztlich der heute zu beurteilende Boden kein *Naturboden*, sondern ein *Kulturboden* ist, d.h. ein durch anthropogene Maßnahmen in seiner Genese sowohl positiv als auch negativ beeinflußter Boden.

Die Frage der Berücksichtigung der Bodenentwicklung ist allerdings nur bei der Beurteilung der Bodenproduktivität von Bedeutung. Da aber als Kriterium der Standortbewertung der Siedlungen primär das Ausgangsmaterial der Bodenbildung genommen wird, ergeben sich bei der Übertragung des Bodenbildes keine weiteren grundlegenden Schwierigkeiten.

4.3 Die Bewertungsmöglichkeiten von Relief und Gewässernetz

In den Ausführungen über die Bodenerosion konnte gezeigt werden, daß die gegenwärtigen Hangneigungsverhältnisse als Grundlage der Beurteilung des Ausrichtungsgrades der Siedlungen nach dem Relief zu werten sind, da die postmesolithischen Hangveränderungen sich noch in einer Größenordnung bewegen, die es erlaubt, sie im Rahmen dieser Fragestellung der Untersuchung unberücksichtigt zu lassen.

Die Frage des Ausrichtungsgrades der Siedlungen nach einem Wasservorkommen bezieht sich auf die Art und die Entfernung zum jeweiligen Vorkommen. Da bei Bächen und Flüssen der Abstand zwischen Aue und Siedlungsplatz als Grundlage der Bewertung genommen wurde und die Aue als deutlich sichtbare Markierung des Bereiches zu gelten hat, in dem der Wasserlauf vor seiner Regulierung pendeln konnte, entstanden für diese Fragestellung keine Schwierigkeiten der Übertragung der heutigen Verhältnisse auf die Zeit des Neolithikums. Die so gefaßte Entfernung ist immer als Mindestabstand zwischen Wasserlauf und Siedlungsplatz zu verstehen, wobei noch zu berücksichtigen ist, daß dieser Abstand bei Bachläufen wegen der geringen Schwankungsbreite von wenigen Dekametern nur geringfügig von dem tatsächlichen Abstand abweichen kann. Größere Abweichungen sind dagegen bei Flüssen mit breiten Auen denkbar.

Bei Quellen ist ebenfalls mit einer gewissen Ungenauigkeit der Abstandsangabe zu rechnen. Bei Lageveränderungen von Quellen kann die hangaufwärtige Verlegung als Regelfall bezeichnet werden. Jedoch ist auch eine Tieferverlegung am Hang oder gar ein Versiegen der Quelle bei einer Absenkung des Grundwasserstandes möglich. Bei einem Abwärtswandern der Quellen bleiben fossile Quellnischen am Hang zurück. [1] Grundsätzlich wird aber in dieser Untersuchung von der heutigen Lage der Quellen ausgegangen, und nur bei den Siedlungsstandorten, denen kein Wasservorkommen im näheren Bereich zuzuordnen ist, werden im Gelände die Möglichkeiten einer Quellverlegung überprüft.

---

[1] Hempel, Ludwig, 1974, S. 119 und Rohdenburg, H., 1971, S. 254

5. Der Einfluss physisch-geographischer Raumfaktoren auf die Früh- und Mittelneolithische Besiedlung

Da diese Untersuchung Siedlungsbereiche mit sehr verschiedener naturräumlicher Ausstattung erfaßt und die Auswahl eines Siedlungsplatzes sich letztlich nur an *den* Landschaftselementen orientiert haben kann, die in den einzelnen Naturräumen vertreten sind, schließt sich eine synoptische Betrachtungsweise aller Besiedlungsgebiete in der ersten Stufe der Untersuchung völlig aus. So muß die Frage nach den einzelnen siedlungsbestimmenden Faktoren zunächst immer auf einen Teilraum des Untersuchungsgebietes bezogen werden. Erst nach Herausarbeitung der Einzelmerkmale hat dann der übergreifende Vergleich zu erfolgen. Im Rahmen dieser Gesamtbeurteilung des früh- und mittelneolithischen Siedlungsverhaltens bietet sich dann auch ein Vergleich mit prähistorischen Arbeiten gleicher oder verwandter Fragestellung an, damit der regionale Rahmen der Untersuchung erweitert wird und geprüft werden kann, ob eine Übereinstimmung in den Aussagen allgemeingültiger Art trotz eines anderen methodischen, d.h. historisch-geographischen Ansatzes erzielt werden kann.

5.1 Zur Nomenklatur der Besiedlungseinheiten

Die Darstellung des Ablaufes eines Besiedlungsvorganges hat als Grundlage das Verteilungsbild der archäologisch erfaßten Siedlungen. Unterschiede in der Zahl der Siedlungen und in ihrer Anordnung im Raum lassen die Verteilungsbilder sehr verschieden aussehen: neben Bereiche höchster Besiedlungsintensität treten Gebiete völliger Siedlungsleere.

Eine siedlungsgeographische Nomenklatur, die den Verbreitungsbildern prähistorischer Siedlungen gerecht werden soll, hat zweifellos von diesen Unterschieden auszugehen und muß diese möglichst eindeutig erfassen können. Jedoch ist bei der Bezeichnung der Besiedlungseinheiten bisher noch keine Nomenklatur geschaffen worden, die sich ohne Schwierigkeiten auf alle Besiedlungsverhältnisse uneingeschränkt anwenden ließe. In Anlehnung an die Arbeiten von H. JANKUHN [1] soll im Verlauf der Untersuchung der Versuch unternommen werden, bereits im Gebrauch befindliche, aber z.T. nicht klar definierte Termini inhaltlich so zu füllen, daß sie eine wesentliche Erleichterung bei der Beschreibung und Interpretation der früh- und mittelneolithischen Besiedlungsvorgänge sein können.

Als kleinste Einheit eines Besiedlungsgebietes kann ohne jegliche definitorische Schwierigkeiten die einzelne Siedlung gleich welcher Größe mit ihrem wirtschaftlichen Nutzungsraum bezeichnet werden. Das für die Physiognomie des Raumes wesentliche Kennzeichen dieser Siedlung ist die Umgestaltung der Vegetationsverhältnisse durch die Wirtschaftstätigkeiten des Menschen. So kann dabei von der Annahme ausgegangen werden, daß die vegetationsverändernden Eingriffe des Menschen - zu diesen sind in einem bewaldeten Gebiet nicht nur die Tätigkeiten des Rodens zur Schaffung von Anbauflächen, sondern auch Maßnahmen der Holzgewinnung für Bau- und Brennzwecke und letztlich die Viehhutung zu rechnen - um jede Siedlung einen, je nach Bewohnerzahl dieser Siedlung mehr oder weniger stark gelichteten Bereich zu schaffen. Mit zunehmender Entfernung verdichtet sich infolge der Abnahme der Intensität der Eingriffe die Waldvegetation wieder. Bei Siedlungen, die ohne einen großen Abstand zueinander bestehen, können die gelichteten Waldbereiche, möglicherweise auch die Anbauflächen, ineinander übergehen und so einen größeren Bereich schaffen, der sich deutlich von der unbesiedelten Umgebung abhebt.

Ein so gekennzeichneter Bereich soll hier als *Siedlungskammer* bezeichnet werden. Diese kann demnach landschaftliche Auswirkung *einer* als auch *mehrerer* Siedlungen sein. Die Schwierigkeiten bei der Herausarbeitung dieser so definierten kleinsten Einheiten eines Besiedlungsgebietes liegt in der Abgrenzung des Bereiches, der eine deutliche Umgestaltung seiner Vegetation - von kleinen Restflächen abgesehen - gegenüber den vom Menschen nicht beeinflußten Gebieten aufweist. Klare Definitionen oder Abgrenzungen sind verständlicherweise in der Literatur nicht zu finden. Denn zuviele Unwägbarkeiten lassen dieses Vorhaben als nahezu undurchführbar erscheinen. Die Unkenntnis der Größenordnung der Bevölkerungszahl der einzelnen Siedlungen und die nicht genaue Kenntnis des Standes der Agrartechnik machen es unmöglich,

---
[1] Jankuhn, H., 1961/63 und 1964

genaue Angaben über den durchschnittlichen Flächenbedarf einer Siedlung dieser frühbäuerlichen Kulturgruppen zu machen.

Für die kaiserzeitlichen Verhältnisse im südholsteinischen Siedlungsgebiet nimmt H. JANKUHN jeweils einen durchschnittlichen Flächenbedarf für den Ackerbau, d.h. einen völlig waldfreien Bereich, von ein bis zwei Quadratkilometern pro Siedlung an. [1] Die Größenordnung des Bereiches, in dem der Mensch den Wald durch Holzeinschlag und Viehhutung beeinflußt, kann auch nur ungefähr angedeutet werden. Der kartographischen Darstellung [2] nach scheint H. JANKUHN hier einen Umkreis von ca. fünf bis acht Kilometern anzunehmen.

Jedoch können diese auf besser erforschbare Verhältnisse gründenden, aber keineswegs abgesicherten Ergebnisse zum Siedlungswesen der römischen Kaiserzeit nicht ohne weiteres auf die früh- und mittelneolithischen Kulturen übertragen werden. Vielmehr sollte geprüft werden, ob es in der Untersuchung möglich ist, den Begriff Siedlungskammer für diese frühe Zeit in seiner Dimension annähernd festzulegen.

Bei der der Siedlungskammer übergeordneten Einheit, dem *Siedlungsraum*, ist das Problem der Abgrenzung gleichartig. Als Siedlungsraum sei hier der besiedelte Bereich bezeichnet, der durch eine ausgedehnte, völlig unbesiedelte Zone von dem nächsten besiedelten Gebiet getrennt ist. Als siedlungsleere Zone soll hier der Bereich gelten, der in keiner Weise vom Menschen beeinflußt wird. Ein Siedlungsraum besteht also aus einer zusammenhängenden Fläche einzelner benachbarter Siedlungskammern, und er findet per definitionem dort seine Begrenzung, wo der Abstand zwischen zwei gleichzeitig bestehenden Siedlungen so groß ist, daß sich deren Nutzungsräume nicht mehr berühren, geschweige denn überlappen können. Das Abgrenzungsproblem bei Siedlungsräumen wird also zurückgeführt auf das Problem der Festlegung des Bereiches, der noch eine sichtbare Beeinflussung durch den Menschen erfährt.

Als dem Siedlungsraum übergeordneter Begriff sei hier das Besiedlungs- oder Siedlungsgebiet genannt. Mit ihm werden großräumliche Einheiten erfaßt, die aus mehreren Siedlungsräumen bestehen.

Bei der Untersuchung der von dieser Arbeit erfaßten früh- und mittelneolithischen Siedlungsgebiete soll also versucht werden, die in der vorgenommenen Weise definierten Besiedlungseinheiten herauszuarbeiten und Kriterien zu ihrer räumlichen Abgrenzung zu finden.

5.2 Das Besiedlungsgebiet in der Hellwegzone [3]

Die gesamte Hellwegzone weist zwei deutlich voneinander getrennte früh- und mittelneolithische Besiedlungsbereiche auf. Im Westernhellweg, im Stadtgebiet von Bochum, befinden sich vierzehn Siedlungsplätze der Linienbandkeramik und ihrer Nachfolgekulturen. Diesem Besiedlungsschwerpunkt steht im Osten ein Besiedlungsbereich gegenüber, der eine starke Konzentration der Siedlungen im Stadtgebiet von Werl zeigt. Zwischen diesen beiden ausgeprägten Siedlungszentren im Westen und Osten der Hellwegzone erstreckt sich ein etwa 40 Kilometer langer Streifen völliger Siedlungsleere. [4] Da in diesem siedlungsleeren Gebiet die gleichen Bedingungen der Fundentdeckung und Fundaufnahme wie im Gebiet von Bochum und Soest/Werl gegeben sind, [5] kann diese deutliche Lücke im Verbreitungsbild der Siedlungen nicht als ein Ergebnis eines mangelhaften Forschungsstandes interpretiert werden, sondern ist als im Früh- und Mittelneolithikum tatsächlich vorhandener besiedlungsfreier Raum aufzufassen.

Bei der Größenordnung des Abstandes zwischen der östlichst gelegenen Siedlung des Siedlungsbereiches um Bochum und der westlichst gelegenen Siedlung der Siedlungskonzentration um Werl ist eine Berührung der Bereiche der anthropogenen Einflußnahme auf die natürliche Vegetation in keiner Weise möglich gewesen. Daher sind beide Besiedlungsbereiche im Sinne der hier vorgenommenen Definition als *Siedlungsräume* zu bezeichnen.

Da innerhalb dieser Untersuchung nur einer der beiden Siedlungsräume der Hellwegzone bearbeitet werden konnte, mußte eine Auswahl zwischen dem Siedlungsraum im Westernhellweg und dem in

---

1) Jankuhn, H., 1961/63, S. 22   2) Jankuhn, H. 1964, S. 269 Abb. 6
3) Vgl. Anhang Karte 1.1 und 1.2
4) Mit Ausnahme eines in Dortmund-Asseln gefundenen Schuhleistenkeils (zum Begriff s. Kapitel 7.1.2) läßt sich in diesem Gebiet nicht ein früh- oder mittelneolithischer Fund nachweisen.
5) Nach Auskunft von I. GABRIEL

den Hellwegbörden vorgenommen werden. Es wurde dem östlichen Siedlungsraum der Vorzug gegeben, weil dieser dem übrigen Arbeitsgebiet, der Warburger Börde und dem nordhessischen Hügel- und Senkenland, räumlich näherliegt und eine nicht so starke Überbauung, die eine Ermittlung der Boden- und Reliefverhältnisse zum Teil unmöglich werden läßt, aufweist.

5.2.1 Der Siedlungsraum in den Hellwegbörden

Die Untersuchung über die innere Struktur der Siedlungsräume hat dem primären Untersuchungsziel dieser Arbeit zufolge danach zu fragen, inwieweit Gruppierungen und eventuelle Ballungen von Siedlungen eine Erklärung durch naturräumliche Gegebenheiten finden können und ob die Trennzonen zwischen den Siedlungsräumen ebenfalls durch physisch-geographische Faktoren bedingt sind. So soll jeweils an den Anfang der Untersuchung eines Siedlungsraumes eine kurz gefaßte Beschreibung der Ausstattung der von den einzelnen Besiedlungsgebieten erfaßten naturräumlichen Einheiten gestellt werden.

5.2.1.1 Die naturräumliche Ausstattung des Siedlungsraumes

Zwischen der westfälischen Tieflandsbucht und dem Süderbergland befindet sich der von West nach Ost verlaufende ca. 12-17 km breite Lößsaum des Hellwegs. 1) Die Hellwegbörden, das Kerngebiet dieses Lößstreifens weisen von N nach S einen allmählichen Anstieg von ca. 85 m nach ca. 250 m auf, der durch die randlich aufgewölbten, eine Schichtstufe bildenden Kreideschichten der Westfälischen Tieflandsbucht bedingt ist. Diese Schichtstufe, als Haar oder Haarstrang bezeichnet, bildet mit seiner nach S gerichteten, zur Ruhr und Möhne mit ca. 50 bis 70 m abfallenden Stufenstirn eine markante Scheide zwischen Börde und südlich anschließendem Bergland. Eine weniger scharfe Begrenzung findet die Börde im Norden durch das Lippetal.
Unterschiedliche Neigungsverhältnisse in den Hellwegbörden - ein erst allmählicher Anstieg von der Lippetalung bis etwa zur Höhe der 100m-Isohypse, von dort eine stärkere Steigung bis zur Haarhöhe - lassen eine Gliederung in Unter- und Oberbörde zu. Diese Änderung in den Abdachungsverhältnissen ist durch die Überlagerung der stufenbildenden Cenoman- und Turonkalke von den seichter lagernden Schichten des Emschermergels bedingt. Da die Kalke wasserdurchlässig, die Mergelschichten aber wasserstauend sind, ist die Linie, an der die Kalkschichten überlagert werden, durch einen ausgeprägten Horizont von Stauquellen deutlich markiert. Die Quellaustritte entlang dieses Horizontes sind Ursache der Aufreihung der Städte und zahlreichen Dörfer in diesem Bereich der Börde. Der Hellweg, der historische Ost-West-Handelsweg, verlief entlang dieser naturräumlichen Grenze.
Insgesamt gesehen umfaßt der früh- und mittelneolithische Siedlungsbereich im östlichen Teil der Hellwegbörden als naturräumliche Untereinheiten die Soester Unter- und Oberbörde, die Werl-Unnaer Börde, die Geseker Oberbörde und den Haarstrang. 2) Als wichtiges Kriterium bei der Ausscheidung der naturräumlichen Untereinheiten (6. Ordnung) erweist sich in diesem Bereich neben den Reliefverhältnissen die Mächtigkeit der Lößbedeckung. Ihre größte Mächtigkeit hat diese in der Werl-Unnaer Börde und in der Soester Unter- und Oberbörde. Jedoch verliert der Löß in der Oberbörde in den höher gelegenen Bereichen immer mehr an Mächtigkeit und ist auf der Höhe des Haarstranges nur noch als dünner Lößschleier vorhanden oder fehlt zum Teil völlig. 3) In diesem Bereich ist das bodenbildende Substrat aus dem anstehenden Mergel- und Kalkgestein der Oberkreide hervorgegangen. 4) Ebenso läßt sich auch eine Abnahme der Lößmächtigkeit am Ostrand der Hellwegbörden feststellen. In der Geseker Oberbörde ist daher der Kalkstein des Untergrundes im starken Maße von dem Bodenbildungsprozeß mit erfaßt worden. Daneben sind in diesem Raum aber auch die pleistozänen Ablagerungen bei der Bodenbildung beteiligt gewesen. Während in der Soester Niederbörde die Lößdecke die Geschiebematerialien der Saale-Kaltzeit so überdeckt, daß diese trotz ihrer Mächtigkeit von teilweise 1-2 m 5) die Bodenbildung nicht beeinflußt haben, ist in der Geseker Oberbörde in weiten Bereichen der Boden aus Geschiebelehm hervorgegangen. 6)
Bei den Reliefverhältnissen in den Hellwegbörden sind neben der bereits angesprochenen generellen Abdachung nach Norden die morphologischen Kleinformen für diese Untersuchung von besonderer Bedeutung. Eine mögliche Ausrichtung der Siedlungsplätze nach dem Relief kann eben erst bei einer Berücksichtigung des morphologischen Standortes sichtbar werden. Als charakteristische Reliefelemente sind in der Oberbörde die von der Haarhöhe verlaufenden periodischen Trockentäler 7), die sogenannten Schledden, und Hangdellen zu bezeichnen. Im Gegensatz dazu hat die Unterbörde durch die zahlreichen Quellaustritte ein dichtes Netz perennierender Wasserläufe, die durch das Kamener Hügelland zur Ahse und Lippe entwässern. Die Unterbörde ist daher durch zahlreiche, zum Teil weit ausgedehnte Niederungsbereiche gegliedert, so daß die lößbedeckten höher gelegenen Partien als kleine Riedel und Hügel herauspräpariert erscheinen.

---

1) Vgl. Mückenhausen, E. u. H. Wortmann, 1953
2) Vgl. Meisel, S., 1960, S. 36 ff.
3) Vgl. Wichtmann, H., 1968, S. 12 Abb. 1
4) Vgl. Mückenhausen, E. u. H. Wortmann, 1953
5) Vgl. Wichtmann, H., 1968, S. 13
6) Vgl. Bodenkarte auf der Grundlage der Bodenschätzung Blatt Elsinger Warte und Blatt Hölterberg
7) Vgl. Kleinn, H., 1961, S. 101 ff.

Abschließend seien die für die Untersuchung wichtigen Merkmale der naturräumlichen Ausstattung noch einmal zusammengefaßt: in den Oberbörden ein schwach geneigtes, durch kleinere Tälchen gegliedertes Relief, in den Unterbörden ein teils ebenes und teils hügeliges Relief; eine mehrere Meter mächtige Lößbedeckung, die nur auf der Haarhöhe und am Ostrand der Börden, in Nachbarschaft zu den Paderborner Hochflächen, geringmächtiger wird bzw. zum Teil völlig fehlt.

5.2.1.2 Der Ablauf des Besiedlungsvorganges und die Abgrenzung der Besiedlungseinheiten

Bei dem Versuch, die Besiedlungs- und Ausbauvorgänge in einem Siedlungsraum wenigstens in ihren Grundzügen sichtbar werden zu lassen, ist die zeitliche Stellung der Siedlungen zu berücksichtigen, damit Fragen nach Belegdauer, nach Platzkontinuitäten und Unterbrechungen beantwortet werden können. Dieses erfordert ein in der Weise differenziertes Chronologieschema, daß die zeitlichen Relationen der Siedlungen bei Gruppierungen und Ballungen erkannt und berücksichtigt werden können.

Für diesen Zweck der Untersuchung wird das Chronologieschema der Bandkeramik zum Teil in einer vereinfachten Form verwendet. In dem Chronologiesystem von I. GABRIEL werden insgesamt sechs Phasen und eine Sonderphase, die als älteste Linienbandkultur bezeichnet wird, unterschieden.[1] Diese älteste Linienbandkultur entspricht in dem Chronologiesystem von W. MEIER-ARENDT der Phase 1. In dieser Untersuchung soll das Material der GABRIEL-Phase 1 und das Material der sogenannten ältesten Linienbandkultur als Stufe der älteren Bandkeramik bezeichnet werden. Diese Zusammenfassung folgt damit der alten Einteilung von W. BUTTLER. Als Stufe der mittleren Bandkeramik werden die GABRIEL-Phasen 2-4 und als jüngere Bandkeramik die GABRIEL-Phasen 5-6 zusammengefaßt. Eine Differenzierung des Materials der Stichbandkeramik ist nicht vorgenommen worden. Die bandkeramischen Nachfolgegruppen[2] werden in der zeitlichen Reihenfolge Großgartach, Rössen und Bischheim gesehen, obwohl zeitliche Überschneidungen zum Teil nicht ausgeschlossen werden können.[3]

Allerdings ist in einigen wenigen Ausnahmefällen eine genaue Einordnung des Materials in eine Zeitphase der Bandkeramik oder in eine der drei Nachfolgegruppen nicht möglich. Bei der Untersuchung der Besiedlungsvorgänge können deshalb diese feinchronologisch nicht einordbaren Fundplätze nur immer im Zusammenhang einer mehr globalen Betrachtungsweise, die nur zwischen Siedlungen der Bandkeramikkultur und solchen der Nachfolgekulturen unterscheidet, gesehen werden.

Mit dem Siedlungsraum in den Hellwegbörden werden insgesamt acht bandkeramische Siedlungen erfaßt. Allerdings ist das Material des Fundplatzes Werl 5 (Nr. 5) typologisch so wenig greifbar, daß eine feinchronologische Einordnung in eine Phase der Bandkeramikkultur nicht möglich ist.[4] Bei der Untersuchung des Ablaufes des Besiedlungsvorganges kann dieser Fundplatz also nicht mehr berücksichtigt werden.

Die älteste Siedlung dieses Siedlungsraumes befindet sich auf dem Siedlungsplatz Bremen (Nr. 11). Ein Teil des keramischen Inventars läßt sich in die ältere Stufe der Bandkeramik einordnen, der übrige Teil gehört der mittleren Stufe an. Da keine weitere Siedlung Material der älteren Stufe aufweist, kann geschlossen werden, daß die Besiedlung in den Hellwegbörden von dieser Siedlung ihren Ausgang nahm.
Eine wesentliche Veränderung des Verteilungsbildes der Siedlungen geschieht während der Zeit der Verbreitung des Materials der mittleren Stufe. Durch die Anlage der Siedlungen West- und Ostönnen (Nr. 9 und 10) wendet sich die Besiedlung in der Phase 2 von der Stufenstirn auf die Stufenfläche. Mit den beiden Siedlungen entstehen auf der Stufenfläche zum ersten Male zwei Siedlungskammern im Bereich des Quellhorizontes. In der nachfolgenden Phase 3 läßt sich nur noch Material für die Siedlungsplätze Westönnen und Bremen nachweisen.
Eine erhebliche Vergrößerung der Zahl der Siedlungen vollzieht sich am Ende der mittleren Bandkeramik in der Phase 4. Während jetzt zwar der Platz Westönnen aufgegeben wird, ent-

---

1) Vgl. dazu Chronologieschema S. 81

2) I. GABRIEL verwendet in seinem Chronologieschema als Oberbegriff für diese Gruppen die Bezeichnung 'Rössener Kulturgruppen' und unterscheidet im einzelnen zwischen Großgartach, 'klassischem Rössen' und Bischheim. Um Mißverständnisse, insbesondere eine ständige Verwechslung der Begriffe Rössener Kulturgruppen und klassisches Rössen zu vermeiden, wird in dieser Untersuchung der Begriff 'klassisches Rössen' durch den Begriff 'Rössen' und der Begriff 'Rössener Kulturgruppen' durch den Begriff 'bandkeramische Nachfolgegruppen' ersetzt.

3) Vgl. S. 3 f.

4) Unverziertes Material 'bandkeramischer Machart' und eine kleine verzierte Scherbe lassen eine schärfere Einordnung nicht zu. Gabriel, I., 1971, A-Katalog, S. 35 Nr. 107

steht durch die Anlage der Siedlungen Werl 2, Werl 3 und Werl 6 die deutliche Gruppierung in diesem Bereich des Quellhorizontes. Zusätzlich entsteht die von dieser Siedlung ca. 14 Kilometer entfernte Siedlung Soest (Nr. 12). Mit dem frühen Siedlungsplatz Bremen, der ebenfalls in der Phase 4 noch belegt ist, umfaßt der Siedlungsraum zu dieser Zeit insgesamt fünf Siedlungen.

Die jüngere Stufe der Bandkeramik ist nur noch durch die Phase 5 vertreten. Für diese Zeit zeigt der Besiedlungsgang eine stark rückläufige Tendenz: nur die Siedlungsplätze Werl 2 und Werl 6 sind noch belegt, während auf allen anderen Plätzen die Besiedlung abgebrochen wurde. So findet die bandkeramische Besiedlung in diesem Siedlungsraum mit nur zwei Siedlungen ihren Abschluß.

Die Stichbandkeramik ist in diesem Siedlungsraum durch eine Siedlung vertreten: Die in der Phase 3 der Bandkeramikkultur abgebrochene Belegung des Siedlungsplatzes Westönnen findet ihre Fortsetzung in der Stichbandkeramikkultur.

Die bandkeramischen Nachfolgegruppen haben einen Fundniederschlag auf insgesamt sieben Siedlungsplätzen gehabt. Bei der Rekonstruktion des Besiedlungsablaufes müssen hier allerdings zwei Siedlungen von der näheren Betrachtung ausgeschlossen werden. Diese sind der Siedlungsplatz Werl 5, dessen bandkeramisches Material auch schon nicht schärfer einordbar war, und der Siedlungsplatz Werl 4. [1] Das Material dieser Plätze läßt sich zwar eindeutig den bandkeramischen Nachfolgegruppen zuordnen, eine spezielle Einordnung in eine der drei Gruppen ist aber nicht möglich. Die Großgartacher Gruppe ist auf zwei Siedlungsplätzen vertreten. Der in der Stichbandkeramik wieder belegte Siedlungsplatz Westönnen wird auch von Großgartach belegt. [2] Der zweite Großgartacher Siedlungsplatz liegt außerhalb der bandkeramisch vorgezeichneten Siedlungskammer am Rande der Haarfläche. Die Rössener Gruppe ist wiederum nur mit einer Siedlung auf dem Platz Deiringsen/Ruploh (Nr. 13) vertreten. Die Tendenz der Verminderung der Anzahl der Siedlungsplätze setzt also von der späten Bandkeramik in die Zeit der bandkeramischen Nachfolgegruppen fort.

Die Siedlungen der abschließend zu betrachtenden Bischheimer Gruppe benutzen alte oder noch bestehende Siedlungskammern. Der Siedlungsplatz Werl 1 (Nr. 1) stellt eine Erweiterung der alten Siedlungskammer um Werl dar, die Siedlung Werl 8 (Nr. 8) benutzt die Großgartacher Siedlungskammer der Siedlung Werl 7, und auf dem Platz Deiringsen/Ruploh liegt die Bischheimer Siedlung über einer Rössener.

Bei einer abschließenden Gesamtbetrachtung des Besiedlungsganges sind als besondere Merkmale neben der starken Schwankung in der Zahl der Siedlungen, wobei der Höhepunkt der Besiedlung zur Zeit der mittleren Bandkeramik festgestellt werden kann, auch die verschiedenen Überlagerungsarten herauszustellen.

So überlagert nur die Stichbandkeramik die Linienbandkeramikkultur, während die Stichbandkeramik von Großgartach überlagert wird. Rössen überlagert nicht, sondern schafft sich eine neue Siedlungskammer, wird aber selbst von Bischheim überlagert. Bei Bischheim läßt sich dagegen deutlich die Tendenz nachweisen, den Nutzungsraum der Siedlungen an bereits vorhandene Siedlungskammern anzulehnen. Die Überlagerung des bandkeramischen Siedlungsplatzes Werl 5 durch eine der Nachfolgegruppen kann nicht berücksichtigt werden, weil nicht geklärt ist, welche der drei Gruppen diesen Siedlungsplatz benutzte.

Bei den anderen hier zu behandelnden Siedlungsräumen bleibt also zu prüfen, ob sich ähnliche Merkmale im Siedlungsverhalten herausarbeiten lassen.

Bei der Abgrenzung der einzelnen Besiedlungseinheiten kann eine chronologische Feingliederung nur bedingt verwendet werden, weil die zeitlichen Dimensionen der einzelnen Phasen der Bandkeramik und der Gruppen der Nachfolgekulturen nicht genügend bekannt sind. Die vier bandkeramischen Siedlungsplätze um Werl haben einen maximalen Abstand von 1,5 Kilometer zueinander, die östlich davon befindliche Siedlung Westönnen (Nr. 9) liegt ca. 2,2 Kilometer von diesem Bereich entfernt. Der Abstand der Siedlungen überschreitet nicht die Größenordnung, bei der eine Berührung der Nutzungsräume, unter denen ja nicht nur die ackerbaulich genutzten Bereiche zu verstehen sind, ausgeschlossen werden muß. Der Maximalabstand der Siedlungen wird durch die Lage von Ostönnen (Nr. 11) und Soest (Nr. 12) mit einer Entfernung von ca. 9 Kilometern festgelegt. Setzt man trotz der abseitigen Lage der Siedlung Nr. 12 noch eine Berührung der benachbarten Nutzungsräume voraus, könnte als obere Grenze bei der Absteckung des Nutzungsraumes ein Umkreis von ca. 5 Kilometern genommen werden.

Allerdings ist hier kritisch anzumerken, daß diese Interpretation als Basis nicht die tatsächlich vorhandenen Siedlungen haben, sondern nur die bekannten. Auch ist zu bedenken, daß ein solches Verteilungsbild der Siedlungen insofern leicht verfälscht sein kann, als Sied-

---

[1] Bei den Fundbergungen aus Abfallgruben traten neben einer nicht näher bezeichneten Menge unverzierter Keramikscherben einige Fragmente mit Einstichverzierung auf, die sich aber nicht näher einordnen ließen. - Gabriel, I., 1971, B-Katalog, S. 142 Nr. 108

[2] Die Stichbandkeramik und die Großgartacher Gruppe müssen hier nicht unbedingt in einer Abfolge gesehen werden, es kann sich dabei auch um ein zeitliches Nebeneinander beider Gruppen handeln.

lungsplätze, obschon sie Material derselben Phase aufweisen, nicht unbedingt gleichzeitig
belegt gewesen sein müssen.

Zur Zeit der Nachfolgegruppen vergrößert sich der durchschnittliche Abstand zwischen den
Siedlungen. Die Verteilung der Siedlungskammern im Siedlungsraum wird gleichmäßiger, und abgesehen von dem Großgartacher Siedlungsplatz Werl 7 und der Bischheimer Siedlung Werl 8
treten keine deutlichen Gruppierungen oder gar Ballungen auf. Auch diese Erscheinungen der
inneren Struktur der Siedlungsräume müssen in dem übrigen Arbeitsgebiet überprüft werden.

5.2.1.2.1 Die Siedlungskammer am Ostrand der Hellwegbörden

Bei der Untersuchung der Siedlungen in den Hellwegbörden ist bisher ein weiterer Siedlungsplatz unberücksichtigt geblieben. Es ist die bandkeramische Siedlung Geseke (Nr. 14), die
keinen Bezug zu einem anderen Siedlungsraum aufweist. Von der am weitesten nach Osten gelegenen Siedlung Soest trennt diesen Siedlungsplatz ein völlig siedlungsleerer Streifen von
ca. 30 Kilometern. Auch hier ist also wieder das Phänomen einer deutlich ausgeprägten Trennzone zwischen den einzelnen besiedelten Bereichen der Hellwegzone festzustellen.

So ergibt sich bei dieser deutlich abseitigen Lage das Problem der Einordnung dieses Siedlungsplatzes. Der Eindruck einer völlig isolierten Lage der Siedlung wird noch verstärkt,
wenn die Möglichkeit einer Einordnung in den weiter östlich gelegenen Siedlungsbereich
der Warburger Börde überprüft wird. Auch hier läßt sich die gleiche Erscheinung einer deutlichen Trennzone feststellen: zwischen dem Siedlungsplatz Geseke und den westlichen Randsiedlungen in der Warburger Börde Willebadessen (Nr. 15) und Nörde (Nr. 22) erstreckt sich
eine siedlungsleere Zone von ca. 40 Kilometern Länge. Dieser extrem große Abstand läßt
deutlich werden, daß eine Einordnung dieser Siedlung in einen der benachbarten Siedlungsräume nicht möglich ist. So muß davon ausgegangen werden, wenn man den jetzigen Forschungsstand als repräsentativ ansieht, daß sich während der Bandkeramikkultur in den Hellwegbörden
außer dem Siedlungsraum zwischen Werl und Soest eine isolierte Siedlungskammer befunden hat,
die als Zwischenglied zu den östlich gelegenen Besiedlungsgebieten interpretiert werden kann.
Aber der Versuch, diese Siedlung bei der Erklärung des Besiedlungsvorganges zu integrieren,
scheitert: eine genaue Einordnung des bandkeramischen Materials in eine Phase ist nicht möglich.

5.2.1.3 Die Topographie der Siedlungsplätze

Als erstes Kriterium bei der Ermittlung des Ausrichtungsgrades prähistorischer Siedlungen an
den natürlichen Gegebenheiten soll die topographische Lage der Siedlungsplätze gewählt werden. So ist nach der Exposition, nach dem morphologischen Standort und der Lage an einem
Wasservorkommen zu fragen.

Da die generellen Abdachungsverhältnisse der Stufenfläche von Nord nach Süd die generelle
Neigungsrichtung in den Hellwegbörden bestimmt, dürfte der Ausrichtung nach bestimmten Expositionen keinerlei Bedeutung zukommen. Die in früheren Arbeiten oft herausgestellte These,
die Siedlungen des Frühneolithikums seien überwiegend nach Süden ausgerichtet, kann also in
diesem Teil des Untersuchungsgebietes wegen der großräumigen Reliefverhältnisse in keiner
Weise überprüft werden. Denn von den vierzehn hier zu betrachtenden Siedlungen hat lediglich
der unmittelbar an der Stufenstirn liegende Siedlungsplatz Bremen eine Südexposition, während alle anderen auf der Stufenfläche liegenden Plätze mit Ausnahme des Platzes Werl 1,
der eine Hügelrandlage mit Südexposition innehat, verständlicherweise eine Ausrichtung nach
Norden aufweisen.

Auch bei der Untersuchung des morphologischen Standortes der Siedlungsplätze ist die Auswirkung des Großreliefs auf das Auswahlverhalten der frühen Bauern zu berücksichtigen. So kann
zunächst einmal zwischen den Siedlungen am Rande der Stufenstirn und den Siedlungen auf
der Stufenfläche unterschieden werden. Bei den an der Stufenstirn liegenden Siedlungsplätzen
ist zwischen der Lage der Siedlung Bremen und der Lage der Siedlungen Werl 7 und 8 zu unterscheiden. Während die beiden Werler Siedlungsplätze zwar im Randbereich der Stufenstirn aber
immer noch auf der Stufenfläche ihre Lage haben, kann die Lage des Platzes Bremen unmittel-

bar an der Stufenstirn als äußerst bemerkenswert bezeichnet werden. Denn diese Siedlung liegt auf einem kleinen Auslieger der Stufenstirn und hat somit eine ausgesprochene Spornlage. Ob sich diese bei Siedlungen mit Schutzmotiven häufig bevorzugte Lage auf einem kleinen Sporn bei der Erklärung des Besiedlungsvorganges weitergehend interpretieren läßt, müßte noch überprüft werden.

Bei den Siedlungen auf der Stufenfläche ist festzustellen, daß sie mit Ausnahme der beiden Siedlungen im Randbereich der Stufenfläche zur Stufenstirn alle eine Lage auf riedelartig herauspräparierten Rücken bevorzugen.

Jede menschliche Gemeinschaft braucht zur Absicherung ihrer Existenz eine ausreichende Wasserversorgung. In der Regel wird man in prähistorischer Zeit die Nähe eines natürlichen Wasservorkommens gesucht haben wegen einer abgesicherten Wasserversorgung. Daneben bestand aber sicherlich auch schon die Möglichkeit, Niederschlagswasser in zisternenartigen Gruben zu speichern und so unabhängiger von den natürlichen Vorkommen zu werden. Die Anlage von Brunnen läßt sich bereits für die Bronzezeit nachweisen, jedoch noch nicht für das Neolithikum. Daher ist hier davon auszugehen, daß es außer der Speicherung von Niederschlagswasser keine Möglichkeit gab, ein künstliches Wasservorkommen zu schaffen, und daß somit bei der Auswahl des Siedlungsstandortes die Nähe eines natürlichen Wasservorkommens ein gewichtiger Faktor gewesen sein muß. Der Frage, inwieweit sich bei den Siedlungsplätzen ein deutlicher Bezug zu einem Wasservorkommen feststellen läßt, kommt damit bei der Untersuchung der Standortfaktoren eine bedeutende Rolle zu.

Bei diesem Gesichtspunkt ist es notwendig, die Verschiedenheit der einzelnen Teilräume zu beberücksichtigen. In diesem Teil des Arbeitsgebietes muß zunächst einmal gefragt werden, in welchen Bereichen natürliche Wasservorkommen auftreten. Für die Hellwegbörden lassen sich drei Bereiche von Quellaustritten klar und eindeutig feststellen. Der wichtigste ist der Bereich des Quellhorizontes an der Grenze von Unter- und Oberbörde, der eine ausgesprochen sichere Wasserversorgung gewährleistet. Als zweite Möglichkeit sind die von der Haarhöhe ebenfalls nach Norden entwässernden periodischen Bäche, zum Teil als Schledden bezeichnet, zu nennen.[1] Eine weitere Möglichkeit der Versorgung mit einem natürlichen Wasservorkommen besteht noch an den wenigen Stellen der Stufenstirn, wo Quellaustritte einen zur Ruhr bzw. Möhne entwässernden Bachlauf bedingen.

Um den Bezug der Siedlungen zu einem Wasservorkommen zu verdeutlichen, ist außer nach der Art des Vorkommens auch nach der Entfernung zum Siedlungsplatz zu fragen. Von den vierzehn Siedlungsplätzen konnte bei drei eine Ausrichtung zu einer Quelle nachgewiesen werden. Es sind dies der Siedlungsplatz Bremen, der an einem Quellaustritt an der Stufenstirn gelegen ist, und die Siedlungen West- und Ostönnen unmittelbar im Bereich des Quellhorizontes an der Grenze von Unter- zur Oberbörde. Bei den Siedlungsplätzen im Stadtgebiet von Werl und in Soest wäre ebenfalls ein Bezug zu einer Quelle herzustellen gewesen, jedoch lagen die Plätze den *heutigen* Bachverläufen näher als den jeweiligen Quellen am Austrittshorizont.

Schwierig ist allerdings der Nachweis der Beziehung zwischen Wasservorkommen und Siedlungsplatz bei den Siedlungen Werl 7 und 8 und Deiringsen/Ruploh. In den Umfeldern der Siedlungen Werl 7 und 8 sind zwei Quellaustritte nachzuweisen, die einen Bachlauf bedingen, der heute nach ca. 400 Metern von einem Wasserbehälter aufgenommen wird. Bei der Geländebegehung war es leicht möglich, den ehemaligen Bachverlauf anhand der Oberflächenformen zu rekonstruieren.
Bei dem Siedlungsplatz Deiringsen/Ruploh läßt sich eine Beziehung zu einer Schledde herstellen, jedoch beträgt der Abstand zu dieser östlich von Soest verlaufenden Schledde ca. 1675 Meter. In naher Entfernung zum Siedlungsplatz befinden sich zwei ausgeprägte Erosionseinschnitte im Löß, die in den oberen Hangbereichen temporär, hangabwärts aber ständig wasserführend sind. Allerdings ist es nicht möglich, diese Einschnitte dem neolithischen Siedlungsplatz zuzuordnen, weil ihre Entstehung als später und vor allem erst durch die mit der Besiedlung einhergehende Entfernung der erosionsschützenden Vegetationsdecke verursacht anzusehen ist. Schließt man eine andere Möglichkeit der Wasserversorgung aus, dann bleibt nur diese weit entfernte Schledde für die Wasserversorgung dieses Siedlungsplatzes.
Einen deutlicheren Bezug zu einer Schledde hat die Siedlung Geseke. Der Abstand beträgt hier nur etwa 500 Meter.

Insgesamt gesehen schwanken die Entfernungen zwischen Siedlungsplatz und heutiger Lage des Wasservorkommens erheblich.[2] Bei einer statistischen Erfassung der Entfernungen lassen sich drei Gruppierungsschwerpunkte feststellen. Einer liegt bei Entfernungen unter 250 Metern,

---

1) Nach H. KLEINN sind die Schledden bereits im Pleistozän angelegt. Sie waren also im Neolithikum schon vorhanden und konnten temporär zur Wasserversorgung einer Siedlung genutzt werden.

2) Bei den Entfernungsangaben ist zu berücksichtigen, daß der Abstand jeweils vom Mittelpunkt des Streubereiches der Funde gemessen wurde. Eine wesentliche Veränderung der Entfernung ergibt sich also dort, wo der Streubereich groß, der Abstand aber klein ist. In diesen Fällen ist es möglich, daß die Siedlung unmittelbar an dem Wasservorkommen lag.

ein weiterer bei Entfernungen um 500 Meter und ein letzter bei Entfernungen zwischen 750 und 1000 Metern. Die Entfernung von 1675 Metern, die zwischen dem Siedlungsplatz Deiringsen/Ruploh und seinem vermeintlichen Wasservorkommen liegt, fällt dabei völlig aus dem Gruppierungsbild. So bieten sich für diesen Teil des Untersuchungsgebietes drei Entfernungsgruppen an: Gruppe I mit einem Wasservorkommen im Nahbereich der Siedlungen und mit Entfernungen zwischen 0-250 Metern, Gruppe II mit einer mittleren Entfernung zum Wasservorkommen (250-500 m) und Gruppe III mit einer großen Entfernung (über 500 m).

Bei der Anwendung des Kriteriums des Abstandes zu den Wasservorkommen sollen die Linienbandkeramikkultur einerseits, die Stichbandkeramik und die sogenannten Nachfolgekulturgruppen andererseits zunächst als zwei gegenüberzustellende Gruppen behandelt werden, damit eines der wesentlichen Untersuchungsziele dieser Arbeit, die Beantwortung der Frage, ob die unterschiedlichen neolithischen Kulturen auch durch ein unterschiedliches Verhalten bei der Auswahl der Siedlungsplätze zu kennzeichnen sind, erreicht werden kann. Ob dabei eine Differenzierung innerhalb dieser beiden Gruppen möglich sein wird, kann sich erst im Verlauf der Untersuchung zeigen.

Auf den vierzehn Siedlungsplätzen befanden sich neun Siedlungen der Linienbandkeramik und acht Siedlungen der Nachfolgekulturen einschließlich der Stichbandkeramik. Von den Siedlungen der Linienbandkeramik hatten 55,6 Prozent einen geringen Abstand (0-250 m), 22,2 Prozent einen mittleren Abstand (250-500 m) und ebenfalls 22,2 Prozent einen großen Abstand (über 500 m) zu dem nächsten Wasservorkommen. Bei den Nachfolgekulturen einschließlich der Stichbandkeramik haben nur 25 Prozent der Siedlungen einen geringen Abstand zum Wasservorkommen, weitere 25 Prozent einen mittleren Abstand, aber 50 Prozent einen großen Abstand zu dem nächstgelegenen Wasservorkommen.

Nach diesem Ergebnis zu urteilen, war es für die Siedler der Linienbandkeramik wichtiger, einen möglichst geringen Abstand zu den Wasservorkommen zu haben, als für die Siedler der Nachfolgekulturgruppen. Solange sich aber dieser Trend, der durch das Ergebnis angedeutet wird, nicht in den anderen Siedlungsgebieten nachweisen läßt, kann eine weitgehende Interpretation nur unter sehr vielen Vorbehalten versucht werden.

Eine separate Betrachtung der einzelnen Phasen der Linienbandkeramik und der einzelnen Gruppen der Nachfolgekulturen läßt in diesem Teil des Untersuchungsgebietes kein differenziertes Verhalten bei der Ausrichtung der Siedlungsplätze nach einem Wasservorkommen erkennen.

5.2.1.4 Die Ausstattung der Umfelder

Da in der Untersuchung davon ausgegangen wird, daß neben den Standortmerkmalen des Siedlungsplatzes insbesondere der Ausstattung des Umlandes bei der Wahl eines Siedlungsstandortes eine erhebliche Bedeutung zugekommen ist, sollen Relief und Boden auf der Basis der Siedlungsumfelduntersuchungen klassifiziert werden.

Als erstes Kriterium sind daher die Hangneigungsverhältnisse in den einzelnen Umfeldern anzusehen. In vergleichbaren Arbeiten wird die Bedeutung des Faktors Relief sehr verschieden bewertet. Konträr gegensätzliche Positionen werden in den Untersuchungen von W. MEIER-ARENDT [1] und B. SIELMANN [2] eingenommen. Während B. SIELMANN eine Bevorzugung ebener Landschaften gegenüber hügeligen nicht festzustellen vermag, wird in der Untersuchung von W. MEIER-ARENDT eine deutliche Bevorzugung ebener Bereiche gegenüber reliefierten Gebieten herausgestellt. Beiden Untersuchungen läßt sich allerdings nicht entnehmen, welche Hangneigungsverhältnisse noch als eben und welche schon als hügelig zu gelten haben. Auch kann diesen Untersuchungen nicht entnommen werden, wie hoch die Flächenanteile mit ebenem oder weniger ebenem Relief im Nahbereich der einzelnen Siedlungen sind.

In dieser Untersuchung kann aber, da die Flächenanteile der einzelnen Stufen der Hangneigung planimetrisch erfaßt wurden, geprüft werden, ob überhaupt die Möglichkeit besteht, Aussagen über die Bevorzugung bestimmter Neigungsverhältnisse vorzunehmen.

Bei der Betrachtung der Reliefverhältnisse der Umfelder ist allerdings noch zu bemerken, daß

---
[1] Meier-Arendt, W., 1966, S. 18
[2] Sielmann, B., 1971a, S. 101 und 1971b, S. 34

die Fluß- und Bachauenbereiche bei diesem Kriterium nicht berücksichtigt werden können, da diese Bereiche als Standorte von Feuchtphysiotopen in der Regel nicht als Ackerbauflächen zu nutzen waren. Es wurden deshalb von der Untersuchung nur die Flächen erfaßt, deren Ebenheit nicht durch einen holozänen fluviatilen Akkumulationsprozeß erklärt werden kann. Die Prozentanteile beziehen sich aber jeweils auf die gesamte Umfeldfläche einschließlich der Auenbereiche.

Obwohl zwar der überwiegende Teil der Umfelder große Flächenanteile mit einer Neigung bis $1°$ hat, [1] erbrachte eine Differenzierung nach diesem Kriterium kein verwendbares Ergebnis. Besser verwendbare Resultate ergeben sich, wenn nach den Anteilen von Flächen mit Neigungen von $0-2°$ gefragt wird.

So haben von den neun linienbandkeramischen Siedlungsplätzen fünf (55,6 %) ein Umfeld, in dem der Anteil ebener bis schwach geneigter Flächen über 80 Prozent an der gesamten Umfeldfläche beträgt. Bei den restlichen vier Siedlungsplätzen liegt der Anteil der Flächen mit dieser Hangneigung zwischen 40 und 80 Prozent der Umfeldfläche. Von den acht Siedlungsplätzen mit einer Besiedlung durch sogenannte Nachfolgekulturgruppen haben 50 Prozent ein Umfeld, in dem der Anteil der Flächen mit Hangneigungen zwischen 0 und $2°$ über 80 Prozent liegt. Bei weiteren 25 Prozent liegt der Anteil dieser Hangneigungskategorie zwischen 40 und 80 Prozent und bei 25 Prozent liegt dieser Anteil unter 40 Prozent der Gesamtumfeldfläche. Wenn man zunächst einmal davon absieht, daß die insgesamt vierzehn Siedlungsplätze in den Hellwegbörden, von denen drei, da sie sowohl von der Linienbandkeramik als auch von deren Nachfolgekulturgruppen belegt sind, bei der statistischen Auswertung doppelt gezählt werden, nicht als eine statistische Basis mit einer abgesicherten Breite betrachtet werden können, läßt sich eine leichte Bevorzugung ebener Bereiche während der Linienbandkeramikkultur gegenüber der späteren Nachfolgegruppen erkennen.

Jedoch ist bei einer solchen weitergehenden Interpretation die Gefahr einer Überbewertung dieser nahezu ebenen Flächen im starken Maße gegeben. Um dieser Gefahr zu begegnen, kann nach den Anteilen der stärker reliefierten Bereiche in den einzelnen Umfeldern gefragt werden. Flächenanteile mit Neigungen über $8°$ treten nur noch in den drei Umfeldern an der Stufenstirn auf. Bei den zwei Siedlungsplätzen der Nachfolgegruppen beträgt der Anteil der Neigungen über $8°$ 8,7 und 12,3 Prozent an der Umfeldfläche, bei der linienbandkeramischen Siedlung liegt dieser Anteil allerdings nur bei 1,7 Prozent. [2] Auch bei diesem Kriterium wäre also trotz aller Vorbehalte festzustellen, daß die Siedlungen der Linienbandkeramikkultur Bereiche mit größeren Hangneigungen stärker meiden als die Siedlungen der Nachfolgekulturgruppen. Zu fragen ist hier allerdings, ob sich die Standortwahl einer Siedlung in dem Maße, wie diese Interpretation es bedingt, an den Reliefverhältnissen orientiert haben wird. Denn nahezu ebene Flächen treten in den Hellwegbörden in sehr vielen Bereichen auf, so daß es keiner gezielten Auswahl bedurfte, um sie zu finden. Wenn zur Zeit der Nachfolgekulturgruppen aber im stärkeren Maße solche Standorte bevorzugt wurden, in deren Nahbereich stärker geneigte Flächen auftraten, kann das zwar ebenfalls bedeuten, daß es während dieser Zeit nicht mehr notwendig war, unbedingt *nur* ebene Flächen zu besiedeln, es kann aber auch heißen, daß diese Standorte wegen anderer Vorzüge gewählt wurden, obwohl oder gerade weil sie eine topographische Lage hatten, die stärker geneigte Flächen im Siedlungsumfeld bedingten. Hier verlagert sich also die Frage in Richtung auf die Bedeutung der einzelnen Standortfaktoren und auf ihre mögliche Rangfolge.

Bei einer separaten Betrachtung der einzelnen Gruppen der Linienbandkeramik zeichnet sich eine deutliche Bevorzugung ebener Flächen für die Zeit der mittleren und jüngeren Gruppenbildung ab. Jedoch kann auch dieses Ergebnis nur unter vielen Vorbehalten gesehen werden, da nur ein Siedlungsplatz der älteren Linienbandkeramik in diesem Raum vorhanden ist.

In der Untersuchung, welche Bodenverhältnisse besonders bevorzugt wurden, ist die Frage nach dem Ausgangsmaterial der Bodenbildung als grundlegend zu werten. Zur Erreichung des Untersuchungszieles genügt dabei eine Unterscheidung zwischen Löß und Nichtlöß (V- und D-Böden). Ferner ist noch die Feststellung des Anteils der Alluvialböden im Umfeld für die Klassifizierung der Standorte sehr wichtig.

---

1) Mit Ausnahme der Siedlungsplätze Werl 7 und 8 und Deiringsen/Ruploh enthalten alle Umfelder Flächen unter $1°$ Neigung. Der höchste Anteil liegt bei 88,7 Prozent, der niedrigste bei 5,1 Prozent der Gesamtumfeldfläche.

2) Die Hangneigungskategorien $2-4°$ und $4-8°$ eignen sich in diesem Teil des Untersuchungsgebietes nicht zu einer Differenzierung der Siedlungsplätze.

Als optimaler Siedlungsstandort wird für eine gemischt bäuerliche Wirtschaftsweise der Bereich angesehen, der durch eine Lage an der Grenze von feuchten zu trockenen Physiotopen gekennzeichnet ist. Der besondere Wert eines solchen Siedlungsstandortes liegt darin, daß der Nahbereich der Siedlung sowohl die ackerbaugünstigen Bereiche der Trockenphysiotope als auch die grundwassernahen, bodenfeuchten Fluß- und Bachauen erfaßt, die für die Viehhutung als besonders geeignet gelten.

Die Anlage von Siedlungen an der Grenze von derartig verschiedenen Physiotopenbereichen ist bei vielen bäuerlichen Kulturgruppen prähistorischer und historischer Zeit nachgewiesen worden. [1] Mit den Alluvialzonen werden in dieser Untersuchung die Bereiche der Feuchtphysiotope auch quantitativ erfaßt, so daß Aussagen über ihre Anteile am Umfeld möglich werden.

Nur fünf der vierzehn hier zu behandelnden Standorte erfassen mit ihren Umfeldern Alluvialbereiche. Die Größe der Anteile liegt zwischen 5,6 und 16,3 Prozent an der Umfeldfläche. Neben der Feststellung, daß etwa nur ein Drittel der Siedlungsplätze mit ihren Umfeldern Feuchtphysiotopenbereiche erfaßt, ist der flächemäßige Anteil bei den übrigen Umfeldern als äußerst gering zu bezeichnen. So muß für die Hellwegbörden festgestellt werden, daß die ansonsten typische Randlage hier nicht die Regel, sondern eher die Ausnahme ist. Geht man allerdings nur wenig über den Radius von 750 Metern hinaus, sind Änderungen der prozentualen Anteile in einem starken Maße möglich. Dieses trifft besonders für die Siedlungen am Quellhorizont an der Grenze von Unter- zur Oberbörde zu. Allerdings ist es bei einer Entfernung von über 750 Metern nicht mehr möglich, von einer unmittelbaren Grenzlage zu sprechen.

Bei der Untersuchung des Ausgangsmaterials des Bodens kann hier, da bis auf eine Ausnahme alle Umfelder entweder ausschließlich Lößbereiche umfassen oder nur einen sehr geringen Anteil an Böden aufweisen, die nicht aus Löß hervorgegangen sind, jeweils nach dem Anteil der Nichtlößbereiche an den Umfeldern gefragt werden.

Von den vierzehn Umfeldern weisen allein acht ausschließlich Lößböden bzw. Löß- und Alluvialböden auf. Von den übrigen sechs Umfeldern haben zwei einen äußerst geringen Anteil (unter 5 Prozent) an Nichtlößböden, so daß sie in ihrer Qualität den anderen Umfeldern, die nur Löß- und Alluvialböden umfassen, gleichgesetzt werden müssen. Für eine differenzierte Betrachtung eignen sich nur die Siedlungen an der Stufenstirn, bei diesen schwankt der Anteil der Nichtlößbereiche zwischen 19,1 und 38,4 Prozent, und der Siedlungsplatz Geseke, dessen Nichtlößanteil allerdings bei 85,6 Prozent liegt und somit völlig andere Verhältnisse andeutet.

Da die topographischen Verhältnisse bei dem Siedlungsplatz Werl 8 eine randliche Lage der Siedlung zum ackerbaulich genutzten Teil der Wirtschaftsflächen bedingen, kann wie bei der Siedlung Werl 7, die noch voll im Lößbereich liegt, vorausgesetzt werden, daß der ackerbaulich genutzte Bereich im Lößboden lag.
Der Siedlungsplatz Bremen hat ebenfalls einen eindeutigen Bezug zum Löß. Trotz der Position an der Stufenstirn legen Relief- und Bodenverhältnisse eine zentrale Lage der Siedlung zum ackerbaulich genutzten Teil der Wirtschaftsfläche nahe. Ferner muß noch berücksichtigt werden, daß in diesem Bereich die Bodenverhältnisse nicht als repräsentativ für die Zeit des Neolithikums gelten können. Die Reliefverhältnisse im Stufenbereich vermögen einen deutlichen Hinweis darauf zu geben, daß die heutige Lößverbreitung flächenmäßig nicht mehr das ursprüngliche Ausmaß haben kann. So muß hier bei allen Bereichen mit einer Verbreitung von Bodensubstraten, die nicht aus Löß, sondern aus Verwitterungsprodukten des Anstehenden hervorgegangen sind, gefragt werden, ob eine ehemalige Lößbedeckung von der Erosion entfernt sein kann. Grundsätzlich ist zwar davon auszugehen, daß im Haarstrangbereich der Löß geringmächtiger angeweht wurde [2], jedoch ist in den erosionsgefährdeten Bereichen der Löß entweder ganz entfernt worden oder seine Mächtigkeit wurde hier erheblich verringert. An der kartographischen Darstellung des Umfeldes kann diese Aussage verdeutlicht und nachgewiesen werden. Auf dem Stufenausliegen befinden sich in unmittelbarer Nachbarschaft zu Lößpartien mit einem guten Entwicklungsstand (Stufe 1 und 2) Bereiche mit Verwitterungsböden, die aus den Cenomankalken und -mergeln entstanden sind und eine Solummächtigkeit zwischen 50 und 80 cm und zum Teil einen sehr hohen Skelettanteil haben. Hangneigungen, die hier zum Teil über 8° betragen, bedingen in diesem Bereich einen starken Bodenabtrag, so daß die ursprüngliche Lößdecke entfernt wurde. In den Bereichen geringerer Hangneigung von 2-4° ist die Lößdecke nicht in einem so starken Maße von den Abspülungsprozessen erfaßt worden. Hier steht der Löß noch in einer Mächtigkeit von 60-80 cm an, ist aber überwiegend sehr stark mit dem Verwitterungslehm des Anstehenden vermengt. [3] Als Bodentyp entwickelte sich hier eine zum Teil pseudovergleyte Parabraunerde.
An diesem Beispiel sei verdeutlicht worden, daß für die drei Siedlungsumfelder an der Stufenstirn ursprünglich eine durchgehende, wenn auch teilweise geringmächtige Lößbedeckung voraus-

---

1) Als eine derartige Untersuchung über das Frühneolithikum sei auf die Arbeit von K. SCHWARZ verwiesen. Schwarz, K., 1948

2) Dieses zeigt sich deutlich in den erosionsgeschützten Oberhanglagen, wo die Lößdecke nur eine geringe Mächtigkeit hat. Vgl. auch Wichtmann, H., 1968, S. 17 f

3) Vgl. Umfeld Nr. 11, Karte C

gesetzt werden muß. Das Ausgangsmaterial der Bodenbildung läßt sich zur Differenzierung der Siedlungsstandorte nicht verwenden. Nur von der ursprünglichen Lößmächtigkeit kann eine Unterscheidung der einzelnen Standorte der Siedlungen abgeleitet werden. Unter diesem Gesichtspunkt sind die Standorte auf dem Haarstrang den Standorten in der Unter- und Oberbörde qualitativ unterzuordnen.

Als einziges Beispiel eines Siedlungsstandortes, dessen Auswahl sich nicht am Löß orientiert haben kann, ist der Platz Geseke zu nennen. Die Reliefverhältnisse können hier nicht als Ursache eines so starken Bodenabtrages aufgeführt werden, der den Löß völlig entfernt hätte. Daher sind bei der Beurteilung der Bodenqualität dieses Standortes für das Neolithikum grundsätzlich keine anderen Verhältnisse anzunehmen, als sie jetzt vorliegen. Der überwiegende Teil des Umfeldes umfaßt Flächen mit sogenannten Verwitterungsböden und Diluvialböden. Die Verwitterungsböden, sie haben am Umfeld einen Anteil von 55,8 Prozent, sind aus den Turonkalken hervorgegangen und zeichnen sich durch einen sehr hohen Skelettanteil aus. Auf ihnen hat sich als Bodentyp eine Rendzina entwickelt, die zum Teil starke Degradierungserscheinungen zeigt. Bei den sogenannten Diluvialböden, ihr Umfeldanteil beträgt 29,8 Prozent, handelt es sich hier um einen Boden, der aus saalezeitlichem Geschiebelehm entstanden ist. Als Bodentyp tritt hier eine gleyartige Braunerde auf, die zum Teil schwach entwickelt ist. [1] Im Vergleich zu den anderen dreizehn Standorten in den Hellwegbörden ist die Bodenqualität dieses peripher gelegenen Standortes als äußerst minderwertig zu betrachten. Dieses läßt sich besonders gut an den Bodenzahlen verdeutlichen. [2] Allein 46,3 Prozent des Umfeldes werden von landwirtschaftlichen Nutzflächen eingenommen, deren Bodenzahlen zur niedrigsten Bonitierungsstufe gehören. Während in allen anderen Umfeldern Böden mit einer Bonitierung der Stufen 1 und 2 den überwiegenden Teil des Umfeldes ausmachen, sind Böden der Stufe 1 nicht und Böden der Stufe 2 nur mit 2,6 Prozent Flächenanteil am Umfeld beteiligt. Wenn auch zu berücksichtigen ist, daß durch die Degradierung der Rendzina eine postneolithische Verminderung der Bodenproduktivität eingetreten ist, die die niedrige Einstufung dieser Bereiche zum Teil mitbedingt, bleibt bei einem Vergleich mit den anderen Umfeldern in den Hellwegbörden dieses ungünstige Verhältnis trotzdem bestehen. Bemerkenswert ist jedoch die Lage der Siedlung im Grenzbereich von zwei in der Qualität unterschiedlichen Ausgangsmaterialien der Bodenbildung. Denn trotz der relativ niedrigen Fruchtbarkeit der Braunerde auf dem Geschiebelehm, wird sie, wie die Bonitierungskarte deutlich zeigt, erheblich höher bewertet als die aus den plattigen Mergelkalken hervorgegangene Rendzina.

Bei einer Gegenüberstellung der Ergebnisse der Relief- und Bodenuntersuchung aller Siedlungsplätze muß festgestellt werden, daß durch die nahezu homogenen Verhältnisse in den Hellwegbörden die Möglichkeiten einer Differenzierung in diesem Teil des Untersuchungsgebietes sehr gering sind. Bei der Erstellung einer Wertskala unter dem Aspekt der ackerbaulichen Standortgunst müssen im Siedlungsraum zwischen Werl und Soest die an der Stufenstirn gelegenen Siedlungsplätze geringwertiger eingestuft werden als die Plätze in der Unter- und Oberbörde. Jedoch sollte diese niedrige Einstufung nicht die Folgerung bedingen, daß mit Bremen als frühester besiedelter Platz ein absolut minderwertiger Standort erfaßt wurde. Trotzdem kann abschließend gesagt werden, daß in den Hellwegbörden erst im Verlauf des Ausbaus des Siedlungsraumes in der mittleren Linienbandkeramik die unter heutigen Gesichtspunkten besseren Standorte erschlossen wurden.

5.3 Das südostwestfälische und nordhessische Besiedlungsgebiet

Mit der Warburger Börde und den sie umschließenden Mittelgebirgsbereichen wird von der Untersuchung ein Teil eines früh- und mittelneolithischen Besiedlungsgebietes erfaßt, das sich vom Untermaingebiet über die hessischen Senkenlandschaften bis in den Bereich des südlichen Ostwestfalens erstreckt. Während das wesentliche Kennzeichen des Besiedlungsgebietes der Hellwegzone die gut abgrenzbaren Siedlungsräume waren, zeichnet sich dieses Besiedlungsgebiet durch das Fehlen deutlich ausgeprägter Trennzonen aus, was eine Abgrenzung von Teilräumen zwar erschwert, aber nicht unmöglich macht.

Als ein solcher, wenn auch keinesfalls in sich abgeschlossener Siedlungsbereich kann die Warburger Börde angesehen werden, die durch die unmittelbare Nähe zu einer Siedlungskammer um Hofgeismar (Nr. 27, 28 und 29) einen Kontakt zu dem Siedlungsbereich im Kasseler Becken hat und somit als nordwestlicher Abschluß des ausgedehnten nordmainischen Besiedlungsgebietes aufzufassen ist.

---

[1] Vgl. Umfeld Nr. 14 Karte C. Die schwach entwickelte Braunerde wird durch die Stufe 3 des Entwicklungsstandes des Bodens erkennbar.
[2] Vgl. die Tabelle der Bonitierung des Umfeldes Nr. 14

5.3.1 Der Siedlungsbereich in der Warburger Börde und in den angrenzenden Mittelgebirgsräumen

5.3.1.1 Die naturräumliche Ausstattung

Bei einer naturräumlichen Einordnung dieses Gebietes ist zunächst festzustellen, daß die Bezeichnungen für die naturräumlichen Einheiten insofern divergieren, als in der Gliederung von S. MEISEL [1] als Haupteinheit für diesen Bereich das Oberwälder Land (361) [2] mit den von der frühneolithischen Besiedlung erfaßten Untereinheiten Borgentreicher Börde (361.10), Ossendorfer Platten (361.11) und Nieheim-Brakeler Bergland (361.00) bezeichnet wird, während M. BÜRGENER [3] als Haupteinheit die Warburger Börde (360) mit den Untereinheiten Große Börde (360.0), Diemelbörde (360.1) und Steigerplatte (360.2) sieht. Mit dem Begriff Große Börde faßt M. BÜRGENER den Bördenbereich als Untereinheit 5. Ordnung auf, der bei S. MEISEL mit der Bezeichnung Borgentreicher Börde als Untereinheit 6. Ordnung gesehen wird. In dieser Untersuchung soll die Bezeichnung von M. BÜRGENER verwendet werden, weil es dem allgemeinen geographischen Sprachgebrauch entspricht, wenn die Bördenlandschaft um Warburg als Warburger Börde gekennzeichnet wird. Auch die Zuordnung der Börde zu den naturräumlichen Großeinheiten ist umstritten. Sie wird sowohl dem Oberweserbergland [4] als auch dem Hessischen Berg- und Senkenland [5] zugerechnet.

Die Warburger Börde ist eine morphologische und geologische Mulde, deren Zentrum in einer Höhe von ca. 180 m liegt und deren Randbereiche Höhen um 250 bis 300 m umfassen. Die für diese Untersuchung wichtigen Merkmale sind ein ebenes bis schwach geneigtes, zum Teil welliges Relief, das erst in den Randbereichen zu den umgebenden Bergländern größere Hangneigungen aufweist, ein dichtes Netz hauptsächlich zur Diemel entwässernder Bäche und eine vom Muldeninneren zu den Randbereichen abnehmende Lößbedeckung. Relief und Boden bieten im Muldeninneren also optimale Standorte für den Ackerbau, während die Standortgunst in den Randbereichen hauptsächlich wegen des Wechsels im Ausgangsmaterial der Bodenbildung sehr stark abnimmt. Das ausgeprägte dendrische Netz der Eggel bietet im Bördeninneren überdies vielfache Möglichkeiten bei der Auswahl eines wassernahen Siedlungsstandortes. In diesem Teil der Börde hat sich auf der bis zu zehn Meter mächtigen Lößbedeckung ein kaum ausgewaschener Boden mit einem hohen Grad der Basensättigung entwickelt, der z.T. schwarzerdeartig ist und in der Bonitierung stets Bodenzahlen über 80 erreicht. [6] Daneben treten im Inneren der Börde auch Lößlehmbereiche auf, die als Bodentyp eine Parabraunerde entwickelt haben. An den Randzonen der Börde, in den Bereichen größerer Hangneigungen (4-8°), stehen über den Keuperschichten mittelgründige Lößlehmböden an, die je nach Mächtigkeit des Solums und des Grades der Basensättigung Bodenwerte zwischen 50 und 70 erreichen.

5.3.1.2 Der Ablauf des Besiedlungsvorganges und die Abgrenzung der Besiedlungseinheiten[7]

Von dem Siedlungsbereich in der Warburger Börde und in ihren Randbereichen werden insgesamt zwölf Siedlungsplätze erfaßt. Die Rekonstruktion des Besiedlungsvorganges ist hier allerdings mit erheblichen Schwierigkeiten verbunden, weil die chronologische Fixierung der Belegung der Siedlungsplätze wegen eines typologisch wenig faßbaren Fundmaterials teilweise nicht möglich ist. Auch die Erfassung der Siedlungsplätze ist hier sehr problematisch, denn ein Großteil der Fundplätze konnte bei der Anlegung der dieser Untersuchung zugrundeliegenden Kriterien nicht als Siedlungen klassifiziert werden und mußte außerhalb der weiteren Betrachtung bleiben. Als weitere Schwierigkeit ist die Tatsache zu werten, daß nur wenige Fundplätze überhaupt keramikführend sind und erst so in ein chronologisches Schema einordbar werden. So sind allein für den Kreis Warburg noch weitere 56 Fundplätze zu nennen, von denen zwar der überwiegende Teil als Einzelfunde zu bezeichnen ist, einige aber eine solche Fundhäufigkeit aufweisen, daß sie als Standorte einer Siedlung aufzufassen sind.[8] Da aber als Hauptuntersuchungsziel dieser Arbeit die Beantwortung der Frage anzusehen ist, ob die Siedlungen der Bandkeramikkultur andere Standorte innehatten als die der sogenannten Nachfolgekulturgruppen, konnten diese Fundplätze wegen der fehlenden Möglichkeit der zeitlichen Einordnung nicht in die Betrachtung einbezogen werden. Bei dem Fundmaterial dieser Plätze handelt es sich ausschließlich um Steingeräte, in der Regel um Schuhleistenkeile und Flintovalbeile, die chronologisch aber sowohl der Bandkeramik als auch ihrer Nachfolgekulturen zugeordnet werden können. Für eine Gegenüberstellung der Kulturgruppen des Früh- und Mittelneolithikums wären diese Fundplätze also nicht geeignet gewesen.

Alle zwölf ausgewiesenen Siedlungsplätze sind während der Bandkeramikkultur belegt gewesen, nur zwei dieser Plätze haben noch einen Fundniederschlag während der Zeit der Nachfolgekulturgruppen gefunden. Bemerkenswert ist also, daß hier keine Siedlungsplätze vorhanden sind,

---

1) Meisel, S., 1959, S. 7 ff.

2) Die Ziffernkombination bezieht sich auf die in der naturräumlichen Gliederung verwendete Numerierung der Einheiten.

3) Bürgener, M., 1963, S. 87 ff.   4) Meisel, S., 1959; Haasjost, L., 1968

5) Bürgener, M., 1963   6) Vgl. dazu auch Mückenhausen, F. und H. Wortmann, 1953

7) Vgl. Anhang Karte 2.1 und 2.2   8) Vgl. Anhang Karte 2.3

die ausschließlich Material der Nachfolgekulturen aufweisen. Eine Differenzierung nach den einzelnen Stufen der Bandkeramikkultur ist nur bei einigen Siedlungen möglich.

Das Verteilungsbild der Siedlungen ist von dem wesentlichen Merkmal der Bördenrandlage geprägt. Jene Bereiche des Bördeninneren, die nach heutigen Gesichtspunkten als optimale Standorte zu bezeichnen sind, werden von der bandkeramischen Besiedlung größtenteils ausgespart. Dieses wesentliche Merkmal der Bördenrandlage bleibt auch dann bestehen, wenn die chronologisch nicht einordbaren Fundplätze unter diesem Aspekt mit in die Betrachtung einbezogen werden: Alle Fundpunkte liegen mit einer Ausnahme in den Randbereichen der Börde oder sogar schon in den die Börde umschließenden Mittelgebirgsregionen. Bemerkenswerterweise steht dieser Ausnahmefund aus dem Zentrum der Börde nicht im Zusammenhang mit einer Siedlung, sondern mit Grabanlagen. Darüber hinaus ergeben sich noch einige Unsicherheiten bei der chronologischen Einordnung der Funde. [1]

Dem heutigen Forschungsstand nach bleibt also das Kerngebiet der Börde siedlungsfrei, während die Randbereiche von einigen wenigen Siedlungen so besetzt sind, daß deren Siedlungskammern noch voll kongruent mit der Lößverbreitung sind. Alle anderen Siedlungen liegen dagegen so am Rande der Börde, daß ihre Siedlungskammern nur noch zum Teil Bereiche mit Lößbedeckung erfassen. Gerade aber diese Erscheinung ist für das Siedlungsverhalten der Gesamtkultur der Bandkeramik nicht atypisch, sondern findet vielmehr in einigen anderen Besiedlungsgebieten eine Entsprechung. Als ein generelles Beispiel dieser Art kann auf die Verhältnisse in der Magdeburger Börde verwiesen werden, in der die bandkeramischen Siedlungsplätze am Rande der Schwarzerdeareale liegen. [2]

Bei der Untersuchung der Siedlungsverteilung während der gesamten Bandkeramikkultur fällt neben der aufgewiesenen Siedlungsleere im Zentrum der Börde die deutliche Gruppierung einzelner Siedlungen auf. Mit den drei in der Gemarkung von Daseburg gelegenen Siedlungen wird eine deutlich ausgeprägte Siedlungskammer im Bereich der südlichen Randzone der Großen Börde gebildet, deren Beginn mit dem Siedlungsplatz Daseburg 1 (Nr. 23) schon in die Phase 1, also in die Zeit der älteren Bandkeramik fällt. Der Ausbau der Siedlungskammer geschieht in der mittleren Bandkeramik durch die beiden südlich gelegenen Siedlungsplätze Daseburg 2 und 3, gleichzeitig entsteht mit den Siedlungen Großeneder (Nr. 20) und Hohenwepel (Nr. 21) eine weitere Siedlungskammer unmittelbar am westlichen Rand der Börde. Die zu dieser Siedlungskammer gehörende dritte Siedlung Löwen (Nr. 19) kann aber nicht in die Erklärung der Siedlungsabfolge dieser Siedlungskammer einbezogen werden, weil das Fundmaterial nur eine Einordnung in die Gesamtkultur zuläßt. [3]
In der mittleren Bandkeramik erfolgt durch die Anlage der von dieser Siedlungskammer ca. vier Kilometer entfernten Siedlung Nörde (Nr. 22) ein weiterer Ausbau des Siedlungsraumes am Rande der Börde. Abgesehen von der weit vom Zentrum des Siedlungsraumes abgelegenen Siedlung Külte (Nr. 26) sind alle anderen, im Mittelgebirgsbereich liegenden Siedlungsplätze feinchronologisch nicht einordbar, und es ist daher nicht möglich, eine Aussage darüber zu machen, in welche Zeit der Bandkeramik die Anlage dieser Siedlungen fällt. Aber gerade bei der abseitigen Lage dieser Siedlungen wäre die Kenntnis der zeitlichen Stellung von besonderer Bedeutung, weil dann festgestellt werden könnte, ob die Belegung dieser relativ ungünstigen Standorte als Ausbau eines vorhandenen Siedlungsraumes oder als frühe, sich erst im Gesamtgefüge der naturräumlichen Faktoren orientierende Besiedlung zu deuten ist. Die zeitliche Stellung der Siedlung Külte (Phase 6 der Linienbandkeramik) deutet daraufhin, daß in der jüngeren Bandkeramik Bereiche erschlossen wurden, die weitab der früh besiedelten Kernräume lagen. Gerade unter diesem Gesichtspunkt gesehen kann das Fehlen einer typologisch gut faßbaren Tonware auf den anderen randlich plazierten Siedlungsplätzen als äußerst bedauerlich angesehen werden, da es so nicht möglich ist, eine Beziehung zwischen Standortqualität und Ablauf des Besiedlungsvorganges herzustellen.

Eine Abgrenzung eines Siedlungsraumes fällt bei der Verteilung der Siedlungskammern sehr schwer, da eine Zuordnung der im Mittelgebirge liegenden Siedlungen zum Kerngebiet nicht möglich erscheint. Das Kerngebiet dieses Siedlungsraumes wird von den im Randbereich der Börde liegenden Siedlungen gebildet, bei denen der Maximalabstand zwischen zwei benachbarten Siedlungskammern etwa acht Kilometer beträgt. Der Abstand von der Siedlung Schweckhausen zu der Siedlungskammer um Natingen (Nr. 16 und 17) beträgt zwar nur fünf Kilometer, so daß diese Siedlungen wegen des geringen Abstandes zu dem Siedlungsraum gerechnet werden müßten, wenn nicht die eindeutige Lage in dem die Börde umfassenden Mittelgebirge bestände, die

---

1) Der Fundplatz befindet sich im Weißholz, einer Besaltkuppe ca. 1 km südlich von Lütgeneder, und umfaßte sechs Körpergräber mit Keramik und einem Breitkeil. Gabriel, I., 1971, B-Katalog, S. 176 Nr. 252. Da jedoch die im Jahre 1925 gemachten Funde verschollen sind und deshalb eine genaue chronologische Bestimmung mittels der Keramik nicht möglich ist, können dieser Gräber nur allein wegen des Auftretens eines Breitkeils nicht unbedingt als früh- oder mittelneolithisch betrachtet werden. Denn Breitkeile treten noch im sicheren Zusammenhang mit jungneolithischen und sogar bronzezeitlichen Funden auf.

2) Schwarz, K., 1948

3) Neben einigen typologisch wenig erfaßbaren linienbandkeramischen Scherben tritt nur unverzierte Tonware auf. Gabriel, I., 1971, A-Katalog, S. 44 Nr. 251

diese Siedlungen mit den allerdings weiter entfernt gelegenen Siedlungen Willebadessen (Nr. 15) und Külte (Nr. 26) gemeinsam haben. Während es möglich ist, die Anlage der Siedlung Külte in der Weise zu erklären, daß die frühen Siedler das Volkmarser Becken, an dessen südwestlichem Rand die Siedlung liegt, dadurch erreichten, daß sie von dem Kerngebiet des Siedlungsraumes an einem der Nebenflüsse aufwärts zogen, ist eine solche Erklärung für die Anlage der Siedlungen Natingen und Willebadessen nicht möglich. Sieht man nämlich von der Möglichkeit der Erschließung dieser Bereiche über die Weserzuflüsse Bever und Nethe ab, denn hierfür fehlen die archäologischen Beweise, kann die Anlage der Siedlungen nur so gedeutet werden, daß eine Ausweitung eines besiedelten Bereiches auch unabhängig von dem Leitsystem eines Flußnetzes geschah. In Senken, die in Mittelgebirge eingebettet sind, bedeutete das aber, daß hierbei die wasserscheidenbedingenden Rücken und Höhenzüge zu überschreiten waren. So ergeben sich für die Bestimmung der Abgrenzungskriterien der Siedlungseinheiten in diesem Teil des Arbeitsgebietes ganz andere Perspektiven als in dem behandelten Raum der Hellwegbörden. In diesem Bereich kann geprüft werden, ob bei der Abgrenzung der Einheiten neben dem Abstand der Siedlungen zueinander als wesentliches Kriterium nicht das Relief zu verwerten ist. So läßt sich für den Besiedlungsbereich der Warburger Börde einschließlich der benachbarten Mittelgebirgsbereiche ein deutlich ausgeprägter Siedlungsraum und drei peripher gelegene Siedlungskammern herausarbeiten.

Unter diesem Gesichtspunkt wird auch die Abgrenzung zu dem Siedlungsbereich um Hofgeismar möglich: Der Siedlungsraum in der Warburger Börde ist durch das Liebenauer Bergland eindeutig von den Siedlungen Hofgeismar 1-3 getrennt.

Sieht man von der Schwäche des Fundmaterials ab, durch die einige Siedlungsplätze mit einer Belegung der Nachfolgegruppen möglicherweise nicht erfaßt werden konnten, läßt sich für die nachbandkeramische Zeit ein außergewöhnlich hoher Rückgang in der Anzahl der Siedlungen feststellen. Nur zwei Siedlungen weisen noch einen Fundniederschlag dieser Gruppen auf: Der außerhalb des Siedlungsraumes in spätbandkeramischer Zeit angelegte Siedlungsplatz Külte wird noch von Großgartach belegt und auf dem frühesten besiedelten Platz des Siedlungsraumes Daseburg 1 wird die linienbandkeramische Belegung durch eine stichbandkeramische fortgesetzt, die wiederum ihre Ergänzung in Großgartach und Bischheim findet. Bei der Bewertung dieses hohen Rückganges in der Anzahl der Siedlungen muß neben der bereits genannten Schwäche im Fundmaterial aber auch berücksichtigt werden, daß der Zeitraum, der mit den sogenannten Nachfolgegruppen erfaßt wird, wesentlich kleiner war als der, auf den die insgesamt sieben bandkeramischen Zeitstufen (sechs Phasen und die sogenannte älteste LBK) bezogen sind. Eine Verminderung der Besiedlungsdichte kann unter diesen Voraussetzungen also durchaus nur scheinbar sein. Jedoch kann zu den vorliegenden Verhältnissen in der Warburger Börde gesagt werden, daß der Rückgang der Siedlungen in nachbandkeramischer Zeit im Vergleich zu anderen Siedlungsbereichen außergewöhnlich hoch ist.

5.3.1.3 Die Topographie der Siedlungsplätze

Die Überprüfung der Exposition der Siedlungsplätze bestätigt größtenteils die von W. BUTTLER schon im Jahre 1938 geäußerte These,[1] daß die bandkeramischen Siedlungen überwiegend Südhanglagen bevorzugten, insofern, als sechs von den hier zu betrachtenden zwölf Siedlungsplätzen eine Exposition nach den Südrichtungen (S, SO, SW), drei eine nach Osten und drei eine nach den Nordrichtungen (N, NW, NO) haben.

Die Untersuchung des morphologischen Standortes läßt die Bevorzugung von Hangpartien an Bach- und Flußtälern deutlich werden. Insgesamt neun Siedlungsplätze haben eine Lage an den Seitenhängen von Bach- oder Flußtälern, wobei neben einer Bevorzugung von Mittelhanglagen noch festzustellen ist, daß einige Siedlungen dort angelegt worden sind, wo sich an den Hängen Verflachungsbereiche gebildet haben. Diese Standorte treten jeweils in Kombination mit einer Spornlage auf.[2] Weiterhin läßt sich noch eine Lage im Bereich der Oberhänge feststellen, während die Hangfußpartien von den in diesem Teil des Untersuchungsgebietes bekannten Siedlungen nicht belegt werden. Neben die Hangpartien als Siedlungsstandorte treten aber noch

---

1) Buttler, W., 1938, S. 9
2) Vgl. dazu die Siedlungsplätze Nr. 15, 23 und 26.

jene Bereiche, die durch eine deutliche Verflachung oder gar Verebnung gekennzeichnet sind. Einen solchen Lagetypus haben die Siedlungen Schweckhausen (Nr. 18), Löwen (Nr. 19) und Daseburg (Nr. 25), wobei die Lage der beiden letztgenannten Siedlungen noch dadurch näher gekennzeichnet werden kann, daß sie unmittelbar am Rande des ebenen Bereiches liegen.

Bei der Überprüfung des Ausrichtungsgrades nach einem Wasservorkommen ist festzustellen, daß einige Siedlungen so angelegt sind, daß in ihren Nahbereichen mehrere Vorkommen liegen. Wird nach der Art des Vorkommens unterschieden, so ist hier als wesentlicher Unterschied zu den Verhältnissen in den Hellwegbörden zu bemerken, daß neben Quellen und Bachläufen möglicherweise auch Flüsse zur Wasserversorgung einer Siedlung genutzt wurden. Dieses kann bei dem Siedlungsplatz Willebadessen (Nr. 15), der mit seinem Umfeld noch die Nethe erfaßt, und bei dem Siedlungsplatz Daseburg 3 (Nr. 25), durch dessen Umfeld die Diemel fließt, möglich gewesen sein. Wenn bei den einzelnen Siedlungsplätzen nur das nächstgelegene Vorkommen berücksichtigt wird, dann zeigt sich eine leichte Bevorzugung von Quellen (58,4 %) gegenüber den Bächen (41,6 %). Die Untersuchung des Abstandes zwischen Siedlungsplatz und Wasservorkommen kann wieder nach der Stufeneinteilung erfolgen, die schon bei der Untersuchung der Verhältnisse in den Hellwegbörden verwendet wurde. Bei 58,4 Prozent der Siedlungsplätze liegt das nächste Wasservorkommen unter 250 Metern, und bei 41,6 Prozent liegt dieser Abstand zwischen 250 und 500 Metern. Siedlungsplätze mit einer Entfernung von über 500 Metern zu einem Wasservorkommen treten hier nicht auf. Ein Vergleich mit den Untersuchungsergebnissen der Hellwegbörden zeigt somit deutlich, daß die einzelnen Siedlungsplätze in diesem Teil des Arbeitsgebietes so angelegt sind, daß der Abstand zu den Wasservorkommen möglichst gering war. Da diese Aussage über die Siedlungsstandorte in den Hellwegbörden nicht möglich ist, kann damit der erste Unterschied zu den Verhältnissen in jenem Bereich aufgewiesen werden.

Abschließend kann als charakteristisches Merkmal der Standortwahl die bevorzugte Lage an Bachtälern und auf Verflachungen und ein möglichst geringer Abstand zwischen Siedlungsplatz und Wasservorkommen genannt werden.

5.3.1.4 Die Ausstattung der Umfelder

Die Ergebnisse der Untersuchung der Reliefverhältnisse in den Umfeldern erweisen sich bei einem Vergleich mit den Ergebnissen der Hellwegbörden als grundlegend verschieden. Während dort der Anteil der Flächen mit einer Hangneigung unter 1° noch sehr hoch war, ist der Flächenanteil dieser Hangneigungskategorie in den Umfeldern dieses Siedlungsbereiches sehr niedrig. Zwar enthalten bis auf die Ausnahme eines Siedlungsplatzes (Nr. 24) auch nach Abzug der Auenanteile alle Umfelder noch Areale mit Hangneigungen unter 1°, jedoch haben nur zwei Siedlungsplätze (d.h. ca. 16,5 Prozent aller Umfelder) noch einen Flächenanteil dieser Neigungskategorie von über 30 Prozent. In den Hellwegbörden haben allein sechs Siedlungsplätze (43 Prozent aller Umfelder) noch diesen Anteil. Noch deutlicher wird der Unterschied bei dem Vergleich der Maximawerte. Betrug er in den Hellwegbörden 88,7 Prozent, so liegt er hier bei 35,6 Prozent. Dieser grundsätzliche Vergleich sollte zeigen, daß die völlig verschiedenen Reliefverhältnisse eine Klassifizierung der Umfelder in der Weise, wie sie bei der Untersuchung der Siedlungsplätze in den Hellwegbörden vorgenommen wurde, hier nicht erlauben.

Wird als Klassifizierungskriterium der Anteil nahezu ebener Flächen (0-2° Neigung) gewählt, dann läßt sich feststellen, daß bei keinem der zwölf Umfelder dieser Anteil mehr als 80 Prozent aber auch nicht weniger als 20 Prozent ausmacht. Deutlicher wird aber der Bezug der Standortauswahl nach möglichst ebenen oder nur schwach geneigten Hangpartien bei einer Zusammenfassung der Flächenanteile von 0-4° Hangneigung. Der höchste Anteil dieser Kategorie liegt bei 100 Prozent, der niedrigste bei 41,8 Prozent.

Allein bei elf der zwölf Siedlungen liegt der Anteil dieser noch als relativ wenig geneigt zu bezeichnenden Hangpartien über 50 Prozent. Da aber zur Charakterisierung eines Standortes nicht das gesamte Umfeld herangezogen werden kann, sondern bei einer randlichen Lage des Siedlungsplatzes zu seiner Anbaufläche als sichere Beurteilungsgrundlage etwa 40-50 Prozent der Umfeldfläche anzusehen sind, läßt sich von diesem Ergebnis insgesamt gesehen eine eindeutige Bevorzugung möglichst ebener, allenfalls schwach geneigter Flächen ableiten.

Der Typus einer Randlage eines Siedlungsplatzes bedingt noch eine weitere methodische Erörterung. Liegt nämlich ein Siedlungsplatz in der Weise an der Grenze eines Feuchtphysiotopenbereiches, daß sein Umfeld etwa zur Hälfte von Auenbereichen eingenommen wird, dann besteht die Gefahr der Ergebnisverzerrung, wenn dieses Umfeld im Rahmen eines statistischen Vergleichs mit anderen Umfeldern gleichgesetzt wird, die keine oder nur wenige ausgedehnte Auenbereiche umfassen, weil diese Bereiche bei der Klassifizierung eines Umfeldes nach Boden und Relief unberücksichtigt bleiben müssen.

Eine Möglichkeit, diese Verzerrung oder gar Verfälschung des Untersuchungsergebnisses bei Umfeldern mit einem hohen, nicht zu berücksichtigenden Bereich auszuschließen, liegt in der prozentualen Umrechnung der Flächenanteile, wobei als Basis (= 100 Prozent) nicht das gesamte Umfeld, sondern nur die Nichtauenbereiche zu nehmen sind. Damit würde allerdings die Basis der bei allen Siedlungen gleich großen Bezugsfläche des Umfeldes verlassen werden. Um dieses jedoch zu vermeiden, werden die positiven Ausstattungsmerkmale eines Umfeldes über die Höhe des Anteils der ungünstigen Bestandteile eines Umfeldes festgestellt. Die Klassifizierung der Umfelder nach dem Relief kann somit jedesmal über den prozentualen Anteil der stärker geneigten Hangpartien im Umfeld erfolgen.

Ein solches methodisches Vorgehen erforderte bei den Siedlungsplätzen dieses Siedlungsbereiches eine Untersuchung, wie hoch die Flächenanteile mit Neigungen über $4°$ sind. Die Siedlungsplätze Löwen, Großeneder und Hohenwepel haben in ihren Umfeldern überhaupt keinen Anteil an Flächen dieser Neigungskategorie. Bei den restlichen neun Siedlungen schwankt dieser Anteil zwischen 40,4 und 9,1 Prozent. Insgesamt gesehen kann also das schon festgestellte Ergebnis, daß die Siedlungen dieses Bereiches möglichst ebene bis schwach geneigte Flächen mit ihren Umfeldern erfaßt haben, nur noch weiter bestätigt werden. Noch deutlicher wird dieses Ergebnis, wenn nur noch die stark geneigten bis steilen Hangpartien (über $8°$) berücksichtigt werden. Allein 41,7 Prozent aller Umfelder haben keinen Anteil an Flächen dieser Hangneigungskategorie. Bei den restlichen Umfeldern schwankt dieser Anteil zwischen 1,5 und 11,2 Prozent; er kann also im Rahmen dieser Untersuchung als äußerst gering bezeichnet werden.

Ein Vergleich der bandkeramischen Siedlungsplätze mit denen der Nachfolgegruppen erbringt kein verwertbares Ergebnis. Für diesen Teil des Untersuchungsgebietes kann, wie bereits in den Hellwegbörden, nur festgestellt werden, daß die Siedlungen des Früh- und Mittelneolithikums ganz eindeutig nahezu ebene bis schwach geneigte ($0-4°$) Wirtschaftsflächen bevorzugt haben. Die Anschauung von W. MEIER-ARENDT kann auch hier wiederum als richtig bezeichnet werden. Andererseits zeigt aber auch dieses Untersuchungsergebnis, daß das Relief als Unterscheidungskriterium bei einem Vergleich der von dieser Untersuchung erfaßten Kulturgruppen nur schwer zu verwenden ist.

Als ein gutes Kriterium der Standortdifferenzierung kann sich dagegen der Flächenanteil der Fluß- und Bachauenbereiche erweisen. Der Flächenanteil dieser Bereiche liegt bei den einzelnen Umfeldern zwischen null und 41,1 Prozent. Allerdings liegt dieser Anteil mit der Ausnahme von zwei Umfeldern immer unter 7 Prozent der Gesamtfläche, so daß die Feuchtphysiotopenbereiche in diesen Umfeldern als sehr geringflächig zu bezeichnen sind.

Bei der Untersuchung der Verhältnisse der Hellwegbörden wurde bereits die Bedeutung der Feuchtphysiotopenbereiche für eine gemischt bäuerliche Wirtschaftsweise hinreichend geklärt. Zu fragen ist allerdings, ob es möglich ist, über den Flächenanteil der Auen zu weiterführenden Aussagen zu gelangen. Es könnte geprüft werden, ob sich Verschiebungen innerhalb der kombinierten Wirtschaftsweise in Richtung auf eine stärkere Betonung der Viehzuchtkomponente, die durch archäologische Quellen faßbar oder zumindest angedeutet werden, auch in einem stärkeren Anteil der Feuchtphysiotopenbereiche in den Umfeldern der Siedlungen widerspiegeln.

Aus der Tatsache, daß in bandkeramischen Abfallgruben der Anteil an Tierknochen sehr gering ist, erschloß G. CHILDE eine Betonung der Ackerbaukomponente gegenüber der Viehzucht während der Bandkeramikkultur.[1] In seinen Untersuchungen über das Verhältnis von Ackerbau und Viehzucht im südwestdeutschen Neolithikum kommt B. SIELMANN[2] von G. CHILDEs These ausgehend zu dem Ergebnis, daß der höhere Anteil an tierknochenführenden Abfallgruben auf mittel- und jungneolithischen Siedlungsplätzen als ein Indikator einer allmählichen Verlagerung des Schwerpunktes in der gemischten bäuerlichen Wirtschaftsweise vom Getreideanbau zur Viehzucht während dieser Zeit zu werten ist.[3]

---

[1] "Besides cultivating wheat the Danubians kept domestic animals, though, judging from the comparative rarity of animal bones in their hearths, they lived mainly upon a vegetarian diet." Childe, G., 1929, S. 46

[2] Sielmann, B., 1971c

[3] H.-H. MÜLLER kommt in seiner Untersuchung, die allerdings nur auf bandkeramische Abfallgruben beschränkt ist, zu dem Schluß, daß Ackerbau und Viehzucht in etwa gleichrangig betrieben wurden. Müller, H.-H., 1964, S. 66. Da diese Untersuchung aber das Mittelneolithikum nicht mehr erfaßt, können verständlicherweise die möglichen Verschiebungen in der gemischt bäuerlichen Wirtschaftsweise nicht gesehen werden.

In dem hier zu untersuchenden Gebiet erlauben die Fundumstände keine ähnliche Untersuchung, weil nur wenige Siedlungen systematisch ergraben worden sind. Auch ermöglichen die Grabungsberichte dieser zum Teil etwa vierzig Jahre zurückliegenden Grabungskampagnen nicht eine Überprüfung der Tierknochenanteile in den Abfallgruben. Die Ergebnisse von B. SIELMANN müssen daher ohne eine Möglichkeit der Absicherung im eigenen Untersuchungsgebiet übernommen werden.

Setzt man dieses auf der Basis der Untersuchung archäologischer Quellen gewonnene Ergebnis in Beziehung zu den Standorten der Siedlungen, *so könnten, müßten aber nicht,* die Umfelder mittelneolithischer Siedlungen in ihrer Ausstattung von zwei fundamentalen Eigenschaften geprägt sein: Sie könnten einmal einen größeren Anteil an stark geneigten Hangpartien erfassen als die Umfelder frühneolithischer Siedlungen, und in ihnen könnte auch der Anteil der Auenbereiche höher sein als bei den Umfeldern jener älteren Siedlungen des Frühneolithikums. Dieses sind Möglichkeiten einer Erklärung unterschiedlicher Standorte, und nur als solche können sie hier gewertet werden. Es soll in keiner Weise gesagt werden, daß sich Verlagerungen eines Schwerpunktes in der gemischt bäuerlichen Wirtschaftsweise grundsätzlich so deutlich in der Standortwahl äußern müssen. Ebenfalls muß davon ausgegangen werden, daß es einzelne Siedlungsgemeinschaften geben kann, deren Wirtschaftsweise von dem Gesamtverhalten einer Kulturgruppe ganz erheblich abweicht. Eine bandkeramische Siedlungsgemeinschaft kann - aus welchen Gründen auch immer - der Viehzucht eine viel größere Bedeutung zumessen als der überwiegende Teil der Siedlungsgemeinschaften dieser Kulturgruppen, und ihr Siedlungsstandort könnte daher in seinen Merkmalen von den anderen Standorten der Gesamtkultur genauso abweichend sein wie das Wirtschaftsverhalten dieser Gruppe. Ebenso besteht die Möglichkeit, daß nicht alle mittelneolithischen Siedlungsgemeinschaften den Schwerpunkt bei ihrer Nahrungsproduktion in die Viehzucht verlegt haben. Bei einer Untersuchung der Siedlungsumfelder unter diesem Gesichtspunkt sind also Abweichungen als durchaus natürlich zu bezeichnen. Der Nachweis eines veränderten Wirtschaftsverhaltens mit dieser Methode kann schon dann als gelungen verstanden werden, wenn deutliche Gruppierungen bei den zu vergleichenden Kulturgruppen zu erkennen sind.

Die Verhältnisse dieses Siedlungsbereiches scheinen dem grundsätzlichen Gedanken, daß mittelneolithische Siedlungsplätze so angelegt sind, daß sich in ihrem Nahbereich ausgedehnte Fluß- und Bachauen befinden, zu bestätigen. Denn die beiden Siedlungen mit dem höchsten Auenanteil aller Umfelder sind die beiden Siedlungsplätze (Külte und Daseburg 1), die noch eine Belegung im Mittelneolithikum aufweisen. Als Einschränkung muß hier aber angeführt werden, daß nur der Siedlungsplatz Külte in die Überlegungen der Bedeutung der Feuchtphysiotope für die frühbäuerliche Wirtschaftsweise einbezogen werden kann, weil einerseits der Auenanteil mit 41,1 Prozent in diesem Umfeld außerordentlich hoch ist und andererseits die bandkeramische Belegung dieses Platzes in die Abschlußstufe der Linienbandkeramik (Phase 6), also auch schon ins Mittelneolithikum fällt. Der Siedlungsplatz Daseburg 1 kann wegen seiner frühen Anlage in der Phase 1 der Linienbandkeramik und trotz seiner Belegung während der Stichbandkeramik, der Großgartacher und Bischheimer Kulturgruppe nicht als typisches Beispiel der Standortauswahl im Mittelneolithikum gelten. Denn hierfür eignen sich nur jene Plätze, die entweder nur eine Belegung durch die bandkeramischen Folgegruppen aufweisen oder, falls sie während der Linienbandkeramik besetzt waren, in den jeweiligen Abschlußphasen (Phase 5 und 6) besiedelt waren.

Jedoch ist auch noch eine Einschränkung methodischer Art anzufügen. Es ist bei der Beurteilung der Auenanteile zu fragen, ob ein Umkreis von 750 Metern als ausreichende Beurteilungsbasis für *diese* Fragestellung gelten kann. Denn im Gegensatz zu einer vorwiegend ackerbautreibenden Gruppe ist der Flächenbedarf einer bäuerlichen Gemeinschaft mit dem Schwerpunkt in der Viehzucht wesentlich höher und die Nutzflächen können weiter vom Siedlungsstandort entfernt liegen als bei den Siedlungen der Ackerbauern.

Die Untersuchung der Bodenverhältnisse zeigt mit aller Deutlichkeit eine grundlegend andere Lage der Siedlungsplätze als in den Hellwegbörden. Während dort nur auf dem Siedlungsplatz Geseke ein Nichtlößbodensubstrat überwog, haben hier 50 Prozent aller Siedlungsplätze in ihren Umfeldern einen größeren Anteil an Böden, die aus den Verwitterungssubstanzen des Anstehenden hervorgegangen sind, als an Lößboden. Der Anteil der Verwitterungsböden liegt zwischen 20,3 und 84,5 Prozent. Die große Schwankungsbreite dieses Anteils verweist auf die Notwendigkeit einer gesonderten Untersuchung und Einstufung jedes einzelnen Siedlungsplatzes mit der Überprüfung, inwieweit die heutigen Verhältnisse als Indikatoren einer ehemals am Lößboden orientierten Standortwahl zu werten sind. So müßten nach den heutigen Verhältnissen die Siedlungsplätze Willebadessen (15), Natingen 1 und 2 (16 und 17) und Schweckhausen (18) mit ihren Anteilen an Verwitterungsböden von jeweils über 75 Prozent der Gesamtumfeldfläche als Hinweise einer Standortauswahl interpretiert werden, bei der der Bezug zum Lößboden nicht so eindeutig ist wie bei den übrigen Siedlungsplätzen dieses Siedlungsbereiches.

Das Umfeld des Siedlungsplatzes Willebadessen erfaßt randlich ein lößbedecktes Areal, das mit 10,1 Prozent noch am Gesamtumfeld beteiligt ist. Die Entfernung zwischen dem Mittelpunkt des Streubereiches der Funde und dieser Lößfläche beträgt etwa 375 Meter. Ein Bezug zum Löß wäre bei diesem Siedlungsplatz also nur in der Weise herzustellen, daß man von einer randlichen Lage der Siedlung zur Anbaufläche ausgeht. Betrachtet man die Ausdehnung der Lößfläche über das Umfeld hinaus, so ist festzustellen, daß dieses Areal nur eine sehr geringe Flächenausdehnung hat. Das gesamte Areal macht nur 36,55 Prozent einer Umfeldfläche aus. Bei einer Nutzung dieser Fläche durch die Bewohner dieser Siedlung betrüge der maximale Abstand zum Siedlungsplatz ca. zwei Kilometer.

Die Beurteilung dieses Standortes hat nunmehr von insgesamt drei Möglichkeiten auszugehen. Zu fragen ist zum einen, ob die heutige Lößverbreitung in diesem Bereich als repräsentativ für die Verhältnisse der Zeit gelten können, in der diese Siedlung angelegt wurde; d.h. ob nicht durch die vom Menschen vorgenommene Auflockerung bzw. Entfernung einer ehemals bodenschützenden Vegetation ein Erosionsprozeß ausgelöst wurde, der den Löß von den Hangpartien entfernte. Die zweite Erklärungsmöglichkeit könnte in der Antwort der Frage liegen, ob die Ackerbauern der Linienbandkeramik in der Tat ihre Wirtschaftsflächen so nach der Lößverbreitung ausgerichtet haben, daß die Nutzung von Böden, die aus anderen Substanzen als Löß hervorgegangen sind, total ausgeschlossen werden muß. Ginge man von der These der Nutzung auch der Nichtlößböden aus, dann ist zu fragen, welche Art von Böden hierfür in Frage kommt, und ob bestimmte Bestandteile des Ausgangsmaterials dieser Böden in einer ähnlichen Konzentration im Löß vorkommen, so daß eine etwaige Zeigervegetation auch diese Böden als mögliche Nutzflächen auswies wie die aus Löß hervorgegangenen Böden.

Die letzte Möglichkeit wäre in der absoluten Bevorzugung lößbedeckter Bereiche durch die linienbandkeramischen Ackerbauern zu sehen, und der Standort wäre als ein ausgesprochenes Musterbeispiel einer lößorientierten Lagewahl zu werten.

Der Umfeldanteil des Lößareals liegt überwiegend in Bereichen mit einer Hangneigung von 1-2°. An dieser Hangpartie weisen die einzelnen Schätzungseinheiten die Zustandsstufe 2 der Bodenentwicklung auf. Diese Einschätzung durch den Bodenschätzer ist ein Hinweis dafür, daß der Löß an dieser Partie noch in einer günstigen Mächtigkeit ansteht. Andererseits weisen die Verflachungsbereiche am Hang, der im Bereich des Siedlungsplatzes eine Hangneigung von 2 bis 4° hat, und der Verflachungsbereich auf dem Sporn, dessen Hangneigung auch nur 1-2° beträgt, keinerlei Spuren einer Lößbedeckung auf. Weiter westlich außerhalb des Umfeldes treten Verebnungsbereiche mit Neigungen auf, die unter 1° liegen. Auch hier sind keine Spuren einer ehemaligen Lößbedeckung festzustellen. Die Tatsache, daß der Löß an einer Hangpartie mit Neigungen von 1-2° vorhanden ist, andererseits aber in stärker erosionsgeschützten Lagen des Geländes keine Lößverbreitung festzustellen ist, könnte nun als Beleg einer ursprünglich nicht in allen Bereichen vorhandenen Lößbedeckung gewertet werden.

Jedoch kann auf der Grundlage des Quellenmaterials dieser Arbeit ein solcher Schluß nicht mit absoluter Sicherheit gezogen werden. Denn einige Unwägbarkeiten sind in dieser Folgerung enthalten. So können beispielsweise durch eine unterschiedliche Nutzung in historischer Zeit im Bereich des heutigen Lößareals ganz andere Erhaltungsbedingungen geherrscht haben als auf der Verebnungsfläche, so daß dort trotz der Neigungen von z.T. unter 1° der Löß erodiert sein könnte, während er sich an anderen Stellen hielt.

An den Hängen des Spornes im Neigungsbereich von 4 - 8° und vor allem in den Bereichen über 8° Neigung kann eine Lößbedeckung möglich gewesen sein, die, durch eine intensive Ackernutzung begünstigt, später erodiert wurde. Jedoch ist zu fragen, warum sich der Löß dann nicht als geringer Bestandteil im Bodensubstrat erhalten konnte, wie das in anderen Bereichen der Fall ist. 1) Das an den heutigen Verhältnissen abgeleitete Verteilungsbild der Ausgangsmaterialien der Bodenbildung kann somit nur als bedingt übertragbar für die Verhältnisse des Neolithikums gelten.

Geht man allerdings von der Annahme aus, daß das heutige Verteilungsbild den neolithischen Verhältnissen entspricht, dann folgt daraus, daß die frühen Siedler ihren Siedlungsplatz entweder doch nach dem nur wenige hundert Meter entfernten Lößareal ausgerichtet haben, oder daß auch die übrigen Bodenverhältnisse im Nahbereich der Siedlung den damaligen Vorstellungen von einem günstigen Standort entsprachen. Da hier keinerlei Möglichkeiten bestehen, den Flächenbedarf dieser Siedlungsgemeinschaft auch nur annähernd in seiner Größenordnung zu umreißen, kann die Größe des Lößareals mit 64,56 ha weder als ausreichend noch als zu geringflächig bezeichnet werden. Bei der Annahme, daß dieser Siedlungsplatz primär nach dem Lößareal ausgerichtet worden ist, läßt sich die etwas abseitige Lage auf dem Hangverflachungsbereich mit der Besonderheit der Spornlage erklären.

Abschließend ist noch die Möglichkeit zu diskutieren, ob nicht die Bodenausstattung des gesamten Nahbereiches des Siedlungsplatzes dem Siedlungsverhalten bandkeramischer Bauern entsprechen konnte. Um diese Frage zu beantworten, muß die Basis dieser Untersuchung, die Reichsbodenschätzung, allerdings zum Teil verlassen werden.

Die Reichsbodenschätzung weist hier einen Boden aus, der durch Verwitterung des Anstehenden entstanden ist, überwiegend den günstigen Entwicklungsstand der Stufe 2 hat und dessen Bodenart der Lehm ist. Abweichend hiervon treten in einigen Bereichen als Bodenart lehmige Tone und Tone auf. 2) Die Entwicklungstiefe des Solums ist auf den Hangpartien mit Neigungen über 8° wesentlich geringer - ein deutlicher Hinweis für die hier zweifellos vorhandene oder vorhanden gewesene Bodenerosion. Das geringmächtigere Solum wird durch die Stufe 3 des Entwicklungsstandes angezeigt. Zwei weitere, wenn auch nur gering ausgedehnte Areale sind ferner noch durch einen hohen Skelettanteil im Boden gekennzeichnet.

Die Frage, ob bestimmte Bestandteile dieses Verwitterungsbodens auf eine Nähe zu einem aus Löß hervorgegangenen Boden schließen lassen, kann also von diesen Aussagen nicht abgeleitet werden. Als weitere Quelle muß daher die geologische Karte 1:25.000 herangezogen werden, die den überwiegenden Teil des Ausgangsmaterials dieser Verwitterungsböden als Mergelgestein des Mittleren Muschelkalkes und als Trochitenkalk des Oberen Muschelkalkes ausweist. Die Schichtgrenze zwischen diesen beiden Materialien läßt sich gut an den Geländeformen erkennen: Der

---

1) Das Klassenzeichen lautet für die Schätzungsflächen im Hangbereich über 8° Neigung LT 6V und TIIIb4. Bei einer geringen Beimengung von Löß hätte das Klassenzeichen L Lö V zu lauten. Jedoch muß hier zur Arbeitsgrundlage der Reichsbodenschätzung kritisch angemerkt werden, daß die Methode der Substratbestimmung unter Umständen nicht scharf genug ist, um auch noch geringe Lößanteile im Solum zu erfassen. Die Möglichkeit, daß Lößbeimengungen auch hier vorhanden sein können, muß zumindest angedeutet werden.

2) Vgl. dazu Umfeld-Nr. 15 Karte C

leicht ausräumbare Mergel bildet die Hangpartien, während die abgeflachten Bereiche ein deutlicher Hinweis für die größere morphologische Widerstandsfähigkeit des überlagernden Trochitenkalkes sind. Im Osten des Umfeldes treten ferner noch Kalkschiefer und Mergelkalke des Unteren Muschelkalkes auf.

Der Wert dieser aus Kalk hervorgegangenen Böden wird von der Reichsbodenschätzung mit den für diesen Bereich als relativ günstig zu bezeichnenden Bodenzahlen zwischen 51 und 70 ausgedrückt. Einige, allerdings nur wenig ausgedehnte Bereiche mit Mergelgestein des Mittleren Muschelkalkes und Kalkschiefern des Unteren Muschelkalkes erreichen damit eine gleich hohe Bonitierung wie der überwiegende Teil des Lößareals.[1] Die heutige Produktivität dieser Kalkböden kann also im günstigen Ausnahmefall genauso hoch sein wie die eines Lößbodens mittlerer Entwicklungsstufe. Die Verwandtschaft zum Löß kann bei diesen Carbonatgesteinen im Gehalt des Calciumcarbonats gesehen werden, der in den mitteleuropäischen Lößen bis zu 35 Prozent betragen kann.[2]

Die These einer lößorientierten Standortwahl der bandkeramischen Siedler muß somit in der Weise modifiziert werden, daß in dieser frühen Zeit der Ausbreitung bäuerlicher Kulturen vorwiegend Böden mit einem hohen Kalkgehalt erschlossen wurden. So muß dieser Siedlungsplatz trotz des hohen Anteils an den sogenannten Verwitterungsböden und trotz seiner vom Zentrum des Siedlungsraumes in der Warburger Börde abseitigen Lage in der Mittelgebirgsregion als ein Standort gesehen werden, der dem Auswahlverhalten der frühneolithischen Bauern voll und ganz entsprach.

Die Siedlungsplätze Natingen 1 und 2 und Schweckhausen können ebenfalls als Nachweis eines derartig ausgerichteten Siedlungsverhaltens gewertet werden. Denn der hohe Anteil von Verwitterungsböden in den Umfeldern der Siedlungen Naringen 2 und Schweckhausen ist durch eine extreme Randlage zu benachbarten Lößarealen bedingt, und die Verwitterungsböden in diesen Umfeldern sind wie im Umfeld der Siedlung Willebadessen aus Kalkstein und Kalkmergel hervorgegangen.

Der Siedlungsplatz Natingen 1 ist von einem heute noch vorhandenen ausgedehnten Lößareal zwar über einen Kilometer entfernt, jedoch gibt es in diesem Bereich zahlreiche Anzeichen für eine ehemals ausgedehntere Lößbedeckung. In den Arealen der Verwitterungsböden ist eine kleine Lößinsel eingelagert, und daneben treten zwei etwas größere Flächen auf, wo der Verwitterungsboden noch mit einem geringmächtigen Lößschleier bedeckt ist.[3]

Abschließend kann der Ausrichtungsgrad der Siedlungen dieses Siedlungsbereiches nach den Bodenverhältnissen in der Weise gekennzeichnet werden, daß die früh- und mittelneolithischen Siedler in erster Linie Lößböden bevorzugt haben. Bei den Siedlungen im Randbereich der Börde und im Mittelgebirge kann ebenfalls noch ein Bezug zu lößbedeckten Bereichen festgestellt werden. Darüber hinaus kann aber gesagt werden, daß die Siedlungen so angelegt sind, daß die Nichtlößböden ihrer Wirtschaftsflächen alle aus Kalkstein und Kalkmergel hervorgegangen sind.

5.3.2 Die Siedlungskammern von Hofgeismar und Immenhausen

Etwa zwölf Kilometer östlich der Daseburger Siedlungskammer setzt sich die bandkeramische Besiedlung in der Westhessischen Senke mit einer ausgeprägten, von der Gruppierung dreier Siedlungsplätze gebildeten Siedlungskammer um Hofgeismar fort, die ihrerseits über eine Siedlungskammer bei Immenhausen Kontakt zu dem Siedlungsraum im Kasseler Becken hat. Da beide Siedlungskammern weder dem Siedlungsraum in der Warburger Börde noch dem im Kasseler Becken eindeutig zuzuordnen sind, bietet sich eine getrennte Behandlung dieser vier Siedlungen an.

5.3.2.1 Die naturräumliche Ausstattung

Als nördlicher Abschluß der Westhessischen Senke bildet die Hofgeismarer Rötsenke[4] eine zwischen Mittelgebirgsbereichen eingelagerte, etwa ein bis zwei Kilometer breite Talzone entlang der Flüsse Esse und Diemel. Die Höhendifferenz vom Talboden der Esse zu dem umgebenen Bergland liegt etwa bei einhundert Metern. Das Relief ist durch die mäßig geneigten Seitenhänge, die durch zahlreiche Zuflüsse der Esse in kleine Riedel zerschnitten sind, geprägt. Ein großer Teil der Hangpartien der Senke weist eine Lößbedeckung auf. In den übrigen Bereichen steht der mittlere Buntsandstein, der Röt und der Muschelkalk an, und im südlichen Teil der Senke um Immenhausen besteht das bodenbildende Substrat außer aus Löß auch noch aus eozänen Ablagerungen.[5]

---

1) Vgl. dazu Umfeld-Nr. 15 Karte D
2) Vgl. Scheffer, F. und P. Schachtschabel, 1966, S. 13
3) Vgl. dazu Umfeld-Nr. 16 Karte C
4) Vgl. Klink, H.-J., 1969, S. 16
5) Vgl. Geologische Karte von Preußen 1:25.000 Blatt 4522 Hofgeismar, Berlin 1928

5.3.2.2 Der Besiedlungsvorgang

Dem Fundmaterial nach beginnt die Erschließung dieses Bereiches in der Phase 1 der Linienbandkeramik durch die Anlage der Siedlung Hofgeismar 3 (Nr. 29). Ein weiterer Ausbau der Siedlungskammer geschieht schon in der Phase 2 durch die Siedlung Hofgeismar/Schöneberg (Nr. 27). Da die Stellung der Siedlung Hofgeismar 2 (Nr. 28) innerhalb der Linienbandkeramik nicht genau auszumachen war, [1] kann über die Position dieser Siedlung im Besiedlungsvorgang dieses Bereiches nichts gesagt werden.

Die Anlage der Siedlungskammer in der Phase 1 läßt diese gleich alt mit der Siedlung Daseburg 1 (Nr. 23) in der benachbarten Warburger Börde vermuten, was auf eine ungefähr gleichzeitige Erschließung des Gesamtbereiches hindeuten könnte. Jedoch ist hier als Vorbehalt anzufügen, daß zwei Siedlungen mit einem Fundmaterial der gleichen Zeitphase durchaus nicht gleichzeitig bestanden haben müssen. Unter diesem Gesichtspunkt ist auch die Besiedlungsdauer dieser Kammer zu sehen. Dem Fundmaterial nach dauerte die bandkeramische Besiedlung bis in die Zeit, für die das Material der Phase 5 repräsentativ ist, ohne Unterbrechungen an. Jedoch muß hier einschränkend gesagt werden, daß trotz des Nachweises eines lückenlosen Fundmaterials Hiati möglich sind. Sieht man aber von der Möglichkeit einer solchen archäologisch nicht faßbaren Belegungsunterbrechung ab, dann muß herausgestellt werden, daß zwei Siedlungsplätze der Siedlungskammer um Hofgeismar als außerordentlich durchgehend belegt zu gelten haben. Denn die Folgebelegung wird auf dem Siedlungsplatz Hofgeismar 3 (Nr. 29) durch ein Material der Stichbandkeramik und der Großgartacher und Rössener Kultur angezeigt, während auf dem Siedlungsplatz Hofgeismar/Schöneberg (Nr. 27) statt der Stichbandkeramik die hier als zeitgleich aufzufassende Großgartacher Kultur an die Phase 5 der Linienbandkeramik anschließt, die dann nach Rössen überleitet. Die jüngste Belegung liegt mit der Bischheimer Gruppe vor. Auch hier zeigt sich wieder eine gewisse Parallelität zur Siedlungskammer um Daseburg: Auf dem frühest besiedelten Platz Daseburg 1 liegt ebenfalls eine nach dem Fundmaterial lückenlose Belegung von der Linienbandkeramik über Großgartach nach Bischheim vor. Nur fehlt ein für die Rössener Gruppe repräsentatives Material, und die Bandkeramik schließt statt mit der linienbandkeramischen Phase 5 mit der Stichbandkeramik ab.

Die Anlage der Siedlungskammer bei Immenhausen liegt mit der Phase 2 in dem Beginn der mittleren Bandkeramik. Abgeschlossen wird die bandkeramische Belegung wie bei den Hofgeismarer Siedlungsplätzen Nr. 27 und 29 mit dem Material der Phase 5 der Linienbandkeramik. Eine Weiterbelegung durch die Nachfolgegruppen hat offensichtlich nicht stattgefunden.

In dem Siedlungsraum der Warburger Börde konnte ein Siedlungsrückgang vom Früh- zum Mittelneolithikum festgestellt werden, der in seiner Intensität als nicht repräsentativ bezeichnet werden mußte. Mit der Siedlungskammer um Hofgeismar liegt der Fall einer außerordentlich hohen Stabilität in der Besiedlungsintensität vor, die für die Verhältnisse des Mittelneolithikums auch nicht repräsentativ genannt werden kann.

5.3.2.3 Die Topographie der Siedlungsplätze und die Ausstattungsmerkmale der Umfelder

Alle drei Hofgeismarer Siedlungsplätze haben eine Lage an den Seitenhängen des Essetales im Unterhangbereich in der Nähe eines in die Esse einmündenden Baches. Zu einer weiteren Kennzeichnung des Lagetyps kann auch noch die riedelartige Zergliederung der Talhänge herangezogen werden. Zwei Siedlungen liegen auf einem der riedelartigen Rücken, die andere Siedlung liegt in einem Einschnitt zwischen zwei Rücken. Der Siedlungsplatz Immenhausen hat ebenfalls eine Lage auf einem dieser Rücken im Unterhangbereich.

Die Wasservorkommen, die sich zu den Siedlungsplätzen in Beziehung setzen lassen, liegen alle in unmittelbarer Nähe der Siedlungsplätze. Die Entfernung zwischen den Wasservorkommen und den Streubereichen der Funde beträgt maximal 250 Meter. Im Umkreis von 500 Metern läßt sich bei allen vier Siedlungsplätzen ein weiteres Wasservorkommen nachweisen. Die günstige Lage zu den Wasservorkommen kann daher als wesentliches topographisches Merkmal dieser Siedlungsplätze genannt werden.

Das Ergebnis der Untersuchung der Reliefverhältnisse läßt eine Bevorzugung ebener bzw. nahezu ebener Bereiche erkennen. Der Umfeldanteil dieser Hangneigungskategorie schwankt zwischen 17,5 und 49,4 Prozent. Noch deutlicher wird aber die Bevorzugung möglichst flach geneigter Geländepartien, wenn der Neigungsbereich von 0-4° als Unterscheidungskriterium verwendet wird. Denn hier schwankt der Umfeldanteil zwischen 64,4 und 86,4 Prozent. Die Bevorzugung möglichst wenig geneigter Hangpartien kann ferner noch durch das fast gänzliche Fehlen - nur der Siedlungsplatz

---

1) Das Fundmaterial besteht aus Schuhleistenkeilen, Reibsteinfragmenten, Silexmaterial und aus nur wenigen Scherben bandkeramischer Tonware. Gabriel, I., 1971, A-Katalog, S. 53 Nr. 345

28 hat einen Anteil von 0,4 Prozent - von stark geneigten Hangpartien (über 8°) verdeutlicht werden.

Der Anteil der Auenbereiche schwankt zwischen 10,3 und 29,6 Prozent. Eine wesentliche Aussage läßt sich von dieser Größenordnung des Auenanteils nicht ableiten.

Aber für alle vier Siedlungsplätze kann ein sicherer Bezug zu lößbedeckten Flächen nachgewiesen werden. Der Anteil der Lößareale liegt immer über 50 Prozent des gesamten Umfeldes, während der Anteil der Böden, die aus einem anderen Substrat als Löß hervorgegangen sind, sehr gering ist und nur bei dem Siedlungsplatz Immenhausen mit 33,8 Prozent höher liegt.

Aber trotz dieses höheren Anteils an V- und D-Böden ist der Bezug zum Löß bei dem Siedlungsplatz Immenhausen eindeutig, da die Nichtlößböden von dem Umfeld nur peripher erfaßt werden. Auch könnte die zentrale Lage des Siedlungsplatzes in einer *heutigen* Lößinsel als eine betont lößorientierte Standortwahl gewertet werden, wenn sicherzustellen wäre, daß die gegenwärtige Lößverbreitung mit der des Neolithikums identisch ist. Die überwiegende Lagerung des Lößes in den Akkumulationszonen der Hangpartien deutet aber darauf hin, daß die Lößbedeckung ursprünglich großflächiger gewesen sein kann, als sie heute mit den Bestimmungsmethoden der Reichsbodenschätzung auszumachen ist. Aber gerade eben bei einer Bewertung des Siedlungsplatzes nach den gegenwärtigen Verhältnissen ist die Lößorientierung als prägnantes Kennzeichen herauszustellen.

Die fast ausnahmslose Verbreitung der Ackerflächen mit der Stufe 2 und besonders mit der Stufe 1 des Entwicklungsstandes der Böden zeigt, daß der Löß in allen vier Umfeldern tiefgründig ansteht und eine Reaktion im günstigen PH-Wertbereich hat. Werden die typenbestimmenden Merkmale zusammengefaßt, so läßt sich für die Bereiche der Stufe 1 als Bodentyp eine Parabraunerde mit großer Entwicklungstiefe und hoher Basensättigung und für die Areale mit der Stufe 2 eine Parabraunerde mit hoher bis mittlerer Basensättigung nachweisen.

Zusammenfassend können die Siedlungen dieser beiden Siedlungskammern in der Hofgeismarer Rötsenke als Beispiele einer ausgeprägten Standortwahl bezeichnet werden, die sich an den Wasservorkommen und an der Lage im Löß orientiert haben wird.

5.3.3 Die Siedlungskammern im Kasseler Becken [1]

In der Einleitung zur Untersuchung des südostwestfälischen und nordhessischen Besiedlungsgebietes wurde schon darauf hingewiesen, daß in diesem Bereich deutlich ausgeprägte Trennzonen, die eine Ausgliederung von Siedlungsräumen ermöglichen, fehlen. Die Abgrenzung des Siedlungsraumes in der Warburger Börde mit den abseitigen Siedlungskammern in den umgebenen Mittelgebirgen kann insofern noch als eine Ausnahme betrachtet werden. Auch die Abgrenzung der Siedlungskammern von Hofgeismar und Immenhausen war nach den Abgrenzungskriterien dieser Untersuchung noch möglich gewesen. Mit der südlich anschließenden Besiedlung im Kasseler Becken beginnt ein Siedlungsbereich, der als ein weit ausgedehnter, durch zahlreiche peripher gelegene Siedlungskammern zu ergänzender Siedlungsraum betrachtet werden muß. Als wesentliches Merkmal dieses Siedlungsraumes läßt sich neben der weiteren Ausdehnung die deutliche Schwerpunktbildung durch großflächige Siedlungskammern bezeichnen.

Als eine solche Schwerpunktbildung können die Siedlungskammern im Kasseler Becken genannt werden, die hier als abgeschlossene Untersuchungseinheiten behandelt werden sollen.

5.3.3.1 Die naturräumliche Ausstattung

Das Kasseler Becken ist ein Bestandteil des großen Senkenzuges, der sich von der Wetterau über das Gießener und Amöneburger Becken nach Norden fortsetzt und schließlich in der Westhessischen Senke seinen Abschluß findet, als deren Untereinheiten außer dem Kasseler Becken und der Hofgeismarer Rötsenke noch die Hessengausenke, der Löwensteiner Grund, die Borkener Senke und das Ziegenhainer Becken zu nennen sind. [2] Das Kasseler Becken kann als nördlichster Abschluß der deutlich ausgeprägten Senkenfolge bezeichnet werden, denn die Hofgeismarer Rötsenke hat als langgezogene Taleinsenkung nicht mehr den Beckencharakter, der für den gesamten Senkenzug typisch ist.
Das Relief im Beckeninneren ist flach bis leicht hügelig gestaltet und weist nur in den Randbereichen zu dem umgebenen Bergland hin stärkere Neigungen auf. Die Böden sind zum überwiegenden Teil aus Löß hervorgegangen.

---

[1] Vgl. Anhang Karte 3.1 und 3.2
[2] Vgl. Klink, H.-J., 1969, S. 9

5.3.3.2 Der Ablauf des Besiedlungsvorganges und die Abgrenzung der Besiedlungseinheiten

Als deutliches Merkmal der Siedlungsverteilung des gesamten Siedlungsraumes wurde bereits die schwerpunkthafte Besiedlung durch einige große Siedlungskammern genannt.

Eine solche größere Kammer wird von den Siedlungen Ihringshausen (Nr. 33), Kassel-Niedervellmar (Nr. 34), Kassel-Harleshausen (Nr. 35) und Kassel-Kirchditmold (Nr. 36) gebildet. Bemerkenswert ist die Zeitstellung aller vier Siedlungen in der mittleren Stufe der Bandkeramik. Die Anlage dieser Siedlungskammer geschieht in der Phase 2 auf dem Siedlungsplatz Ihringshausen. In der Phase 3 erweitert sich die Siedlungskammer um die Siedlungen Kassel-Niedervellmar und Kassel-Harleshausen. Der Nachweis einer Besiedlung ist in dieser Kammer bis in die Phase 5 auf den Siedlungsplätzen Kassel-Niedervellmar und Kassel-Kirchditmold möglich. Eine weitere Siedlungskammer befindet sich östlich der Fulda am Rande des Kasseler Beckens. Jedoch beginnt hier die Besiedlung schon in der älteren Stufe der Bandkeramik auf dem Siedlungsplatz Vollmarshausen 1 (Nr. 37) und endet in der jüngeren Stufe mit der Phase 5. Allerdings war es nicht möglich, einen Fundnachweis für die mittlere Stufe zu erbringen, so daß mit einer Unterbrechung der Besiedlungskontinuität für die Zeit der Phasen 2 bis 4 gerechnet werden muß. Die beiden anderen Siedlungen dieser Kammer können in die Erklärung des Besiedlungsvorganges nur im Zusammenhang mit der Gesamtkultur integriert werden, denn auf dem Siedlungsplatz Niederkaufungen (Nr. 38) konnte nur ein feinchronologisch nicht einordbares Material der Linienbandkeramik und auf dem Platz Vollmarshausen 2 (Nr. 39) ein nicht näher bestimmbares Material der Nachfolgekulturgruppen festgestellt werden. [1]
Nördlich der erstgenannten ausgedehnten Siedlungskammer im heutigen Stadtgebiet von Kassel befindet sich ebenfalls ein Siedlungsplatz (Nr. 32) mit einer Belegung in der älteren Stufe der Bandkeramik; hier dauerte die Besiedlung aber nur bis in den Beginn der mittleren Stufe (Phase 2). Etwa ein Kilometer nordöstlich dieser Siedlung wurde zur Zeit der Bischheimer Kultur eine weitere Siedlung (Nr. 31) angelegt.
Eine frühe Siedlungsanlage konnte noch auf dem Platz Kassel-Oberzwehren (Nr. 40) nachgewiesen werden. Die Belegung beginnt in der Phase 1 und endet mit der Phase 4.

Der Ablauf des Besiedlungsvorganges zeigt wieder Merkmale, wie sie schon in den anderen Siedlungsräumen festzustellen waren: In der Anfangsphase der frühneolithischen Besiedlung liegen die einzelnen, jeweils nur von einer Siedlung gebildeten Kammern weit auseinander. Der mittlere und der nördliche Teil des Kasseler Beckens umfaßt drei Siedlungskammern, deren Abstand zwischen 9,5 und 12,5 Kilometern beträgt. Die Größenordnung des Abstandes erlaubt es, hier schon von der Ausbildung eines Siedlungsraumes zu sprechen, denn eine Berührung der Bereiche, die durch die Viehhutung und andere Eingriffe in die natürliche Vegetation noch als Nutzungsräume der einzelnen Siedlungen zu interpretieren sind, kann hier angenommen werden.

Zu einer starken Verdichtung der Besiedlung kommt es während der Zeit der mittleren Bandkeramik. Aber auch hier ist wieder einschränkend zu sagen, daß diese Aussage nur unter der Prämisse Gültigkeit hat, daß Siedlungen gleicher Zeitstellung auch tatsächlich gleichzeitig bestanden.

Die jüngere Stufe der Bandkeramik zeigt wieder das schon gewohnte Bild eines starken Siedlungsrückganges, der sich zur Zeit der Nachfolgekulturgruppen noch mehr verstärkt: In dem Bereich dieser Untersuchungseinheit, dem mittleren und nördlichen Teil des Kasseler Beckens, stehen den insgesamt neun bandkeramischen Siedlungen nur zwei der Nachfolgekulturgruppen gegenüber.

5.3.3.3 Die Topographie der Siedlungsplätze

Die Anwendung der Exposition als Kriterium zeigt deutlich, daß eine Ausrichtung der Siedlungsplätze nach Südhanglagen nicht vorgenommen worden ist. Denn nur zwei der hier zu behandelnden zehn Siedlungsplätze dieser Untersuchungseinheit weisen eine Exposition nach Südrichtungen auf.

Ein klares Ergebnis ergibt sich dagegen bei der Anwendung des morphologischen Standortes als Unterscheidungskriterium: Mit insgesamt sechs Siedlungen erweist sich die Mittelhanglage als bevorzugter Standort. Drei Siedlungen liegen im Unterhangbereich oder am Hangfuß, und eine Siedlung befindet sich am Rande einer Verflachung.

Eine deutliche Ausrichtung der Siedlungen nach einem möglichst standortnahen Wasservorkommen kann bei der Untersuchung des Abstandes zwischen Siedlung und Vorkommen festgestellt werden. Bei acht der zehn Siedlungen betrug dieser Abstand nicht mehr als 250 Meter, und bei den anderen beiden Siedlungen lag das Wasservorkommen 500 Meter vom Platz entfernt. Eindeutig ist auch

---

[1] Das Fundmaterial auf dem Siedlungsplatz Niederkaufungen besteht aus Steingeräten und linienbandkeramischen Scherben, die überwiegend nur ganz unbedeutende Verzierungsreste tragen. Nur auf vier Scherben sind die Verzierungselemente vollständig erhalten, jedoch sind sie typologisch so wenig erfaßbar, daß eine feinchronologische Einordnung nicht möglich ist. Gabriel, I., 1971, A-Katalog, S. 64 Nr. 378. Das Fundmaterial des Platzes Vollmarshausen 2 besteht aus Silexmaterial und einer Wandungsscherbe mit Doppelstichfeld, die innerhalb der Nachfolgekulturgruppen nicht näher einzuordnen ist. Gabriel, I., 1971, B-Katalog, S. 199 Nr. 387

der Nachweis der Bevorzugung einer bestimmten Art des Vorkommens: Neun Siedlungen haben einen Bezug zu einem Bachlauf, und nur bei einer Siedlung (Nr. 33) war eine Beziehung zu einer Quelle herzustellen.

Mittelhanglage und Bachläufe als Wasservorkommen in unmittelbarer Nähe der Siedlungen können daher als Merkmale der Standorte dieser Siedlungen bezeichnet werden.

5.3.3.4 Die Ausstattung der Umfelder

Die Relief- und Bodenuntersuchungen wurden bei den Siedlungen in Randbereichen der Stadt Kassel durch die teilweise dichte Bebauung außerordentlich erschwert. Jedoch war es, abgesehen von einigen kleinflächigen Arealen, bei fast allen Umfeldern möglich, Ergebnisse der Reichsbodenschätzung zu verwerten. Nur im Umfeld der Siedlung Kassel-Niedervellmar (Nr. 34) war die dichte Überbauung schon vor den Aufnahmen zur Reichsbodenschätzung geschehen, so daß hier die geologische Karte 1:25.000 als einzige Untersuchungsquelle genommen werden mußte. [1]

Das Unterscheidungskriterium ebener bis nahezu ebener Flächen (0-2°) läßt bei sieben der zehn Umfelder schon eine deutliche Bevorzugung dieser Bereiche erkennen, denn bei ihnen beträgt der Anteil dieser Hangneigungskategorie stets über 40 Prozent der Umfeldfläche. Bei drei dieser Umfelder liegt dieser Anteil sogar über 75 Prozent der Gesamtfläche.

Die Siedlungen mit dem niedrigsten Anteil dieser Flächen sind die Bischheimer Siedlung Rothwesten (Nr. 31), die frühbandkeramische Siedlung Simmershausen (Nr. 32) und die früh- und spätbandkeramische Siedlung Vollmarshausen 1 (Nr. 37). Die Umfelder mit den höchsten Anteilen dieser Flächen gehören zu Siedlungen mit einer Zeitstellung in der mittleren Stufe der Bandkeramik.

Wird die Unterscheidung der Umfelder nach der Hangneigungskategorie ebener bis schwach geneigter Flächen (0-4°) vorgenommen, so verwischen sich die eben aufgeführten Unterschiede zum Teil wieder. Denn bei allen zehn Umfeldern erfaßt diese Kategorie den Großteil (69,6 bis 100 Prozent) der Gesamtfläche. Auch hier kann also wieder festgestellt werden, daß sowohl im Früh- als auch im Mittelneolithikum nur schwach geneigte Flächen genutzt wurden. Lediglich bei der Feindifferenzierung von Flächen mit 0-2° Neigung zeigt sich eine Bevorzugung dieser Bereiche während der Zeit der mittleren Bandkeramik.

Bei allen zehn Siedlungen dieser Untersuchungseinheit läßt sich eine Bevorzugung lößbedeckter Bereiche feststellen. Zwar schwankt der Anteil der Lößflächen zwischen den Umfeldern erheblich jedoch liegt der niedrigste Anteil immerhin noch bei 43,2 Prozent. Deutlicher kann die Ausrichtung nach lößbedeckten Flächen dargestellt werden, wenn die Umfeldanteile der Nichtlößböden aufgeführt werden, die zwischen null und 37,7 Prozent liegen.

Den größten Anteil am Nichtlößsubstrat hat das Umfeld des Siedlungsplatzes Vollmarshausen 2 (Nr. 39), der durch eine Siedlung der bandkeramischen Nachfolgekulturgruppen belegt gewesen ist. Gleichzeitig enthält dieses Umfeld den zweithöchsten Auenanteil in dieser Untersuchungseinheit. Das Nichtlößsubstrat besteht aus tertiären Ablagerungen mit einem überwiegend lehmigen Boden; der Anteil von sandigen und tonigen Böden auf diesen sogenannten Diluvial-Böden mit 2,5 und 6,7 Prozent Umfeldanteil kann dagegen als gering bezeichnet werden.

Einen hohen Anteil an Verwitterungsböden hat der Siedlungsplatz Kassel-Kirchditmold (Nr. 36) mit 27,1 Prozent, und da dieses Umfeld den hohen Auenanteil von 29,7 Prozent hat, beträgt die lößbedeckte Fläche nur 43,2 Prozent des Umfeldes. Etwa die Hälfte dieser Lößfläche besteht ferner aus einem Boden mit geringem Lößanteil, der in der Reichsbodenschätzung als mit den Verwitterungsprodukten des Anstehenden vermengter Löß durch das Klassenzeichen LöV ausgewiesen wird. [2] Die zeitliche Stellung am Ende der mittleren und zu Beginn der jüngeren Bandkeramik rückt diese Siedlung mit dem höchsten Auenanteil dieser Untersuchungseinheit schon in die Nähe des Mittelneolithikums. Andererseits hat aber die eindeutig ins Mittelneolithikum gehörende Siedlung Rothwesten (Nr. 31) den höchsten Lößbodenanteil mit 93,8 Prozent und mit 6,2 Prozent einen sehr geringen Anteil Feuchtphysiotopenbereiche.

Dieses macht wiederum deutlich, daß sicherlich nicht von einem starren Schema auszugehen ist, wenn die Standorte der einzelnen Stufen der Bandkeramik in einem übergreifenden Vergleich betrachtet und bewertet werden, und wenn alle Standorte der Linienbandkeramik mit denen der Nachfolgekulturgruppen verglichen werden. Die Möglichkeit, daß einzelne Siedlungsgemeinschaften

---
1) Da das Blatt Wilhelmshöhe Grad-Abt. 55/37 (neue Bezeichnung und Nr.: Kassel-West 4622) schon im Jahre 1900 herausgegeben worden ist, konnten hier die geologischen Verhältnisse noch vor der erst später erfolgenden dichten Überbauung aufgenommen werden.
2) Diese Klassifizierung wurde von den Bereichen, die nicht überbaut waren und für die Unterlagen der Reichsbodenschätzung vorlagen, auf die übrigen Bereiche unter Berücksichtigung der in der geologischen Karte angezeigten Verhältnisse übertragen. Vgl. Umfeld Nr. 36 Karte C

in ihrem Verhalten von der Gesamtkulturgruppe abweichen können, muß dabei stets berücksichtigt werden.

5.3.4. Die Siedlungskammern im südlichen Teil des Kasseler Beckens, im Hessengau und in den benachbarten Bereichen

Im südlichen Teil des Kasseler Beckens beginnt ein Konzentrationsbereich früh- und mittelneolithischer Siedlungen mit einem Schwerpunkt seltenen Ausmaßes in dem nördlich der Eder gelegenen Teil der Hessengausenke. Südlich der Eder setzt sich die frühe Besiedlung weniger intensiv fort, so daß zwischen den Siedlungen und den von ihnen gebildeten Kammern größere Abstände bestehen, die es nahelegen, hier von separaten Siedlungskammern zu sprechen. Einige dieser, dem archäologischen Forschungsstand nach stets nur durch die Anlage einer Siedlung entstandenen Kammern befinden sich auch außerhalb der Westhessischen Senke in den benachbarten Flußtälern, Senken und in dem angrenzenden Mittelgebirge.

5.3.4.1 Die naturräumliche Ausstattung

Der als Hessengau [1] bezeichnete Raum umfaßt als naturräumliche Untereinheiten nördlich der Eder die Gudensberger Kuppenschwelle und die Fritzlarer Börde und südlich der Eder die Waberner Ebene, die Großenengliser Platte und die Homberger Bucht. Außerhalb des Hessengaus berührt dieser Besiedlungsbereich die Borkener Senke, das Frielendorfer Hügelland und den Löwensteiner Grund und außerhalb der Westhessischen Senke das Homberger Hochland, das Wildehügelland und die Wegaer Ederaue, die Elberberger Höhen und die Hinterhabichtswälder Kuppen. [2]
Das Landschaftsbild des Kerngebietes dieses Untersuchungsraumes wird in der Senke von weiten sanftgewellten Flächen in einer absoluten Höhenlage zwischen 200 und 250 Metern bestimmt, in die die Täler der Eder und Schwalm auf ein Niveau zwischen 150 und 200 Metern eingesenkt sind. Die Eder, Ems und Schwalm gliedern durch ihren teilweise parallelen Verlauf mit ihren breiten Niederungszonen die Senke in ihrem mittleren Bereich in ausgedehnte einzelne Platten auf. Eine ähnliche Aufgliederung geschieht im Süden des Beckens (südlicher Teil der Hessengausenke und Borkener Senke) durch die in Süd-Nord-Richtung verlaufenden Zuflüsse der Schwalm wie Olmes, Lem-Bach und Efze. Jedoch haben hier die einzelnen aufgegliederten Flächen keinen Plattencharakter wie im mittleren Teil der Senke, sondern das Gepräge einer Hügellandschaft. Der Norden des Hessengaus weist ebenfalls ein bewegteres Relief auf. Die Landschaft wird hier von dem tertiären Hügelland um Gudensberg und Besse (Gudensberger Kuppenschwelle) mit den stark geböschten Basaltkuppen geprägt, die oft Höhen über 300 Meter haben. Dieses lößbedeckte Hügelland trennt als flache Schwelle das Becken des Hessengaus von dem nördlich anschließenden Kasseler Becken, während das Frielendorfer Hügelland eine naturräumliche Grenze zu dem südlich anschließenden Ziegenhainer Becken bildet. Das im Westen und Osten angrenzende Mittelgebirge wird an seinen Randbereichen noch von der Besiedlung erfaßt, kann aber mehr als Begrenzung des Besiedlungsgebietes aufgefaßt werden. Die Senke weist Gebiete mit außerordentlich hoher Bodenqualität auf, für die die aus Löß hervorgegangenen Böden bestimmend sind. Daneben treten als bodenbildende Substrate mesozoische und tertiäre Ablagerungen auf.

5.3.4.2 Der Ablauf des Besiedlungsvorganges und die Abgrenzung der Besiedlungseinheiten [3]

Der Nachweis der für diesen Bereich frühesten bäuerlichen Besiedlung konnte auf dem Siedlungsplatz Maden 6 (Nr. 60) mit dem Material der sogenannten ältesten Bandkeramik erbracht werden. [4] Der Fund dieser frühesten Keramik ist für das gesamte Untersuchungsgebiet eine Ausnahme. Auch bei einer Betrachtung über Nordhessen und Westfalen hinaus bleiben Siedlungsplätze der frühesten Bandkeramik eine Seltenheit. [5]

In der Phase 1 der Bandkeramik kommt es im näheren Bereich dieser ältesten Siedlung zu einem Ausbau der Siedlungskammer. Außerhalb des Hügellandes nördlich der Ems befinden sich dem gegenwärtigen Forschungsstand nach aber noch keine Siedlungen. Nördlich der Ems kann aber, wenn eine Gleichzeitigkeit aller Siedlungen mit dem Material der Phase 1 vorausgesetzt wird, für diese frühe Zeit schon eine ausgedehnte, von fünf Siedlungen gebildete Kammer angenommen werden. Diese großflächige Siedlungskammer kann als Ausgangspunkt der späteren dichten Besiedlung betrachtet werden, wobei allerdings einschränkend zu sagen ist, daß auch die Möglichkeit einer Aufsiedlung durch von außerhalb dieses näheren Bereiches kommende Zuwanderer zu bedenken ist.

In der mittleren Bandkeramik kommt es außer zu einer starken Verdichtung der Besiedlung auch zu einer erheblichen Erweiterung des Besiedlungsbereiches. Nach Norden stößt die Besiedlung so-

---

1) Vgl. Klink, H.-J., 1969, S. 11.   2) Vgl. Klink, H.-J., 1969, S. 9-20 und Bürgener, M., 1963, S. 72-78

3) Vgl. Anhang Karte 4.1 und 4.2

4) Gabriel, I., 1971, A-Katalog, S. 97 Nr. 460.01

5) Einige Fundstellen mit dieser frühen Keramik befinden sich in dem von W. MEIER-ARENDT bearbeiteten Untermaingebiet, also in einer relativen Nachbarschaft zu diesem Untersuchungsraum. Vgl. W. Meier-Arendt, 1966, Karte 1

weit in den südlichen Teil des Kasseler Beckens vor, daß der Abstand zu den Siedlungen des nördlich anschließenden Gebietes so gering wird, daß eine Berührung der von den Menschen beeinflußten Bereiche angenommen werden kann und der Gesamtbereich als ein Siedlungsraum betrachtet werden muß. Auch nach Süden hin kommt es zu einer beträchtlichen Erweiterung des besiedelten Bereiches: Die Fritzlarer Börde weist insgesamt fünf Siedlungsplätze auf, die so dicht beieinander liegen, daß - so sie gleichzeitig bestanden - von der Anlage *einer* Siedlungskammer ausgegangen werden muß. Auch der Bereich südlich der Eder wird jetzt durch einzelne Siedlungen belegt, deren Abstände zum Teil aber sehr groß sind, so daß hier nur von einzelnen Siedlungskammern, nicht aber von einem geschlossenen Siedlungsraum zu sprechen ist.

Als auffällige Erscheinung kann die starke Verdichtung in dem Besiedlungsbereich nördlich der Eder für die Zeit der mittleren Stufe festgestellt werden. Ein starkes Anwachsen der Siedlungszahlen konnte bisher für diese Zeit in allen Bereichen des Untersuchungsgebietes festgestellt werden, so daß in der Vergrößerung der Zahl der Siedlungen gegenüber der Zeit der älteren Stufe nicht die Besonderheit gesehen werden kann. Als außergewöhnlich kann vielmehr die absolut hohe Zahl der Siedlungen gewertet werden, denn hierzu gibt es in den anderen Untersuchungseinheiten keine Parallelen.

Die hohe Zahl der Fundplätze nördlich der Eder kann bis zu einem gewissen Grad durch einen unterschiedlichen Forschungsstand bedingt sein, weil dieser Bereich von den Mitarbeitern des Museums Fritzlar intensiver untersucht wurde als der südliche Teil des Landkreises Fritzlar-Homberg. Die Frage, ob bei einer gleich intensiven Bearbeitung in Form von gezielten Feldbegehungen in den anderen Untersuchungsbereichen ähnliche Verteilungsbilder prähistorischer Siedlungen gewonnen werden könnten und so insgesamt gesehen von einer dichten Besiedlung in allen frühen Besiedlungsgebieten auszugehen ist, kann nur unter sehr vielen Vorbehalten beantwortet werden. Ohne Frage hat eine systematische Erforschung einen erheblichen Einfluß auf die Zahl der bekannten Siedlungen, jedoch sollte bei einem Vergleich von Bereichen mit offensichtlich unterschiedlichen Forschungsständen aber auch an die Möglichkeit gedacht werden, daß es schon im Mittelneolithikum Bereiche mit unterschiedlichen Besiedlungsdichten geben konnte. Im Rahmen dieser Untersuchung kann nur von dem gegenwärtigen Forschungsstand ausgegangen werden, und die Unterschiede in der Besiedlungsdichte der zu vergleichenden Räume müssen als solche gewertet werden.

Dem dicht besiedelten nördlichen Bereich steht damit ein weniger dicht besiedelter Raum südlich der Eder gegenüber. Gründe für die weniger dichte Erschließung des südlich der Eder gelegenen Gebietes könnten in der erst späteren Besiedlung in einer Ausbauphase des Kerngebietes nördlich der Eder liegen. Voraussetzung wäre allerdings, daß die Besiedlung von Norden her erfolgte.

Als bemerkenswert kann auch die hohe Stabilität der Besiedlung in dem Kernraum nördlich der Eder bezeichnet werden: Bis auf die Ausnahme des frühesten besiedelten Platzes Maden 6 sind alle Plätze, die in der Stufe der älteren Bandkeramik belegt waren, auch wieder in der mittleren Stufe Träger einer Siedlung.

Während der Zeit der Stufe der jüngeren Bandkeramik macht sich ein starker Rückgang in der Zahl der Siedlungen bemerkbar. In dem dicht besiedelten Bereich nördlich der Eder vermindert sich die Zahl der Siedlungen genau um die Hälfte, wobei Verschiebungen in der Siedlungsgruppierung nicht festzustellen sind: Der Auflassung von elf Siedlungen steht keine Neuanlage gegenüber.
Andere Verhältnisse deuten sich jedoch außerhalb des eben gekennzeichneten Raumes an. Der Siedlungsbereich südlich der Eder weist für diese Zeit erstaunlicherweise keinen Rückgang in der Zahl der Siedlungen auf, sondern wird durch die unmittelbar an der Schwalmaue gelegene Siedlung Niederurff (Nr. 90) ergänzt. Ein weiterer Ausbau des Besiedlungsbereiches geschieht durch die Anlage der Siedlungen Bad Wildungen (Nr. 86) und Bergheim (Nr. 85), die sich außerhalb der Senke in dem Tal der Eder bzw. in einem ihrer Seitentäler befinden. Diese beiden gegenläufigen Bewegungen, der Siedlungsrückgang im Kerngebiet des Siedlungsraumes und der gleichzeitige Ausbau in benachbarten Bereichen, durch den der Substanzverlust im geringen Maße wieder ausgeglichen wird, lassen sich nur schwer miteinander in Einklang bringen. Eine weitere Siedlung, die ebenfalls wegen ihrer abseitigen Lage von der Senke auffällt, ist die schon in der Phase 2 angelegte, aber dann anscheinend abgebrochene und erst wieder in der Phase 5 erneut errichtete Siedlung Hesserode (Nr. 91). Auch die beiden Siedlungen Mardorf (Nr. 92) und Wernswig (Nr. 93) mit der Zeitstellung in den Phasen 4 und 5 haben schon eindeutige Randlage im Tal der Efze bzw. des Ohebaches.

Es kann somit festgestellt werden, daß im Hessengau die dem Kerngebiet benachbarten Flußtäler erst in der späten Bandkeramik erschlossen wurden. Das an der Siedlung Külte in der Warburger Börde aufgewiesene Verhalten findet hier also eine Bestätigung.

Von besonderer Wichtigkeit ist die Kenntnis der Zeitstellungen der Siedlungen, die außerhalb des Kerngebietes des Siedlungsraumes liegen. So könnte eine gesicherte chronologische Einordnung [1]

---

1) Folgende Siedlungsplätze lassen sich nicht in eine bestimmte Phase der Bandkeramik einordnen:
Holzhausen 3 (Nr. 48), Maden 3 (Nr. 57), Gudensberg 2 (Nr. 61), Kirchberg 1, 2 und 3 (Nr. 68, 69, 70), Obervorschütz 1 und 2 (Nr. 73 u. 74), Haddamar 2 und 3 (Nr. 78 u. 79), Lohne 1 (Nr. 82), Wellen (Nr. 84) und Uttershausen (Nr. 87). Vgl. Gabriel, I., 1971, A-Katalog, S. 98-99 Nr. 465, S. 97 Nr. 433, S. 93-94 Nr. 452, 453 und 454, S. 109 Nr. 482, S. 84 und 86 Nr. 442 und 444, S. 96 Nr. 457, S. 49 Nr. 319 und S. 109 Nr. 489! Die Siedlungsplätze Holzhausen 3 und Obervorschütz 2 wurden im Jahre 1972 im Rahmen einer eigenen Fundaufnahme im ehemaligen Kreis Fritzlar-Homberg erfaßt, sind also im Fundverzeichnis von I. GABRIEL nicht enthalten. Eine chronologische Einordnung war wegen des typologisch wenig erfaßbaren Materials nicht möglich.

der in der Schwalmaue angelegten Siedlung Uttershausen (Nr. 87) und der im Edertal gelegenen Siedlung Wellen (Nr. 84) bei der Interpretation der Lagetypen dieser Siedlungen Aufschluß über die Frage geben, welche Änderungen des Siedlungsverhaltens sich im Früh- und Mittelneolithikum ergeben haben.

Die gleiche Schwierigkeit ergibt sich auch bei der Bearbeitung der Siedlungen der Nachfolgekulturgruppen. Jedoch hat hier die chronologische und typologische Unschärfe nicht die gleichen Auswirkungen auf die Interpretationmöglichkeiten wie bei den Siedlungen der Linienbandkeramik, weil die zeitliche Stellung im Mittelneolithikum ohnehin feststeht. [1]

Als erstes Kennzeichen der mittelneolithischen Verhältnisse läßt sich die für diese Zeit außergewöhnlich hohe Besiedlungsdichte mit insgesamt 20 Siedlungen im Kerngebiet des Siedlungsraumes nördlich der Eder aufweisen. Die in der jüngeren Stufe der Bandkeramik eingetretene Verminderung der Zahl der Siedlungen wird nun fast ganz wieder ausgeglichen. Als typisch können dagegen die Verhältnisse außerhalb des Kerngebietes bezeichnet werden, denn hier tritt der aus den anderen Bereichen bekannte Siedlungsrückgang ein.

Bemerkenswert für den Raum nödlich der Eder sind auch die zahlreichen Neuanlagen von Siedlungen während dieser Zeit. Von den insgesamt 20 Siedlungen sind neun nicht auf ehemaligen bandkeramischen Plätzen angelegt worden. Auch der Raum südlich der Eder erhält mit dem in der Schwalmaue gelegenen Siedlungsplatz Gombeth (Nr. 88) eine Neuanlage in dieser Zeit. Auffallend ist ferner die Belegung einzelner Siedlungsplätze durch mehrere Kulturgruppen, wobei bis auf drei Ausnahmen Großgartach sich mit Rössen und Bischheim ausschließt.

5.3.4.3 Die Topographie der Siedlungsplätze

Auch diese letzte Untersuchungseinheit mit insgesamt 53 Siedlungsplätzen ergab bei der Überprüfung des möglichen Ausrichtungsgrades der Siedlungsplätze nach der Exposition kein Verteilungsbild, von dem eindeutige Schlüsse abzuleiten gewesen wären. Zwar zeigt das Ergebnis - 24 Siedlungsplätze in Südausrichtung (SW, S, SO), 19 in Nordausrichtung (NW, N, NO) und sieben in Ostausrichtung [2] - eine leichte Bevorzugung nach Süden ausgerichteter Hangbereiche, jedoch ist diese nicht ausgeprägt genug, um W. BUTTLERs frühe Ansicht über die Bedeutung der Exposition bei der Standortwahl zu bestätigen. So bleibt es die Aufgabe des übergreifenden Vergleichs, festzustellen, ob die Exposition als Kriterium bei der Untersuchung der Standortfaktoren früh- und mittelneolithischer Siedlungen überhaupt verwendbar ist.

Der morphologische Standort erweist sich hingegen wiederum als ein gutes Kriterium der Differenzierung. Von den 53 Siedlungsplätzen liegen 35,8 Prozent auf Mittelhangpartien, 33,9 Prozent an Hangfüßen und Unterhängen und 13,2 Prozent an Oberhängen. Die Hänge liegen überwiegend an Bachtälern, aber auch an Flußtälern. Neben der Lage an Bach- und Flußhängen ist noch mit insgesamt 17,1 Prozent die Lage auf und an Kuppen, in Flußauen und auf dem Sporn zu vermerken. Als bevorzugter Standort kann also eindeutig die Lage im Bereich vom Hangfuß bis zum Mittelhang gewertet werden. Die besondere Lage in Flußauen und auf Kuppen wird bei der Untersuchung der Ausstattungsmerkmale der Umfelder unter Berücksichtigung der zeitlichen Stellungen der Siedlungen zu behandeln sein.

Sehr viele Siedlungen sind in diesem Untersuchungsbereich so angelegt, daß in ihren Nahbereichen mehrere Wasservorkommen liegen. Eine Untersuchung nach der Art aller Wasservorkommen, die zu einem Siedlungsplatz in Beziehung zu setzen sind, zeigt eine deutliche Bevorzugung von Bachläufen (51,3 %), aber auch noch von Quellen (30,0 %), während flußnahe Standorte (18,7 %) weniger oft gewählt werden.

Bei einer Untersuchung des Abstandes zwischen den Siedlungsplätzen und den jeweils nächst gelegenen Wasservorkommen zeigt sich eine Bevorzugung möglichst standortnaher Wasservorkommen: 77,4 Prozent der Wasservorkommen liegen in einer Entfernung unter 250 Metern, 20,7 Prozent zwi-

---

1) Folgende Siedlungen konnten innerhalb der Nachfolgekulturgruppen nicht schärfer eingeordnet werden: Dissen 1 und 2 (Nr. 51 u. 52), Maden 1 und 2 (Nr. 55 u. 56), Obermöllrich (Nr. 76) und Lohne 2 (Nr. 83). Vgl. Gabriel, I., 1971, A- und B-Katalog, S. 204 Nr. 414, S. 75 Nr. 415 und 416, S. 212 Nr. 463, S. 98-99 Nr. 465, S. 108 Nr. 480 und S. 210 Nr. 456

2) Bei drei Siedlungsplätzen konnte wegen der Lage auf einer Kuppe bzw. in Flußauen keine Exposition festgestellt werden.

schen 250 und 500 Metern und 1,9 Prozent über 500 Metern.

Für diesen Untersuchungsbereich kann somit die Lage im Bereich vom Hangfuß bis zum Mittelhang und in unmittelbarer Nähe eines Wasservorkommens als typischer Siedlungsstandort des Früh- und Mittelneolithikums bezeichnet werden.

5.3.4.4 Die Ausstattung der Umfelder

Eine Untersuchung der Umfelder nach ihren prozentualen Anteilen von ebenen bis nahezu ebenen (0-2°) Flächen erbringt kein verwertbares Ergebnis, so daß nach dem Anteil von Flächen mit einer Neigung von 0-4° differenziert werden muß. Aber auch die Schwankungsbreite dieser Flächen in den Umfeldern ist mit Anteilen von 13,5 bis 98,8 Prozent noch sehr erheblich. Von den insgesamt 53 Umfeldern haben 19 einen Anteil von über 70 Prozent an dieser Hangneigungskategorie, bei 23 Umfeldern liegt dieser Anteil zwischen 50 und 70 Prozent, bei acht Umfeldern zwischen 30 und 50 Prozent und bei drei Umfeldern unter 30 Prozent.

Bei den Siedlungen mit einem Umfeldanteil von über 70 Prozent kann die Bevorzugung von Bereichen mit möglichst nur geringen Hangneigungen ohne jeden Zweifel abgeleitet werden. Ebenso ist dieses noch möglich bei den Umfeldern mit einem Anteil von 50 bis 70 Prozent. Auch bei den Siedlungen mit einem Anteil zwischen 30 und 50 Prozent kann diese Aussage noch gültig sein, wenn berücksichtigt wird, daß eine Siedlung in randlicher Lage zu ihrer ackerbaulich genutzten Wirtschaftsfläche liegen konnte. Aus diesem Grunde ist es notwendig, jeden einzelnen Standort, der einen Anteil unter 50 Prozent dieser Hangneigungskategorie hat, zu überprüfen.

Die Siedlungsplätze Gudensberg 1 (Nr. 54) und Maden 1 (Nr. 55) haben einen Anteil von Flächen mit Hangneigungen unter 4° in Höhe von 41,4 und 46,0 Prozent. Der hohe Anteil von Flächen mit Neigungen über 8° (18,1 bzw. 19,5 Prozent) ist durch die Lage der beiden Siedlungen im Hangfußbereich einer Basaltkuppe bedingt, so daß für beide Standorte eine randliche Lage zum ackerbaulich genutzten Teil der Wirtschaftsfläche angenommen werden kann.

Ähnliche Verhältnisse liegen bei den Siedlungen Kirchberg 4 (Nr. 71) und Gleichen (Nr. 72) vor. Während der Siedlungsplatz Gleichen, der von den Phasen 1-3 der Bandkeramik und von Rössen und Bischheim belegt ist, im Nahbereich der Basaltgruppe des Wartberges liegt, hat der bandkeramische (Phase 4-5) Siedlungsplatz Kirchberg 4 die für frühneolithische Verhältnisse außergewöhnliche Lage auf der Kuppe des für eine spezielle Ausprägung der hessischen Megalithkultur namengebenden Wartberges.[1] Die Lage einer bandkeramischen Siedlung auf einer Kuppe ist nicht nur in diesem Arbeitsgebiet ein Einzelfall, sondern auch in allen anderen bisher untersuchten bandkeramischen Besiedlungsgebieten und kann deshalb als eine lokale Besonderheit gewertet werden.[2] Wie aus den Zeitstellungen der Siedlungen zu ersehen ist, können die Funde auf dem Wartberg nicht durch Streuung durch die benachbarte Siedlung Gleichen erklärt werden, denn die Keramik dieser Siedlung umfaßt ja die Phasen 1-3 der Bandkeramik, während die Keramik auf dem Wartberg zu den Phasen 4 und 5 gehört. Nun kann zwar nicht grundsätzlich ausgeschlossen werden, daß die Besiedlung auf dem Platz Gleichen über die Zeit der Phase 3 hinausgeht und somit eine direkte Verbindung zwischen beiden Siedlungen möglich gewesen sein kann. Solange der archäologische Nachweis dafür aber fehlt, müssen die Funde auf dem Wartberg als Indikatoren einer eigenständigen Siedlung gewertet werden.

Die Siedlungsplätze Wellen (Nr. 84), Bergheim (Nr. 85), Bad Wildungen (Nr. 86) und Niederurff (Nr. 90) sind typische fluß- bzw. bachnahe Standorte, die sich außerhalb der Senkenlandschaft befinden. Bei allen vier Plätzen ist nach den topographischen Merkmalen des Standortes von einer randlichen Lage der Siedlung zu ihrer Anbaufläche auszugehen. Insgesamt gesehen können die Siedlungsplätze als Standorte gewertet werden, die auch in ihrer weiteren Umgebung (max. 2 km) ein nicht so ebenes Relief haben, wie das bei der überwiegenden Zahl der Siedlungen festgestellt werden kann.

Die Siedlungsplätze Uttershausen (Nr. 87) und Gombeth (Nr. 88) sind Flußauenstandorte, bei denen der Anteil der Flächen mit Hangneigungen unter 4° deshalb so gering ist, weil die nicht zu berücksichtigenden Auenanteile 57,3 bzw. 82,3 Prozent ausmachen. Stark geneigte Flächen (über 8°) sind daher im Umfeld des Siedlungsplatzes Gombeth gar nicht und im Umfeld von Uttershausen nur mit 1,6 Prozent Anteil vorhanden. Diese beiden Siedlungsplätze können deshalb nach ihrem Relief nicht minderwertiger eingestuft werden als die überwiegende Zahl der Siedlungsplätze.

Als ein außergewöhnlicher Standort kann dagegen die Großgartacher Siedlung auf der Altenburg bei Niedenstein bezeichnet werden, deren Material bei den Ausgrabungen der latènezeitlichen Ringwallanlage geborgen worden ist. Das Umfeld dieses Siedlungsplatzes ist von starken Hangneigungen geprägt. Der Umfeldanteil der Flächen mit Hangneigungen über 8° kann mit 40,2 Prozent als eine Ausnahmeerscheinung bezeichnet werden. Der am wenigsten reliefierte Bereich des Umfeldes hat Hangneigungen zwischen 2 und 4° und beträgt 13,5 Prozent der Umfeldfläche.

Die Berücksichtigung der Zeitstellung der Siedlungsplätze zeigt deutlich, daß die Standorte mit wenig ebenem Relief in ihren Umfeldern vorwiegend in der Stufe der jüngeren Bandkeramik und zur Zeit der Nachfolgekulturgruppen belegt wurden.

---

1) Schrickel, W., 1969

2) Bemerkenswert ist in diesem Zusammenhang, daß dieser Platz von O. UENZE als Kultstätte interpretiert wurde. Uenze, O., 1956, S. 8o

Zusammenfassend kann somit festgestellt werden, daß sich 85 Prozent der Siedlungsplätze dieses Untersuchungsgebietes in einem wenig reliefierten Gelände befinden, während die übrigen Siedlungen in solchen Bereichen liegen, die so reliefiert sind, daß der Anteil der Flächen mit Neigungen unter $4°$ weniger als 50 Prozent der Umfeldfläche ausmachen. Bei diesen Plätzen läßt sich aber eindeutig feststellen, daß sie hauptsächlich während der Stufe der jüngeren Bandkeramik und der Zeit der Nachfolgekulturgruppen belegt wurden.

Der Anteil der Feuchtphysiotopenbereiche in den Umfeldern schwankt bei den 53 Standorten zwischen null und 82,3 Prozent. Da eine Interpretation der Auenanteile innerhalb der Fragestellung dieser Untersuchung nur bei einer Berücksichtigung der Zeitstellung der Siedlungen sinnvoll ist, wurden zunächst einmal alle Standorte mit einem Auenanteil von über 20 Prozent auf die Zeitstellung ihrer Belegung untersucht.

Von den 53 Standorten haben zwölf (22,64 Prozent) einen solchen Anteil von Auenbereichen in ihren Umfeldern. Fünf Standorte waren ausschließlich von der Bandkeramik besiedelt worden, sechs wiesen sowohl bandkeramische als auch nachbandkeramische Belegung auf und lediglich ein Siedlungsplatz war ausschließlich von den Nachfolgekulturgruppen besetzt gewesen.

Bei den fünf bandkeramischen Standorten überwiegt die Belegung in den Phasen 5 und 6, nur auf zwei Plätzen läßt sich eine Belegung während der Phasen 3 und 4 nachweisen. Es scheint also, als ob Standorte mit einem höheren Auenanteil während der Bandkeramik erst in der jüngeren Stufe belegt wurden. Dieses Bild ändert sich allerdings etwas, wenn die Plätze einbezogen werden, die sowohl von der Bandkeramik als auch von den Gruppen der Nachfolgekultur belegt worden sind. Denn bei diesen Siedlungen liegt der Schwerpunkt der Belegung in der mittleren Stufe der Bandkeramik. Ferner sind zwei dieser Standorte schon während der älteren Stufe belegt worden.

Hieraus läßt sich wieder ersehen, daß bei der Interpretation der Anteile der Feuchtphysiotopenbereiche nicht von einem starren Schema ausgegangen werden kann, obwohl sich eine Schwerpunktbildung etwa von der Phase 4 der Bandkeramik bis zu den Nachfolgekulturgruppen immer wieder abzeichnet.

Dieses Ergebnis findet eine Bestätigung, wenn nach den Standorten gefragt wird, die einen nur geringflächigen oder sogar keinen Auenanteil haben. Bei insgesamt 15 (28,3 Prozent) Siedlungsplätzen lag der Auenanteil unter fünf Prozent der Gesamtumfeldfläche. Zehn dieser Plätze waren nur von der Bandkeramik belegt, einer sowohl von der Bandkeramik als auch von den Nachfolgekulturgruppen und vier Siedlungen gehörten nur den Nachfolgekulturgruppen an.

Es zeigt sich also ein deutlicher Schwerpunkt der Belegung dieser Standorte während der Bandkeramik. Eine Überprüfung, welche Stufen hauptsächlich beteiligt sind, erbringt kein verwertbares Ergebnis, weil allein fünf der elf bandkeramischen Standorte keiner bestimmten Zeitstufe zugewiesen werden können.

Nicht bei allen Siedlungen dieses Untersuchungsabschnittes ist es möglich, einen eindeutigen Bezug zu lößbedeckten Bereichen nachzuweisen. Der Anteil der Lößflächen in den einzelnen Umfeldern schwankt in der erheblichen Breite von null bis 92,3 Prozent. Um weiterführende Aussagen zu erhalten, muß die Häufigkeitsverteilung untersucht werden. Von den 53 Umfeldern haben 20 einen Lößanteil von über 70 Prozent, bei 16 Umfeldern liegt dieser Anteil immerhin noch über 50 Prozent. Im Rahmen dieser Fragestellung der Untersuchung sind nur die Umfelder von Bedeutung, bei denen der Lößanteil so gering ist, daß eine niedrige Einstufung nach der Bodenqualität zu erfolgen hat. Es wurde bereits darauf hingewiesen, daß der Grenzbereich einer niedrigeren Einstufung etwa zwischen 30 und 50 Prozent Lößanteilen zu liegen hat, wenn von einer randlichen Lage der Siedlung zu ihren Anbauflächen ausgegangen werden kann.

Insgesamt acht Siedlungen gehören zu der Gruppe mit dem Lößanteil zwischen 30 und 50 Prozent, bei sechs weiteren Siedlungen liegt dieser Anteil zwischen 10 und 30 Prozent und drei Umfelder haben einen Lößanteil unter 10 Prozent.

Eine Aussage über den Ausrichtungsgrad nach Lößböden kann bei diesen 17 Umfeldern also nur dann erfolgen, wenn zuvor bei jedem einzelnen Standort untersucht worden ist, ob später erfolgte Erosionsprozesse eine ehemalige Lößbedeckung entfernt haben können. So sind zunächst die Umfelder mit einem Lößanteil zwischen 30 und 50 Prozent unter diesem Gesichtspunkt zu überprüfen.

Bei dem Siedlungsplatz Altenburg bei Niedenstein (Nr. 42) kann die Frage nach einer lößorientierten Auswahl der Anbauflächen insofern leicht beantwortet werden, als dieser Großgartacher

Siedlungsplatz ja als eine Ausnahme zu betrachten ist. Obwohl die Reliefverhältnisse im ungefähren Umkreis der Kuppe von 400 Metern nicht eine Nutzung in Form von Anbau nahelegen, kann hier von einer lößorientierten Standortwahl gesprochen werden. Denn bis etwa in Höhe der 350 Meter-Isohypse ist der Löß, wenn auch zum Teil mit einem hohen Skelettanteil durchsetzt, verbreitet. Da der Standort auf der Kuppe wohl nur mit Schutzmotiven zu begründen ist, könnten die Anbauflächen durchaus an den weniger stark geneigten, lößbedeckten Unterhängen dieser Basaltkuppe gelegen haben. Der Bezug zum Löß ist also bei diesem Siedlungsplatz als eindeutig zu bezeichnen.

Der Siedlungsplatz Metze 2 (Nr. 67) hat ein Umfeld mit einem Lößanteil von 38,8 Prozent. Die Nichtlößböden des Umfeldes werden von den tonigen Verwitterungsprodukten des Röts und von tertiären Ablagerungen gebildet. Der Platz liegt im Unterhangbereich eines Bachtales unmittelbar am Rand einer Verflachung in einer Lößfläche, die sich noch zwei Kilometer aufwärts am Seitenhang des Matzofftales erstreckt. Der Bezug zum Löß ist also eindeutig. Die benachbarten Siedlungsplätze Kirchberg 2 (Nr. 69) und Kirchberg 3 (Nr. 70) haben einen Lößanteil von 39,2 bzw. 36,5 Prozent und einen Anteil von Nichtlößböden von 43,9 bzw. 48,3 Prozent. Die Nichtlößsubstrate werden auch hier wieder von den Verwitterungsmaterialien des Röts gebildet; daneben treten im Umfeld von Kirchberg 3 tertiäre Ablagerungen auf. Die lößbedeckten Flächen liegen auf dem Seitenhang des Emstales. Wenn hier die heutige Lößverbreitung identisch ist mit der neolithischen, dann würde dieses bedeuten, daß die Anbauflächen auf dem Löß immer nur durch die Ems zu erreichen gewesen wären. Andererseits können aber die Lößrestflächen an den Hängen nördlich der Ems als deutliche Zeichen einer ehemals umfangreicheren Lößbedeckung gewertet werden. Auch diese beiden Siedlungsplätze müssen als lößorientierte Standorte gesehen werden.

Der Siedlungsplatz Gleichen (Nr. 72) hat ein Umfeld mit 46,1 Prozent Lößanteil und 33,0 Prozent Verwitterungsbodenanteil (Basalt und Basalttuff). Die Stufen 1 und 2 des Entwicklungsstandes der Lößböden weisen auf einen tiefgründigen und wenig entkalkten Boden hin. Der Siedlungsplatz lag unmittelbar im Akkumulationsbereich eines kleinen Seitentälchens der Ems, wo die Zustandsstufe 1 eine besonders große Entwicklungstiefe des Bodens anzeigt. Die hohe Bodenproduktivität dieser Parzellen wird durch die Bonitierung mit Spitzenwerten über 80 Punkten verdeutlicht.[1] Auch der Lößbezug dieses Standortes kann als eindeutig bezeichnet werden.

Ebenso eindeutig ist dieser Bezug bei dem Siedlungsplatz Obermöllrich (Nr. 76), der ebenfalls in einem kleinen Seitentälchen inmitten einer Lößfläche liegt. Die topographische Lage und die Bodenverhältnisse weisen auf eine Bodenakkumulation im Bereich des Siedlungsplatzes hin. Der Anteil der lößbedeckten Flächen (37,6 Prozent) im Umfeld kann ursprünglich wesentlich höher gewesen sein, denn die Bereiche mit Nichtlößböden (30,2 Prozent) sind identisch mit den Bereichen stärkerer Hangneigungen, so daß hier von einer Lößerosion ausgegangen werden kann.

Die Untersuchungen der Bodenverhältnisse bei den Siedlungen Bergheim (Nr. 85) und Bad Wildungen (Nr. 86) ist insofern von besonderer Wichtigkeit, als mit den beiden Siedlungen zwei spätbandkeramische (Phase 6), außerhalb des Siedlungsraumes in benachbarten Flußtälern gelegene Standorte zu betrachten sind. Der Lößanteil von 41,5 Prozent und ein Nichtlößanteil von 26,1 Prozent bei einem Auenanteil von 32,4 Prozent verweisen schon bei dem Siedlungsplatz Bergheim auf einen sicheren Lößbezug. Der Löß befindet sich in der weiteren Nachbarschaft des Siedlungsstandortes in streifenförmiger Verbreitung entlang der Unterhänge des Edertales, aber auch in dessen Seitentälern. Die Stufe 2 des Entwicklungsstandes verweist deutlich genug auf ein tief- bis mittelgründiges Anstehen des Lößes.[2]

Der Siedlungsplatz Bad Wildungen (Nr. 86) liegt im Akkumulationsbereich im Winkel von zwei Bachtälern unmittelbar auf einer Lößfläche. In der näheren Umgebung befinden sich weitere lößbedeckte Flächen, jedoch ist der Löß schon sehr stark mit dem Verwitterungsschutt des Anstehenden vermischt.[3] Außerhalb des Umfeldes befinden sich ebenfalls an den Hängen kleinerer Täler lößbedeckter Flächen.[4] Auch hier kann also wieder eine eindeutige Ausrichtung nach lößbedeckten Bereichen festgestellt werden.

Die nächste hier zu behandelnde Gruppe der Siedlungsplätze hat Lößanteile zwischen 10 und 30 Prozent. Die Siedlungsplätze Besse 2 (Nr. 44) und 3 (Nr. 45) haben Umfelder mit Lößanteilen von 21,7 bzw. 29,6 Prozent und einen Nichtlößanteil von 65,2 bzw. 54,2 Prozent. Die Entfernung zwischen Siedlungsplatz und nächstem Lößareal beläuft sich auf 250 Meter bei Besse 2 und auf 50 Meter bei Besse 3. Auszugehen wäre somit von einer eventuellen Randlage der Siedlungen zu den Anbauflächen. Außerhalb des Umfeldes setzen sich die vom Umfeld randlich berührten lößbedeckten Areale fort. Wenn die Bewohner dieser Siedlungen nur auf Lößböden anbauten, hätten sie hier durchaus die Möglichkeit dazu gehabt. Auch diese beiden Standorte müssen somit als lößorientiert bezeichnet werden, wenn sie auch - nach Beurteilung der heutigen Bodenverhältnisse - als randlich zur Anbaufläche gelegen gelten müssen.

Mit besonderem Interesse muß der Siedlungsplatz Metze 1 'Schwarze Erde' (Nr. 66) gesehen werden, weil dieser Platz eine außerordentliche Kontinuität der Belegung aufweist, die alle Stufen der Bandkeramik und alle Nachfolgekulturgruppen umfaßt. Weiterhin hat dieser Siedlungsplatz die größte Ausdehnung von allen Plätzen des Untersuchungsgebietes.

Der Platz liegt an der West- bzw. Südwestseite eines Höhenrückens, der mit den aufgesetzten Basaltkegeln des Großen Wachtenkopfes und des Kammer-Berges Höhen von 333 und 360 Metern erreicht. Das bodenbildende Substrat besteht zum überwiegenden Teil (72,1 Prozent) aus tertiären Ablagerungen, während der Löß nur 14,9 Prozent des Umfeldes ausmacht. Bemerkenswert ist nun, daß der Siedlungsplatz nicht randlich zur Lößfläche, sondern unmittelbar auf dieser liegt. Größere Lößflächen befinden sich außerhalb des Umfeldes in einer Entfernung zum Siedlungsplatz von ca. einem Kilometer. Mit den Untersuchungsmethoden dieser Arbeit ist es nicht möglich, festzustellen, ob das Lößareal als eine Reliktfläche zu betrachten ist, oder ob die Lößverbreitung in diesem Bereich immer so kleinflächig gewesen ist. Eine Ausrichtung nach Lößböden kann also nur unter einigen Vorbehalten festgestellt werden, obwohl sich Teile der Siedlung unmittelbar auf Löß befunden haben.

---

1) Vgl. Umfeld-Nr. 72 Karte C und D!
2) Vgl. Umfeld-Nr. 85 Karte C
3) Vgl. Umfeld-Nr. 86 Karte C
4) Vgl. Geologische Karte von Hessen 1:25.000 Blatt 4820 Bad Wildungen, Wiesbaden 1973

Die große Ausdehnung des Streubereiches der Funde bedarf noch einer Erläuterung. Es ist nicht davon auszugehen, daß die Siedlung oder die Siedlungen dieses Standortes je die Größe des Streubereiches hatten. Vielmehr scheint hier ein deutliches Beispiel der Verlagerung eines Siedlungsplatzes vorzuliegen, wie er für die bandkeramische Zeit schon auf vielen ergrabenen Standorten zu bemerken gewesen ist.
Die Belegung scheint im Unterhangbereich in der Nähe des Baches begonnen zu haben, um sich dann allmählich hangaufwärts zu verlagern. Denn die Keramik der älteren Stufe kommt nur auf den Fundstellen am Unterhang vor, während in den höher gelegenen Bereichen des Fundstreugebietes nur Keramik der mittleren Stufe zu finden war. Neben der Keramik der älteren Stufe war am Unterhang aber auch Keramik der mittleren und jüngeren Stufe festzustellen. Es ist daher möglich, daß die Siedlung am Unterhang angelegt wurde und während der mittleren Stufe hangaufwärts verlegt wurde, so daß Keramik dieser Stufe sowohl am Unterhang als auch am Mittelhang zu finden ist. Während der jüngeren Stufe muß sich die Siedlung wieder am Unterhang befunden haben. Eine weitere Möglichkeit der Befundinterpretation könnte in der Annahme liegen, daß sich während der Stufe der mittleren Bandkeramik ein Siedlungsteil am Unterhang und ein anderer am Mittelhang befunden hat. Aus der umfassenden Belegung dieses Platzes kann nur abgeleitet werden, daß es sich hier um einen dem Verständnis der frühen Bauern entsprechenden außergewöhnlich guten Standort gehandelt haben muß. Eine Begründung der Standortgunst dieses Siedlungsplatzes kann von den rezenten Bodenverhältnissen nicht gegeben werden, denn außer dem kleinen Lößareal befinden sich im Umfeld nur Böden mit einer stark tonigen Komponente. Wie hoch die Produktivität der heutigen Böden eingeschätzt wird, vermag die Bonitierungskarte zu verdeutlichen: Mit 42,6 Prozent hat die zweitniedrigste Stufe der Bodeneinschätzung den größten Anteil im Umfeld. [1])
Der Siedlungsplatz Lohne 1 (Nr. 82) hat einen Lößanteil von 21,1 Prozent und einen Anteil von Verwitterungsböden in Höhe von 78,9 Prozent. Die Entfernung zum nächsten Lößareal beträgt nur 200 Meter. Die Ausdehnung der Lößflächen läßt sich über das Umfeld hinaus weiterverfolgen, so daß auch dieser Siedlungsplatz einen eindeutigen Lößbezug hat.
Die Siedlungsplätze Uttershausen (Nr. 87) und Gombeth (Nr. 88) haben zwar mit 25,9 bzw. 17,7 Prozent einen äußerst geringen Lößanteil, jedoch ist bei diesen Siedlungsplätzen die Lage in der Aue und der dadurch bedingte hohe Auenanteil im Umfeld von 57,3 und 82,3 Prozent zu berücksichtigen.
Die Siedlung Uttershausen liegt in einem Lößstreifen, der sich über das Umfeld hinaus weiter erstreckt. Die Lößausrichtung kann somit als eindeutig bezeichnet werden. Der Siedlungsplatz Gombeth hat eine Entfernung zum nächsten Lößareal von 500 Metern. Diese Entfernung zum Löß kann hier in der Weise gedeutet werden, daß entweder die Nähe zum Feuchtphysiotopenbereich oder zu dem Wasservorkommen wichtiger war als die Nähe zum Löß. Die Lage außerhalb des lößbedeckten Bereiches am Rande der Großenengliser Platte könnte also durchaus von den Grundwasserverhältnissen dieses Bereiches abhängig sein. Denn der Löß liegt hier auf sehr wasserdurchlässigen pleistozänen Flußaufschüttungen, so daß die Platte in ihrer gesamten Ausdehnung sehr trocken ist und nur in den Randbereichen, wo das Grundwasser an der Basis der Schotter austritt, natürliche Wasservorkommen hat. Die unmittelbare Lage in der Aue könnte daher als Ausdruck der Abhängigkeit von einem natürlichen Wasservorkommen aufgefaßt werden.

Bei insgesamt drei Siedlungen liegt der Lößanteil im Umfeld unter 10 Prozent. Der Siedlungsplatz Lohne 2 (Nr. 83) hat in seinem Umfeld den geringen Lößanteil von 8,4 Prozent, der restliche Teil des Umfeldes besteht aus Verwitterungsböden. Die Entfernung zum Lößareal, das sich außerhalb des Umfeldes weiter erstreckt, beträgt 500 Meter. Ein Lößbezug kann also festgestellt werden, obwohl auch wieder die Lage zu dieser Fläche als extrem randlich zu bezeichnen ist.

Das Umfeld des Siedlungsplatzes Besse 1 (Nr. 43) erfaßt nur randlich ein Lößareal, so daß der Anteil dieses Substrates nur 1,3 Prozent der Gesamtfläche ausmacht. Der größte Teil des Umfeldes besteht mit 64,4 Prozent aus sogenannten D-Böden, während die V-Böden 34,3 Prozent des Umfeldes ausmachen. Als Bodenart kommen hier überwiegend (71,2 Prozent) lehmige Tone und Tone vor. Die Entfernung zum Löß beträgt 625 Meter; das vom Umfeld angeschnittene Lößareal hat eine größere Ausdehnung. Die Frage nach dem Ausrichtungsgrad des Standortes nach einer Lößfläche ist, wenn die heutigen Verhältnisse zugrunde gelegt werden, insofern zu beantworten, als andere Standortmerkmale den Siedlern wichtiger zu sein schienen als die unmittelbare Lage an einer Lößfläche.
Mit dem Standort Wellen (Nr. 84) wird ein Umfeld erfaßt, das keine lößbedeckten Flächen enthält. Das bodenbildende Substrat ist hier der anstehende Buntsandstein. Die Lößbedeckung in vielen Bereichen auf den Seitenhängen des Edertales verweist auf die Möglichkeit, daß auch hier eine ursprüngliche Lößbedeckung nicht ganz und gar auszuschließen ist. Auf der Grundlage dieser Untersuchungsmethode muß der Siedlungsplatz aber als nicht lößorientiert bezeichnet werden.

Die Einzeluntersuchungen der Siedlungsplätze mit Lößanteilen unter 50 Prozent konnte klar und deutlich eine Bevorzugung lößbedeckter Areale als Anbauflächen zeigen. Nur in einem Fall war auf der Grundlage der Beurteilung der heutigen Bodenverhältnisse ein Lößbezug nicht festzustellen gewesen, und bei zwei Siedlungen war der Lößbezug nicht einwandfrei nachzuweisen gewesen: Der Abstand zum Löß war bei der Siedlung Besse 1 (Nr. 43) ungewöhnlich groß und bei Metze 1 (Nr. 66) war die Lößfläche im Umfeld außergewöhnlich klein. Da aber bei diesem Siedlungsplatz größere Lößflächen erst 250 Meter außerhalb des Umfeldes lagen, konnte hier der Lößbezug nicht unmittelbar gezeigt werden. Von den 53 Standorten ist also nur einer als absolut nicht lößorientiert zu bezeichnen.

---

1) Vgl. Umfeld-Nr. 66 Karte D

Zusammenfassend läßt sich für die früh- und mittelneolithische Besiedlung dieses Untersuchungsbereiches die absolute Bevorzugung von Standorten nachweisen, die eine unmittelbare Nähe zu einem oder mehreren Wasservorkommen haben. Auch ein starker Ausrichtungsgrad nach möglichst wenig geneigten Hangflächen war bei dem Großteil der Siedlungsplätze feststellbar gewesen. Allerdings erfaßte auch eine kleine Zahl von Siedlungen mit ihren Umfeldern Geländepartien mit größeren Hangneigungsbeträgen. Eine Überprüfung der Zeitstellung der Belegung dieser Standorte ergab aber den sicheren Nachweis, daß es erst in der späten Bandkeramik und zur Zeit der Nachfolgekulturgruppen zu einer Besiedlung dieser Plätze gekommen ist. Ebenso eindeutig konnte aber auch der Lößbezug der Standorte nachgewiesen werden. Neben diesen generellen Merkmalen in dem Verhältnis von frühbäuerlicher Besiedlung und geographischer Umwelt zeigte dieser Untersuchungsbereich gegenüber den bisher bearbeiteten Teilbereichen aber auch einige wesentliche Ausnahmen mit den Standorten auf Kuppen und in Flußauen.

6. Konstanz und Wandel im Siedlungsverhalten während des Früh-Mittelneolithikums und die mögliche Rangfolge der siedlungsbedingenden Faktoren

Da die bisherige Untersuchung stets auf der Ebene eines Siedlungsraumes bzw. einer Untersuchungseinheit in der Form eines Besiedlungsschwerpunktes oder einzelner abseitig gelegener Siedlungskammern geschah, konnten die Standorte nur immer im Zusammenhang mit den Ausstattungsmerkmalen der einzelnen Teillandschaften gesehen werden. Insgesamt zeigte es sich aber, daß die früh- und mittelneolithische Besiedlung genau jene Landschaftselemente als Siedlungsstandorte bevorzugte, die als gemeinsame Merkmale der hier erfaßten Teillandschaften gesehen werden können. Lediglich der Bereich der Hellwegbörden eignet sich nicht uneingeschränkt für eine Untersuchung aller Standorte in übergreifender Sicht, so daß ein statistischer Vergleich einiger Standortmerkmale nur bei den Siedlungsplätzen des südwestfälischen und nordhessischen Besiedlungsgebietes möglich ist.

Ein so ausgerichteter Vergleich bedingt eine erhebliche Verbreiterung der statistischen Basis, so daß es möglich wird, bei der Linienbandkeramik nicht mehr nach Stufen, sondern nach Phasen und bei den bandkeramischen Nachfolgegruppen nach den einzelnen Gruppen zu differenzieren.

Die statistischen Vergleiche in der Regionaluntersuchung wurden jeweils auf der Ebene einer Untersuchungseinheit, das heißt, mitunter auf einer sehr schmalen statistischen Basis durchgeführt. Dem Aussagewert der einzelnen Ergebnisse kann daher nicht unbedingt ein allgemeingültiger Gehalt zugesprochen werden. Jedoch können diese Ergebnisse Aufschluß über die Unterschiede im Siedlungsverhalten der einzelnen Zeitabschnitte innerhalb einer räumlich begrenzten Einheit geben. Standorte, die innerhalb eines Siedlungsraumes oder einer Siedlungskammer nur als Ausnahmeerscheinungen zu interpretieren waren, können bei einer Gesamtbetrachtung erheblich an Bedeutung verlieren. Ebenso ist es möglich, daß charakteristische Merkmale einer Phase der Linienbandkeramik oder einer Gruppe der Nachfolgekultur, die bei den Untersuchungen der einzelnen Teillandschaften nicht auszumachen waren, nun in dem übergreifenden Vergleich aller Standorte eine Phase oder eine Gruppe mehr oder weniger deutlich als Abweichung von der Gesamtkultur erscheinen lassen. So soll als erster Schritt in diesem Vergleich eine Gegenüberstellung der Standorte der Bandkeramik und der bandkeramischen Nachfolgegruppen erfolgen, um eventuelle Unterschiede im Siedlungsverhalten zwischen Früh- und Mittelneolithikum erkennen zu können. Von dem so ermittelten Durchschnittsverhalten einer Gesamtkultur können dann die Abweichungen der einzelnen statistisch faßbaren Gruppen [1] festgestellt werden. Als Unterscheidungskriterien dienen wieder die topographischen Merkmale der Standorte und die Ausstattungsmerkmale der Siedlungsumfelder.

Abschließend soll dann der wichtige Versuch unternommen werden, den Einfluß der einzelnen Standortmerkmale auf das Auswahlverhalten der frühen Bauern zu bewerten und eine mögliche Rangfolge der einzelnen siedlungsbedingenden Faktoren zu erstellen.

---

1) Als eine statistisch noch faßbare Gruppe können mit einigen Vorbehalten die sechs Standorte der Phase 6 der Linienbandkeramik angesehen werden, während es nicht möglich erscheint, die drei stichbandkeramischen Siedlungen als eine solche Gruppe zu verstehen. So kann die Stichbandkeramik wegen ihres nur vereinzelten Auftretens in diesem Untersuchungsgebiet in ihrem Siedlungsverhalten nicht charakterisiert werden.

6.1 Die topographischen Merkmale der Siedlungsstandorte
6.1.1 Die Exposition der Siedlungsplätze [1]

Bei der Untersuchung des Einflusses der Exposition auf die Standortauswahl wird wie bisher eine Gegenüberstellung der nach den Südrichtungen (S, SW, SO) und nach den Nordrichtungen (N, NW, NO) exponierten Siedlungsplätze vorgenommen, damit die These von W. BUTTLER, die frühen Siedlungen seien überwiegend nach Süden ausgerichtet gewesen, überprüft werden kann.

Die vierzehn Siedlungen in den Hellwegbörden können bei der Anwendung des Kriteriums Exposition allerdings nicht berücksichtigt werden, weil dort die großräumigen Reliefverhältnisse eine nahezu ausschließliche Nordausrichtung der Siedlungsplätze bedingt. Eine echte Auswahlmöglichkeit zwischen süd- und nordausgerichteten Standorten hat für die frühen Siedler also in diesem Bereich nicht bestanden; es sei denn, sie hätten einen Standort unmittelbar an der Stufenstirm bevorzugt, wie ihn die Siedlung Bremen innehat. Um die Richtigkeit der These von W. BUTTLER sicher überprüfen zu können, müssen die Untersuchungsräume aber so ausgestattet sein, daß die Möglichkeit einer freien Auswahl auch nach der Exposition bestand. Nur eine Beschränkung auf diese Untersuchungsräume gewährleistet eine abgesicherte Auskunft über den Stellenwert des Faktors Exposition innerhalb einer möglichen Rangfolgeskala der Standortfaktoren des frühesten Bauerntums.

Tabelle 1: Exposition der Siedlungsplätze

Siedlungen nach Zeitstellung	Gesamtzahl	Anteil der Standorte in v.H. mit Exposition nach			
		Süd	Nord	Ost	West
Linienbandkeramik	76*-9**-2***	36,9	40,0	20,0	3,1
älteste LBK und Phase 1	11-1**	40,0	40,0	20,0	-
Phase 2	30-3**	33,3	48,2	14,8	3,7
Phase 3	24-2**	36,4	36,4	22,7	4,5
Phase 4	30-4**-1***	36,0	36,0	24,0	4,0
Phase 5	23-2**-1***	25,0	50,0	20,0	5,0
Phase 6	6	33,3	50,0	16,7	-
Stichbandkeramik	3-1***	-	-	100,0	-
Nachfolgekulturgruppen	37*-7**-1***	51,7	27,6	17,2	3,5
Großgartach	12-3**	44,5	11,1	33,3	11,1
Rössen	15-1**-1***	46,1	23,1	23,1	7,7
Bischheim	21-3**-1***	58,8	23,5	11,8	5,9

* = einschließlich der feinchronologisch nicht einordbaren Standorte

** = Standorte in den Hellwegbörden

*** = Standorte ohne feststellbare Exposition

Ferner ist zu berücksichtigen, daß bei drei Standorten [2] des übrigen Untersuchungsgebietes wegen einer spezifischen topographischen Lage, die innerhalb der jeweiligen Regionaluntersuchung erläutert wurde, keine Exposition festzustellen war. Aus diesen Gründen mußte die statistische Basis bei dieser Fragestellung zum Teil nicht unerheblich verkleinert werden. [3]

Das Verteilungsbild der linienbandkeramischen Siedlungen zeigt ein leichtes Überwiegen der nach Norden ausgerichteten Standorte gegenüber den südexponierten. [4] Zwar hat die Differenz noch die Größenordnung, bei der es nicht möglich ist, von klar ausgeprägten Verhältnissen zu sprechen, jedoch wird sehr deutlich sichtbar, daß sich W. BUTTLERs These über die Bevorzugung südexponierter Standorte während der Linienbandkultur in diesem Untersuchungsgebiet nicht beweisen läßt. W. BUTTLERs forschungsgeschichtlich sehr frühe Ansicht kann daher nur so erklärt werden, daß die damals bekannten Siedlungsplätze überwiegend eine Südausrichtung gehabt haben. Mit der Erweite-

---

[1] Vgl. Tabelle 1
[2] Nr. 71, 87 und 88
[3] Vgl. dazu die mit ** und mit *** gekennzeichneten Zahlen in der Tabelle 1 !
[4] Die vergleichsweise geringe Zahl der Siedlungen mit West- und Ostausrichtung gegenüber den süd- und nordexponierten Siedlungen ergibt sich aus dem Zuschlag der nach den Halbrichtungen SW und SO bzw. NW und NO ausgerichteten Siedlungen zu den Haupthimmelsrichtungen S und N.

rung der Kenntnis bandkeramisch besiedelter Bereiche können dann erst die Verhältnisse sichtbar geworden sein, die das Verteilungsbild *heute* bekannter Siedlungen prägen. Andererseits besteht aber auch die Möglichkeit, daß W. BUTTLER seine Ansicht über die vorherrschende Südexposition in einer Teillandschaft gewonnen hat, die solche eindeutigen Verhältnisse aufwies. Innerhalb der Regionaluntersuchung konnte ja bereits mit dem Siedlungsraum in der Warburger Börde eine Teillandschaft mit einem deutlichen Überwiegen der südexponierten Standorte aufgewiesen werden.

Gegenüber der Gesamtheit der bandkeramischen Standorte zeigen die der Nachfolgekulturgruppen sehr eindeutige Verhältnisse an. Hier überwiegen die südexponierten Siedlungsplätze gegenüber den nach Norden ausgerichteten sehr erheblich, so daß ein deutlicher Unterschied zwischen den Siedlungen des Frühneolithikums einerseits und denen des Mittelneolithikums andererseits hinsichtlich ihrer Exposition gesehen werden kann. Bemerkenswert ist ferner der geringe Anteil der Standorte mit Westexposition gegenüber denen mit Ostausrichtung. Dieser Unterschied war auch schon bei den bandkeramischen Standorten festzustellen gewesen.

Innerhalb der Linienbandkeramik zeigen die Phasen 2, 5 und 6 ein deutliches Überwiegen der nordexponierten Standorte; sie entsprechen also am stärksten dem Verhalten der linienbandkeramischen Gesamtkultur. Erwähnenswert scheint ferner der relativ hohe Anteil der ostexponierten Standorte während der Phase 4 zu sein.

Ein außergewöhnlich hoher Anteil an nach Osten ausgerichteten Siedlungsplätzen läßt sich innerhalb der bandkeramischen Nachfolgegruppen bei den Großgartacher Siedlungen nachweisen. Diese Gruppe zeichnet auch das relativ höchste Überwiegen der südexponierten Standorte gegenüber den nordexponierten aus. Den absolut höchsten Anteil südexponierter Standorte haben allerdings die Bischheimer Siedlungen. Auf die Standorte der bandkeramischen Nachfolgekulturgruppen trifft W. BUTTLERs Ansicht also uneingeschränkt zu.

Bei der Anwendung der Exposition als Unterscheidungskriterium können somit durchaus sehr differenzierte Verteilungsbilder gewonnen werden. Trotzdem ist es an dieser Stelle des Untersuchungsganges in keiner Weise möglich, eine Aussage über die Bedeutung der Exposition bei der Standortauswahl dieser frühen bäuerlichen Siedlungen zu machen.

6.1.2 Der Standort in geomorphologischer Sicht [1]

Die Untersuchung der Siedlungsplätze nach diesem Kriterium muß ebenfalls eine Betrachtung der Standorte in den Hellwegbörden ausschließen, weil die andersartige Prägung der Reliefformen einen direkten Vergleich nicht ermöglicht. Wie im regionalen Teil der Untersuchung gezeigt werden konnte, überwiegen hier die Standorte auf und an den kleinen Längsrücken auf der Stufenfläche. Die Standorte des übrigen Bereiches des Untersuchungsgebietes wurden nach den Lagetypen Hangfuß/Unterhang, Mittelhang, Oberhang und Hangfuß einer Kuppe, Randlage an bzw. Lage auf einem deutlich ausgeprägten Verflachungs- oder Verebnungsbereich, Sporn, Kuppe und Aue differenziert. Die Oberhanglage wurde mit der Hangfußlage an einer Kuppe zusammengefaßt, weil die wenigen Standorte im Hangfußbereich einer Basaltkuppe alle auch im Bereich eines Oberhanges von kleinen Seitentälern lagen.

Für die Gesamtheit aller linienbandkeramisch belegten Standorte erweist sich die Mittelhanglage als deutlich bevorzugt, während die Lage am Hangfuß und im Unterhangbereich einen weiteren deutlichen Schwerpunkt bildet. Für die Standorte der Nachfolgekulturgruppen zeigt sich eine deutliche Änderung, denn hier überwiegen die Siedlungsplätze im Bereich des Unterhanges und am Hangfuß.

Deutlich zeigt sich aber auch, daß während der Linienbandkeramik und auch während der Zeit der Nachfolgekulturgruppen ein Standort auf einer Kuppe, auf einem Sporn oder in einer Flußaue ausgesprochene Ausnahmeerscheinungen sind: Sie machen bei der Linienbandkeramik 8,95 Prozent aller erfaßten Standorte aus und bei den Nachfolgekulturgruppen 13,32 Prozent. Vom Früh- zum Mittelneolithikum kann aber eine leicht steigende Tendenz in der Belegung der für die Gesamtkultur atypischer Standorte festgestellt werden.

Bei einer Differenzierung nach den Phasen zeigt sich die stärkste Betonung in der Belegung von

---

[1] Vgl. Tabelle 2

Tabelle 2: Geomorphologischer Standort der Siedlungen

Siedlungen nach Zeitstellung	Gesamtzahl	Anteil der Standorte in v.H. nach Lagetyp						
		Hangfuß/ Unterhang	Mittelhang	Oberhang/ Hangfuß a.Kuppen	Verflachung/ Verebnung	Sporn	Kuppe	Aue
Linienbandkeramik	76*-9**	31,3	43,2	10,5	6,0	6,0	1,5	1,5
älteste LBK und Phase 1	11-1**	30,0	60,0	-	-	10,0	-	-
Phase 2	30-3**	33,3	48,2	3,7	11,1	3,7	-	-
Phase 3	24-2**	40,9	36,4	9,1	9,1	4,5	-	-
Phase 4	30-4**	34,4	50,0	3,9	3,9	3,9	3,9	-
Phase 5	23-2**	28,5	61,9	4,8	-	-	4,8	-
Phase 6	6	50,0	33,3	-	-	16,7	-	-
Stichbandkeramik	3-1**	50,0	-	-	-	50,0	-	-
Nachfolgekulturgruppen	37*-7**	33,3	26,7	23,4	3,3	6,7	3,3	3,3
Großgartach	12-3**	44,5	22,2	-	-	22,2	11,1	-
Rössen	15-1**	57,1	21,4	14,3	-	-	-	7,2
Bischheim	21-3**	33,2	27,8	27,8	-	5,6	-	5,6

* = einschließlich der feinchronologisch nicht einordbaren Standpunkte
** = Standorte in den Hellwegbörden

Standorten am Mittelhang für die Zeit der Phase 1 (einschließlich des einen Standortes der sogenannten ältesten LBK) und für die Phase 5, während die stärkste Abweichung von diesem Verhalten für die Phasen 3 und 6, bei deren Standorten die Lage am Hangfuß und im Unterhangbereich überwiegt, festzustellen ist.

Die stärkste Betonung des Gesamtverhaltens innerhalb der Nachfolgekulturgruppen zeigen die Rössener Standorte mit ihrem hohen Anteil der Plätze an Hangfüßen und im Unterhangbereich. Durch dieses Merkmal heben sich die Rössener Siedlungen deutlich von den Standorten der anderen mittelneolithischen Kulturgruppen ab.

Auch die Großgartacher Siedlungen haben einen deutlichen, wenn auch nicht so stark ausgeprägten Schwerpunkt durch diesen Lagetypus. Ferner zeichnet diese Gruppe ein relativ hoher Anteil der Siedlungen aus, deren Standort auf einer Kuppe oder einem Sporn liegt. Als besonderes Merkmal kann dagegen bei den Bischheimer Siedlungen auf den vergleichsweise hohen Anteil der Siedlungen im Oberhangbereich verwiesen werden.

Als gemeinsames Merkmal aller früh- und mittelneolithischen Standorte kann somit die Lage an Hängen vom Hangfuß bis zum oberen Mittelhangbereich genannt werden, bei einer Zusammenfassung dieser beiden Lagetypengruppen werden fast immer ca. 75 Prozent aller Standorte in den einzelnen Phasen und Kulturgruppen erfaßt.

Eine weitergehende Interpretation im Hinblick auf die Bedeutung dieses Kriteriums bei der Standortwahl wird erst im Zusammenhang einer Betrachtung aller anderen Standortmerkmale möglich sein.

6.1.3 Die Lage zu den Wasservorkommen [1]

Die Bedeutung der Wasservorkommen für eine Siedlung wurde bereits im regionalen Teil der Untersuchung ausführlich dargestellt, so daß an dieser Stelle nur eine Auswertung des Gesamtergebnisses vorgenommen zu werden braucht. Bei diesem Kriterium ist es auch zum ersten Male möglich, die Standorte in den Hellwegbörden in die Betrachtung einzubeziehen.

---

1) Vgl. Tabelle 3

Tabelle 3: Abstand zwischen Siedlungsplatz und Wasservorkommen

Siedlungen nach Zeitstellung	Gesamt- zahl	Anteil der Standorte in v.H. mit einem Abstand zum Wasservorkommen von			
		0-100 m	100-250 m	250-500 m	500 m
Linienband- keramik	76*	32,9	42,1	21,1	3,9
älteste LBK u. Phase 1	11	27,3	63,6	9,1	-
Phase 2	30	33,3	40,0	23,3	3,4
Phase 3	24	20,8	50,0	25,0	4,2
Phase 4	30	23,3	40,0	30,0	6,7
Phase 5	23	17,4	56,5	21,7	4,4
Phase 6	6	33,3	50,0	-	16,7
Stichband- keramik	3	33,4	33,3	-	33,3
Nachfolgekultur- gruppen	37*	27,0	40,6	21,6	10,8
Großgartach	12	25,0	50,0	16,7	8,3
Rössen	15	40,0	53,3	6,7	-
Bischheim	21	28,6	47,6	14,3	9,5

* = einschließlich der feinchronologisch nicht einordbaren Standorte

Nach der Häufigkeitsverteilung konnten insgesamt vier Stufen der Entfernung zwischen Standort und nächst gelegenem Wasservorkommen gebildet werden:
1. 0 - 100 m   unmittelbare Lage am Vorkommen
2. 100 - 250 m   Lage im Nahbereich des Vorkommens
3. 250 - 500 m   mittlerer Abstand zum Vorkommen
4. über 500 m   große Entfernung zum Vorkommen.

Die Tabelle 3 zeigt deutlich, welche Bedeutung die Nähe eines Wasservorkommens für die frühen Siedlungen gehabt haben wird: Bei 75 Prozent der linienbandkeramischen Standorte beträgt der Abstand weniger als 250 Meter. Der Anteil der Siedlungen mit einer unmittelbaren Lage am Wasservorkommen läßt diese Beziehung noch deutlicher werden. Die Zahl der Siedlungen mit einem mittleren Abstand zum Vorkommen kann schon als gering und der Anteil der Standorte mit einer großen Entfernung als unbedeutend bezeichnet werden. Bei dem typischen linienbandkeramischen Standort befindet sich das Wasservorkommen also immer im Umkreis von 250 Metern.

Bei einem direkten Vergleich mit den Standorten der Nachfolgekulturgruppen zeigen sich einige Veränderungen. Zwar sind Standorte mit einem möglichst nahe gelegenen Wasservorkommen weiterhin bevorzugt, jedoch hat sich der Anteil der Standorte mit einer unmittelbaren Lage am Vorkommen und der Standorte, bei denen das Vorkommen noch im Nahbereich liegt, verringert, während sich der Anteil der Siedlungsplätze mit einer großen Entfernung zum Vorkommen leicht vergrößert hat. Aus den Veränderungen kann somit geschlossen werden, daß sich im Mittelneolithikum ganz schwach die Tendenz bemerkbar macht, auch solche Standorte zu besiedeln, die einen größeren Abstand zu dem nächst gelegenen natürlichen Wasservorkommen haben.

Eine weitere Differenzierung nach Phasen bzw. Gruppen zeigt einige Abweichungen von dem Durchschnittsverhalten der Linienbandkeramik bzw. der Nachfolgekulturgruppen. Innerhalb der Linienbandkeramik entsprechen die Siedlungen der Phase 1 am deutlichsten dem Verhalten der gesamten Kulturgruppe, Siedlungsplätze mit möglichst standortnahen Vorkommen zu belegen, während die Siedlungen der Phase 4 hiervon am stärksten abweichen. Am sichtbarsten wird dieses Verhalten aber bei den Rössener Siedlungen, denn bei ihnen beträgt der Anteil der Standorte mit einem Wasservorkommen im Umkreis von 250 Metern 93,33 Prozent. Der Anteil dieser Standorte beträgt bei der Phase 1 90 Prozent. Die Siedlungen der Phase 1 und der Rössener Gruppe haben noch ein weiteres Merkmal, das das Verhalten, nur wassernahe Standorte zu besiedeln, noch deutlicher unterstreicht: Beide haben jeweils als einzige in ihrer Gesamtkulturgruppe keine Standorte mit entfernt gelegenen Wasservorkommen (über 500 m). Aber trotz dieser Unterschiede kann für jede Phase bzw. Gruppe des Früh- und Mittelneolithikums angeführt werden, daß der Anteil der Standorte mit Abständen unter 250 Meter zu dem nächst gelegenen Wasservorkommen stets groß genug ist, um von einer deutlichen Bevorzugung wassernaher Standorte sprechen zu können.

Tabelle 4: Arten der Wasservorkommen

Siedlungen nach Zeitstellung	Gesamt-zahl	Anteil der Standorte in v.H. mit nächst gelegenen Wasservorkommen		
		Quelle	Bach	Fluß
Linienbandkeramik	76*	27,6	61,9	10,5
älteste LBK u. Phase 1	11	18,2	81,8	-
Phase 2	30	36,7	63,3	-
Phase 3	24	29,2	66,7	4,1
Phase 4	30	16,7	76,6	6,7
Phase 5	23	17,4	69,6	13,0
Phase 6	6	33,3	66,7	-
Stichbandkeramik	3	33,3	66,7	-
Nachfolgekulturgruppen	37*	27,0	64,9	8,1
Großgartach	12	33,3	66,7	-
Rössen	15	6,7	73,3	20,0
Bischheim	21	19,0	66,7	14,3

* = einschließlich der feinchronologisch nicht einordbaren Standorte

Die Unterscheidung nach der Art der Vorkommen [1] zeigt eine starke Bevorzugung von Bächen als natürliche Wasservorkommen, während der Anteil der Standorte, die einem Fluß am nächsten lagen, sehr gering ist. [2] Bemerkenswert ist der im Vergleich zu den bachnahen Standorten geringe Anteil quellbezogener Standorte. Zwar zeigen einzelne Phasen (2 und 6) der Linienbandkeramik und die Großgartacher Gruppe eine stärkere Ausrichtung nach Quellen, jedoch ist der Anteil dieser Art des Wasservorkommens auch hier immer noch erheblich kleiner als der der Bäche. Gründe für dieses Verhalten könnten in den besseren Nutzungsmöglichkeiten liegen, die ein Bach gegenüber einer Quelle bietet, die wahrscheinlich in den meisten Fällen eingefaßt werden mußte. Andererseits ist aber auch davon auszugehen, daß vielfach ausgeprägte Quellhorizonte nur in solchen Bereichen liegen, die nicht mehr die anderen Ausstattungsmerkmale aufweisen, die als weitere wichtige Standortfaktoren dieser Siedlungen zu bezeichnen sind. Diese Frage kann zwar erst in der abschließenden Zusammenschau *aller* Faktoren endgültig überprüft werden, jedoch kann an dieser Stelle schon auf die Beziehungen verwiesen werden, die ganz offensichtlich zwischen der Art des Vorkommens und den Abständen zu den Siedlungsplätzen bestehen.

Tabelle 4a: Art der Wasservorkommen und Abstand zu den Siedlungsplätzen

Art des Wasservorkommens	Gesamt-zahl	Zahl der Wasservorkommen in v.H. mit einem Abstand zum Siedlungsplatz von			
		0-100 m	100-250 m	250-500 m	500 m
Quelle	29	17,3	37,9	37,9	6,9
Bach	55	30,9	45,4	16,4	(7,3)
Fluß	9	44,5	33,3	22,2	-

Deutlich zeigt sich der im Vergleich zu den Bach- und Flußläufen größere Abstand der Quellen zu den Siedlungsplätzen, der durch den größten Anteil in der Gruppe von 250-500 m und durch den kleinsten Anteil in der Gruppe von 0-100 m zum Ausdruck kommt. Bei einer Nichtberücksichtigung der bachbezogenen Standorte in den Hellwegbörden, deren Nachweis der Beziehung zum Wasservor-

---
1) Vgl. Tabelle 4
2) Es wurde jeweils das standortnächste Vorkommen gewertet.

kommen, wie in der Regionaluntersuchung gezeigt werden konnte, nur sehr unsicher zu erbringen war, weist die Gruppe über 500 Meter Abstand keinen Anteil bachbezogener Standorte auf. Die Aussage, daß quellbezogene Standorte eine größere Entfernung zum Wasservorkommen haben, würde somit bei einem Anteil von 6,9 Prozent dieser Standorte in der Gruppe über 500 Meter Abstand noch weiter abgesichert werden.

Diese Beziehung zwischen relativ großer Entfernung und Art des Wasservorkommens kann nun in den Kontext der Begründung des geringeren Anteils der Quellen als natürliche Wasservorkommen der Besiedlungen einbezogen werden. Als ein möglicher Grund wurde bereits angeführt, daß sich Quellen vielfach in solchen Bereichen befinden, in denen andere wichtige Standortfaktoren frühbäuerlicher Besiedlung nicht mehr vorkommen. Der größere Abstand der Quellen kann jetzt in dem Zusammenhang dieser Frage in der Weise gedeutet werden, daß man dort, wo unbedingt *eine Quelle* als Wasservorkommen *genutzt werden mußte*, größere Entfernungen zur Wasserstelle tolerierte, um die Siedlung an eine Stelle legen zu können, deren Siedlungsgunst durch andere, vielleicht wichtigere Faktoren deutlich sichtbar gekennzeichnet war. Der geringe Abstand zwischen den Siedlungen und den Bach- und Flußläufen könnte dann dadurch erklärt werden, daß die wichtigen anderen Standortfaktoren in unmittelbarer Nachbarschaft zu deren Durchflußbereichen in der notwendigen Kombination häufiger vorkommen als in der unmittelbaren Nähe der Quellen.

Die Tabelle 4 - Arten der Wasservorkommen - bedarf noch einiger weiterer Erläuterungen. Eine Gegenüberstellung der linienbandkeramischen Standorte und der Nachfolgekulturgruppen läßt keine nennenswerten Unterschiede sichtbar werden: Das Auswahlverhalten während des Früh- und Mittelneolithikums kann bei einer so gelagerten Betrachtung als konstant bezeichnet werden. Eine Differenzierung nach Phasen bzw. Stufen macht zwar die schon eingangs erwähnten Unterschiede deutlich, jedoch sind diese bis auf die Ausnahme der Rössener Gruppe nicht so gravierend, daß sie als Basis einer weitergehenden Interpretation dienen könnten. Die *Rössener Gruppe* weicht jedoch durch den geringsten Anteil quellnaher und den höchsten Anteil flußbezogener Standorte außergewöhnlich stark von dem Verhalten der anderen mittelneolithischen Kulturgruppen ab. Bemerkenswert ist ferner noch die Gleichheit der Anteile sowohl bach- als auch quellbezogener Standorte zwischen den Siedlungen der Phase 6 der Linienbandkeramik und denen der Großgartacher Gruppe.

Abschließend kann die Bedeutung der natürlichen Wasservorkommen gegenüber den anderen Standortfaktoren als sehr hoch bezeichnet werden; eine endgültige Aussage über eine mögliche Rangfolge kann allerdings erst nach einem synoptischen Vergleich aller Faktoren gemacht werden.

6.2 Die Ausstattungsmerkmale der Siedlungsumfelder
6.2.1 Die Reliefverhältnisse

Die Beziehungen zwischen den Hangneigungsverhältnissen und der frühbäuerlichen Besiedlung soll insgesamt unter drei verschiedenen Gesichtspunkten überprüft werden: Als erstes wird nach der Bevorzugung nahezu ebener bis nur wenig geneigter Hangpartien (unter $2°$) gefragt, dann wird untersucht, inwieweit mäßig geneigte bis steile Bereiche (über $4°$) von den frühen Siedlern gemieden worden sind. Um diese Beziehung aber noch deutlicher werden zu lassen, wird abschließend nach den Anteilen der stark geneigten bis steilen Geländepartien (über $8°$) gefragt. Von dem Grad der Meidung der Partien über $4°$ bzw. über $8°$ Hangneigung kann dann selbstverständlich der Bevorzugungsgrad von Flächen mit Hangneigungen unter $4°$ bzw. unter $8°$ Hangneigung abgeleitet werden. Auf diese Weise scheint eine weitgehende Überprüfung des Verhältnisses zwischen Relief und früh- und mittelneolithischem Siedlungsverhalten möglich zu sein. Bei den nun folgenden Tabellen ist zu beachten, daß der prozentuale Anteil der eben genannten Hangneigungskategorien mit bestimmten, sich *aus der Häufigkeitsverteilung ergebenden Schwankungsbreiten* als Differenzierungskriterium der Umfelder verwendet wird, und daß die Zahl der Standorte in den einzelnen Differenzierungsgruppen ebenfalls in Prozentwerten angegeben wird. Im Rahmen der Einzeluntersuchung der Siedlungsräume und der Siedlungskammern konnte schon einige Male festgestellt werden, daß die Frage nach einer Bevorzugung möglichst wenig geneigter Flächen (unter $2°$) nicht immer eindeutige Ergebnisse zu erbringen vermochte. Ein Vergleich auf der Basis aller 93 erfaßten Standorte zeigt allerdings bei dieser Hangneigungskategorie schon differenzierte Verhältnisse an.[1] Nach der Häufigkeitsverteilung war eine Gruppierung nach Umfeldern mit mehr als 55 Prozent Anteilen, mit Anteilen zwischen 20 und 55 Prozent und mit Umfeldanteilen unter 20 Prozent möglich.

---
1) Vgl. Tabelle 5

Tabelle 5: Anteil von Flächen mit Hangneigung unter $2°$ in den Umfeldern

Siedlungen nach Zeitstellung	Gesamtzahl	Standorte in v.H. mit Flächenanteilen unter $2°$ Hangneigung im Umfeld von		
		0-20 %	> 20-55 %	> 55-100 %
Linienbandkeramik	76*	7,9	65,8	26,3
älteste LBK u. Phase 1	11	-	100,0	-
Phase 2	30	6,7	70,0	23,3
Phase 3	24	4,2	75,0	20,8
Phase 4	30	6,7	60,0	33,3
Phase 5	23	13,0	65,2	21,8
Phase 6	6	33,3	50,0	16,7
Stichbandkeramik	3	-	66,7	33,3
Nachfolgekulturgruppen	37*	13,5	67,6	18,9
Großgartach	12	16,7	66,6	16,7
Rössen	15	20,0	73,3	6,7
Bischheim	21	19,1	71,4	9,5

* = einschließlich der feinchronologisch nicht einordbaren Standorte

Ein Vergleich der linienbandkeramischen Standorte mit denen der Nachfolgekulturgruppen läßt bereits einen Unterschied in der Ausrichtung der Siedlungsplätze nach dem Relief trotz dieser Feindifferenzierung erkennen: bei den Umfeldern der linienbandkeramischen Standorte ist der Anteil ebener Flächen größer als bei denen der Nachfolgekulturgruppen. Während die Zahl der Standorte mit einem Anteil von 20-55 Prozent an Flächen mit Hangneigungen unter $2°$ im Umfeld bei den beiden Gruppen nahezu gleich ist, zeigen sich Unterschiede in den beiden anderen Unterteilungen. Die Zahl der Standorte der Nachfolgekulturgruppen mit einem Umfeldflächenanteil von über 55 Prozent dieser Hangneigungskategorie ist geringer als bei den linienbandkeramischen Siedlungen, während bei diesen die Zahl der Standorte mit einem geringeren Anteil ebener Flächen im Umfeld kleiner ist als bei den mittelneolithischen Siedlungsstandorten.

Trotz aller Vorsicht, die hier wegen der Gefahr der Überinterpretation geboten zu sein scheint, kann von den Siedlungen der Nachfolgekulturgruppen gesagt werden, daß sie nicht in so ebenen Bereichen angelegt worden sind wie die Siedlungen der Linienbandkeramikkultur. In allen Phasen und Gruppen ist aber festzustellen, daß mindestens 50 Prozent aller Standorte einen Anteil zwischen 20 und 55 Prozent von Flächen mit dieser Hangneigungskategorie in ihren Umfeldern haben. Von dem überwiegenden Teil der Siedlungen kann somit gesagt werden, daß eine Bevorzugung möglichst ebener Bereiche durch ihre Lageplatzwahl zu erkennen ist.

Zur Typisierung des Verhaltens der Siedler einer Zeitphase oder einer Gruppe können nun die negativen Abweichungen (0-20 Prozent Umfeldanteile) herangezogen werden. Bei den linienbandkeramischen Standorten ist diese Abweichung in den Schlußphasen 5 und 6 am deutlichsten (13,0 bzw. 33,3 Prozent) ausgeprägt, während die mittelneolithischen Kulturgruppen innerhalb dieser Differenzierungskategorie ein nahezu gleiches Verhalten zeigen. Sie liegen mit ihren Anteilen aber alle deutlich über dem Durchschnittsverhalten aller erfaßten mittelneolithischen Standorte, das von den feinchronologisch nicht schärfer einzuordnenden Siedlungsplätzen stark beeinflußt wird.

Mögliche Unterschiede des Verhaltens bei diesen Gruppen können also nur durch die Zahl der Standorte in der Differenzierungsgruppe von 55-100 Prozent Umfeldanteil von Flächen unter $2°$ Hangneigung abgeleitet werden. Den mit Abstand größten Anteil hat hier die Großgartacher Gruppe (16,7 Prozent), während Rössen den geringsten Anteil (6,7 Prozent) hat. Zwischen den Großgartachern und Rössener Standorten besteht somit der größte Unterschied. Innerhalb der Linienbandkeramik überragen die Standorte der Phase 4 mit einem Anteil von 33,3 Prozent sehr deutlich die Standorte der anderen Phasen.

Für Großgartach und die Phase 4 kann somit gesagt werden, daß bei ihren Standorten am deutlichsten die Tendenz spürbar wird, solche Bereiche zu besiedeln, in denen das Relief überwiegend von Flächen geprägt ist, die Hangneigungen unter 2° aufweisen. Für Rössen kann hingegen gesagt werden, daß hier diese Tendenz am wenigsten ausgeprägt ist. Für die Phasen 5 und 6 und wie für alle mittelneolithischen Gruppen kann weiterhin gesagt werden, daß sie *auch* solche Bereiche besiedelten, in denen Flächen mit Hangneigungen unter 2° gar nicht oder nur in sehr geringer Verbreitung vorkommen. Als positiv abweichend von dem Verhalten der Gesamtkulturen können somit die Phase 4 und Großgartach und als negativ abweichend die Phasen 5 und 6 und Rössen dargestellt werden.

Um weitere Klarheit über das Verhältnis zwischen Standortwahl und Relief zu gewinnen, werden die Flächenanteile mit Hangneigungen über 4° in den 93 Umfeldern zur Differenzierung der Standorte verwendet. [1] Die Gruppierung ergab sich wieder aus der Häufigkeitsverteilung.

Tabelle 6: Anteil von Flächen mit Hangneigung über 4° in den Umfeldern

Siedlungen nach Zeitstellung	Gesamt-zahl	Standorte in v.H. mit Flächenanteilen über 4° Hangneigung im Umfeld von			
		0-5 %	>5-20 %	>20-35 %	>35 %
Linienbandkeramik	76*	26,3	39,5	26,3	7,9
älteste LBK u. Phase 1	11	-	54,6	36,4	9,0
Phase 2	30	20,0	40,0	33,3	6,7
Phase 3	24	33,3	41,7	20,8	4,2
Phase 4	30	40,0	36,7	20,0	3,3
Phase 5	23	34,8	34,8	26,1	4,3
Phase 6	6	16,6	16,7	50,0	16,7
Stichbandkeramik	3	33,4	33,3	33,3	-
Nachfolgekulturgruppen	37*	16,2	48,7	18,9	16,2
Großgartach	12	8,3	75,1	8,3	8,3
Rössen	15	13,4	60,0	13,3	13,3
Bischheim	21	14,3	38,1	28,6	19,0

* = einschließlich feinchronologisch nicht einordbarer Standorte

So ist zunächst das Verteilungsbild der Standorte mit Umfeldanteilen von mehr als 35 Prozent zu betrachten. Von dieser Differenzierungsgruppe werden solche Standorte erfaßt, die sehr stark von dem Gesamtverhalten abweichen und in der Regionaluntersuchung vielfach nur durch die Randlage der Siedlungen zu den Anbauflächen erklärt werden konnten.

Deutlich zeigt sich hier ein Überwiegen so geprägter Umfelder bei den Standorten der bandkeramischen Nachfolgekulturgruppen. Der prozentuale Anteil dieser Standorte ist doppelt so hoch wie bei der Linienbandkeramik. Innerhalb der Linienbandkeramik hat die Phase 6 den größten Anteil in dieser Gruppe und bei den Nachfolgekulturgruppen die Bischheimer Gruppe. Den geringsten Anteil in dieser Differenzierungsgruppe haben die Siedlungen der Phase 4, während bei den mittelneolithischen Gruppen diese Position von Großgartach eingenommen wird. Bemerkenswert ist ferner, daß die Phase 6 mit der Größe ihres Anteils in dieser Differenzierungsgruppe (16,7 Prozent) dem Durchschnittswert der Nachfolgekulturgruppen (16,2 Prozent) entspricht, und daß umgekehrt eine solche Entsprechung zwischen dem Durchschnittswert der Linienbandkeramik (7,9 Prozent) und der Großgartacher Gruppe (8,3 Prozent) gegeben ist.

Eine Betrachtung der Umfelder mit den geringsten prozentualen Anteilen (0-5 Prozent) über 4° geneigter Hangflächen zeigt wieder die bevorzugte Stellung der Phase 4, die in dieser Gruppe von allen statistischen Einzelgruppen den größten Anteil hat. Das besondere Merkmal dieser Phase besteht also in der Bevorzugung von Geländepartien mit ganz geringen Hangneigungsbeträgen. Denn allein 40 Prozent der Standorte hat entweder gar keinen oder nur einen äußerst geringen Anteil von Flächen mit Hangneigungen über 4°.

Eine Betrachtung der Phasen zeigt, daß sich dieses Verhalten erst im Verlauf der Linienbandkera-

---

1) Vgl. Tabelle 6

mik herausgebildet hat. Während die Phase 1, der ja als Markierungspunkt des Beginns einer bäuerlichen Wirtschaftsweise für die Fragen, inwieweit die eingewanderten Bauern schon gleich die optimalen Standorte erkennen konnten, eine besondere Bedeutung zukommt, keinen Anteil in dieser Gruppe hat, steigert sich dieser Anteil von der Phase 2 bis zur Phase 4 ganz erheblich. Mit der Phase 5 nimmt dann dieser Anteil wieder ab und hat mit der Phase 6 wieder den zweitniedrigsten Stand eingenommen. Diese Veränderungen während des zeitlichen Ablaufes finden ihre exakte Entsprechung in der Differenzierungsgruppe der Standorte mit Anteilen über 35 Prozent dieser Flächen in den Umfeldern: Der prozentuale Anteil dieser Standorte verringert sich von der Phase 1 immer mehr und erreicht seinen Tiefpunkt mit der Phase 4, um dann in der Phase 5 und 6 wieder anzusteigen.

Während also zu Beginn des Bauerntums im viel größeren Maße noch Standorte bevorzugt wurden, in deren Nahbereich nicht ausschließlich nur nahezu ebene bis schwach geneigte Flächen vorkamen, bildet sich im Verlauf der Linienbandkeramik ein Verhalten heraus, das durch eine viel stärkere Bevorzugung von Flächen unter $4°$ Hangneigung oder durch ein bewußtes Meiden von Flächen über $4°$ Hangneigung gekennzeichnet werden kann. In den Schlußphasen der Linienbandkeramik zeichnet sich dann wieder eine gegenläufige Entwicklung ab. Ob es möglich ist, diesen Befund in einen weitergehenden Interpretationszusammenhang zu stellen, wird an anderer Stelle geprüft. In einer abschließenden Betrachtung der Tabelle 6 kann sowohl für die Linienbandkeramik als auch für die Nachfolgekulturgruppen festgestellt werden, daß der überwiegende Teil der Standorte solche Umfelder hat, in denen der Anteil der Flächen über $4°$ Hangneigung nicht mehr als 20 Prozent der gesamten Umfeldfläche ausmacht. Aus dieser Tatsache kann trotz der angeführten Unterschiede zwischen den Phasen und Gruppen für die Gesamtheit aller früh- und mittelneolithischen Standorte geschlossen werden, daß überwiegend solche Bereiche mit Siedlungen belegt wurden, in denen der Großteil der Flächen Hangneigungen *unter* $4°$ aufwiesen.

In einer letzten Betrachtung zum Verhältnis Besiedlung und Relief sollen noch die Anteile stark geneigter bis steiler Hangpartien in den Umfeldern als differenzierendes Kriterium verwendet werden. [1] Nach der Häufigkeitsverteilung lassen sich vier Gruppen bilden: Umfelder mit keinem

Tabelle 7: Anteil von Flächen mit Hangneigung über $8°$ in den Umfeldern

Siedlungen nach Zeitstellung	Gesamtzahl	Standorte in v.H. mit Flächenanteilen über $8°$ Hangneigung im Umfeld von			
		0 %	>0-5 %	>5-18 %	>18 %
Linienbandkeramik	76*	43,4	32,9	23,7	-
älteste LBK u. Phase 1	11	45,5	36,3	18,2	-
Phase 2	30	40,0	46,7	13,3	-
Phase 3	24	45,9	41,6	12,5	-
Phase 4	30	60,0	26,7	13,3	-
Phase 5	23	65,2	13,0	21,8	-
Phase 6	6	16,7	16,7	66,6	-
Stichbandkeramik	3	100,0	-	-	-
Nachfolgekulturgruppen	37*	37,9	27,0	27,0	8,1
Großgartach	12	41,7	25,0	25,0	8,3
Rössen	15	33,3	46,7	6,7	13,3
Bischheim	21	28,6	33,3	33,3	4,8

* = einschließlich der feinchronologisch nicht einordbaren Standorte

Anteil von Flächen über $8°$ Neigung, Umfelder mit einem Anteil von 0-5 Prozent, von 5-18 Prozent und über 18 Prozent.

Die erste Differenzierungsgruppe (kein Flächenanteil im Umfeld) zeigt bei einem Vergleich zwischen Linienbandkeramik und Nachfolgekulturgruppen keine wesentlichen Unterschiede. In den drei

---
1) Vgl. Tabelle 7

anderen Gruppen lassen sich jedoch Unterschiede aufweisen. Während z.B. in der letzten Gruppe die Linienbandkeramik keine Standorte hat, bei deren Umfeldern Flächen mit Neigungen über $8°$ mehr als 18 Prozent ausmachen, haben die Nachfolgekulturgruppen immerhin 8,1 Prozent ihrer Standorte in dieser Gruppe. Für den Gesamtzeitraum vom Früh- zum Mittelneolithikum kann somit festgestellt werden, daß in den Nahbereichen der Siedlungen Flächen mit Hangneigungen über $8°$ auftreten können. Nur sind die linienbandkeramischen Siedlungen immer so plaziert, daß in ihren Umfeldern der Anteil dieser Flächen immer unter 18 Prozent liegt, während bei 8,1 Prozent der Standorte der Nachfolgekulturgruppen diese Flächen mehr als 18 Prozent des Umfeldes ausmachen.

Bei einer Differenzierung nach Phasen und Gruppen sollten einige wesentliche Merkmale genannt werden:

Innerhalb der Linienbandkeramik zeichnet sich die Phase 6 durch den größten Anteil der Standorte in der dritten Differenzierungsgruppe aus.

Die Rössener Gruppe hebt sich am stärksten von allen statistischen Einzelgruppen in der vierten Differenzierungsgruppe ab. Wenn der Unterschied zu den anderen Gruppen auch nicht sehr erheblich ist, so kann doch gesagt werden, daß die Rössener Siedler im stärkeren Maße bereit waren, Flächen mit Hangneigungen über $8°$ in ihren Nahbereichen zu akzeptieren als alle anderen Gruppen.

Insgesamt gesehen kann das Kriterium Relief durchaus als ein Mittel der Differenzierung des Siedlungsverhaltens einzelner Zeitphasen und Kulturgruppen verwendet werden. Wenn auch im Siedlungsverhalten der früh- und mittelneolithischen Bauern die gemeinsamen Züge überwogen, so lassen doch die Abweichungen einige Unterschiede deutlich erkennen.

6.2.2 Der Anteil von Fluß- und Bachauen im Nahbereich der Siedlungen [1]

Die grundsätzliche Bedeutung der Feuchtphysiotopenbereiche für eine gemischt bäuerliche Wirtschaftsweise wurde bereits im regionalen Teil der Untersuchung dargestellt. Auch konnte immer auf die Schwierigkeiten verwiesen werden, die sich bei der Anlegung dieses Kriteriums auf der Basis des Umfeldes ergeben. Trotzdem soll hier der Versuch unternommen werden, auf der Grundlage aller erfaßten Siedlungsplätze die Alluvialanteile in den Umfeldern zur Unterscheidung der Standorte zu verwenden. Das Ergebnis kann verständlicherweise nur unter dem Gesichtspunkt der in der Regionaluntersuchung immer wieder gemachten Vorbehalte gesehen werden.

Nach der Häufigkeitsverteilung der prozentualen Umfeldanteile bot sich eine Differenzierung der Standorte nach vier Gruppen an:

1. Umfelder mit keinem oder nur sehr geringem Auenanteil (0-10 Prozent)
2. Umfelder mit geringem bis mittlerem Auenanteil (>10-20 Prozent)
3. Umfelder mit großem Auenanteil (>20-40 Prozent)
4. Umfelder mit übergroßem Auenanteil (>40 Prozent).

Eine Gegenüberstellung der Anteile der Standorte der Linienbandkeramik mit denen der Nachfolgekulturgruppen in der ersten Differenzierungsgruppe zeigt, daß der prozentuale Anteil der Standorte mit keinem oder nur geringem Auenanteil im Früh- und Mittelneolithikum gleich hoch waren. So kann mit Sicherheit gesagt werden, daß während des gesamten Untersuchungszeitraumes es immer Siedlungsgemeinschaften gegeben hat, die darauf verzichteten, in ihrem Umkreis von 750 Metern größere Auenanteile zu haben. Dieses Verhalten zeigt sich am stärksten ausgeprägt bei den frühesten Siedlungen (älteste LBK und Phase 1) und am wenigsten ausgeprägt bei der Rössener Kulturgruppe. [2]

Ein Vergleich der früh- und mittelneolithischen Standorte in allen vier Differenzierungsgruppen miteinander läßt deutlich werden, daß die Zahl der Standorte von der Gruppe 1 bis zur Gruppe 4 immer kleiner wird. So ist sowohl über die Linienbandkeramik als auch über die Nachfolgegruppen zu sagen, daß die Standorte mit Auenanteilen bis zu 20 Prozent überwiegen. Statistisch bedeutend ist nun der Grad der Abweichung von diesem Verhalten in den einzelnen Phasen und Gruppen.

---

1) Vgl. Tabelle 8
2) Die Stichbandkeramik hat ebenfalls einen so niedrigen Anteil in dieser Differenzierungsgruppe, sie kann aber, wie bereits angeführt wurde, wegen der geringen Zahl ihrer erfaßten Standorte nicht mit in die Betrachtung einbezogen werden.

Tabelle 8: Anteil der Auen in den Umfeldern

Siedlungen nach Zeitstellung	Gesamt-zahl	Standorte in v.H. mit Auenanteilen im Umfeld von			
		0-10 %	>10-20 %	>20-40 %	>40 %
Linienband-keramik	76*	55,3	26,3	13,2	5,2
älteste LBK u. Phase 1	11	63,6	27,3	9,1	-
Phase 2	30	53,3	36,7	10,0	-
Phase 3	24	50,0	29,2	20,8	-
Phase 4	30	50,0	26,7	23,3	-
Phase 5	23	47,8	21,7	26,1	4,4
Phase 6	6	50,0	16,7	16,7	16,6
Stichbandkeramik	3	33,3	33,3	33,4	-
Nachfolgekultur-gruppen	37*	54,1	21,6	16,2	8,1
Großgartach	12	41,7	41,7	8,3	8,3
Rössen	15	33,3	26,7	26,7	13,3
Bischheim	21	52,3	23,8	14,3	9,6

* = einschließlich der fein-chronologisch nicht einord-baren Standorte

Zunächst ist festzustellen, daß in den ersten beiden Differenzierungsgruppen die Anteile der linienbandkeramischen Standorte gegenüber denen der mittelneolithischen Siedlungsplätze überwiegen, während in den beiden anderen Gruppen die mittelneolithischen Standorte anteilmäßig ein Übergewicht haben. Im Mittelneolithikum werden also im viel stärkeren Maße Standorte mit großen bis übergroßen Auenanteilen *im Umkreis von 750 Metern* belegt als im Frühneolithikum. Dieses muß als eine eindeutige Feststellung gewertet werden.

Eine Betrachtung der Phasen und Gruppen läßt erkennen, daß zu Beginn der Verbreitung der bäuerlichen Wirtschaftsweise nur sehr wenige Standorte belegt wurden, deren Umfeld von größeren Auenanteilen geprägt ist. Dieses wird ganz deutlich erkennbar an dem geringen Anteil der Standorte in der dritten Differenzierungsgruppe und durch das gänzliche Fehlen von Standorten in der vierten Gruppe, das mit den Ausnahmen der Phasen 5 und 6 für alle Phasen der Linienbandkeramik typisch ist. Von allen statistischen Einzelgruppen hat die Phase 6 den größten Anteil in der vierten Differenzierungsgruppe. Zweifellos zeigt sich hier ein verändertes Siedlungsverhalten am Ende des Frühneolithikums durch die Belegung derartiger Standorte. Jedoch ist dieser hohe prozentuale Anteil sicherlich auch durch die schmale statistische Basis von insgesamt sechs erfaßten Standorten in der Phase 6 bedingt, so daß dieser Anteil etwa zu relativieren ist. Bei einer größeren Zahl der erfaßten Standorte könnte sich dieser prozentuale Anteil durchaus verringern und dem Wert des Anteils der Phase 5 angepaßter erscheinen. Trotzdem muß hier festgestellt werden, daß sich im zeitlichen Ablauf der Linienbandkeramikkultur ganz deutlich eine immer stärker werdende Tendenz zeigt, Siedlungsplätze mit größeren Auenanteilen im Nahbereich der Standorte zu belegen.

Innerhalb der mittelneolithischen Kulturgruppen lassen sich ebenfalls deutliche Unterschiede aufweisen. So ist zunächst einmal die Großgartacher Gruppe zu nennen, die eine Abweichung von dem Durchschnittsverhalten der Nachfolgekulturgruppen in der Weise zeigt, daß sie über weniger Standorte verfügt, die größere Anteile von Bach- und Flußauen in ihren Nahbereichen haben.

Das genau umgekehrte Verhalten zeigt die Rössener Gruppe, die sowohl in der dritten als auch in der vierten Differenzierungsgruppe von allen mittelneolithischen Gruppen die größten Anteile hat. Bei einer Zusammenfassung der Anteile in den beiden letzten Differenzierungsgruppen wird deutlich, daß die Rössener Gruppe von allen Phasen der Linienbandkeramik und von allen mittelneolithischen Einzelgruppen das ausgeprägteste Verhalten hat, solche Standorte zu besetzen, die in ihrem Umkreis größere Bach- und Flußauenbereiche aufweisen.

So kann abschließend festgestellt werden, daß der Anteil der Feuchtphysiotopenbereiche *in den Umfeldern* durchaus geeignet ist, die Siedlungsstandorte des Früh- und Mittelneolithikums deutlich sichtbar zu unterscheiden.

6.2.3 Der Anteil von Nichtlößböden in den Umfeldern [1]

Die Untersuchung des Verhältnisses frühbäuerlicher Besiedlung zum Boden wurde der Zielsetzung dieser Untersuchung entsprechend auf die Frage ausgerichtet, in welchem Maße sich die Siedler an einer Lößbedeckung bei ihrer Standortwahl orientiert haben mögen. In der Regionaluntersuchung konnte diese Frage schon eindeutig beantwortet werden. Denn mit den Ausnahmen der Siedlungsplätze Geseke (Nr. 14) und Wellen (Nr. 84) [2] konnte bei allen Standorten *auch auf der Grundlage der heutigen Bodenverhältnisse* ein Lößbezug festgestellt werden. Dieses bedeutet, daß nur bei 2,15 Prozent aller untersuchten Standorte ein Bezug zu Nichtlößböden besteht, wobei die Möglichkeit, daß zur Zeit des Neolithikums eine Lößbedeckung auch in den Umfeldern dieser Standorte vorhanden war, mit Sicherheit nicht ausgeschlossen werden kann.

Somit kann bei 97,4 Prozent aller bandkeramischen Standorte und bei 97,3 Prozent aller mittelneolithischen Standorte ein Lößbezug als nachgewiesen gelten. Durch die nun folgende Untersuchung über die Anteile der sogenannten Nichtlößsubstrate in den Umfeldern kann dieses Ergebnis in seinem Aussagewert in keiner Weise eingeschränkt werden. Das sei hier mit aller Deutlichkeit betont.

Tabelle 9: Anteil der Nichtlößböden (V- und D-Böden) in den Umfeldern

Siedlungen nach Zeitstellung	Gesamtzahl	Standorte in v.H. mit Nichtlößbodenanteil im Umfeld von			
		0-10 %	>10-30 %	>30-60 %	>60 %
Linienbandkeramik	76*	29,0	40,8	18,4	11,8
älteste LBK und Phase 1	11	27,3	36,3	27,3	9,1
Phase 2	30	26,7	46,7	16,6	10,0
Phase 3	24	20,8	50,0	25,0	4,2
Phase 4	30	26,7	53,3	16,7	3,3
Phase 5	23	34,8	47,8	8,7	8,7
Phase 6	6	-	66,6	16,7	16,7
Stichbandkeramik	3	33,3	33,3	33,4	-
Nachfolgekulturgruppen	37*	35,2	29,7	29,7	5,4
Großgartach	12	25,0	41,7	25,0	8,3
Rössen	15	40,0	26,7	26,7	6,6
Bischheim	21	38,1	28,6	23,8	9,5

* = einschließlich der feinchronologisch nicht einordbaren Standorte

Der Anteil von Nichtlößböden in den Umfeldern kann nur eine Aussage über die Plazierung des Siedlungsplatzes zu lößbedeckten Flächen geben. Wobei hier im besonderen Maße zu bedenken ist, daß diese Aussage von den *heutigen* Bodenverhältnissen und nicht von denen des Neolithikums abgeleitet werden.

Nach der Häufigkeitsverteilung der Anteile der Nichtlößsubstrate war eine Differenzierung durch vier Gruppen möglich:

1. Umfelder mit keinem oder nur sehr geringem Anteil von Nichtlößböden (0-10 Prozent)
2. Umfelder mit geringem bis mittlerem Anteil von Nichtlößböden (>10-30 Prozent)
3. Umfelder mit großem Anteil von Nichtlößböden (>30-60 Prozent)
4. Umfelder mit übergroßem Anteil von Nichtlößböden (>60 Prozent)

In der ersten Differenzierungsgruppe hat die Linienbandkeramik gegenüber den Nachfolgekulturgruppen einen geringen Anteil. Der Anteil der Standorte mit ausschließlicher oder nahezu ausschließlicher Lößbodenverteilung ist im Mittelneolithikum geringfügig höher als im Frühneolithi-

---

1) Vgl. Tabelle 9
2) Nr. 14 ist von der Linienbandkeramik, Nr. 84 sowohl von der Linienbandkeramik als auch von Rössen und Bischheim belegt.

kum. Ein größerer Unterschied zeigt sich in der zweiten Differenzierungsgruppe, denn hier überwiegen die linienbandkeramischen Standorte.

Werden die Anteile der beiden Gruppen zusammengefaßt, so kann für die Linienbandkeramik gesagt werden, daß ca. 70 Prozent ihrer Standorte so angelegt sind, daß in ihren Umfeldern nur maximal 30 Prozent der Böden aus Nichtlößböden hervorgegangen sind. Bei den Nachfolgekulturgruppen beträgt der Anteil dieser Standorte 35 Prozent. Damit kann der hohe Ausrichtungsgrad der Standorte nach Lößböden als sicher nachgewiesen bezeichnet werden.

Die beiden anderen Differenzierungsgruppen umfassen Standorte, die in der Regionaluntersuchung vielfach wegen der Reliefverhältnisse als randlich zur Anbaufläche angelegt gekennzeichnet werden mußten. Der Anteil dieser Standorte ist bei den mittelneolithischen Siedlungen etwas höher als bei den linienbandkeramischen.

Eine Differenzierung nach den Phasen und Gruppen läßt einige wesentliche Unterschiede erkennen:

Der Anteil der Standorte mit außergewöhnlich hohen Umfeldanteilen von Nichtlößsubstraten ist während der Phase 4 am geringsten. Diesem Verhalten entspricht innerhalb der Linienbandkeramik am stärksten die Phase 3, die einen ähnlich niedrigen Anteil hat.

Den höchsten Anteil in dieser Differenzierungsgruppe hat die Phase 6, die andererseits als einzige statistische Einzelgruppe keinen Anteil in der ersten Differenzierungsgruppe hat.

Bemerkenswert ist der geringe Anteil der Standorte der Phase 5 in der dritten Differenzierungsgruppe. Mit den Anteilen in der vierten Differenzierungsgruppe umfaßt die Phase 5 nur ca. 17,5 Prozent Standorte, deren Nichtlößanteile im Umfeld mehr als 30 Prozent betragen. Mit 20 Prozent der Standorte in der dritten und vierten Differenzierungsgruppe erreicht nur die Phase 4 einen ähnlich niedrigen Wert.

Die Rössener Gruppe zeichnet sich durch den höchsten Anteil in der ersten Differenzierungsgruppe von allen statistischen Einzelgruppen aus. Bei aller Vorsicht, mit der dieses Differenzierungskriterium anzuwenden ist, lassen sich doch einige Unterschiede im Auswahlverhalten der einzelnen Phasen und Gruppen aufweisen. Inwieweit diese aber bei einer weitergehenden Interpretation genutzt werden können, wird noch zu prüfen sein.

6.2.4 Die Bodenarten in den Umfeldern

Mit dem Nachweis des eindeutigen Lößbezuges der Standorte wird zugleich auch eine Antwort auf die Frage gegeben, welche Bodenarten bevorzugt wurden. Denn die Lößböden weisen eine so einheitliche Zusammensetzung auf, daß als überwiegende Bodenart der Lehm (L) bezeichnet werden kann. Nur auf wenigen Parzellen war der Anteil sandiger Fraktionen etwas höher, so daß als Bodenart sandiger Lehm (sL) ausgewiesen wurde. In ganz wenigen Ausnahmefällen tritt im Löß der Anteil der Tonfraktion stärker hervor, jedoch geschieht dieses nur dort, wo der Löß schon sehr stark mit den Verwitterungssubstanzen des Anstehenden vermischt ist. [1]

Der Anteil leichter Böden, die sowohl auf V-Böden als insbesondere auf D-Böden vorkommen, ist äußerst gering. Nur in elf Umfeldern wurden Parzellen mit leichten Böden erfaßt. Die Anteile sind aber auch hier äußerst gering und schwanken zwischen 1,3 und 10,9 Prozent. Die leichten Böden können somit in der weiteren Betrachtung nicht berücksichtigt werden.

Der Anteil schwerer Böden ist dagegen vergleichsweise hoch. Eine Differenzierung der Standorte wäre nach der Häufigkeitsverteilung dieser Anteile durchaus möglich. Jedoch sind zuvor einige schwerwiegende Bedenken anzuführen, die die Interpretationsmöglichkeiten der Anteile der schweren Böden im Nahbereich der Siedlungen sehr erheblich einschränken oder sogar jegliche Auswertung unmöglich machen.

Zwar sind die schweren Böden wegen ihrer guten Wasserhaltefähigkeit und wegen ihres hohen Gehaltes an pflanzenverfügbaren nativen Nährstoffen ausgezeichnete Standorte *heutiger* Grünlandnutzung und könnten deshalb eine ähnliche Bedeutung als Feuchtphysiotopenbereiche gehabt haben wie die Fluß- und Bachauen, jedoch liegt hier das Problem in der Frage der Transponierbarkeit der Eigenschaften dieser Bereiche. Da mit Sicherheit nicht ausgeschlossen werden kann, daß die Bereiche

---
1) Vgl. Umfeld-Nr. 62 Karte C !

mit heutiger Verbreitung von V- und D-Böden nicht ursprünglich mit Löß bedeckt waren und so zur Zeit des Neolithikums ganz andere Verhältnisse aufwiesen, kann den Auswertungsergebnissen über die Anteile der schweren Böden in den Umfeldern nicht ein so großes Gewicht zukommen. Weiterhin ist von der Überlegung auszugehen, daß auch dann noch, wenn im Neolithikum die Bereiche heutiger Verbreitung der V-Böden nicht von einer Lößbedeckung erfaßt waren, grundlegende Veränderungen am Bodenbild möglich sind.

So werden vielfach von den postneolithischen Bodenerosionsprozessen Solifluktionsschuttdecken angeschnitten, deren hoher Gehalt an Ton die Körnung im Solum bestimmt. [1]

Heutige von schweren Böden geprägte Verhältnisse können deshalb in dem von der Untersuchung erfaßten Landschaftsbereich nicht als uneingeschränkt übertragbar gelten. Als Ausnahmen können im Grunde genommen nur die schweren Böden, die als Ausgangsmaterial die sogenannten D-Böden haben, betrachtet werden. Denn im Kasseler Becken und in der Hessengausenke sind lehmige Tone und Tone auf D-Böden identisch mit tertiären Beckentonen. So besteht zwar die Möglichkeit der Übertragung dieser Bodenart, jedoch können diese Verhältnisse durch eine ehemalige Lößbedeckung im Neolithikum grundlegend verschieden gewesen sein. Eine Auswertung der Tabelle 10 kann also nur unter diesen Vorbehalten durchgeführt werden und muß letztlich auch als Prüfung der Frage gelten, ob sich eine Standortwahl in einem überwiegend von Lößbedeckungen geprägten Raum überhaupt an anderen Bodenarten als den auf Löß vorkommenden orientiert haben kann.

Tabelle 10: Anteil der schweren Böden (LT,T) in den Umfeldern

Siedlungen nach Zeitstellung	Gesamtzahl	Standorte in v.H. mit Anteilen von schweren Böden (LT,T) im Umfeld von			
		0 %	>0-10 %	>10-25 %	>25 %
Linienbandkeramik	76*	35,5	28,9	23,7	11,9
älteste LBK und Phase 1	11	18,2	18,2	54,5	9,1
Phase 2	30	23,3	20,0	36,7	20,0
Phase 3	24	25,0	16,7	41,6	16,7
Phase 4	30	36,7	20,0	33,3	10,0
Phase 5	23	39,2	21,7	26,1	13,0
Phase 6	6	50,0	33,3	-	16,7
Stichbandkeramik	3	33,3	-	66,7	-
Nachfolgekulturgruppen	37*	40,6	27,0	27,0	5,4
Großgartach	12	41,6	16,7	25,0	16,7
Rössen	15	13,3	40,0	33,4	13,3
Bischheim	21	19,0	47,6	28,6	4,8

* = einschließlich der feinchronologisch nicht einordbaren Standorte

Der prozentuale Anteil der Standorte [2] ohne eine Verbreitung schwerer Böden im Umfeld ist bei der Linienbandkeramik kleiner als bei den Nachfolgekulturgruppen, andererseits ist der Anteil der mittelneolithischen Kulturgruppen in der vierten Differenzierungsgruppe (über 25 Prozent Anteil von schweren Böden im Umfeld) geringer als bei den linienbandkeramischen Siedlungen. Demnach müßte man zur Zeit der Linienbandkeramik stärker geneigt gewesen sein, schwere Böden im Nahbereich der Siedlungen zu bevorzugen oder zu dulden. Allerdings muß hierbei beachtet werden, daß das Durchschnittsverhalten der Nachfolgekulturgruppen sehr von den feinchronologisch nicht einordbaren Standorten geprägt wird. Der hohe Anteil von 40,6 Prozent in der ersten Differenzierungsgruppe wird nur in annähernder Größe von Großgartach erreicht. Die Bischheimer Gruppe und vor allem die Rössener Gruppe weichen an dieser Stelle sehr stark von dem Durchschnittsverhalten der Nachfolgekulturen ab. Allerdings hat Großgartach den höchsten Anteil von

---

[1] Die Beziehungen zwischen dem Vorkommen schwerer Böden aus V-Böden und Bodenerosionsprozessen zeigt sich sehr oft. Denn lehmige Tone und Tone treten auf diesem Substrat häufig nur dort auf, wo stärkere Hangneigungen feststellbar sind. Der Zusatz g im Klassenzeichen verdeutlicht ferner, daß es sich hierbei um freigelegte Schuttdecken handelt.

[2] Vgl. Tabelle 10

allen mittelneolithischen Kulturgruppen in der vierten Differenzierungsgruppe, während Bischheim hier den geringsten Anteil hat. Aber auch hier wird das Durchschnittsverhalten wieder sehr stark von den chronologisch nicht einordbaren Standorten geprägt. Eine Gegenüberstellung der Anteile der Linienbandkeramik und der Nachfolgekulturgruppen in den beiden mittleren Differenzierungsgruppen zeigt keine wesentlichen Unterschiede.

Als am auffälligsten kann der geringe Anteil früher Standorte in den beiden ersten Differenzierungsgruppen bezeichnet werden. Falls die heutigen Verhältnisse mit denen des Neolithikums übereinstimmten, wäre das früheste Bauerntum auch dadurch zu kennzeichnen, daß es Standorte mit schweren Böden im Nahbereich bevorzugte oder dulden konnte. Bei der Untersuchung der Auenanteile hatte sich die Phase 1 aber dadurch ausgezeichnet, daß nur wenige ihrer Standorte größere Auenanteile in ihren Umfeldern hatten. Die Frage, ob eine mögliche Verbindung zwischen Auenanteil und dem Anteil schwerer Böden gesehen werden kann, soll deshalb am Beispiel der Standorte der Phase 1 (einschließlich ältester Linienbandkeramik) überprüft werden.

Tabelle 10a: Auenanteile und schwere Böden in den Umfeldern der Standorte der Phase 1 (in v.H.)

Standort-Nr.	Auenanteil	LT,T	Substrat
11	8,0	18,7	V
23	11,8	16,1	V
29	29,6	12,3	V
32	4,9	-	-
37	8,3	-	-
40	8,8	1,9	V
45	16,2	16,4	V
53	21,3	20,8	D
60	11,0	6,7	V
66	5,4	34,5	D
72	20,9	16,6	V

Die Primärfrage bei der Auswertung dieser Tabelle besteht darin, ob ein geringer Auenanteil durch größere Anteile von schweren Böden ausgeglichen sein könnte. Die Verhältnisse in den Umfeldern der Standorte Nr. 32, 37 und 40 sprechen gegen diese Annahme. Andererseits gibt es Beispiele, die genau entgegengesetzte Verhältnisse sichtbar werden lassen. So der Standort Nr. 11 und ganz besonders Nr. 66. Gerade dem letzten Beispiel kommt noch insofern eine besondere Bedeutung zu, als hier die lehmigen Tone und Tone aus sogenannten D-Böden hervorgegangen sind. Weiterhin gibt es Standorte, in deren Umfeldern ein großer Auenanteil noch durch einen großen Anteil schwerer Böden ergänzt wird, die ebenfalls als Ausgangsmaterial D-Böden haben (Nr. 53). Zwar kann diese Tatsache nicht als unbedingt widersinnig angesehen werden, denn bei der Bewertung der Feuchtphysiotopenbereiche wurde von Anfang an gesagt, daß immer mit starken Abweichungen von dem Gesamtverhalten einer Kulturgruppe zu rechnen ist. Jedoch entsteht bei Zusammenfassungen von Anteilen dieser Art ein schwerwiegendes methodisches Problem. Denn es scheint in keiner Weise gerechtfertigt zu sein, Aussagen über die Anteile relativ sicher zu übertragender Fluß- und Bachauen mit Aussagen zu verknüpfen, die von den nur unsicher oder gar nicht zu übertragenden Anteilen schwerer Böden abgeleitet sind.

Im Verlauf der weiteren Untersuchung muß daher eine mögliche Ausrichtung nach schweren Böden unberücksichtigt bleiben, weil diese Ergebnisse einen zu großen Unsicherheitsfaktor bei der Bewertung der Standorte darstellen. Die Aussage, daß eine klare Bevorzugung der Böden mit überwiegend lehmiger Komponente wegen der eindeutigen Ausrichtung nach Lößböden besteht, kann aber weiterhin aufrechterhalten werden.

6.2.5 Heutige Ackergüte und prähistorische Standortwahl

In vielen Untersuchungen über die Standorte bandkeramischer Siedlungen wird immer wieder auf die vorzügliche Bodenqualität der den Siedlungsplätzen umgebenden landwirtschaftlichen Nutzflächen verwiesen, die in der Regel mit der Lage auf Löß oder mit einer Lößrandlage erklärt wird. So schien es notwendig zu sein, nach Kriterien zu suchen, durch die die Bodenqualität in ihrer heutigen Ausprägung zu messen ist. Für diese Zwecke boten sich als einzig sichere Vergleichswerte die Bodenzahlen der Reichsbodenschätzung an. Die Prinzipien der Einteilung der Bonitätsstufen wurden bereits ausführlich im Kapitel 3.2.2 beschrieben und bedürfen keiner weiteren Erläuterung.

Eine Differenzierung nach den Zeitstellungen der Siedlungsstandorte scheint nicht sinnvoll zu sein, da die Bodenqualität in ihrer heutigen Ausprägung ja keineswegs als sicheres Kriterium gelten kann. Es soll daher hier lediglich überprüft werden, ob die Siedlungsstandorte tatsächlich in so fruchtbarer Umgebung liegen, wie vielfach behauptet wird.

Als Bereiche ausgesprochen hoher Fruchtbarkeit können jene Areale gesehen werden, die mit so hohen Bodenzahlen bewertet werden, daß sie zu der Bonitierungsstufe 1 und 2 gezählt werden können.

Deshalb scheint eine Überprüfung der Höhe dieser Anteile in den Umfeldern durchaus geeignet zu sein, um innerhalb dieser Fragestellung ein Ergebnis zu erhalten. Da nun ein Umfeld nicht nur landwirtschaftliche Nutzflächen erfaßt, sondern hier ja vielfach durch Überbauungen (HS) große Einschränkungen vorkommen, wurden die prozentualen Anteile der Bonitierungsstufe 1 und 2 umgerechnet und sind im Gegensatz zu den im Katalog angegebenen Werten nicht mehr auf die gesamte Umfeldfläche, sondern nur noch auf die vom Umfeld erfaßten landwirtschaftlichen Nutzflächen bezogen. Der Anteil der hochwertigen Nutzflächen schwankt in den 91 Umfeldern [1] zwischen null und 100 Prozent. Nach der Häufigkeitsverteilung ließen sich insgesamt fünf Differenzierungsgruppen bilden.

Tabelle 11: Standorte in v.H. mit Anteilen hoch bonitierter Flächen im Umfeld von

Zahl der Standorte	0 %	>0-20 %	>20-50 %	>50-75 %	>75 %
91	8,7	17,6	38,5	17,6	17,6

Eindeutig zeigt sich, daß der Anteil der Standorte, die keine hoch bonitierten Flächen im Umfeld haben, äußerst gering ist. Auch der Anteil der Umfelder, in denen nur wenige Parzellen so hoch bewertet wurden, ist nicht so hoch, daß die Aussage, die früh- und mittelneolithischen Siedlungen hätten überwiegend Standorte in heute noch fruchtbaren Bereichen, zu bezweifeln wäre. Denn deutlich zeigt sich die Richtigkeit dieser These durch die Anteile in den letzten drei Differenzierungsgruppen, die etwa drei Viertel aller erfaßten Standorte ausmachen. Bemerkenswert ist der hohe Anteil der Umfelder, bei denen die vom Umfeld erfaßte landwirtschaftliche Nutzfläche überwiegend (über 50 Prozent der Gesamtfläche) von diesen hoch bewerteten Flächen ausgemacht wird.

So kann die Richtigkeit der Aussage, daß die Standorte früh- und mittelneolithischer Siedlungen vorwiegend in äußerst fruchtbaren Bereichen lagen, für dieses Untersuchungsgebiet zumindest für 80 Prozent aller Standorte als bewiesen bezeichnet werden. Denn es ist ja zu bedenken, daß diese These auch dann als bewiesen gelten kann, wenn sich ein Standort randlich oder etwas weiter entfernt von einer hoch bonitierten Fläche befindet, so daß die Standorte mit Anteilen zwischen 20 und 50 Prozent der Bonitierungsstufe 1 und 2 bei einer solchen Beweisführung auch noch zu verwenden sind.

Andererseits kann natürlich auch nach den Anteilen schlechter und geringwertiger Böden (Stufe 5 und 6) gefragt werden, damit sichtbar wird, daß nicht alle Standorte nur über vorzügliche Böden verfügen, sondern z.T. auch über heute als minderwertig einzustufende Nutzflächen.

Tabelle 12: Standorte in v.H. mit Anteilen geringwertig eingestufter Böden im Umfeld von

Zahl der Standorte	0 %	>0-20 %	>20-50 %	>50-75 %	>75 %
91	13,2	47,2	24,2	13,2	2,2

---

1) Die Standorte Soest (Nr. 12) und Kassel-Niedervellmar (Nr. 34) sind nicht bewertbar, weil sie keine landwirtschaftlichen Nutzflächen mit ihren Umfeldern erfassen.

Ein Vergleich der Anteile in der ersten Differenzierungsgruppe von Tabelle 11 und 12 zeigt, daß die Zahl der Standorte, die keine schlechten Böden mit ihren Umfeldern erfassen, größer ist als die Zahl der Standorte, die über keine hoch bonitierten Parzellen im Umfeld verfügen. Ein solcher Vergleich der Anteile in der zweiten Differenzierungsgruppe verdeutlicht weiterhin, daß bei nahezu der Hälfte aller Standorte, die schlechten Böden nur geringflächig (unter 20 Prozent der landwirtschaftlichen Nutzfläche) sein können, während der Anteil der Standorte, die über hervorragende Böden in einer nur so geringen Verbreitung verfügen, nicht einmal ein Fünftel aller Standorte ausmacht.

Von der dritten zur letzten Differenzierungsgruppe nimmt in der Tabelle 12 die Zahl der Standorte immer mehr ab. Die Anzahl der Standorte mit größeren Flächen niedrig eingestufter Nutzflächen verringert sich also ganz erheblich. Nur in ganz wenigen Umfeldern machen die schlechten Böden mehr als 50 Prozent der landwirtschaftlichen Nutzfläche aus, während die beiden Standorte (Nr. 42 und 83) mit mehr als 75 Prozent Anteilen an schlechten Böden als Ausnahmen zu bezeichnen sind.

Insgesamt kann also gesagt werden, daß Standorte mit größeren Anteilen vorzüglicher Nutzflächen die Regel und Standorte mit größeren Anteilen schlechter Böden die Ausnahme bilden.

Die Aussage über das Verhältnis früh- und mittelneolithischer Siedlungsstandorte und heutiger Ackergüte kann deshalb mit den angeführten Einschränkungen als richtig bezeichnet werden.

6.3 Konstanz und Wandel im Siedlungsverhalten vom Früh- zum Mittelneolithikum

In dieser abschließenden Betrachtung soll das Siedlungsverhalten des frühesten Bauerntums von seinen Anfängen bis in die Zeit des Mittelneolithikums in seiner Entwicklung gesehen werden.

In den westfälischen und nordhessischen Bördenzonen und deren Randbereichen wird das früheste Bauerntum durch die Siedlungsplätze mit einer Belegung durch die sogenannte älteste Linienbandkeramik und durch die Phase 1 greifbar. In der Regionaluntersuchung konnte einige Male festgestellt werden, daß diese frühen Siedlungsgemeinschaften innerhalb einer Teillandschaft nicht immer die optimalen Standorte belegt haben. Dieser Eindruck konnte bei der Untersuchung auf der Grundlage aller erfaßten Siedlungsplätze weiter gefestigt werden. So haben diese Siedlungen in einigen Fällen einen größeren Anteil von Nichtlößsubstraten in ihren Umfeldern als später folgende Siedlungen. Auch die Ausrichtung nach ebenen Bereichen ist nicht so konsequent wie in einigen später folgenden Phasen. Die Fluß- und Bachauenbereiche in den erfaßten Umfeldern sind zu dieser Zeit noch äußerst gering. Stark betont ist aber die Nähe zu den Wasservorkommen und die typisch bandkeramische Lage am Mittelhang.

Die folgenden Phasen 2 und 3 erweisen sich bei vielen Kriterien als zeitliche Übergangsbereiche in einer Entwicklung, die von dem eben skizzierten Siedlungsverhalten des nachweislich frühesten Bauerntums bis zur Phase 4 geht. Denn bezeichnet man die Lage im Löß und ein ebenes Relief als positive Merkmale, so kann festgestellt werden, daß sich das Auswahlverhalten von der frühen Zeit bis in die Zeit der Phase 4 in der Weise ändert, daß mit der Phase 4 der Höhepunkt in einer Entwicklungslinie erreicht wird, die sich durch eine immer stärker werdende Bevorzugung dieser positiven Merkmale auszeichnet. Zwar kann auch für die Siedlungen der frühen Zeit gesagt werden, daß sie unter heutigen Gesichtspunkten gesehen über gut bis sehr gute Standorte verfügen, jedoch zeichnen sich die Standorte der Phase 4 noch durch einige graduelle Unterschiede zum Positiven hin aus. Andererseits werden aber gerade in der Zeit dieser Phase größere Abstände zu den Wasservorkommen geduldet.

Die Stellung der Phase 4 in der eben beschriebenen Entwicklung wird weiter verdeutlicht, wenn die Siedlungen der Abschlußphasen der Linienbandkeramik in die Betrachtung einbezogen werden. Während zwar in der Phase 5 bei einigen Kriterien noch eine ähnliche Position sichtbar wird, weichen die Standorte der Phase 6 sehr stark von dem Durchschnittsverhalten der Linienbandkeramik negativ ab. In der Regionaluntersuchung konnte festgestellt werden, daß sich die Standorte mit einer Belegung durch die Phase 6 sehr oft in den Randbereichen der Siedlungsräume befanden. Durch diese zum Teil periphere Lage in den benachbarten Mittelgebirgsregionen sind dann auch die starken Abweichungen von dem Durchschnittsverhalten der Linienbandkeramik bei den meisten Unterscheidungskriterien bedingt.

Dieser so herausgebildete Entwicklungsgang des frühesten Bauerntums von seinen Anfängen bis ins Mittelneolithikum bietet sich nun zum Vergleich mit den Ergebnissen einer Untersuchung mit ähnlich ausgerichteter Fragestellung an. Da mit Sicherheit davon ausgegangen werden kann, daß nicht immer eine Übereinstimmung in den Ergebnissen zu erzielen ist, sei noch einmal darauf verwiesen, daß die vorliegende Arbeit einen geographischen Ansatz hat und daß die zur Anwendung gekommenen Methoden der Geographie entstammen.

Letztlich ist auch noch zu bedenken, daß die in dieser Untersuchung gewonnenen Ergebnisse auf der Grundlage eines begrenzten Arbeitsgebietes basieren und mit ihnen nicht unbedingt der Anspruch auf Allgemeingültigkeit weder erhoben werden kann noch soll. Zu einem solchen Vergleich scheinen die Arbeiten von B. SIELMANN [1] geeignet zu sein, denn sie sind aus einer Untersuchung hervorgegangen, die die gleiche Zielsetzung wie diese Arbeit hat. Aus diesem Grunde scheint ein solcher Vergleich unbedingt erforderlich zu sein, wenn auch die methodischen Voraussetzungen völlig andersartig sind.

So ist zunächst zu fragen, inwieweit das in dieser Untersuchung festgestellte Siedlungsverhalten zu Beginn der bäuerlichen Wirtschaftsweise in den von B. SIELMANN untersuchten Gebieten eine Übereinstimmung findet. Allerdings ist hier kein direkter Vergleich möglich, denn in dem Untersuchungsgebiet von B. SIELMANN war die Zahl der Standorte mit einer Belegung durch die älteste Linienbandkeramik groß genug, um als Basis einer Aussage gewertet zu werden, während andererseits das Untersuchungsgebiet dieser Arbeit nur einen Standort mit dieser frühen Belegung aufweist. Jedoch scheint ein Vergleich trotz der unterschiedlichen Verhältnisse bedingt möglich zu sein. Denn nach B. SIELMANN haben seine Aussagen ja für das Verhalten während der *bandkeramischen Erstbesiedlung* der Siedlungsräume [2] absolute Gültigkeit, so daß bei Großräumen, in denen sich keine bandkeramische Erstbesiedlung durch die sogenannte älteste Linienbandkeramik nachweisen läßt, die Standorte mit einer Belegung durch Siedlungen der Phase 1 als Grundlage eines solchen Vergleiches zu verwerten sind.

So konnte B. SIELMANN feststellen, daß die frühen Siedlungen jeweils in den Bereichen angelegt wurden, die später durch die Gesamtkultur die dichteste Belegung erfuhren. [3] Wie in der Regionaluntersuchung gezeigt werden konnte, läßt sich diese Aussage nicht auf alle hier untersuchten Siedlungsräume übertragen. So sei als Beispiel auf die Lage der Siedlung Bremen (Nr. 11) verwiesen, die sich als älteste Siedlung im Siedlungsraum der Hellwegbörden außerhalb des späteren Verdichtungsbereiches an der Stufenstirn befindet.

Als weiteres Merkmal der Standortwahl der bäuerlichen Erstbesiedler stellt B. SIELMANN die Belegung der besten Standorte in einer Teillandschaft dar. Gerade dieses Verhalten konnte aber weder in der Regionaluntersuchung noch in dem übergreifenden Vergleich festgestellt werden. In dieser Aussage muß daher schon ein wesentliches Ergebnis dieser Untersuchung gesehen werden.

Denn während B. SIELMANN von der Standortwahl der frühesten Siedlungsgemeinschaften ableitet, daß die ersten Bauern schon bei ihrer Einwanderung in ein Gebiet die optimalen Standorte innerhalb einer Teillandschaft erkennen konnten und auch belegten, zeigte doch diese Untersuchung, daß erst im Verlauf der Linienbandkeramik und im Zuge der Besiedlungserweiterung die optimalen Standorte belegt wurden. So zeichnet sich auch in den von B. SIELMANN untersuchten Bereichen ein anderer Entwicklungsgang ab, der durch die bereits genannte Belegung der optimalen Standorte zu Beginn der bäuerlichen Besiedlung und durch eine im Verlauf der Linienbandkeramik immer stärker werdende Tendenz der Belegung auch minderwertiger Standorte zu kennzeichnen ist. Die in dieser Weise verlaufende Entwicklung findet ihren Höhepunkt in der Zeitphase MEIER-ARENDT IV, die der Phase 5 nach I. GABRIEL entspricht. Das Siedlungsverhalten der Phase V (= GABRIEL Phase 6) ist dann wieder durch die Belegung optimaler Standorte markiert.

Insgesamt gesehen zeigen sich also erhebliche Unterschiede im Wandel des Siedlungsverhaltens zwischen den diesem Vergleich zugrundeliegenden Untersuchungsräumen.

B. SIELMANN erklärt die Entwicklung in den von ihm untersuchten Räumen mit einer ständig steigenden Zahl der Bevölkerung, die im Verlauf der Linienbandkeramik zu Abwanderungen auch in jene Be-

---

[1] Das primäre Untersuchungsgebiet von B. SIELMANN ist das Oberrheingebiet. Vgl. Sielmann, B., 1971a! In einer weiträumigeren Untersuchung werden dann auf der Grundlage bereits vorhandener archäologischer Arbeiten Besiedlungsgebiete in Süddeutschland, im Mittelrhein- und Untermaingebiet und in Mitteldeutschland erfaßt. Vgl. Sielmann, B., 1971 b!

[2] B. SIELMANN gebraucht im Gegensatz zu H. JANKUHN anstelle des Begriffs Siedlungsraum den hierfür nicht üblichen Begriff der Siedlungskammer. Vgl. B. Sielmann, 1971b, S. 46.

[3] Vgl. Sielmann, B., 1971b, S. 46 ff.

reiche führt, die nicht über so vorzügliche Standorte verfügen, wie die frühesten besiedelten Bereiche. Die auch hier stark zurückgehende Siedlungszahl während der Abschlußphase wird mit einer Reduzierung der Bevölkerungszahl erklärt, die auch eine Wiederbesiedlung der frühest belegten vorzüglichen Bereiche infolge des jetzt schwindenden Bevölkerungsdruckes ermöglichte.

Auch in dem Untersuchungsgebiet dieser Arbeit konnte ja ein starker Rückgang der Siedlungszahl innerhalb der Phase 6 festgestellt werden, so daß in diesem Punkte durchaus eine Parallelität zu dem von B. SIELMANN untersuchten Gebiet aufgewiesen werden kann. Nur ist es in keiner Weise möglich, das Siedlungsverhalten der Phase 6 mit dem der Phase 4, die in diesem Arbeitsgebiet ja über die optimalen Standorte verfügt, zu vergleichen. Denn die Standorte der Phase 6 wichen von dem linienbandkeramischen Durchschnittsverhalten außergewöhnlich stark ab und erreichten vielfach die Werte, die dem Durchschnittsverhalten mittelneolithischer Siedlungen entsprechen. Da ein solches Auswahlverhalten nicht als veränderlich bezeichnet werden kann, muß nach Gründen gefragt werden, warum bäuerliche Siedlungsgemeinschaften anbauungünstige Bereiche besiedeln, während die früher besiedelten Gebiete, die über optimale Standorte verfügen, nur noch eine äußerst dünne Besiedlung aufweisen.

In der Regionaluntersuchung konnte einige Male darauf hingewiesen werden, daß bei einzelnen Standorten die linienbandkeramische Belegung mit der Phase 5 endet und mit einer Besiedlung durch die Großgartacher Gruppe fortgesetzt wird.

Es soll hier in keiner Weise ein Anspruch erhoben werden, mit nichtarchäologischen Quellen und Arbeitsmethoden einen Beitrag zur Chronologie liefern zu wollen, jedoch wäre eine Erklärung der eben angeführten Verhältnisse möglich, wenn davon ausgegangen wird, daß Großgartach mit der Phase 6 zeitlich parallel verläuft und wie die Phase 6 unmittelbar an die Besiedlung der Phase 5 anschließt.

Denn dann wird es möglich, die abseitige Lage der Standorte der Phase 6 dadurch zu erklären, daß die optimalen Standorte von der Großgartacher Gruppe eingenommen werden. Um diese Frage weiter klären zu können, muß auch die Stellung der Großgartacher Gruppe im Siedlungsverhalten der Nachfolgekulturgruppen gesehen werden.

So konnte bei einzelnen Differenzierungskriterien einige Male festgestellt werden, daß Großgartach im viel stärkeren Maße dem Verhalten der Phasen 4 und 5 angepaßt erscheint als dem Durchschnittsverhalten der Nachfolgekulturgruppen. Diese Abweichungen zeigten sich ganz besonders deutlich bei den Reliefverhältnissen und bei den Anteilen von Bach- und Flußauen. Die Standorte der Großgartacher Gruppe haben die gleiche Qualität der Ausstattung wie die Standorte der Stufe 5, so daß es durchaus möglich zu sein scheint, sie zeitlich mit der Phase 6 gleichzusetzen, um so das Auswahlverhalten der Phase 6 zu erklären, das im starken Maße dem Durchschnittsverhalten der Nachfolgekulturgruppen entspricht. Dieses wäre eine mögliche Erklärung, jedoch steht sie nicht in Übereinstimmung mit den allerdings keinesfalls als gesichert zu betrachtenden chronologischen Vorstellungen zur Abfolge der Abschlußphasen der Linienbandkeramik und ihr Übergang zu den mittelneolithischen Gruppen.

Bei einer weiteren Betrachtung der Nachfolgekulturgruppen muß die besondere Stellung der Rössener Gruppe unbedingt gesehen werden. Denn bei der Anlegung aller Kriterien hatte sich diese Gruppe als 'Fremdkörper' in dem Gefüge des Durchschnittsverhaltens der mittelneolithischen Gruppen erwiesen. So seien noch einmal die Bereiche genannt, in denen die großen Abweichungen der Rössener Gruppe liegen:

1. Morphologischer Standort
Die Rössener Siedlungen bevorzugen im Gegensatz zu allen anderen vergleichbaren Phasen und Gruppen eindeutig die Lage am Hangfuß und im Unterhangbereich. Ferner zeigte sich bei diesen Siedlungen auch die stärkste Tendenz, den Ausnahmelagetyp Flußaue als Standort zu wählen.

2. Lage zum Wasservorkommen
Die Rössener Siedlungen zeichnen sich von allen anderen statistischen Einzelgruppen durch die Bevorzugung wassernaher Standorte aus.

3. Art der Wasservorkommen
Von allen Phasen und Gruppen weist Rössen die ausgeprägteste Neigung auf, auch Flüsse als Wasservorkommen zu wählen.

4. Relief
Die Rössener Gruppe weist die geringste Bevorzugung nahezu ebener ($<2°$) Bereiche auf und hat in dem Nahbereich der Standorte im Gegensatz zu allen anderen Phasen und Gruppen größere Anteile von Flächen mit Neigungen über $8°$.

5. Feuchtphysiotopenbereiche

Von allen statistischen Einzelgruppen hat Rössen die umfangreichsten Feuchtphysiotopenbereiche in den Umfeldern.

So hebt sich die Rössener Gruppe in ihrem Siedlungsverhalten immer wieder deutlich von der Linienbandkeramik und von den beiden anderen mittelneolithischen Gruppen ab. Ein Vergleich zu dem Durchschnittsverhalten der Nachfolgekulturgruppen unterstreicht weiterhin sehr deutlich die außergewöhnliche Stellung der Rössener Gruppe im Mittelneolithikum.

Zwangsläufig erhebt sich an dieser Stelle die Frage nach den Ursachen dieser Abweichungen. Sie können einmal in der Tatsache begründet liegen, daß diese Gruppe ein anderes ökonomisches Verhalten hatte als alle übrigen Gruppen des Mittelneolithikums. Der Beweis einer stärkeren Betonung der Weidewirtschaft kann nicht auf diesem Wege geführt werden, obwohl sich natürlich Unterschiede in der gemischt bäuerlichen Wirtschaft in der Regel in verschiedenen Siedlungsverhaltensweisen niederschlägt. Die für diese Frage wichtigen Unterschiede liegen einmal in der starken Bevorzugung wassernaher Siedlungsstandorte, in der Bevorzugung von Standorten mit umfangreichen Feuchtphysiotopenkomplexen im Nahbereich und in der Duldung eines stark reliefierten Reliefs im Umkreis des Siedlungsplatzes. Ein solches Verhalten deutet zwar sehr stark auf eine bäuerliche Wirtschaftsweise hin, in der die Viezucht zumindest die gleiche Bedeutung hat wie der Bodenbau, und bei historisch faßbaren Kulturen geht ein solcher Wandel in der Wirtschaftsweise tatsächlich auch mit einer Veränderung des Siedlungsverhaltens einher, jedoch scheint es sehr gewagt zu sein, diese Verhältnisse in ihrer Totalität auf die Zeit des frühesten Bauerntums in der Weise übertragen zu wollen, daß von dieser Änderung im Siedlungsverhalten auch ein Wandel in der Wirtschaftsweise mit absoluter Sicherheit abzuleiten ist. Wenn auch die Merkmale des Wandels der Standortwahl sehr stark solche Änderungen nahelegen, so sollte ein endgültiger Beweis doch nur von dem archäologischen Quellenmaterial zu erwarten sein. Deshalb kann an dieser Stelle auch nur der Wunsch geäußert werden, daß bei künftigen Ausgrabungen im viel stärkeren Maße das Quellenmaterial auf seine wirtschaftsgeschichtliche Aussagefähigkeit überprüft wird.

Aber auch mit dem sicheren Nachweis eines solchen geänderten Wirtschaftsverhaltens muß die Frage gestellt werden, wieso die Rössener Gruppe so stark von allen anderen mittelneolithischen Gruppenbildungen abweicht. In diesem Zusammenhang kann nur auf die Diskussion verwiesen werden, die um die ethnische Herkunft dieser Gruppe geführt wurde und noch wird. Wäre von W. MEIER-ARENDT [1] nicht in überzeugender Weise der Nachweis geführt worden, daß Rössen zu den sogenannten donauländischen Bevölkerungsgruppen gehört, so könnte geschlossen werden, daß sich in diesem andersartigen Siedlungsverhalten durchaus Fremdeinflüsse ethnischer Gruppen äußern, die nicht primär aus dem donauländischen Kreis hervorgegangen sind. Denn es ist zu berücksichtigen, daß das Siedlungsverhalten der früh- und mittelneolithischen Gruppen in einem Gebiet überprüft wurde, in dem alle erfaßten Gruppen und Zeitphasen vorkommen. Das heißt, die Rössener Bauern hatten die gleichen Möglichkeiten der Standortwahl wie die zur Zeit der Linienbandkeramikkultur, der Großgartacher oder der später folgenden Bischheimer Gruppe. Wenn auch auf diesem Wege nicht Fragen nach der ethnischen Herkunft von urgeschichtlichen Gruppen geklärt werden können, so läßt sich aber doch mit Sicherheit sagen, daß die Rössener Gruppe nach anderen Gesichtspunkten ihre Siedlungsstandorte auswählte als die Siedler der Gruppen, deren Zugehörigkeit zum donauländischen Kreis unbestritten ist. So sei hier noch einmal gesagt, daß es auf der Grundlage einer geographischen Arbeit nicht möglich ist, eine Aussage darüber zu machen, ob sich in dem andersartigen Siedlungsverhalten der Rössener Gruppe Bevölkerungselemente äußern, die eine andere ethnische Herkunft haben, oder ob sich die Rössener Gruppe in ihrer Siedlungsweise und wahrscheinlich auch in ihrer Wirtschaftsweise soweit von den anderen aus dem donauländischen Kreis hervorgegangenen Gruppen entfernt hat.

Bei der den Untersuchungszeitraum dieser Arbeit abschließenden Bischheimer Gruppe setzt sich die Tendenz, z.T. schlechtere Standorte zu besiedeln, weiter fort. Die Abweichungen liegen meistens allerdings auf dem Niveau der Abweichungen der Phase 6 der Linienbandkeramik.

---

[1] Vgl. Meier-Arendt, W., 1974

6.4 Zusammenfassung

So seien noch einmal die wesentlichen Merkmale des Wandels und der Konstanz im Siedlungsverhalten bäuerlicher Siedlungsgemeinschaften des Früh- und Mittelneolithikums aufgeführt.

Die Merkmale der Konstanz im Siedlungsverhalten dieser frühen Bauern finden ihre Begründung in der Auswahl eines Großraumes mit ganz spezifischen Eigenschaften als Besiedlungsgebiet. Diese Eigenschaften sind Lößbedeckung und ein weitgehend schwach geneigtes Relief (<4° Hangneigung). So können für alle Phasen der Linienbandkeramik und alle mittelneolithischen Gruppen als grundsätzliche gemeinsame Züge des Siedlungsverhaltens diese Merkmale genannt werden.

Die Merkmale des Wandels werden sichtbar in der *stärkeren* Ausrichtung der Siedlungsplätze an einem nahezu ebenen Relief (<2°), an lößbedeckten Flächen und an Feuchtphysiotopenbereichen.

So zeigt sich im Verlauf der Zeit von der Phase 1 bis zu Phase 4 eine immer stärkere Ausrichtung an einem ebenen Relief. Ferner war festzustellen, daß in dieser Zeit die anfangs bevorzugte randliche Lage zum Löß mehr durch eine Lage im Löß ersetzt wird. Der Höhepunkt dieser Entwicklung liegt in der Zeit der Phase 4, die sich gleichzeitig auch durch teilweise größere Abstände zum Wasservorkommen auszeichnet. Mit der Phase 5/Großgartach setzt eine rückläufige Tendenz in der Bevorzugung dieser Merkmale ein, die ihren Abschluß in der Phase 6 findet.

Bei der Bevorzugung der Feuchtphysiotopenbereiche zeigte sich ein linearer Anstieg: In der Frühphase der bäuerlichen Besiedlung ist dieser Anteil äußerst gering und nimmt im Verlauf der Linienbandkeramik immer mehr zu. Der Höhepunkt dieser Entwicklung liegt in der Phase 6, die von den mittelneolithischen Gruppen Bischheim und ganz besonders Rössen, nicht aber von Großgartach in diesem Trend deutlich übertroffen wird.

Die häufig aufgewiesenen Unterschiede zur Untersuchung von B. SIELMANN können einmal ihre Begründung in den andersartigen Verhältnissen des Arbeitsgebietes finden, es ist jedoch anzunehmen, daß die Unterschiede durch ein anderes methodisches Vorgehen bedingt sind. B. SIELMANN hat als Untersuchungskriterium nur das Klima und den Boden gewählt.

Die heutigen klimatischen Verhältnisse von Teillandschaften werden in ihrer Relativität voll auf die Zeit des Neolithikums übertragen. Das heißt, B. SIELMANN geht davon aus, daß die heutigen Unterschiede in den Niederschlagsmengen und in der Temperatur in den einzelnen Besiedlungsräumen in ihrer Relation die gleichen sind wir vor 5000 Jahren. So werden einzelne Räume nach sogenannten Niederschlagsstufen mit 50 mm Jahresniederschlag als Unterschied gebildet und je nach der Bevorzugung der einzelnen Stufen Unterschiede im Siedlungsverhalten sichtbar gemacht. In der vorliegenden Untersuchung wurde auf die Verwendung des Unterscheidungskriteriums Klima verzichtet, weil es nicht möglich erschien, feindifferenzierte Klimadaten so radikal zu übertragen.

Die Einstufung der Standorte nach den Bodenverhältnissen geschah überwiegend auf der Grundlage kleinmaßstäbiger Bodenkarten (Maßstab 1:300 000). Ein Standort wird als lößorientiert bezeichnet, wenn der Abstand zum nächsten Lößgebiet nicht mehr als 500 Meter beträgt. Die Schwierigkeit bei einem solchen Verfahren liegt verständlicherweise in den Ungenauigkeiten, die eine kleinmaßstäbige Karte zwangsläufig enthalten muß. So müßte zunächst einmal geprüft werden, ob die von B. SIELMANN als nicht lößorientierten Standorte nicht doch im Nahbereich lößbedeckter Flächen liegen und insgesamt gesehen die weitreichenden Schlüsse, die auf der Grundlage so herausgearbeiteter Verhältnisse gezogen werden, nicht doch zumindest teilweise zu revidieren sind. Als sichere Grundlage einer solchen Überprüfung konnten die Schätzungsergebnisse der Reichsbodenschätzung gewertet werden.

Hiermit sollte verdeutlicht werden, daß die in der Untersuchung aufgewiesenen Unterschiede zwischen den verschiedenen Großräumen nicht unbedingt tatsächlich bestanden haben müssen, sondern wohl überwiegend durch eine unterschiedliche Arbeitsweise zu erklären sind.

6.5 Eine mögliche Rangfolge der siedlungsbedingenden Faktoren

Eine Bewertung der einzelnen Standortmerkmale in Hinblick auf eine mögliche Rangfolge hat zunächst einmal zwischen der Ausstattung des als Besiedlungsgebiet bevorzugten Großraumes und den kleintopographischen Merkmalen der Siedlungsstandorte zu unterscheiden. Wie sicher nachgewiesen werden konnte, wurden bis auf eine Ausnahme nur solche Bereiche mit Siedlungen belegt, die über eine Lößbedeckung verfügen. So muß die Bodenausstattung als einer der wichtigsten Faktoren angesehen werden. Weiterhin konnte gezeigt werden, daß die Ausrichtung nach möglichst ebenen bis maximal schwach geneigten Hangpartien immer zu spüren ist. Lößbedeckte Flächen mit Hangneigungen unter 4° können daher als Merkmale der Raumausstattung der frühen Besiedlungsgebiete bezeichnet werden. Im Vordergrund der Standortwahl müssen daher diese Kriterien gestanden haben, deren Bedeutung in allen Zeitphasen der Linienbandkeramik und für alle mittelneolithischen Gruppen bis auf wenige Ausnahmen gleich hoch gewesen zu sein scheint.

Nach der Auswahl eines so gekennzeichneten Bereiches richtet sich die weitere Standortwahl an Landschaftselementen aus, deren Bedeutung als siedlungsbestimmende Faktoren nicht immer gleich hoch ist.

Zwar erwies sich die Lage an Wasservorkommen zu allen Zeiten als sehr wichtig, jedoch konnte mit den Standorten der Phase 4 gezeigt werden, daß Siedlungsgemeinschaften auch bereit waren, eine günstige Lage zu einem natürlichen Wasservorkommen wegen der absoluten Bevorzugung nahezu ebener Bereiche und der Lage im Löß aufzugeben. Als Regel erwies sich allerdings die Bevorzugung der Nähe zu einem Wasservorkommen und die Duldung mittlerer Entfernungen (maximal 500 m) zu den lößbedeckten Flächen.

Da als Art der Wasservorkommen der Bach eindeutig bevorzugt wurde, ergibt sich als Folge aus der Art des Vorkommens und aus dem geringen Abstand zwischen Siedlung und Wasserstelle die Lage im Bereich vom Hangfuß bis zum Mittelhang an den Hängen kleinerer Bachtäler. Häufig war allerdings festzustellen, daß der Siedlungsplatz bevorzugt auf kleine Verflachungen in diesem Hangbereich gelegt wurde. So ist die Bedeutung des morphologischen Standortes als siedlungsbedingender Faktor im Regelfall geringer als die Bedeutung des Faktors Wasservorkommen. Nur in den Ausnahmen der Siedlungsplatzwahl auf Kuppen und Spornen ist die Bedeutung des morphologischen Standortes höher zu bewerten als die des Wasservorkommens. Denn in solchen Fällen wurde der Standort wegen seiner besonderen Eigenschaften gewählt, deren Bevorzugung sich wohl nur mit Schutzmotiven begründen lassen wird.

Eine Ausrichtung nach Quellen als natürliche Wasservorkommen ist dort möglich, wo Quellhorizonte in Bereichen liegen, die gleichermaßen Lößbedeckung und Hangneigungen unter 4° aufweisen.

Ein Quellhorizont in einem so ausgestatteten Bereich befindet sich am südlichen Seitenhang des Emstales und bedingt die Lage der Siedlungsstandorte Obervorschütz 1 und 2 (Nr. 73 und 74) und Werkel (Nr. 75). Eine Ausrichtung nach Quellen liegt ferner auch dort vor, wo Kuppen als Standorte gewählt wurden. Auch bei einigen Siedlungsplätzen in Spornlage ist die Ausrichtung nach einer Quelle möglich. Weiterhin ist sie auch dort noch festzustellen, wo der Siedlungsplatz am Rande eines größeren Verflachungsbereiches liegt. [1]

In der weiteren Betrachtung ist ferner noch die Bedeutung der Feuchtphysiotopenbereiche als siedlungsbedingender Faktor zu berücksichtigen. Jedoch konnte ja bereits gezeigt werden, daß die Bevorzugung dieser Bereiche sehr unterschiedlich ist. Die Siedlungsgemeinschaften, die diese Bereiche benötigten, hatten dann ihre Standorte so auszurichten, daß im Nahbereich nicht nur ebene, lößbedeckte Bereiche lagen, sondern auch Feuchtphysiotopenbereiche in ausreichendem Umfang. Wie das Beispiel der Rössener Gruppe zeigt, war es nicht immer möglich, diese drei Ausstattungsmerkmale gleichermaßen zu berücksichtigen. So zeichnet sich Rössen zwar durch eine Bevorzugung größerer Feuchtphysiotopenbereiche aus, gleichzeitig treten im Nahbereich aber auch umfangreichere Flächen mit größeren Hangneigungsbeträgen auf. In diesen Fällen kann also klar gesagt werden, daß der Feuchtphysiotopenanteil in der Rangfolge vor dem Relief stehen kann. Die Möglichkeit, daß dieser Anteil auch noch vor die Bedeutung des Lößbodens tritt, ist außergewöhnlich gering, denn bei den Standorten der Rössener Gruppe war die Lößausrichtung immer feststellbar gewesen.

Somit zeigt sich deutlich, daß nicht immer von einer starren Rangfolge ausgegangen werden kann, sondern auch mit Abweichungen zu rechnen ist.

In diesem Zusammenhang kann das Merkmal Exposition für die Ausrichtung des Standortes als bedeutungslos bezeichnet werden. Auch der Höhenlage kommt keine Bedeutung bei der Standortwahl zu. [2] Sie ergibt sich zwangsläufig aus der Kombination der wichtigen Faktoren in einem Bereich.

---

1) Vgl. die Standorte Schweckhausen und Löwen (Nr. 18 und 19).
2) Nach W. MEIER-ARENDT hat die Rangordnung der Faktoren die Abfolge Gewässer, Bodengüte und Höhenlage. Diese Rangfolge konnte hier also in keiner Weise festgestellt werden. Vgl. Meier-Arendt, W., 1966, S. 15 f.

So sei abschließend noch einmal die generelle Rangfolge der einzelnen Faktoren genannt: *Lößbedeckung und ein nur schwach geneigtes Relief in einer Entfernung von maximal 500 Metern und ein Wasservorkommen mit einem Abstand unter 250 Metern zum Siedlungsplatz.* Der morphologische Standort und größere Feuchphysiotopenanteile können ferner von großer Bedeutung sein und eine modifizierte Abfolge bedingen.

Mit dieser Rangfolge der Faktoren wird deutlich, daß sich schon zur Zeit des frühesten Bauerntums ein Auswahlverhalten herausgebildet hat, das als typisch für bäuerliche Siedlungsgemeinschaften in prähistorischer und in historischer Zeit bezeichnet werden kann. Die vielfachen Überlagerungen der Siedlungsstandorte in prähistorischer und historischer Zeit verdeutlichen diese Aussage und zeigen an, daß schon zu dieser frühen Zeit der bäuerlichen Wirtschaftsweise die hierfür optimalen Standorte in einer Teillandschaft erkannt werden konnten.

7. DIE SIEDLUNGS- UND WIRTSCHAFTSWEISE IM FRÜH- UND MITTELNEOLITHIKUM UND DEREN EINWIRKUNG AUF DIE LANDSCHAFT

7.1 Die Siedlungs- und Wirtschaftsweise der frühen Bauern

Das Problem der bandkeramischen Siedlungsweise ist seit den frühen Ausgrabungen von W. BUTTLER [1] und E. SANGMEISTER [2] in zahlreichen Abhandlungen diskutiert worden. Im Vordergrund dieser Diskussionen stand neben der Beantwortung der Frage des Aussehens und der Größe der bandkeramischen Siedlungen und der Formen der Häuser vor allem die Behandlung der von W. BUTTLER und E. SANGMEISTER entworfenen Theorie eines frühen Wanderbauerntums. Ein weiterer Schwerpunkt in der Diskussion um die frühe bäuerliche Kultur bildete die Interpretation der neolithischen Fundgegenstände, deren Zweck nicht ohne weiteres ersichtlich war.

7.1.1 Die Anlage der Häuser und Siedlungen

Die inzwischen zahlreichen, großflächigen Ausgrabungen auf bandkeramischen Siedlungsplätzen vermögen von der Größe und Form der Häuser eine klare Vorstellung zu geben. Die frühe Theorie einer bandkeramischen Wohnweise in Grubenbehausungen und die von W. BUTTLER aufgestellte These von sogenannten Kurvenkomplexbauten sind mittlerweile durch jene genauen Kenntnisse der bandkeramischen Siedlungsbauten verdrängt worden, die sich zwangsläufig von den zahlreichen Ausgrabungen und den gegenüber dem Stand von 1936 weitaus verbesserten Grabungsmethoden ableiten ließen. [3]

Neben zahlreichen Großbauten mit einer Länge von etwa 10-40 m und einer Breite zwischen 6 und 8 m treten namentlich in der jüngeren Phase der Bandkeramik auch noch kleinere Hauskomplexe auf, die einige Male als Speicherbauten interpretiert wurden. Für das gesamte Verbreitungsgebiet der Bandkeramik ist die überwiegende Einheitlichkeit der Hausformen bezeichnend. Abweichungen in der Grundrißform, Wandkonstruktion und Innengliederung der Häuser zeigen sich allerdings in den verschiedenen Zeitstufen der Bandkeramikkultur. [4] Die Häuser waren Pfostenbauten, bei denen das Dach von einer unbestimmten Zahl von Balken getragen wurde, die durch jeweils drei Pfosten angestützt wurden. Neben diesen Trägerpfosten gab es dann noch auf jeder Seite eine Reihe mit Wandpfosten, die in der jüngeren Stufe der Bandkeramik auch Trägerfunktionen mit übernommen haben müssen, denn der Unterschied zwischen Innenpfosten und äußeren Wandpfosten verschwindet. [5]

Diese Merkmale lassen sich auch an den im Untersuchungsgebiet ausgegrabenen Siedlungen aufweisen. Die von E. SANGMEISTER ergrabene Siedlung in Arnsbach (Nr. 89) zeigte auf einer Fläche von 60 mal 80 m mehrere Grubenkomplexe und dazwischen 17 Rechteckbauten [6] in einer Größe von 25 mal 8 m, bei denen die Anzahl und der Verlauf der Pfostenreihen den eben beschriebenen Merkmalen entspra-

---

1) Buttler, W. und W. Haberey, 1936
2) Sangmeister, E., 1937 und 1950, S. 94 ff.
3) Vgl. Schlette, F., 1958, S. 74
4) Vgl. Quitta, H., 1961, S. 678
5) Vgl. Waterbolk, H.T. und Modderman, P.J.R., 1958, S. 163
6) Vgl. Gabriel, I., 1971, A-Katalog, S. 43 Nr. 407

chen.[1] Die 1938 von O. UENZE durchgeführte Ausgrabung auf dem Siedlungsplatz Gudensberg 3 (Nr. 62) legte Grundrisse von insgesamt 14 Rechteckbauten frei. Auch hier entsprach die Anordnung der Pfosten dem üblichen Schema.[2]

So läßt sich aufgrund der ergrabenen Siedlungen des Untersuchungsgebietes sagen, daß die angetroffenen Verhältnisse den sonst üblichen voll entsprechen. Auch die Anzahl der Häuser und damit die Größenordnung der Siedlungen entspricht dem üblichen Bild.

7.1.2 Die Interpretationsmöglichkeiten der neolithischen Arbeitsgeräte

Zu den zahlreichsten Bodenfunden gehören im Arbeitsgebiet die Steingeräte, die als Schuhleistenkeile, Flachhacken, Klingen, Mahl- und Schleifsteine, Beile, Schaber und Bohrer bezeichnet werden.

Während die Funktionen von Klingen, Schabern, Mahl- und Schleifsteinen, Beilen und Bohrern hinreichend bekannt sind, ist die Deutung des funktionalen Zweckes von Flachhacke und Schuhleistenkeil bis heute umstritten.

Die Bezeichnung Schuhleistenkeil ist von der schuhleistenähnlichen Form eines geschliffenen und polierten Steingerätes abgeleitet worden. Neben einer planen Unterseite weist dieses Gerät eine halbkreisförmig gewölbte Oberseite auf. Die Keile können sowohl durchbohrt als auch undurchbohrt sein. Ihre Größe schwankt in der Regel zwischen einer Länge von 5 bis 40 cm.[3]

Auf die verschiedenen Formen und Formenkreise sei hier nicht näher eingegangen, weil es nicht in der Intention dieser Arbeit liegen kann, das archäologische Material in eine typologische Ordnung zu bringen. Nur die Funktion dieses Gerätes ist von einiger Wichtigkeit, weil von ihrer Erklärung Rückschlüsse auf die Einwirkungen der frühen Bauern auf die Landschaft möglich zu sein scheinen.

Als Flachhacke oder Breitmeißel wird ein Steingerät von breiter, gedrungener Form bezeichnet. Auch an diesem Gerät ist die Unterseite eben, während die Oberseite flach gewölbt ist. Die Flachhacken weisen zum überwiegenden Teil keine Durchbohrung auf; bei den Exemplaren, an denen diese vorhanden ist, verläuft sie im rechten Winkel zur Schneide. Zwischen den Typen Schuhleistenkeil und Flachhacke stehen Übergangsformen, die darauf hinweisen, daß der archäologischen Typenunterscheidung nicht unbedingt eine Funktionsunterscheidung entsprechen muß.[4] Wichtig ist ferner, daß diese Geräte nicht nur in der Zeit der Bandkeramik und der Nachfolgekulturgruppen vorkommen, sondern auch im Jung- und Endneolithikum und vereinzelt sogar noch in der frühen Bronzezeit.

Bei der Interpretation des Schuhleistenkeils haben zwei Funktionen immer im Vordergrund der Diskussion gestanden. Dieses Gerät wurde entweder als Bodenbearbeitungsgerät oder aber als Holzbearbeitungsgerät gedeutet. Im ersten Fall käme dem Schuhleistenkeil eine große Bedeutung für die Interpretation der Form des frühesten Bodenbaus in Mitteleuropa zu. Die zweite Interpretationsweise eröffnet Perspektiven der Aussagemöglichkeit über die Einwirkung der frühen Bauern auf die Landschaft und über das Aussehen der Naturlandschaft zu Beginn des Neolithikums.

Für die Interpretation der Schuhleistenkeile als Bodenbaugerät zeichneten sich zwei Möglichkeiten ab. Einmal wurden sie und die Flachhacken als Geräte eines frühen Hackbaus interpretiert, zum anderen wurde der Schuhleistenkeil als Bestandteil von Pflügen gedeutet. Es soll nun die Diskussion um die Funktion dieser Geräte nicht in aller Breite dargelegt werden, sondern das Ergebnis soll nur kurz umrissen werden.[5]

Für eine Verwendung der Schuhleistenkeile und Flachhacken als Bodenbaugeräte konnten bisher noch keine überzeugenden Argumente angeführt werden.[6] Auch die durchgeführten Pflugversuche mit Schuhleistenkeilen konnte die Pflugschartheorie, die in der jüngeren Zeit vor allem von B. BRENTJES[7] vertreten wurde, nach Meinung von C. ANKEL und E. HENNIG nicht bestätigen. Es wird daher

---

1) Vgl. Sangmeister, E., 1937
2) Vgl. Stieren, A., 1950, S. 73
3) Vgl. Behrens, H., 1955, S. 51
4) Vgl. Behrens, H., 1955, S. 52
5) Eine ausführliche Darstellung dieser Diskussion findet sich bei E. Hennig, 1961 und C. Ankel, 1957.
6) Vgl. Ankel, C., 1957, S. 8 f und E. Hennig, 1961, S. 194.
7) Brentjes, B., 1953/54, 1955 und 1956

in der jüngeren Forschungsgeschichte die Tendenz spürbar, diese Geräte als Holzbearbeitungswerkzeuge zu deuten. Allerdings war diese Theorie in der älteren Forschung auch schon von einigen Prähistorikern [1] vertreten worden. Jedoch stand dieser Theorie damals noch die Ansicht R. GRADMANNs über den Zustand der Naturlandschaft vor dem Einwirken des bandkeramischen Menschen entgegen. Denn in einer mehr oder weniger waldlosen Landschaft mußte der Anwendungsbereich von Holzbearbeitungsgeräten sehr begrenzt gewesen sein. Da aber die Schuhleistenkeile mit zu der zahlenmäßig größten Gruppe des bandkeramischen Inventars zählen, ließ sich ihr häufiges Vorkommen nicht mit der vermeintlich seltenen Arbeit des Bäumefällens und Holzbearbeitens in Zusammenhang bringen. Erst nach der Aufgabe der Steppenheidetheorie gelangte die Interpretationsmöglichkeit als Holzbearbeitungsgerät mehr und mehr in den Vordergrund. So werden heute die Schuhleistenkeile überwiegend als Werkzeuge der Holzbearbeitung gedeutet, wobei als überzeugendes Argument für diese These die Veröffentlichung eines Keiles mit Hohlschliffschneide von A. RIETH [2] betrachtet werden darf. Eine so sorgfältige und mühevoll anzufertigende Schneide dürfte bei der Verwendung als Pflugschar keinen Sinn gehabt haben, bei der Verwendung des Keils als Holzbearbeitungsgerät dürfte sie aber sehr wirkungsvoll gewesen sein. Ein anderes wichtiges Argument, dessen Basis jedoch u.a. ein Analogieschluß aus der Ethnologie ist, wird von H. BEHRENS vorgebracht. Bei einer Überprüfung des prozentualen Anteils der Flachhacken und Schuhleistenkeile in bandkeramischen Gräbern konnte festgestellt werden, daß sich diese Steingeräte zum überwiegenden Teil (75 Prozent) in Männergräbern befanden. Bei einer Interpretation der Geräte als Feldhacken ergäbe sich hieraus die Konsequenz, daß die Männer der Bandkeramikkultur entgegen allen ethnologischen Beispielen Träger eines Hackbaus gewesen sein müßten. Wohingegen die Interpretation der Keile und Hacken als Holzbearbeitungsgeräte sich gut mit den Befunden der Gräber in Einklang bringen läßt, denn die Arbeit des Bäumefällens dürfte wohl Sache der männlichen Mitglieder einer Sippe gewesen sein.

So bliebe nur der Schluß, daß die Bodenbearbeitungsgeräte aus organischem Material hergestellt wurden und deshalb in der materiellen Hinterlassenschaft der ersten Bauern nicht vertreten sind.

Die auf den Siedlungsplätzen häufig gemachten Funde von Klingen und Mahlsteinen weisen in aller Deutlichkeit auf die Bedeutung des Getreideanbaus im Untersuchungsgebiet hin. Einige der Klingen zeigen den charakteristischen Sichelglanz. Auf die Kontroverse um die Frage, ob diese Klingen alle als Sicheln bzw. Sichelteile und als Erntemesser aufzufassen sind, soll hier nicht weiter eingegangen werden, [3] weil die Beantwortung dieser Frage für das Ziel dieser Arbeit von geringer Bedeutung ist. Wichtig ist nur, daß es im archäologischen Material genügend Hinweise für einen Getreideanbau im Untersuchungsgebiet gibt, und daß davon für dieses Gebiet die gleiche ackerbaulich orientierte bäuerliche Wirtschaftsweise abzuleiten ist, wie sie in anderen bandkeramisch besiedelten Gebieten vorherrschte.

Einen anderen wichtigen Hinweis auf die wirtschaftlichen Verhältnisse der Bandkeramikkultur vermögen die Fundverhältnisse auf dem Siedlungsplatz Wernswig (Nr. 93) zu geben. Hier konnten nahezu 25 000 Steinartefakte geborgen werden. Es handelt sich dabei überwiegend um Klingenkernsteine, Klingen und Klingenteile. Von fast allen bandkeramischen Siedlungsplätzen im Untersuchungsgebiet sind Fundstücke derselben Art bekannt. Der Siedlungsplatz könnte Standort eines manufakturähnlichen Herstellungsbetriebes [4] gewesen sein, der die weitere Umgebung mit Arbeitsgeräten versorgte. Eine weitere Interpretationsmöglichkeit der Fundverhältnisse dieses Siedlungsplatzes könnte darin gesehen werden, daß dieser Standort gleichzeitig ein von vielen aufgesuchter Rohstoffplatz war.

7.1.3 Das Problem eines urgeschichtlichen Wanderbauerntums

Seit den ersten systematischen Grabungen auf bandkeramischen Siedlungsplätzen besteht die Theorie von einem frühen Wanderbauerntum. Da dieser Begriff aus der Ethnologie übernommen wurde, sei zunächst einmal gesagt, welche Bedeutung er in der Anwendung auf noch in jüngerer Zeit bestehende

---

1) So P. QUENTE (1914), L. PFEIFFER (1920) und P. REINECKE (1927). Vgl. dazu E. Hennig, 1961, S. 195
2) Vgl. Rieth, A., 1949/50, S. 233
3) Eine ausführliche Behandlung dieser Fragen findet sich bei Behm-Blancke, G., 1962/63
4) Zahlreiche Silexartefakte konnten auch bei den Ausgrabungen auf niederländischen Siedlungsplätzen geborgen werden. Einer der Ausgräber, P.J.R. MODDERMAN, spricht deshalb auch von einer 'Flint-Industrie'. Jedoch erreichen dort die Silexmengen keinesfalls die Mengen von dem Siedlungsplatz Wernswig.

Kulturen hatte und wie der Begriff von der Siedlungsgeographie verstanden wird.

Die Ethnologie spricht von einem Wanderbauerntum, wenn agrarische Gemeinschaften gezwungen sind, aufgrund der spezifischen Ausrichtung ihrer Wirtschaftsweise ihren Siedlungsplatz in bestimmten Perioden aufzugeben. Dieses konnte sowohl bei ackerbaulich orientierten als auch bei bestimmten viehzuchttreibenden Gemeinschaften der Fall sein. [1] Aber jedesmal waren es extrem einseitig ausgerichtete Wirtschaftsformen. Eine düngerlose Anbauweise bedingte bei einigen Pflanzerkulturen eine regelmäßge Verlagerung der Siedlung. Die Anbauareale wurden solange genutzt - meist nach einer Brandrodung, die den PH-Wert des Bodens zunächst für den Ackerbau günstig beeinflußte, aber danach zu einer schnelleren Auslaugung des Bodens beitrug - bis der Boden so erschöpft war, daß die Erträge unterhalb des Existenzminimums lagen. Dieser Vorgang wiederholte sich solange, bis eines Tages die neuerschlossenen Anbaugebiete so weit von der Siedlung entfernt lagen, daß der Weg zu ihnen mehr Zeit in Anspruch nahm, als es für diese spezielle Art des Anbaus erträglich war. An diesen Punkten der Entwicklung wurden dann jeweils die Siedlungen abgebrochen und wieder feldnah angelegt, und ein neuer Zyklus der eben beschriebenen Weise begann. Auf diese Weise wurde die Siedlung in einem begrenzten Raum immer wieder verlegt, bis sie eines Tages auch den Platz erreichen konnte, der am Beginn eines solchen Wanderungszyklus gestanden hatte. Da der Boden in der Zwischenzeit regeneriert war, war ein neuer Anbau der alten Art wieder möglich. In der siedlungsgeographischen Nomenklatur wird ein solches Siedlungsverhalten als semipermanente Siedlungsart bezeichnet. [2] Die Dauer einer solchen Siedlung kann an einem Platz 8-30 Jahre betragen.

Diese bekannten Beispiele der semipermanenten Siedlungsart standen im Hintergrund, als die Theorie eines bandkeramischen Wanderbauerntums entwickelt wurde. [3] Ausgangspunkt dieser Theorie waren die archäologischen Befunde von Köln-Lindenthal. Hier konnten von E. SANGMEISTER insgesamt sieben Siedlungsphasen herausgearbeitet werden, die er sich nur so erklären kann, daß die Siedlungsgemeinschaft nach einer bestimmten Zeit gezwungen war, ihre Siedlung aufzulassen. Als eine mögliche Ursache sieht E. SANGMEISTER die Erschöpfung der Böden im näheren Umkreis der Siedlungen an.

Als die neuesten Beiträge zu diesem Problem seien die Arbeiten von H. QUITTA [4] und P.J.R. MODDERMAN [5] einerseits und die Arbeit von B. SOUDSKY [6] andererseits genannt. Während B. SOUDSKY die Ergebnisse seiner Ausgrabungen in Bylany, Böhmen, im Sinne der Theorie des Wanderbauerntums interpretiert, schließt P.J.R. MODDERMAN von seinen Ausgrabungen in den Niederlanden, daß es bis heute noch keine eindeutigen archäologischen Beweise für ein solches Siedlungsverhalten gibt.

H. QUITTA bestätigt zwar, daß alle archäologischen Hinweise für ein planmäßiges Auflassen der Siedlungen sprechen und daß als Ursache für diese Erscheinung die Erschöpfung des Bodens anzusehen ist, jedoch lehnt er die These ab, daß in einem bestimmten Zyklus die alten Siedlungsstandorte von späteren Generationen derselben Siedlungsgemeinschaft erneut belegt wurden.

Für das Untersuchungsgebiet läßt sich von den zahlreichen ausgedehnten Siedlungsplätzen schließen, daß hier die Standorte ähnlich wie die Beispiele Köln-Lindenthal und Bylany mehrere Siedlungsphasen aufweisen. Die ausgedehnten Siedlungsplätze bei den niederländischen Siedlungen werden von P.J.R. MODDERMAN mit einer allmählichen Verlagerung der Siedlung begründet. Die Frage, ob ein solcher Siedlungsplatz nach einer bestimmten Zeit immer wieder neu belegt wurde, und somit nur eine scheinbare Siedlungskonstanz vorliegt, oder ob eine Siedlung ihren Standplatz allmählich verlagerte, läßt sich ausschließlich nur mit archäologischen Methoden beantworten. Dieses ist aber bisher noch nicht möglich gewesen, und die Wahrscheinlichkeit, daß es jemals geschehen wird, ist äußerst gering.

---

1) Als Beispiel einer solchen viehzuchttreibenden Gemeinschaft seien die sogenannten trägen Viehnomaden genannt. Vgl. Müller-Wille, W., 1954, S. 156 f.
2) Vgl. dazu Müller-Wille, W., 1954, S. 156-159
3) Vgl. dazu Sangmeister, E., 1950, S. 104
4) Quitta, H., 1961
5) Modderman, P.J.R., 1970
6) Soudsky, B., 1964

7.2 Die Naturlandschaft vor dem neolithischen Besiedlungsvorgang und die Einwirkung des Menschen auf die Landschaft

Ein wichtiger Bestandteil in R. GRADMANNs Theorie der urgeschichtlichen Besiedlung nur waldfreier Gebiete war noch die Annahme gewesen, daß der Mensch im Neolithikum noch gar nicht zur Rodung fähig gewesen sei. Nachdem die Gegner der Steppenheidetheorie auf die verschiedenen Widerstandsstufen des Waldes gegen menschliche Eingriffe und auf seine Nutzungsmöglichkeiten hingewiesen hatten,[1] und es der Prähistorie gelungen war, durch Versuche mit neolithischen Steinbeilen nachzuweisen, daß das technische Vermögen der ersten Bauern durchaus zur Rodung bewaldeter Gebiete ausreichte, wird generell von einer mehr oder weniger dichten Bewaldung der Areale ausgegangen, die als früheste Anbauflächen zu interpretieren sind. Auf diese Weise war es auch möglich, die zahlreichen Funde von Schuhleistenkeilen in meist weiter Streuung um die Siedlungsplätze in die Erklärung einzubeziehen. Denn diese zahlreichen Funde werden nur erklärbar, wenn es für sie einen dauernden Verwendungszweck gab, der nach vorherrschender Meinung in der Urgeschichtswissenschaft nur in dem Fällen und Bearbeiten von Bäumen zu sehen ist.

Allerdings kann eine Lösung des Problems in dieser Weise nicht voll befriedigen, weil eine Bewaldung nicht nachgewiesen, sondern nur indirekt erschlossen wird.

Als gewichtiger können daher die Untersuchungen an Bodenprofilen auf einigen Siedlungsplätzen bezeichnet werden. So kann in diesem Zusammenhang auf die Untersuchung[2] früh- und mittelneolithischer Siedlungsplätze im Leinetal verwiesen werden, deren Ergebnisse sowohl die Frage nach einer möglichen Bewaldung zur Zeit der ersten bäuerlichen Besiedlung als auch die Frage nach den direkten Einwirkungen auf die Landschaft zu beantworten vermögen.

In den untersuchten Siedlungsgruben konnte eine schwarzgraue humose Füllmasse festgestellt werden, die nach der Anlage der Gruben durch natürliche Bodenbewegung eingeschwemmt worden ist. Bei dieser Füllmasse handelt es sich um Substanzen eines ehemaligen tiefgründigen A-Horizontes mit Mullcharakter, der von den benachbarten Schwarzerdeflächen abgetragen wurde. Ein solcher Befund erlaubt folgende Interpretation: Die Anlage der Siedlungen und damit der Aushub der Gruben geschieht auf einer Schwarzerde mit mächtigem A-Horizont im Zuge der linienbandkeramischen Besiedlung. In den offenen Gruben schwemmen nun Teile des benachbarten A-Horizontes ein, werden später überlagert und so auf dem Boden der Gruben konserviert.[3] Da diese Befunde auch an Gruben in Hanglagen bis zu 4° 30' Neigung festgestellt werden können, ist zu schließen, daß sich bis zu dem Eingriff des Menschen auch an geneigten Partien eine Schwarzerde mit tiefgründigem A-Horizont bilden konnte. Die Erhaltung einer so stark humosen Masse auch bei größeren Hangneigungen ist nach Meinung von B. SCHEFFER nur unter Wald und nicht unter lichter Steppenvegetation möglich. Erst der Eingriff des Menschen löst die Bodenerosionsprozesse aus, die mit dem Abtrag des A-Horizontes beginnen und einen Teil von ihm in die offenen Gruben einschwemmen. Bei der Schwarzerde handelt es sich um eine Pseudoschwarzerde des bewaldeten maritimen Klimabereiches und nicht um eine echte Waldsteppenschwarzerde, die in dem südosteuropäischen Klimaraum vorzufinden ist.

Das Ergebnis dieser Interpretation kann noch weiter abgesichert werden. Die Gruben wurden in Lößhorizonten angelegt, die kolloidale Einschwemmungen und Lessivierungserscheinungen im Leitbahngefüge alter Baumwurzelhorizonte aufwiesen. Diese Leitbahnen waren in dem Horizont unter der Grube sicher auszumachen und geben daher Zeugnis von einer Bewaldung vor den Eingriffen des Menschen.

Zu dem gleichen Ergebnis führten auch die Untersuchungen auf der Aldenhovener Platte,[4] die auch noch einen Beitrag zur holozänen Bodengenese liefern. Die Entwicklungsreihe der Bodentypen auf Löß geht über eine Pararendzina zu einer Schwarzerde mit mächtigem humosen A-Horizont unter Steppen- und Waldvegetation. Unter feuchteren Klimabedingungen kommt es zu einer zunehmenden Bewaldung und einer Degradierung der Schwarzerde durch Entkalkungsprozesse und nachfolgende Verbraunung. Dieser Wandel im Bodentyp ist präneolithisch und leitet zur Bildung einer Schwarzerde-Parabraunerde über, deren Verbreitungsbereiche fast ausschließlich mit den Arealen der heutigen

---

[1] Nietsch, H., 1939
[2] Scheffer, F. und B. Meyer, 1958
[3] Vgl. dazu auch Mückenhausen, E., 1966
[4] Schalich, J., 1973

Parabraunerde hoher Basensättigung identisch sind, die in den Siedlungsumfeldkarten durch die Stufe 1 des Entwicklungsstandes gekennzeichnet wurden.

Die durch Pollenanalysen forschungsgeschichtlich schon sehr früh gewonnene Ansicht der Waldbedeckungen zur Zeit der frühesten bäuerlichen Besiedlung konnte somit durch die Untersuchungen der Paläobodenkunde entscheidend gefestigt werden. [1]

Der primäre Eingriff in die Landschaft durch den Menschen geschah in Form einer radikalen Umgestaltung der Vegetationsverhältnisse bei der Anlage der Anbauflächen. Eine weitere Veränderung der natürlichen Vegetation kann in der Waldweide und Nutz- und Brennholzgewinnung gesehen werden, die größere Flächen beanspruchten als der Ackerbau. So mag - wie H. NIETSCH [2] annimmt - durch den ständigen Viehverbiß und das Fällen einzelner Bäume eine Landschaft entstanden sein, die im weiteren Bereich einer Siedlung (= Siedlungskammer) nicht mehr von dichten Wäldern, sondern nur noch von Baumgruppen und Zwergstrauchgesellschaften geprägt war.

In den Auenbereichen wird noch eine dichtere Bewaldung angenommen, die besonders gut für die Viehhutung geeignet war. Nach der Meinung von F. SCHEFFER, G. RICHTER und K.-D. JÄGER setzt eine Sedimentation abgeschwemmter A-Horizontmassen benachbarter Lößflächen im Zuge der ersten neolithischen Landnahme ein. Die früheste Auelehmbildung kann somit als indirekter Nachweis der Auswirkungen der ersten bäuerlichen Besiedlung auf die Landschaft verstanden werden.

Die sichere Auswahl lößbedeckter Bereiche läßt nach den Möglichkeiten fragen, die die frühen Bauern hatten, um anbaugünstige Bereiche ausfindig zu machen. Solange von einem steppenartigen Charakter der Vegetationsverhältnisse auf den Schwarzerdeböden zur Zeit des Neolithikums ausgegangen wurde, konnte die Auswahl der Bereiche mit heutiger Parabraunerdeverbreitung mit einer lichten Bestockung erklärt werden. Nachdem aber sicher nachgewiesen worden ist, daß auch mit einer Bewaldung dieser Bereiche gerechnet werden muß, bleibt als mögliche Erklärung das Vorkommen einer Zeigervegetation, die von den frühen Siedlern immer sicher erkannt werden konnte und bei der Auswahl der Anbauflächen als Orientierungshilfe diente. Ebenso ist es allerdings möglich, daß die Schwarzerde-Parabraunerdevorkommen durch eine Materialentnahme aus dem stark humosen A-Horizont festgestellt wurden.

Welche der hier aufgezeigten Möglichkeiten auch zutreffen mag, mit Sicherheit kann von diesen frühen Siedlern gesagt werden, daß sie hervorragende Beobachter der natürlichen Verhältnisse waren und die für sie günstigen Bereiche sowohl großräumig als auch kleintopographisch sicher erkennen konnten.

8. Untersuchungsgang, Ergebnis und Ausblick

Mit der vorliegenden Arbeit wurde der Versuch unternommen, einen Beitrag zur Erforschung der Verbreitung des frühesten Bauerntums und damit zur Entstehung der ältesten Kulturlandschaft in Mitteleuropa zu liefern.

Im Vordergrund der Untersuchung standen Fragen nach den Standortfaktoren der frühbäuerlichen Besiedlung. Um den Ausrichtungsgrad der Siedlungsstandorte nach Boden und Relief *quantifizierbar* ermitteln zu können, wurde jeweils der Bereich im Umkreis von 750 Metern um den Siedlungsstandort als Grundlage der Untersuchung genommen. Der so gekennzeichnete Untersuchungsbereich wurde als *Siedlungsumfeld* bezeichnet. Die Reliefverhältnisse in den Umfeldern wurden von den Isohypsen der topographischen Karte 1:25 000 abgeleitet. Die Angaben zum Boden (geologisches Substrat, Bodenart und Entwicklungsstand der Pedogenese) wurden auf der Grundlage der Ergebnisse der Reichsbodenschätzung in Verbindung mit den geologischen Karten 1:25 000 gemacht.

Die Anteile der verschiedenen Hangneigungsstufen, der geologischen Substrate der Bodenbildung, der Bodenarten, der unterschiedlichen Stadien in der Bodenentwicklung und der Bonitierungsstufen wurden in den Umfeldern *planimetrisch* erfaßt und konnten so die Basis eines statistischen Vergleichs bilden. Die topographischen Merkmale der Siedlungsplätze (Exposition, morphologischer

---

1) Firbas, F., 1949
2) Nietsch, H., 1939

Standort und die Nähe zum Wasservorkommen) wurden im Rahmen einer Geländebegehung festgestellt und wurden ebenfalls als Mittel der Fixierung der Auswahlverhaltensweisen der bäuerlichen Gruppen des Früh- und Mittelneolithikums verwendet.

In der Regionaluntersuchung konnten die Möglichkeiten eines übergreifenden Vergleiches auf der Grundlage aller erfaßten Siedlungen geprüft werden. Ferner war es hier möglich, den Besiedlungsgang in einer Teillandschaft und seine Ausrichtung nach den physisch-geographischen Faktoren zu untersuchen. Auch konnte hier der Versuch unternommen werden, Besiedlungseinheiten in Form von Siedlungskammern und Siedlungsräumen auszugliedern. In diesem Teil der Untersuchung wurde auch die mögliche Lößausrichtung der Standorte eingehend geprüft. Im Zusammenhang mit dieser Frage erwiesen sich die angefertigten Bodenkarten als gutes Arbeitsmaterial, weil die Lößausrichtung der Standorte vielfach nur anhand der von der Reichsbodenschätzung noch erfaßten *Lößrestflächen* festgestellt werden konnte. So ließ sich insgesamt gesehen nur ein völlig unbedeutender Prozentsatz der Standorte als nicht lößorientiert einstufen. In dieser Aussage zeigt sich schon der erste wichtige Unterschied zu den Ergebnissen der Untersuchung von B. SIELMANN, in der der Anteil der nichtlößorientierten Standorte wesentlich höher liegt.

In dem anschließenden übergreifenden Vergleich war es dann möglich, Aussagen zu dem Siedlungsverhalten frühbäuerlicher Gruppen zu machen. Es konnte eindeutig festgestellt werden, daß die einzelnen Zeitphasen der Linienbandkeramik und die mittelneolithischen Gruppenbildungen nicht nur durch ein unterschiedliches archäologisches Material, sondern auch durch ein unterschiedliches Auswahlverhalten der Siedlungsstandorte gekennzeichnet werden können. Dabei lagen die Unterschiede nicht in dem absoluten Gesamtverhalten einer Zeitphase oder einer Gruppe, sondern jeweils *in der Tendenz* der Bevorzugung oder der Meidung der als Differenzierungskriterien verwendeten Landschaftselemente. Diese Tendenz konnte immer als Abweichung von dem Durchschnittsverhalten der Gesamtkulturen erfaßt werden.

Der dabei festgestellte Entwicklungsbogen mit einem Höhepunkt der Belegung der optimalen Standorte während der mittleren Linienbandkeramik, die Nähe der Großgartacher Gruppe zur Phase 5 der Linienbandkeramik und die außergewöhnliche Sonderstellung der Rössener Gruppe können als neue Erkenntnisse gewertet werden.

Die so aufgewiesenen Unterschiede zu den Ergebnissen der Untersuchung von B. SIELMANN müssen in erster Linie durch die Verwendung präziser Bodenkarten und letztlich durch einen anderen methodischen Ansatz bedingt gesehen werden. Eine endgültige Aussage zu dem Gesamtverhalten der früh- und mittelneolithischen Siedlungsgemeinschaften sollte erst dann zu erwarten sein, wenn weitere Besiedlungsgebiete auf der Grundlage der in dieser Arbeit zur Anwendung gekommenen Methoden und Arbeitsweisen oder ähnlicher Verfahren untersucht worden sind.

9. SUMMARY

This book is an attempt to analyse the distribution of the earliest farming communities and to contribute to the study of the origin and evolution of the primeval cultural landscape in Central Europe.

In the Westphalian and North Hesse Loess Belt 93 early and middle Neolithic habitation sites were analysed in order to find out whether the phases of the *Linienbandkeramik* (phases 1-6 according to I. GABRIEL) and the various groups of middle Neolithic settlers (*Großgartach, Roessen, Bischheim*) can be differentiated and characterized not only on the basis of differences in the archaeological finds but also by differences in the selection of settlement sites. To achieve this aim it seemed necessary to confine the analysis of the settlement sites not only to a general and small scale survey of topographical features such as landform-type, altitude, exposition and situation in relation to water but to pay special attention to the natural environment in the immediate surroundings of the sites. Thus, in an area of 750 m around each habitation site a detailed and large scale analysis of terrain features and soil characteristics was carried out, including the measurement and computation of the proportions of different slope classes, parent material of soil formation and of soils with different textures and in different stages of pedogenesis.

The attempt to reconstruct the sequence of settlements in the subregions of the study areas mentioned above (chapter 5) is followed by a statistical analysis of the settlement pattern (chapter 6), which aims at establishing characteristics of continuity and change in the selection of habitation sites. The main trait of continuity emerging from this analysis is that all early and middle Neolithic farming communities had a preference for regions with loess coverage and flat to slightly undulating topography (slopes $<4°$). Among the aspects of change mention must be made of the fact that from phase 1 to phase 4 of the *Linienbandkeramik* there was an obviously increasing preference for sites on more or less flat terrain (slopes $<2°$). Furthermore, there is a clear statistical evidence that simultaneously the early locations at the periphery of loess areas were replaced by locations within the loess areas. This development reached its climax in phase 4; the settlement patterns of phase 5 and the *Großgartach* people indicate a reversal of this trend which came to an end in phase 6. By contrast, there is a steady linear increase to be observed in the preference given to sites with a high proportion of humid land facets in the immediate surroundings of the habitation. In the earliest stage of Neolithic settlement the percentage of such sites was extremely low; in the following phases of the *Linienbandkeramik* it increased rapidly to reach maxima in phase 6 and in particular in middle Neolithic times (with the exception of the *Großgartach* people). In addition, it became evident that the characteristics of the *Roessen* settlement sites differ widely from those of the other early and middle Neolithic sites.

10. Relative Chronologie der Linienbandkeramik (LBK)
vereinfacht dargestellt nach I. GABRIEL

Westfalen/Nordhessen	Provinz Limburg (NL)	Untermaingebiet	Sachsen
GABRIEL (1970)	MODDERMANN/WATERBOLK (1958/59)	MEIER-ARENDT (1966)	HOFFMANN (1963)
"älteste LBK"		I	
1	1a 1b	II	I
2	2a	III	II
3	2b	III	III/IV
4	3a	III	IV ältere Stichbandkeramik
5	3a	IV	ältere Stichbandkeramik jüngere Stichbandkeramik
6	3b	V	jüngere Stichbandkeramik

11. Literaturverzeichnis

Ankel, C. (1957): Zur funktionalen Deutung linearbandkeramischer Felsgesteingeräte. Friedberg

Arens, G. (1960): Die Bodenkarte 1:5000 auf der Grundlage der Bodenschätzung, ihre Herstellung und ihre Verwendungsmöglichkeiten. = Fortschritte in der Geologie von Rheinland und Westfalen Bd. 8, Krefeld

Behm Blancke, G. (1962/63): Bandkeramische Erntegeräte. Alt-Thüringen VI, S. 104-175

Behrens, H. (1955): Kritische Bemerkungen zu einigen Auffassungen über die Form des ältesten Bodenbaues in Mitteleuropa. Veröffentlichungen des Instituts für Deutsche Volkskunde Bd. 13, Berlin, S. 51-67

ders. (1973): Die Jungsteinzeit im Mittelelbe-Saale-Gebiet. = Veröffentlichungen des Landesmuseums für Vorgeschichte in Halle, Bd. 27., Berlin

ders. (1973a): Die Rössener, Gaterslebener und Jordansmühler Gruppe im mitteldeutschen Raum. Schwabedissen, H. (Hrsg.): Die Anfänge des Neolithikums vom Orient bis Nordeuropa. = Fundamenta Reihe A, Bd. 3, Teil Va, Köln/Wien, S. 270-282

Bertsch, K. (1928): Klima, Pflanzendecke und Besiedlung Mitteleuropas in vor- und frühgeschichtlicher Zeit nach den Ergebnissen der pollenanalytischen Forschung. 18. Bericht Römisch-Germanische Kommission, Frankfurt, S. 46-67

Braidwood, R.J.C. und B. Howe (1960): Prehistoric Investigations in Iraqi Kurdistan. = Studies in Ancient Oriental Civilization Nr. 31, Chicago

Brandt, K. (1967): Einzäunungen an bandkeramischen und Altrössener Bauten. Germania 38, S. 418-423

ders. (1970): Steingeräte der Bandkeramik aus Belgien, den Niederlanden, aus dem Rheinland und Westfalen. Praehistorische Zeitschrift 45, Berlin, S. 226-235

Brentjes, B. (1953/1954): Untersuchungen zur Geschichte des Pfluges, II. Wissenschaftliche Zeitschrift der Martin Luther Univ. Halle-Wittenberg, Gesellsch. und Sprachwiss. Reihe III, S. 75-108

ders. (1956): Der Schuhleistenkeil - Pflugschar oder Holzbearbeitungsgerät? Germania 34, S. 144-147

ders. (1971): Die Entwicklung im Vorderen Orient vom 9. - 4. Jahrtausend. Schlette, F. (Hrsg.): Evolution und Revolution im Alten Orient und in Europa. Das Neolithikum als historische Erscheinung. Berlin, S. 23-37

Broek, J.M.M. van den (1958/59): Bodenkunde und Archäologie mit besonderer Bezugnahme auf die Ausgrabungen im Neolithikum von Sittard und Geleen. Palaeohistoria VI-VII, S. 7-19

Bruijn, A. (1958/59): Technik und Gebrauch der bandkeramischen Feuersteingeräte. Palaeohistoria VI-VII, S. 213-224

Brunnacker, K. und G. Kossack (1957): Ein Beitrag zur vorrömischen Besiedlungsgeschichte des niederbayerischen Bäubodens. Archaeologia Geographica 6, Hamburg, S. 43-54

Bürgener, M. (1963): Die naturräumlichen Einheiten auf Blatt 111 Arolsen. Geographische Landesaufnahme 1:200 000, Naturräumliche Gliederung Deutschlands, Bad Godesberg

Buttler, W. und W. Haberey (1936): Die bandkeramische Ansiedlung Köln-Lindenthal. = Römisch-Germanische Forschungen Bd. 11, Berlin

Buttler, W. (1938): Der donauländische und westische Kulturkreis der jüngeren Steinzeit. = Sprockhoff, E. (Hrsg.): Handbuch der Urgeschichte Deutschlands, Bd. 2, Berlin und Leipzig

Childe, V.G. (1929): The Danube in Prehistory. Oxford

ders. (1965): Man Make Himself. 4. Auflage, London

Clark, J.G.D. (1965): Prehistoric Europe, The Economic Basis, 2. Auflage, London

Cole, S. (1965): The Neolithic Revolution. 3. Auflage, London

Ehrenberg, P. (1955): Welche Rolle spielte das 'offene Land' beim ersten Getreideanbau in Mitteleuropa? Berichte zur Deutschen Landeskunde, Bd. 15, S. 41-52

Eich-Franke, E. (1967): Die Funde der Michelsberger Kultur aus dem westlichen Oberrheingebiet. = Der Wormsgau, Beiheft 22, Worms

Ellenberg, H. (1954): Steppenheide und Waldweide. Ein vegetationskundlicher Beitrag zur Siedlungs- und Landschaftsgeschichte. Erdkunde, Bd. 8, S. 188-194

Filzer, P. (1952): Die vorgeschichtliche Besiedlung der Hochfläche der Schwäbischen Alb in ihren Beziehungen zu Boden und Vegetation. Erdkunde, Bd. 6, S. 21-26

Firbas, F. (1949): Spät- und nacheiszeitliche Waldgeschichte Mitteleuropas nördlich der Alpen. Bd. I, Allgemeine Waldgeschichte, Jena

Gabriel, I. (1971): Studien zur Tonware der Bandkeramik in Westfalen und Nordhessen. Maschinengeschriebene Dissertation, Münster

Goller, K. (1972): Die Rössener Kultur in ihrem südwestlichen Verbreitungsgebiet. Schwabedissen, H. (Hrsg.): Die Anfänge des Neolithikums vom Orient bis Nordeuropa = Fundamenta, Reihe A, Bd. 3, Teil Va, Köln/Wien, S. 231-269

Gradmann, R. (1931): Süddeutschland, Bd. 1, Stuttgart (Reprint Darmstadt 1956)

Große, B. (1963): Über den Einfluß der Bodenerosion auf die Ertragsfähigkeit von Parabraunerden aus Löß. Zeitschrift für Pflanzenernährung, Düngung, Bodenkunde, Bd. 102, S. 212-217

Hempel, Lena geb. Tecklenburg (1954a): Tilken und Sieke - ein Vergleich. Erdkunde, Bd. 8, S. 198-202

dies. (1954a): Flurzerstörung durch Bodenerosion in früheren Jahrhunderten. Zeitschrift für Agrargeschichte u. Agrarsoziologie, Bd. 2, S. 114-122

dies. (1957): Das morphologische Landschaftsbild des Unter-Eichsfeldes unter besonderer Berücksichtigung der Bodenerosion und ihrer Kleinformen. = Forschungen zur deutschen Landeskunde, Bd. 98, Remagen

Hempel, Ludwig (1954): Beobachtungen über die Empfindlichkeit von Ackerböden gegenüber der Bodenerosion. Zeitschrift für Pflanzenernährung, Düngung, Bodenkunde, Bd. 64, S. 42-54

Hempel, Ludwig (1956a): Über Alter und Herkunftsgebiet von Auelehmen im Leinetal. Eiszeitalter u. Gegenwart, Bd. 7, S. 35-42

ders. (1956b): Die Bedeutung der Streudecke für die Bodenabspülung auf Sandsteinböden unter Wald. Zeitschrift für Pflanzenernährung, Düngung, Bodenkunde, Bd. 74, S. 139-143

ders. (1960): Reliefveränderungen in den Ackerländereien Europas. Geographica Helvetica, Bd. 15, S. 147-151

ders. (1963): Bodenerosion in Nordwestdeutschland. Erläuterungen zu Karten von Schleswig-Holstein, Hamburg, Niedersachsen, Bremen und Nordrhein-Westfalen. = Forschungen zur deutschen Landeskunde, Bd. 144, Bad Godesberg

ders. (1974): Einführung in die Physiogeographie, Einleitung und Geomorphologie, Wiesbaden

Hennig, E. (1961): Untersuchungen über den Verwendungszweck urgeschichtlicher Schuhleistenkeile. Alt-Thüringen V, S. 189-223

Hopf, M. (1971): Beobachtungen an Getreidekörnern in Töpferton. Jahrbuch Röm.-Germ. Zentral Museum 16, S. 169-173

Huckriede, R. (1971): Über jungholozäne, vorgeschichtliche Löß-Umlagerung in Hessen. Eiszeitalter u. Gegenwart, Bd. 22, S. 5-16

Jäger, K.D. (1962): Über Alter und Ursachen der Auelehmablagerung thüringischer Flüsse. Praehistorische Zeitschrift 40, S. 1-59

ders. (1970): Mitteleuropäische Klimaschwankungen seit dem Neolithikum und ihre siedlungsgeschichtlichen Auswirkungen. Actes du VIIeme Congrès International des Sciences Préhistoriques et Protohistoriques, Prag, S. 668-673

Jankuhn, H. (1955): Methode und Probleme siedlungsarchäologischer Forschung. Archaeologia Geographica 4, S. 73-84

ders. (1961/63): Terra ... silvis horrida (zu Tacitus, Germania cap. 5). Archaeologia Geographica 10/11, S. 19-38

ders. (1964): Die römische Kaiserzeit und die Völkerwanderungszeit. = Geschichte Schleswig-Holsteins, Bd. 2, Neumünster

ders. (1969): Vor- und Frühgeschichte vom Neolithikum bis zur Völkerwanderungszeit. = Franz, G. (Hrsg.): Deutsche Agrargeschichte, Bd. 1, Stuttgart

Käubler, R. (1938): Junggeschichtliche Veränderungen des Landschaftsbildes im mittelsächsischen Lößgebiet. Wiss. Veröff. d. dt. Museums für Länderkunde, Neue Folge 5, Leipzig, S. 71-90

Kleinn, H. (1961): Die Schledden auf der Haarfläche zwischen Geseke und Soest. Ein Beitrag zur Hydrographie und Morphologie temporärer Trockentäler. = Spieker, Bd. 11, Beiträge zur Physiogeographie II, Münster, S. 67-112

Klink, H.-J. (1969): Die naturräumlichen Einheiten auf Blatt 112 Kassel. Geographische Landesaufnahme 1:200 000, Naturräumliche Gliederung Deutschlands, Bonn-Bad Godesberg

Krzymoswki, R. (1961): Geschichte der deutschen Landwirtschaft, 3. Auflage, Berlin

La Baume, W. (1951): Grundsätzliches zur Form und Funktion des Steinbeiles und beilähnlicher Geräte der Steinzeit. Kersten, K. (Hrsg.): Festschrift für Gustav Schwantes, Neumünster, S. 110-115

Lange, E. (1971): Botanische Beiträge zur mitteleuropäischen Siedlungsgeschichte. = Schriften zur Ur- und Frühgeschichte, Bd. 27, Berlin

Lüning, J. (1967): Die Michelsberger Kultur. Ihre Funde in zeitlicher und räumlicher Gliederung. = 48. Bericht d. Römisch-Germanischen Kommission Frankfurt

Lüttig, G. (1960): Zur Gliederung des Auelehms im Flußgebiet der Weser. Eiszeitalter und Gegenwart, Bd. 11, S. 39-50

Maasjost, L. (1973): Südöstliches Westfalen. = Sammlung geographischer Führer, Bd. 9, Berlin/Stuttgart

Matson, F.R. (1960): Specialized Ceramic Studies and Radioactive-Carbon Techniques. Braidwood, R.J. und B. Howe: Prehistoric Investigations in Iraqi Kurdistan, Chicago, S. 63-70

Meier-Arendt, W. (1966): Die bandkeramische Kultur im Untermaingebiet. Bonn

ders. (1969): Zur relativen Chronologie der Gruppen Hinkelstein und Großgartach sowie der Rössener Kultur. Kölner Jahrbuch für Vor- und Frühgeschichte, Bd. 10, Berlin, S. 24-36

ders. (1972): Die ältere und mittlere Linienbandkeramik im westlichen Mitteleuropa, ein Überblick. Schwabedissen, H. (Hrsg.): Die Anfänge des Neolithikums vom Orient bis Nordeuropa. = Fundamenta, Reihe A, Bd. 3, Teil Va, Köln/Wien, S. 66-76

Meier-Arendt, W. (1972a): Zur Frage der jüngerbandkeramischen Gruppenbildungen: Omalien, 'Plaidter', 'Kölner', 'Wetterauer' und 'Wormser' Typ; Hinkelstein, Schwabedissen, H. (Hrsg.): Die Anfänge des Neolithikums vom Orient bis Nordeuropa. = Fundamenta Reihe A, Bd. 3, Teil Va, Köln/Wien, S. 85-152

ders. (1974): Zur Frage der Genese der Rössener Kultur. Germania 52, S. 1-15

Meisel, S. (1959): Die naturräumlichen Einheiten auf Blatt 98 Detmold. Geographische Landesaufnahme 1:200 000, Naturräumliche Gliederung Deutschlands, Remagen

dies. (1960): Die naturräumlichen Einheiten auf Blatt 97 Münster. Geographische Landesaufnahme 1:200 000, Naturräumliche Gliederung Deutschlands, Bad Godesberg

Mellaart, J. (1967): Catal Hüyük. A Neolithic Town in Anatolia. London und Southampton

Mensching, H. (1951): Akkumulation und Erosion niedersächsischer Flüsse seit der Risseiszeit, Erdkunde, Bd. 5, S. 60-70

ders. (1952): Die kulturgeographische Bedeutung der Auelehmbildung. Tag.-Ber. u. wiss. Abhdlg. Dt. Geographentag, Frankfurt 1951, Remagen, S. 219-225

ders. (1957): Bodenerosion und Auelehmbildung. Deutsche Gewässerkundliche Mitteilungen 1, S. 110-114

Mildenberger, G. (1953): Studien zum mitteldeutschen Neolithikum. = Veröffentlichungen des Landesmuseums für Vorgeschichte Dresden, Heft 2, Leipzig

ders. (1959): Mitteldeutschlands Ur- und Frühgeschichte. Leipzig

ders. (1969): Verschleppte Bodenfunde. Ein Beitrag zur Fundkritik. Bonner Jahrbücher, Bd. 169, S. 1-28

Milojčić, V. (1949): Chronologie der jüngeren Steinzeit Mittel- und Südosteuropas. Berlin

ders. (1956): Die erste präkeramische bäuerliche Siedlung der Jungsteinzeit in Europa. Germania 34, S. 208-210

ders. (1960): Präkeramisches Neolithikum auf der Balkanhalbinsel. Germania 38, S. 320-335

Modderman, P.J.R. (1958/59): Die geographische Lage der bandkeramischen Siedlungen in den Niederlanden. Palaeohistoria VI-VII, S. 1-7

ders. (1970): Linearbandkeramik aus Elsloo und Stein. = Nederlandse Oudheden III

Mortensen, H. (1955): Die 'quasinatürliche' Oberflächenformung als Forschungsproblem. Wiss. Zeitschrift d. Universität Greifswald Nr. 4, S. 625-627

ders. (1963): Abtragung und Formung. Mortensen, H. (Hrsg.): Neue Beiträge zur internationalen Hangforschung. Göttingen, S. 17-27

Mückenhausen, E. (1953): Der Bodenabtrag durch Wasser an bewaldeten und unbewaldeten Hangflächen in Nordrheinland. Unser Wald 3, S. 3-4

ders. (1959): Die wichtigsten Böden der Bundesrepublik Deutschland, Frankfurt a.M.

ders. (1966): Bodenkundliche Deutung des in Gruben verfüllten schwarzbraunen Bodenmaterials im Grabungsfeld Inden-Lamersdorf, Bonner Jahrbücher 166, S. 377-378

Mückenhausen, E. und H. Mertens (1966): Die Bodenkarte 1:5000 auf der Grundlage der Bodenschätzung, 3. Auflage Düsseldorf

Mückenhausen, E. und H. Wortmann (1953): Bodenübersichtskarte von Nordrhein-Westfalen 1:300 000, Hannover

Müller, H.H. (1964): Die Haustiere der mitteldeutschen Bandkeramiker. = Deutsche Akademie der Wissenschaften zu Berlin, Schriften der Sektion für Vor- und Frühgeschichte, Bd. 17, Berlin

Müller-Beck, H. (1961): C^{14}-Daten und die absolute Chronologie im Neolithikum, Germania 39, S. 420 ff.

Müller-Karpe, H. (1951): Niederhessische Urgeschichte. = Schriften zur Urgeschichte, Bd. IV, Melsungen

Müller-Wille, W. (1954): Arten der menschlichen Siedlung. Versuch einer Begriffsbestimmung und Klassifikation, Veröffentlichungen der Akademie für Raumforschung und Landesplanung, Bd. 28, S. 141-162. = H. Mortensen-Festschrift, Bremen-Horn

Nietsch, H. (1939): Wald und Siedlung im vorgeschichtlichen Mitteleuropa, Leipzig

ders. (1955): Hochwasser, Auenlehm und vorgeschichtliche Siedlung. Ein Beitrag auf der Grundlage des Wesergebietes. Erdkunde 9, S. 20-39

ders. (1959): Vorgeschichtsfunde im Weserauenlehm. Die Kunde, Neue Folge, Jg. 10, S. 256-260

Quitta, H. (1960): Zur Frage der ältesten Bandkeramik in Mitteleuropa. Praehistorische Zeitschrift, Bd. 38, S. 1-38 und S. 153-188

ders. (1961): Betrachtungen zum Siedlungswesen der Bandkeramik. Bericht über den V. internationalen Kongress für Vor- und Frühgeschichte, Hamburg, S. 678 ff.

Quitta, H. (1969): Zur Deutung bandkeramischer Siedlungsfunde aus Auen und grundwassernahen Standorten. Otto, K.-H. und Herrmann, J. (Hrsg,): Siedlung, Burg und Stadt. Studien zu ihren Anfängen. = Deutsche Akademie der Wissenschaften zu Berlin, Schriften der Sektion für Vor- und Frühgeschichte, Bd. 25, Berlin, S. 42-55

ders. (1970): Zur Lage und Verbreitung der bandkeramischen Siedlungen im Leipziger Land. Zeitschrift für Archäologie, 4, Berlin, S. 155-176

Richter, G. (1965): Bodenerosion. Schäden und gefährdete Gebiete in der Bundesrepublik Deutschland. = Forschungen zur Deutschen Landeskunde, Bd. 152, Bad Godesberg

Rieth, A. (1949/50): Geschliffene bandkeramische Steingeräte zur Holzbearbeitung. Praehistorische Zeitschrift 34/35, S. 230-232

Rohdenburg, H. (1971): Einführung in die klimagenetische Morphologie, Gießen

Rothkegel, W. (1950): Geschichtliche Entwicklung der Bodenbonitierungen und Wesen und Bedeutung der deutschen Bodenschätzung, Stuttgart

Rothmaler, W. und J. Natho (1957): Bandkeramische Kulturpflanzen aus Thüringen und Sachsen. Beiträge zur Frühgeschichte der Landwirtschaft 3, Berlin, S. 73-98

Rühl, A. (1967): Das Hessische Bergland. Eine forstlich-vegetationsgeographische Übersicht. = Forschungen zur Deutschen Landeskunde, Bd. 161, Bad Godesberg

Sangmeister, E. (1937): Eine bandkeramische Siedlung bei Arnsbach im Reg. Bzw. Kassel. Germania 21, S. 213 ff.

ders. (1950): Zum Charakter der bandkeramischen Siedlung. 33. Bericht der Römisch-Germanischen Kommission, Frankfurt, S. 89-109

Schalich, J. (1973): Boden- und Landschaftsgeschichte. Farruggia, J.-P.; Kuper, R.; Lüning, J. und P. Stehli: Der bandkeramische Siedlungsplatz Langweiler 2. = Rheinische Ausgrabungen Bd. 13, Bonn, S. 5-20

Scheffer, F. und B. Meyer (1958): Bodenkundliche Untersuchung an neolithischen Siedlungsprofilen des Göttinger Leintalgrabens. Göttinger Jahrbuch 6, S. 3-19

Scheffer, F. und P. Schachtschabel (1966): Lehrbuch der Bodenkunde. 6. Auflage, Stuttgart

Schindler, R. (1952): Die Gemarkungsfundkarte als Ausgangspunkt bei siedlungsarchäologischen Forschungen. Archaeologia Geographica 3, S. 51-60

Schlette, F. (1953): Haus- und Siedlungsform als Beitrag zur wirtschaftlichen Struktur der jungsteinzeitlichen Kulturen Mitteleuropas. = Rothmaler, W. und W. Padberg (Hrsg.): Beiträge zur Frühgeschichte der Landwirtschaft, Wissenschaftliche Abhandlungen, Bd. 6/1, Berlin

ders. (1958): Die ältesten Haus- und Siedlungsformen des Menschen auf Grund des steinzeitlichen Fundmaterials Europas und ethnologische Vergleiche. = Ethnologisch-Archäologische Forschungen 5, Berlin

ders. (1964): Die Aussagekraft neolithischer Siedlungen in sozialökonomischer Hinsicht. Behm-Blancke, G. (Hrsg.): Aus Ur- und Frühgeschichte, Berlin, S. 82-88

ders. (1969): Zur Besiedlungskontinuität und Siedlungskonstanz in der Urgeschichte. Otto, K.-H. und Herrmann, J. (Hrsg.): Siedlung, Burg und Stadt. Studien zu ihren Anfängen. = Deutsche Akademie der Wissenschaften zu Berlin, Schriften der Sektion für Vor- und Frühgeschichte, Bd. 25, Berlin, S. 11-25

ders. (1971): Das Neolithikum als historische Erscheinung. Schlette, F. (Hrsg.): Evolution und Revolution im Alten Orient und in Europa. Berlin, S. 9-22

Schlüter, O. (1952): Die Siedlungsräume Mitteleuropas in frühgeschichtlicher Zeit. = Forschungen zur Deutschen Landeskunde, Bd. 63, Remagen

Schmitz, H. (1952): Klima, Vegetation und Besiedlung. Archaeologia Geographica 1/3, S. 15-22

Schönhals, E. (1951): Bodenkundliche Übersichtskarte von Hessen 1:300 000. Wiesbaden

ders. (1954): Die Böden Hessens und ihre Nutzung. = Abhandlungen des hess. Landesamtes für Bodenforschung, Heft 2, Wiesbaden

Schrickel, W. (1969): Die Funde vom Wartberg in Hessen. = Kasseler Beiträge zur Vor- und Frühgeschichte, Bd. 1, Marburg

Schwarz, K. (1948): Lagen die Siedlungen der Linearbandkeramik Mitteldeutschlands in waldfreien oder bewaldeten Landschaften? Strena Praehistorica (Jahn-Festschrift), Halle/Saale, S. 1-28

Scollar, I. (1963): Einige Ergebnisse der archäologischen Luftbildungsforschung im Rheinland während des Jahres 1963. Bonner Jahrbücher 163, S. 305-310

ders. (1965): Archäologie aus der Luft. = Schriften des Rheinischen Landesmuseums Bonn, Bd. 1, Düsseldorf

Seuffert, O. (1967): Die Aussagekraft vorzeitlicher Bodenbildungen als Klima- und Zeitindices. Eiszeitalter und Gegenwart, Bd. 18, S. 169-175

Sielmann, B. (1971a): Der Einfluß der Umwelt auf die neolithische Besiedlung Südwestdeutschlands unter besonderer Berücksichtigung der Verhältnisse am nördlichen Oberrhein. Acta Praehistorica et Archaeologica 2, Berlin, S. 65-197

ders. (1971b): Die frühneolithische Besiedlung Mitteleuropas. Schwabedissen, H. (Hrsg.): Die Anfänge des Neolithikums vom Orient bis Nordeuropa. = Fundamente Reihe A, Bd. 3, Teil Va, Köln/Wien, S. 1-65

ders., B. (1971c): Zum Verhältnis von Ackerbau und Viehzucht im Neolithikum Südwestdeutschlands. Archäologisches Korrespondenzblatt, Jg. 1, Heft 2, Mainz, S. 65-68

ders. (1971d): Zur Interpretationsmöglichkeit ökologischer Befunde im Neolithikum Mitteleuropas. Germania 49, S. 231-238

Smolla, G. (1960): Neolithische Kulturerscheinungen. Studien zur Frage ihrer Herausbildungen. = Antiquitas Reihe 2, Bd. 3, Bonn

Soudský, B. (1964): Sozialökonomische Geschichte des älteren Neolithikums in Mitteleuropa. Behm-Blancke, G. (Hrsg.): Aus Ur- und Frühgeschichte, Berlin, S. 62-81

Strautz, W. (1963): Auelehmbildung und -gliederung im Weser- und Leinetal mit vergleichenden Zeitbestimmungen aus dem Flußgebiet der Elbe. Ein Beitrag zur Landschaftsgeschichte der nordwestdeutschen Flußauen. Beiträge zur Landespflege, Bd. 1, Stuttgart, S. 273-314

Stroh, A. (1938): Die Rössener Kultur in Südwestdeutschland. 28. Bericht der Römisch-Germanischen Kommission, S. 8-179

Stieren, A. (1950): Bandkeramische Großbauten bei Bochum und ihre Parallele in Mitteleuropa. 33. Bericht der Römisch-Germanischen Kommission, S. 61-88

Tüxen, R. (1931): Die Grundlagen der Urlandschaftsforschung. Ein Beitrag zur Erforschung der anthropogenen Beeinflussung der Vegetation Mitteleuropas. Nachrichten aus Niedersachsens Urgeschichte 5, Hildesheim und Leipzig, S. 59-105

Uenze, O. (1953): Vorgeschichte der hessischen Senke in Karten. Eine historisch-geographische Betrachtung nach den Bodenfunden. Marburg

ders. (1956): Die ersten Bauern (Jungsteinzeit). = Vorgeschichte von Nordhessen Teil 2, Marburg

Wachter, B. (1960): Beziehungen zwischen Landschaft und urgeschichtlicher Besiedlung am Beispiel des Elb-Havel-Winkels. Archaeologia Geographica 8/9, S. 11-18

ders. (1963): Zur Frage der Besiedlungskontinuität in Teillandschaften. Jahresschrift für mitteldeutsche Vorgeschichte, Bd. 47, S. 57-80

Wahle, E. (1920): Die Besiedlung Südwestdeutschlands in vorrömischer Zeit nach ihren natürlichen Grundlagen. = 12. Bericht der Römisch-Germanischen Kommission. Frankfurt a.M. 1920

Wandel, G. und E. Mückenhausen (1950): Neue vergleichende Untersuchungen über den Bodenabtrag an bewaldeten und unbewaldeten Hangflächen in Nordrheinland. Geologisches Jahrbuch für das Jahr 1949, Bd. 65, Hannover-Celle, S. 507-550

Waterbolk, H.T. und P.J.R. Modderman (1958/59): Die Großbauten der Bandkeramik. Palaehistoria VI-VII, S. 163-171

Werner, D. (1962): Der Bodenabtrag als profilprägender und reliefgestaltender Faktor auf Ackerböden in Thüringen. Geographische Berichte 7, Nr. 25, S. 378-395

Werth, E. (1954): Grabstock, Hacke und Pflug. Ludwigsburg

Wichtmann, H. (1968): Erläuterungen zu Blatt 4414 Soest. Bodenkarte von Nordrhein-Westfalen 1:25 000, Krefeld

Willerding, U. (1969): Ursprung und Entwicklung der Kulturpflanzen in vor- und frühgeschichtlicher Zeit. Jankuhn, H.: Vor- und Frühgeschichte vom Neolithikum bis zur Völkerwanderungszeit, Stuttgart, S. 188-233

Wissmann, H. v. (1959): Ursprungsherde und Ausbreitungswege von Pflanzen- und Tierzucht und ihre Abhängigkeit von der Klimageschichte. Erdkunde, Bd. 11, S. 81-94 und S. 175-193

ANHANG

I   Verbreitungskarten
    1.1 Hellwegzone: Siedlungen der Linienbandkeramik
    1.2 Hellwegzone: Siedlungen der mittelneolithischen Gruppen

    2.1 Warburger Börde: Siedlungen der Linienbandkeramik
    2.2 Warburger Börde: Siedlungen der mittelneolithischen Gruppen
    2.3 Warburger Börde: Siedlungen und Steingeräte

    3.1 Kasseler Becken: Siedlungen der Linienbandkeramik
    3.2 Kasseler Becken: Siedlungen der mittelneolithischen Gruppen

    4.1 Hessengausenke: Siedlungen der Linienbandkeramik
    4.2 Hessengausenke: Siedlungen der mittelneolithischen Gruppen

II Siedlungsumfeldkarten und Katalog

III Verzeichnis der benutzten Karten

IV Verzeichnis der Aufenthaltsorte der benutzten Unterlagen zur Reichsbodenschätzung

V   Ausklappbare Legende zu den Siedlungsumfeldkarten

Karte 1.1 Hellwegzone: Siedlungen der Linienbandkeramik

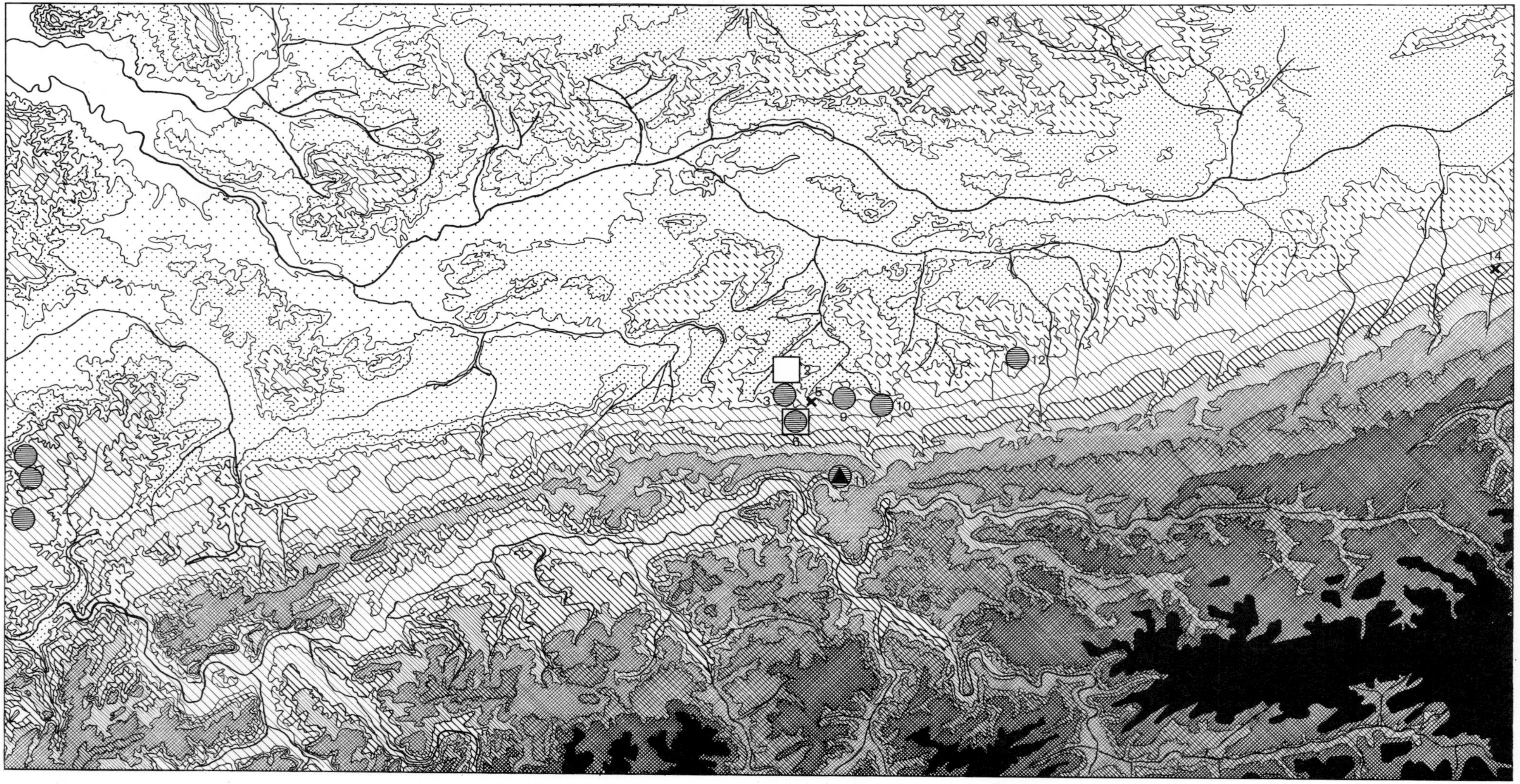

▲ ältere Linienbandkeramik ☐ jüngere Linienbandkeramik
● mittlere Linienbandkeramik ✗ feinchronologisch nicht einordbar

Entwurf und Zeichnung: W. Linke

Karte 1.2 Hellwegzone : Siedlungen der mittelneolithischen Gruppen

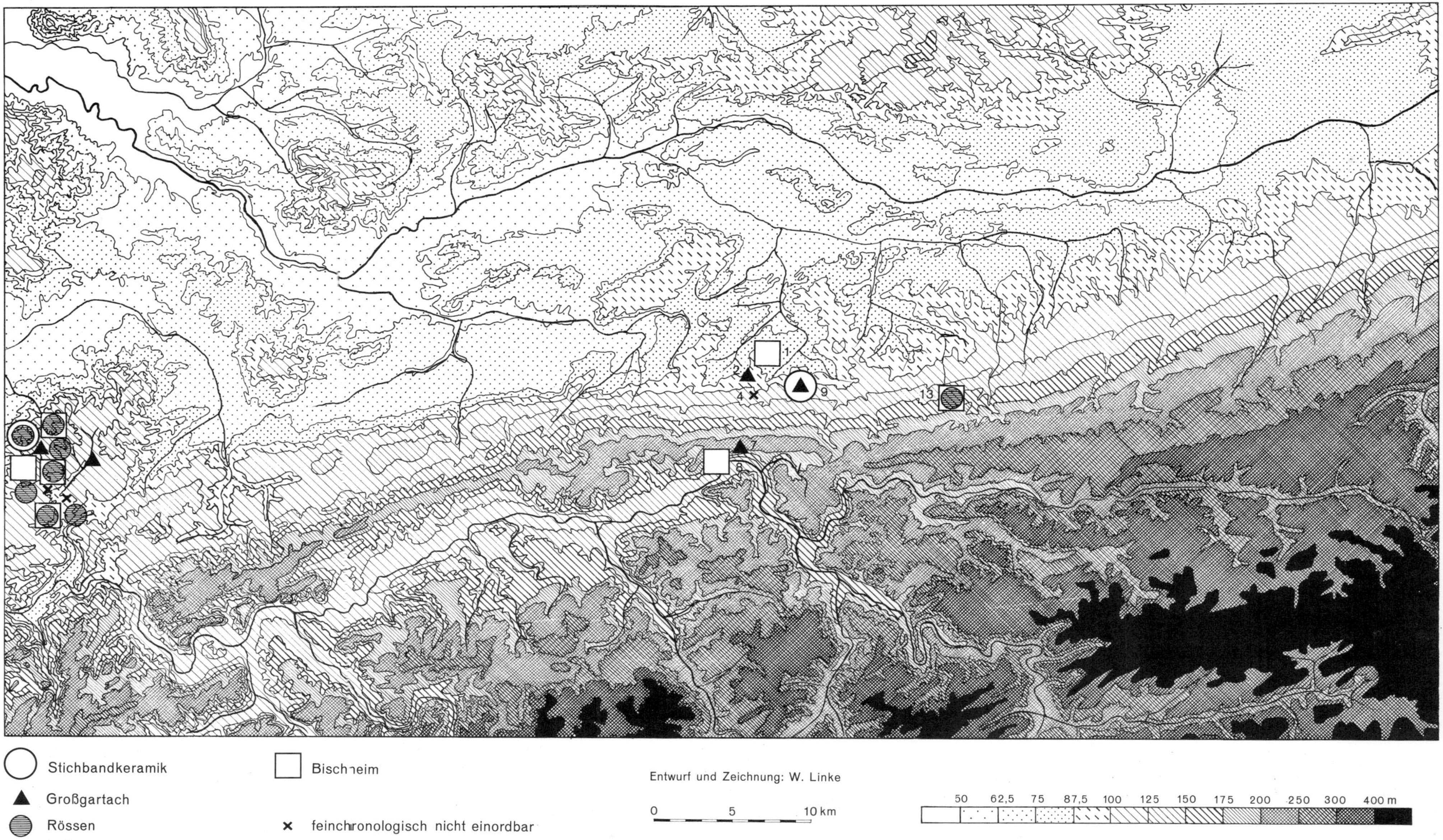

○ Stichbandkeramik ☐ Bischheim
▲ Großgartach
▨ Rössen ✗ feinchronologisch nicht einordbar

Entwurf und Zeichnung: W. Linke

400 m
300
250
200
175
150
125
100
87,5
75
62,5
50

0   5   10 km

Karte 2.1 Warburger Börde: Siedlungen der Linienbandkeramik

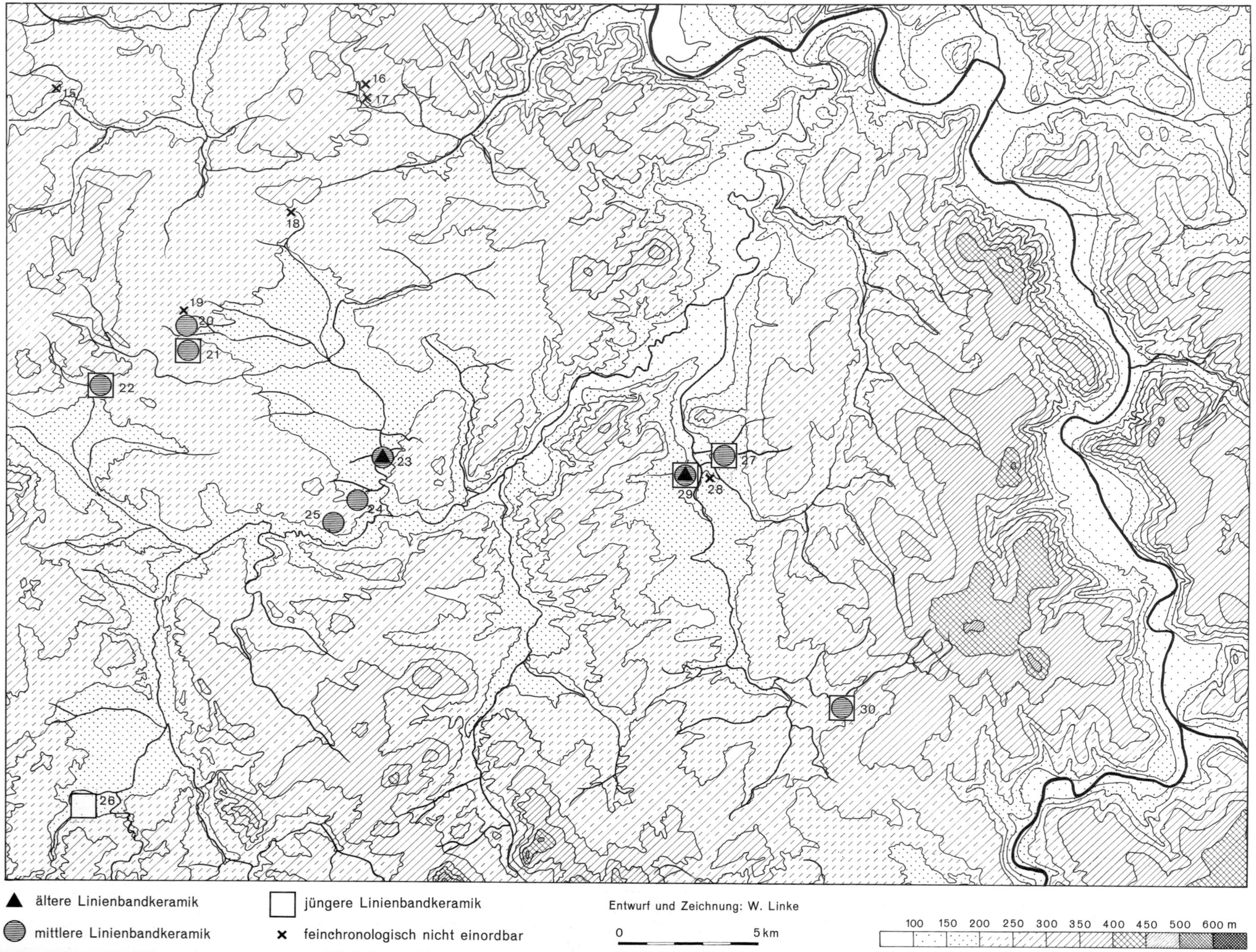

Karte 2.2 Warburger Börde: Siedlungen der mittelneolithischen Gruppen

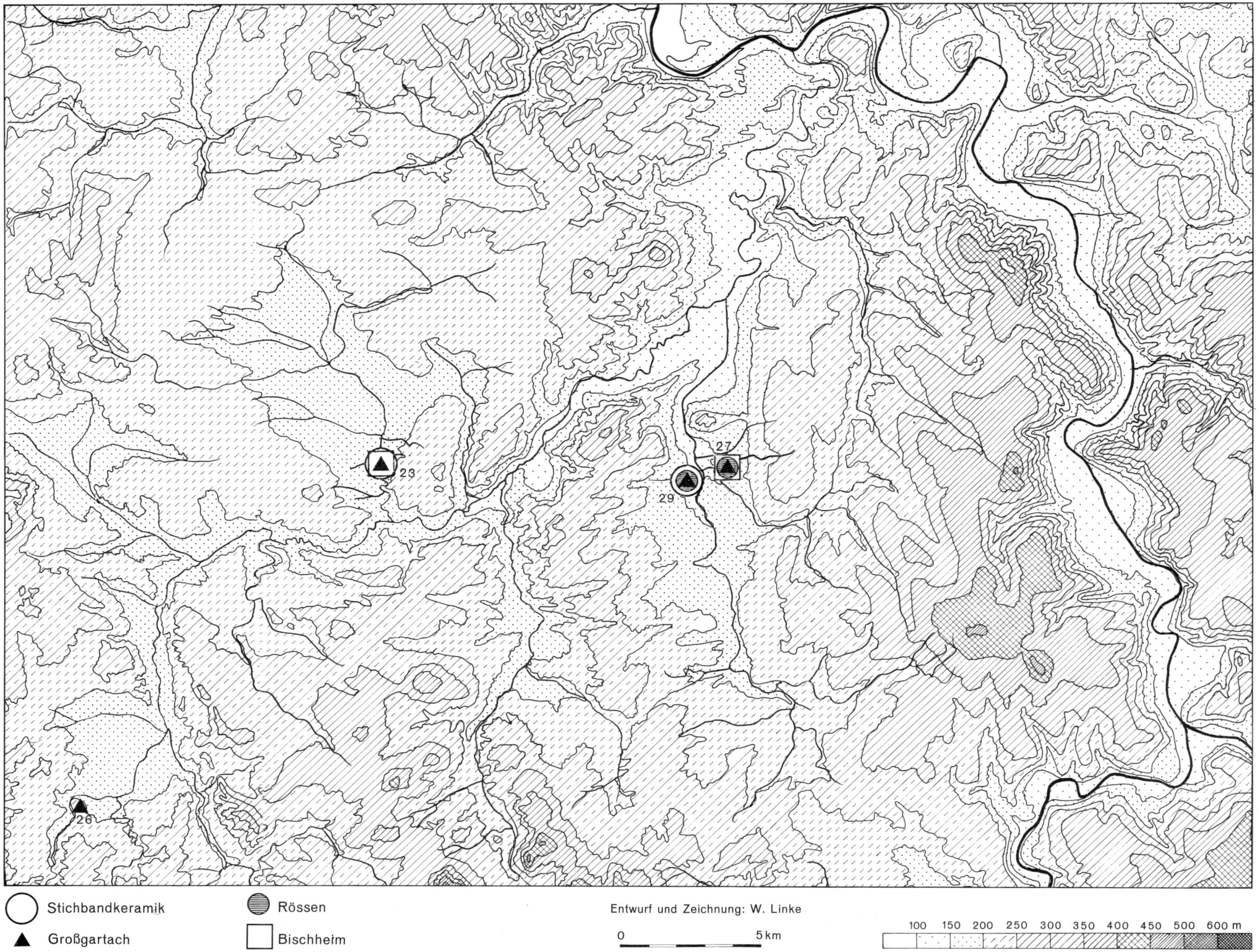

Entwurf und Zeichnung: W. Linke

0 5 km

100 150 200 250 300 350 400 450 500 600 m

Stichbandkeramik ○ Rössen ◐
Großgartach ▲ Bischheim ☐

Karte 2.3 Warburger Börde: Siedlungen und Steingeräte

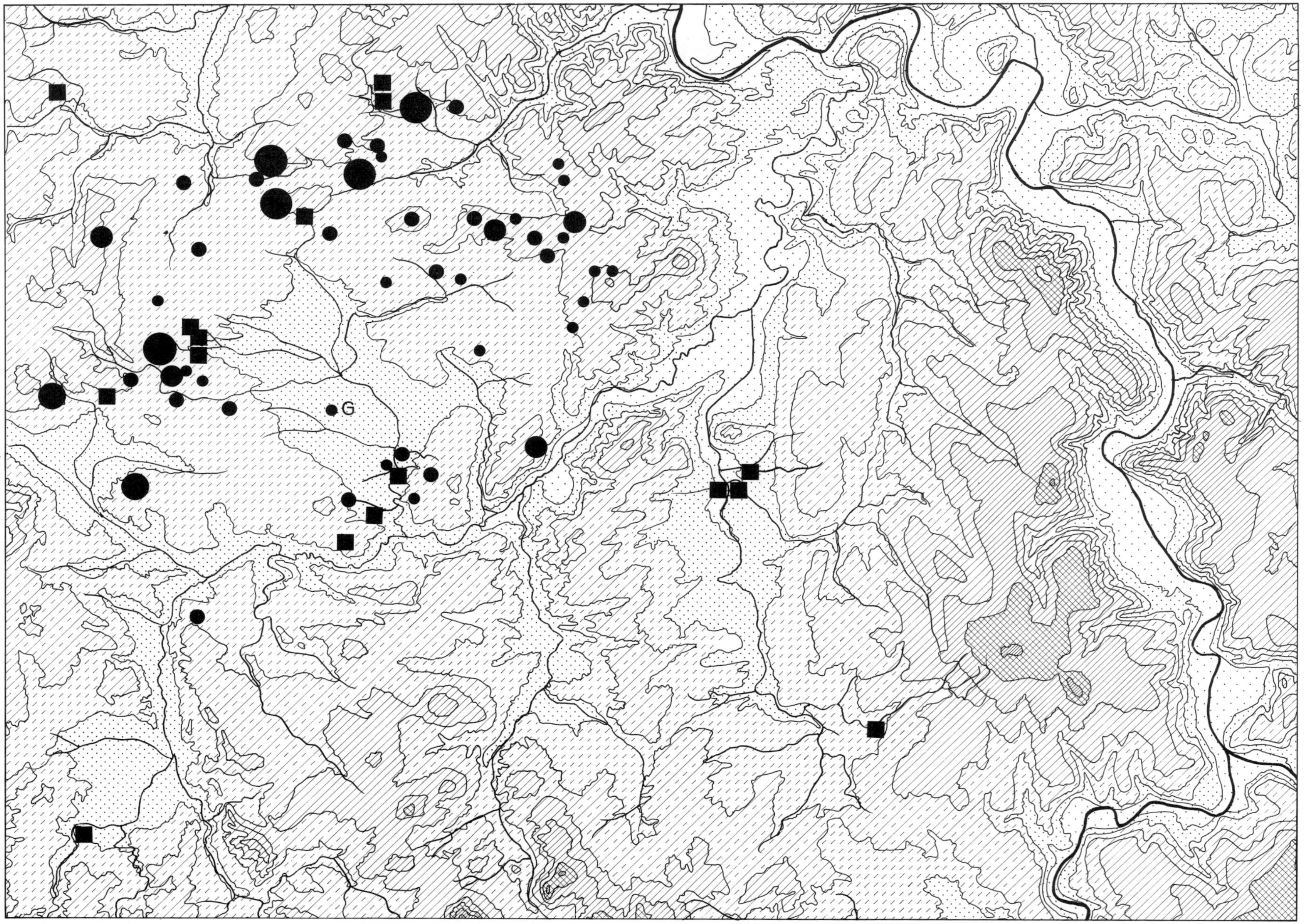

Karte 3.1 Kasseler Becken: Siedlungen der Linienbandkeramik

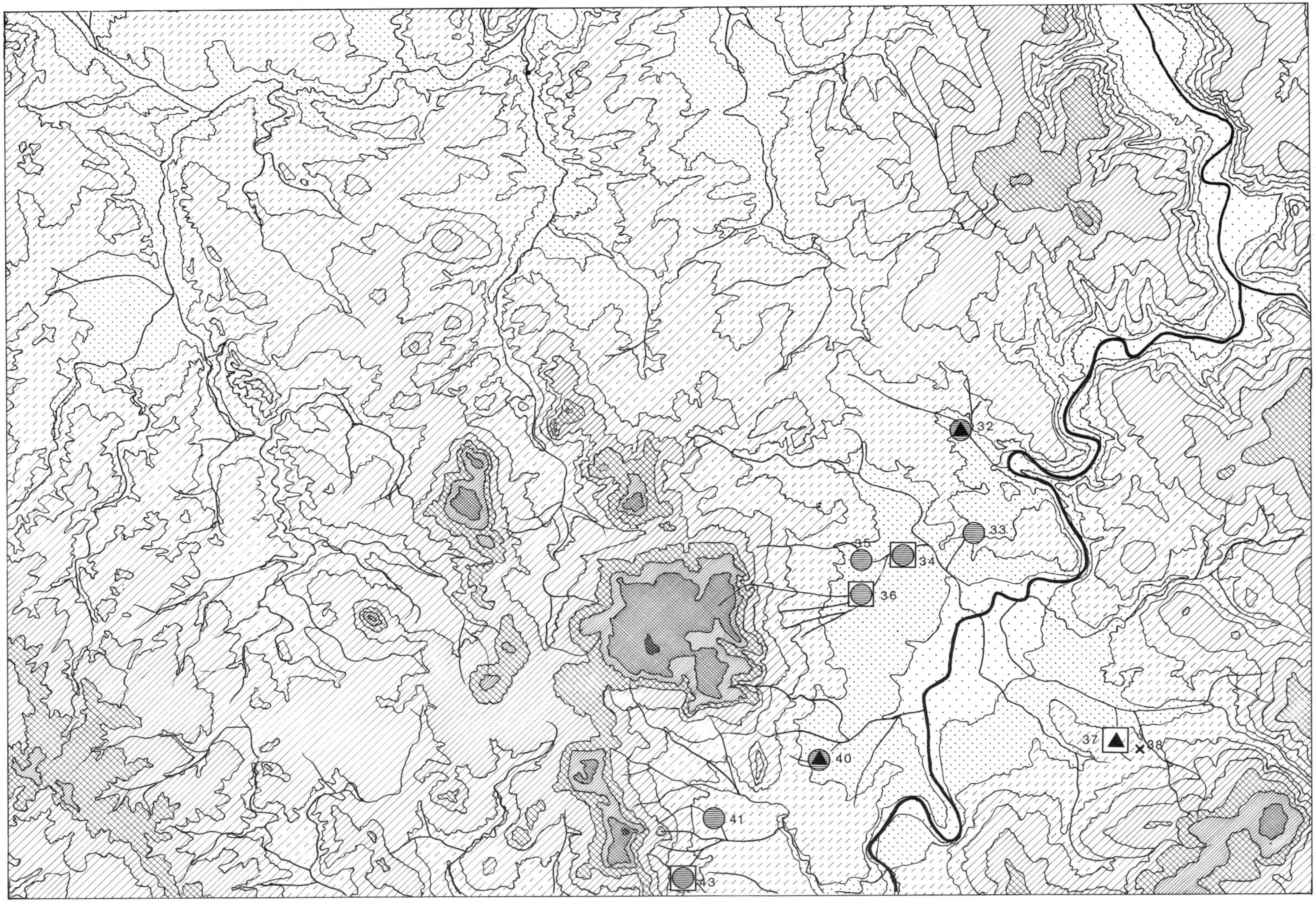

▲ ältere Linienbandkeramik   ☐ jüngere Linienbandkeramik
◐ mittlere Linienbandkeramik   × feinchronologisch nicht einordbar

Entwurf und Zeichnung: W. Linke

0   5 km

Karte 3.2 Kasseler Becken: Siedlungen der mittelneolithischen Gruppen

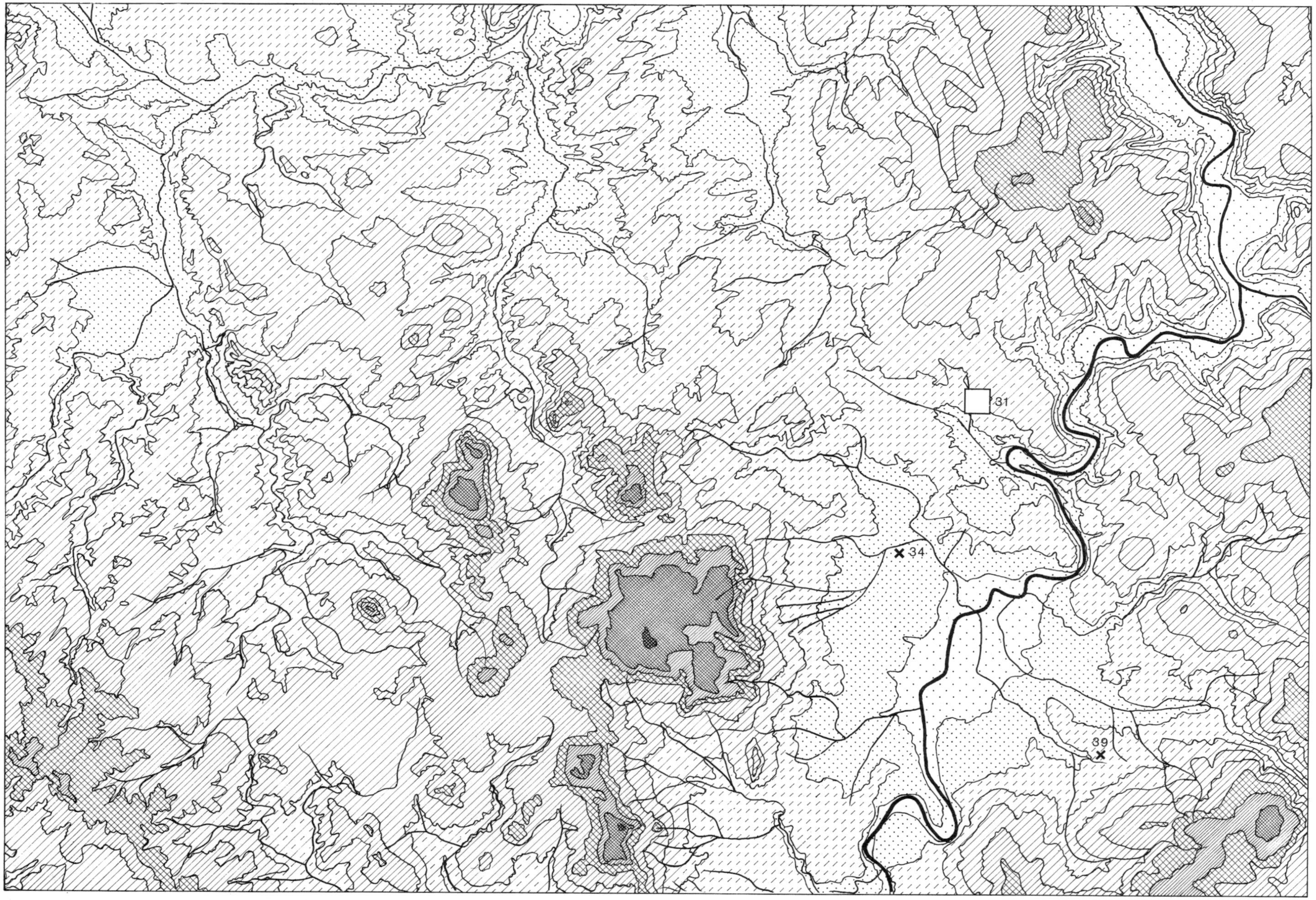

Bischheim

☐ × feinchronologisch nicht einordbar

Entwurf und Zeichnung: W. Linke

0   5 km

100 150 200 250 300 350 400 450 500 600 m

Karte 4.1 Hessengausenke: Siedlungen der Linienbandkeramik

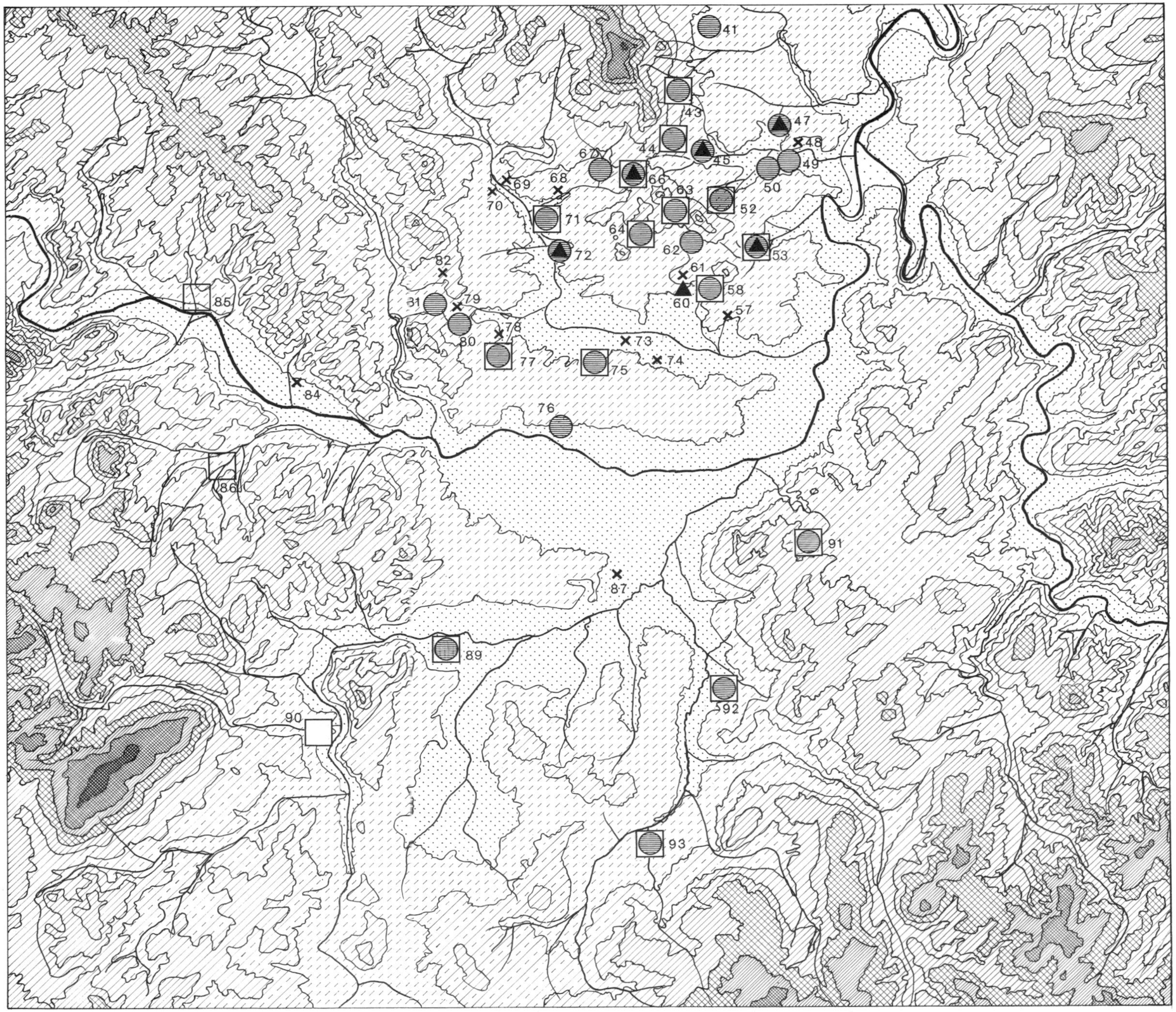

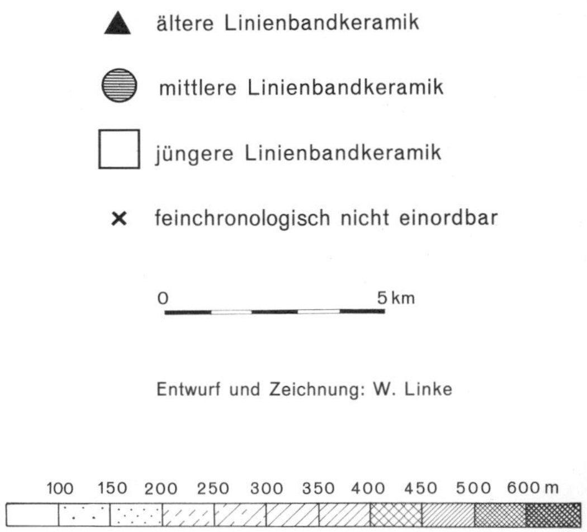

Karte 4.2 Hessengausenke: Siedlungen der mittelneolithischen Gruppen

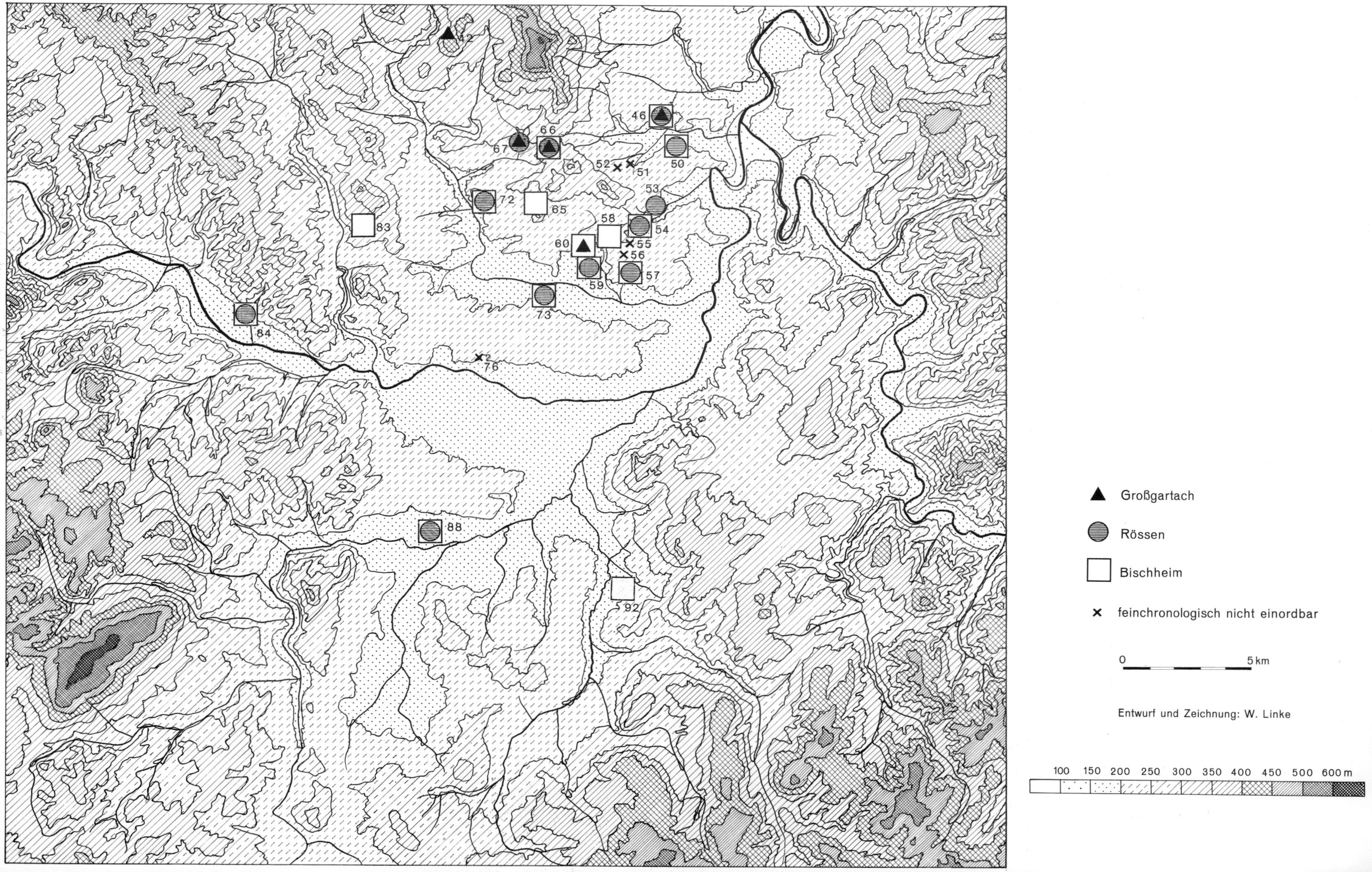

Werl 1

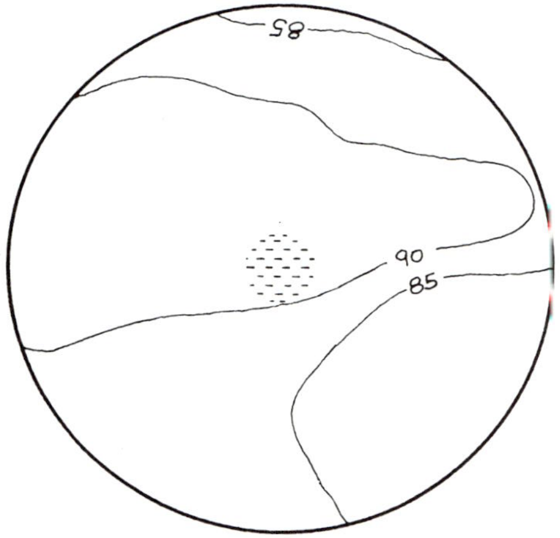

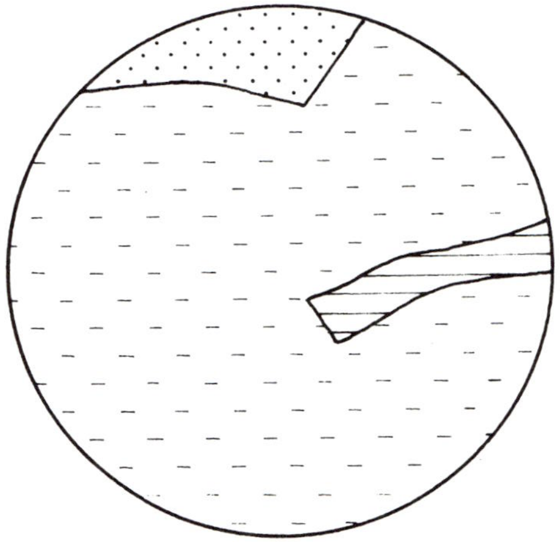

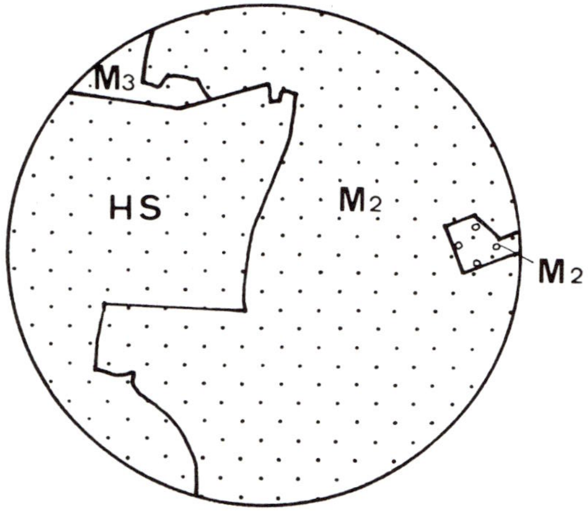

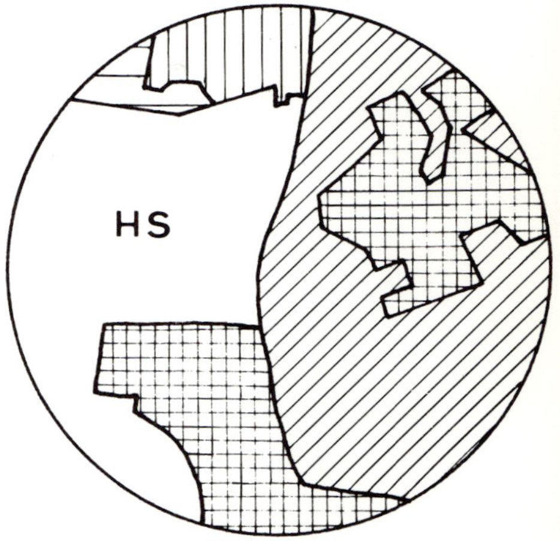

Bezeichnung u. Lokalisation		Art u. Einordnung des Fundmaterials		Standortmerkmale	
Gemarkung	Werl	Fundumstände	Fundbergungen bei Ausschachtungsarbeiten	Morphologischer Standort	Hügelrandlage
Kreis	Soest	Siedlungsindikatoren	Keramik, Steingeräte, Gruben	Exposition	nach Süden
Flur- oder Lagebezeichnung	östlich der Scheidingerstraße			Höhenlage	92,5m
		Zeitliche Einordnung	Bischheim	Entfernung zum Wasservorkommen	825m Bach
Koordinaten	34 25460/57 14940	Überlagerungen	keine	Lage zum Lößareal	Lage im Löß
Streubereich der Funde	200 m im Durchmesser			Lage zum vermutlich ackerbaulich genutzten Teil der Wirtschaftsfläche	zentral

Hangneigung		Boden						Bodenart		Entwicklungsstand		Bonitierung	
	Flächenanteil in v.H.	Ausgangsmaterial			Flächenanteil in v.H.				Flächenanteil in v.H.		Flächenanteil in v.H.		Flächenanteil in v.H.
0 – 1°	87,7	Löß			100,0			leicht	–	Stufe 1	–	Stufe 1	–
1 – 2°	7,1	Verwitterungsböden			–			mittelschwer	67,6	Stufe 2	65,4	Stufe 2	26,9
2 – 4°	5,2	Diluvialböden			–			schwer	–	Stufe 3	2,2	Stufe 3	31,8
4 – 8°	–	Alluvialböden			–							Stufe 4	6,8
> 8°	–											Stufe 5	2,1
								Nicht erfaßte bzw. nicht berücksichtigte Bereiche				Stufe 6	–
	100,0				100,0			W – HS 32,4 = 32,4 Al –	32,4		32,4		32,4
									100,0		100,0		100,0

Geographisches Institut
der Universität Kiel
Neue Universität

Werl 2

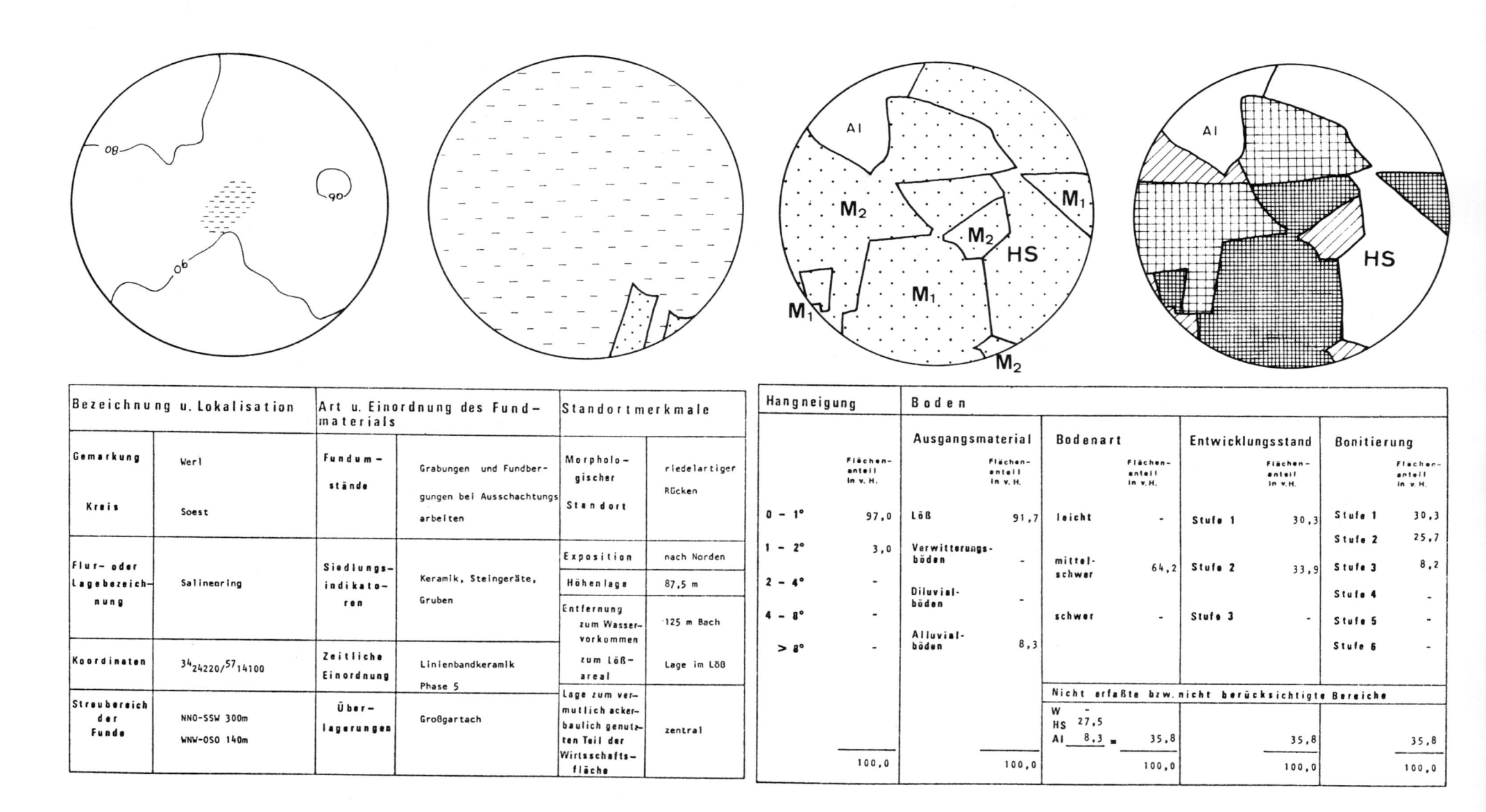

Bezeichnung u. Lokalisation		Art u. Einordnung des Fundmaterials		Standortmerkmale	
Gemarkung	Werl	Fundumstände	Grabungen und Fundbergungen bei Ausschachtungsarbeiten	Morphologischer Standort	riedelartiger Rücken
Kreis	Soest	Siedlungsindikatoren	Keramik, Steingeräte, Gruben	Exposition	nach Norden
Flur- oder Lagebezeichnung	Salineoring	Zeitliche Einordnung	Linienbandkeramik Phase 5	Höhenlage	87,5 m
		Überlagerungen	Großgartach	Entfernung zum Wasservorkommen	125 m Bach
Koordinaten	34 24220/57 14100			zum Lößareal	Lage im Löß
Streubereich der Funde	NNO-SSW 300m WNW-OSO 140m			Lage zum vermutlich baulich ackerbaulich genutzten Teil der Wirtschaftsfläche	zentral

Hangneigung		Boden						Entwicklungsstand		Bonitierung	
	Flächenanteil in v.H.	Ausgangsmaterial	Flächenanteil in v.H.	Bodenart	Flächenanteil in v.H.				Flächenanteil in v.H.		Flächenanteil in v.H.
0 – 1°	97,0	Löß	91,7	leicht	-			Stufe 1	30,3	Stufe 1	30,3
1 – 2°	3,0	Verwitterungsböden	-	mittelschwer	64,2			Stufe 2	33,9	Stufe 2	25,7
2 – 4°	-	Diluvialböden	-	schwer	-			Stufe 3	-	Stufe 3	8,2
4 – 8°	-	Alluvialböden	8,3					Stufe 4	-	Stufe 4	-
> 8°	-									Stufe 5	-
										Stufe 6	-
				Nicht erfaßte bzw. nicht berücksichtigte Bereiche							
				W 27,5 HS 8,3 = 35,8 Al	35,8				35,8		35,8
	100,0		100,0		100,0				100,0		100,0

Werl 3

3

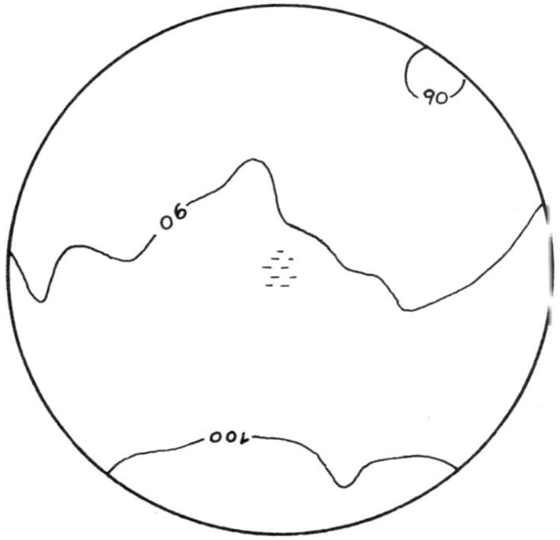

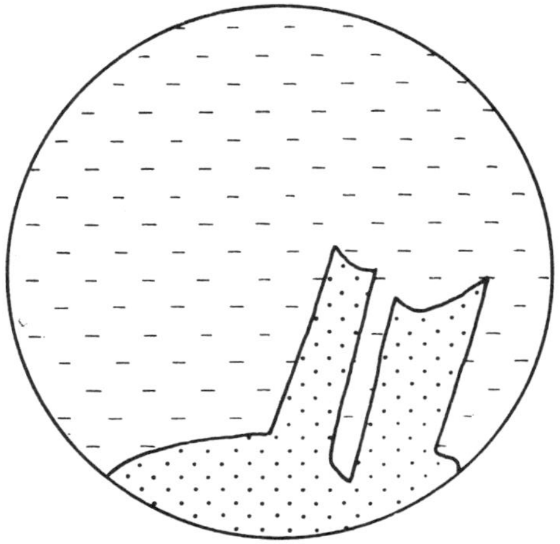

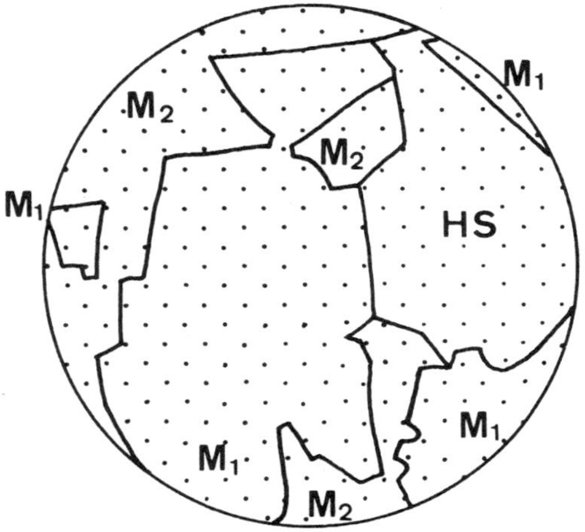

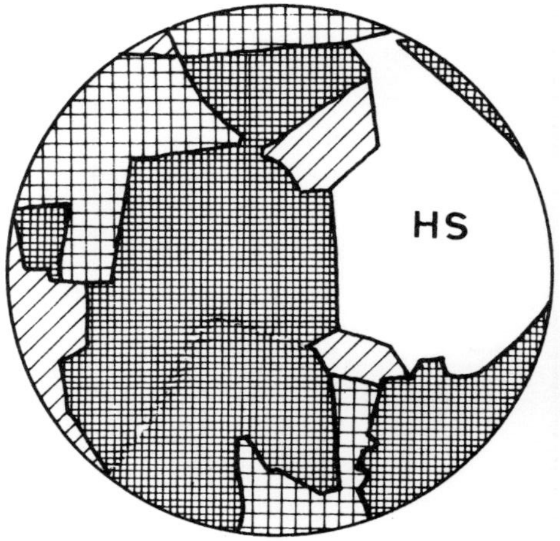

Bezeichnung u. Lokalisation		
Gemarkung	Werl	
Kreis	Soest	
Flur- oder Lagebezeichnung	Unnaerstr./Krankenhausgasse	
Koordinaten	34 24260/57 13640	
Streubereich der Funde	100 m im Durchmesser	

Art u. Einordnung des Fundmaterials		
Fundumstände	Fundbergungen bei Ausschachtungsarbeiten	
Siedlungsindikatoren	Keramik, Steingeräte, Gruben	
Zeitliche Einordnung	Linienbandkeramik Phase 4	
Überlagerungen	keine	

Standortmerkmale		
Morphologischer Standort	riedelartiger Rücken	
Exposition	nach Norden	
Höhenlage	92,5 m	
Entfernung zum Wasservorkommen	450 m Bach	
Entfernung zum Lößareal	Lage im Löß	
Lage zum vermutlich ackerbaulich genutzten Teil der Wirtschaftsfläche	zentral	

Hangneigung		Boden							
	Flächenanteil in v.H.	Ausgangsmaterial	Flächenanteil in v.H.	Bodenart	Flächenanteil in v.H.	Entwicklungsstand	Flächenanteil in v.H.	Bonitierung	Flächenanteil in v.H.
0 – 1°	78,0	Löß	100,0	leicht	–	Stufe 1	50,7	Stufe 1	50,7
1 – 2°	22,0	Verwitterungsböden	–	mittelschwer	78,4	Stufe 2	27,7	Stufe 2	18,6
2 – 4°	–	Diluvialböden	–	schwer	–	Stufe 3	–	Stufe 3	9,1
4 – 8°	–	Alluvialböden	–					Stufe 4	–
> 8°	–							Stufe 5	–
								Stufe 6	–
	100,0		100,0	Nicht erfaßte bzw. nicht berücksichtigte Bereiche W – HS 21,6 Al – = 21,6	100,0		21,6 100,0		21,6 100,0

Werl 4

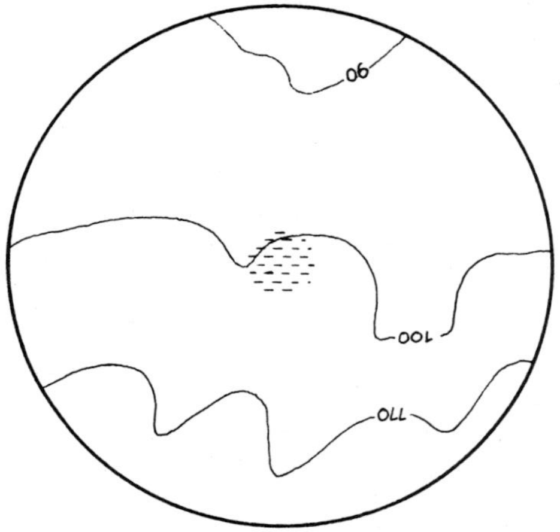

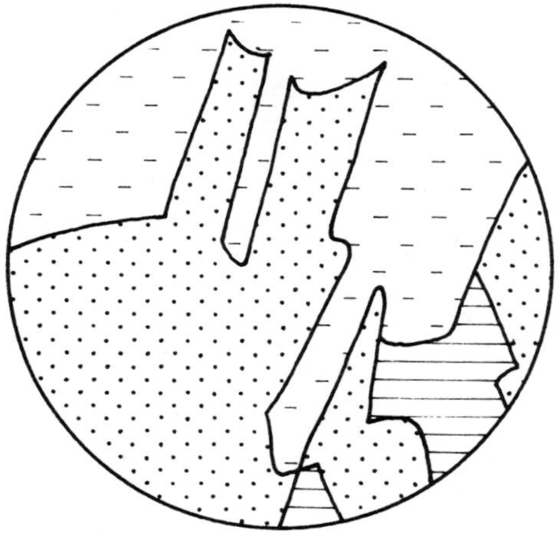

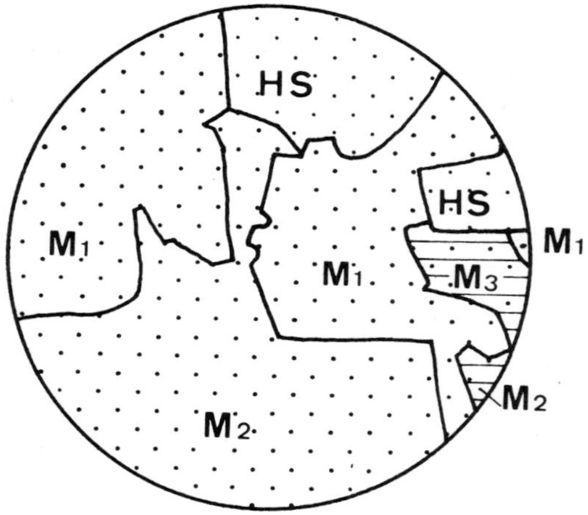

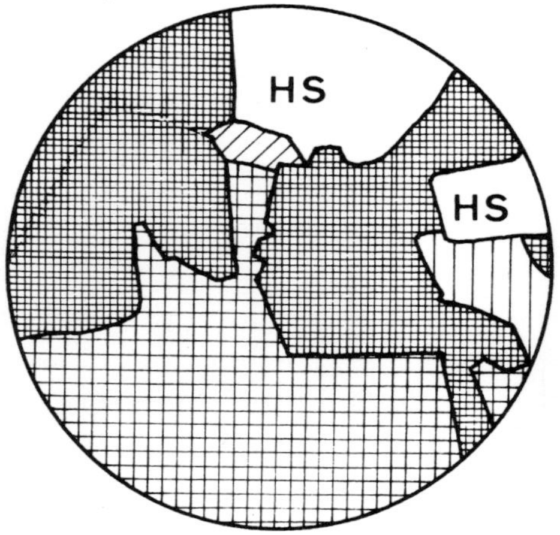

Bezeichnung u. Lokalisation		Art u. Einordnung des Fundmaterials		Standortmerkmale	
Gemarkung	Werl	Fundumstände	Fundbergungen bei Ausschachtungsarbeiten	Morphologischer Standort	riedelartiger Rücken
Kreis	Soest	Siedlungsindikatoren	Keramik, Steingeräte, Gruben	Exposition	nach Norden
Flur- oder Lagebezeichnung	"Am Vogelsang"	Zeitliche Einordnung	bandkeramische Nachfolgekulturgruppen	Höhenlage	102,5 m
Koordinaten	34 24540/57 13040	Überlagerungen	keine	Entfernung zum Wasservorkommen	1000 m Bach
				Lage zum Lößareal	Lage im Löß
Streubereich der Funde	200 m im Durchmesser			Lage zum vermutlich ackerbaulich genutzten Teil der Wirtschaftsfläche	zentral

Hangneigung		Boden						Entwicklungsstand		Bonitierung	
	Flächenanteil in v.H.	Ausgangsmaterial	Flächenanteil in v.H.	Bodenart	Flächenanteil in v.H.				Flächenanteil in v.H.		Flächenanteil in v.H.
0 - 1°	40,1	Löß	100,00	leicht	-			Stufe 1	43,4	Stufe 1	43,4
1 - 2°	50,9	Verwitterungsböden	-	mittelschwer	85,9			Stufe 2	38,4	Stufe 2	37,0
2 - 4°	9,0	Diluvialböden	-	schwer	-			Stufe 3	4,1	Stufe 3	1,4
4 - 8°	-	Alluvialböden	-							Stufe 4	4,1
> 8°	-			Nicht erfaßte bzw. nicht berücksichtigte Bereiche						Stufe 5	-
				W -						Stufe 6	-
				HS 14,1							
				Al - = 14,1							
	100,0		100,0		100,0				14,1		14,1
									100,0		100,0

Werl 5

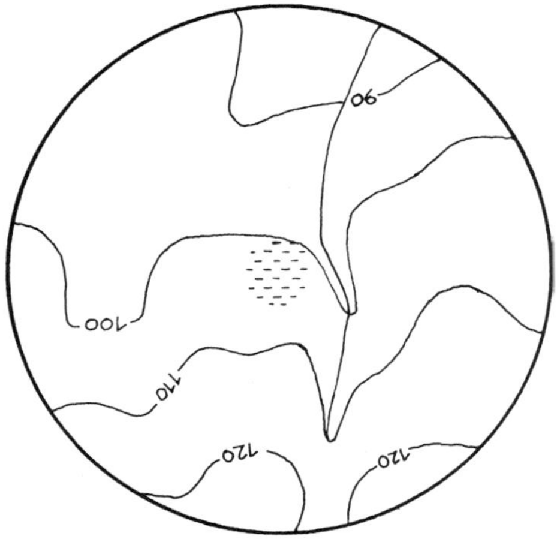

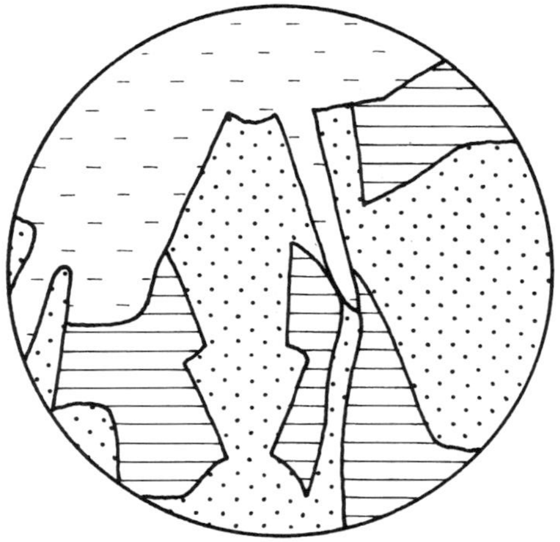

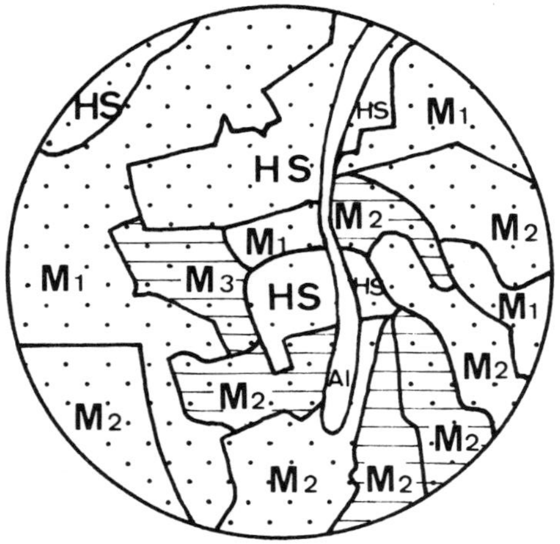

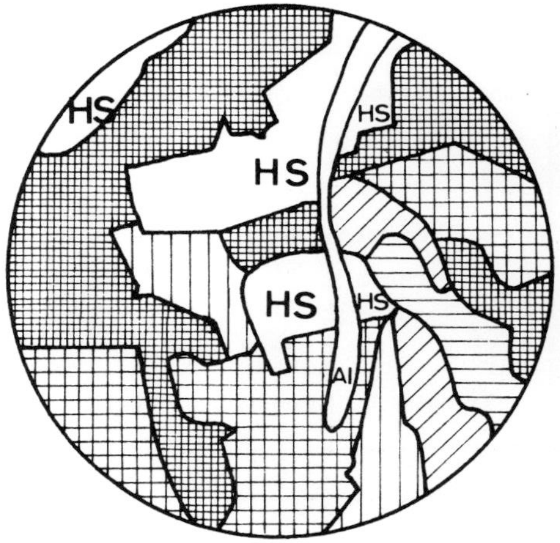

Bezeichnung u. Lokalisation		
Gemarkung	Werl	
Kreis	Soest	
Flur- oder Lagebezeichnung	Ziegeleigrube Sander	
Koordinaten	34 25360/57 12970	
Streubereich der Funde	200 m im Durchmesser	

Art u. Einordnung des Fundmaterials		
Fundumstände	Fundbergungen in der Ziegeleigrube	
Siedlungsindikatoren	Keramik, Steingeräte, Pfostenlöcher, Gruben	
Zeitliche Einordnung	Linienbandkeramik	
Überlagerungen		

Standortmerkmale		
Morphologischer Standort	riedelartiger Rücken	
Exposition	nach Norden	
Höhenlage	105 m	
Entfernung zum Wasservorkommen	150 m Bach	
zum Lößareal	Lage im Löß	
Lage zum vermutlich ackerbaulich genutzten Teil der Wirtschaftsfläche	zentral	

Hangneigung	Flächenanteil in v.H.
0 – 1°	29,6
1 – 2°	45,2
2 – 4°	25,2
4 – 8°	–
> 8°	–
	100,0

Boden				
Ausgangsmaterial	Flächenanteil in v.H.	Bodenart	Flächenanteil in v.H.	
Löß	92,0	leicht	–	
Verwitterungsböden	3,8	mittelschwer	77,2	
Diluvialböden	–	schwer	–	
Alluvialböden	4,2			
	100,0	Nicht erfaßte bzw. nicht berücksichtigte Bereiche		
		W –		
		HS 18,6	22,8	
		Al 4,2		
			100,0	

Entwicklungsstand	Flächenanteil in v.H.	Bonitierung	Flächenanteil in v.H.
Stufe 1	34,6	Stufe 1	34,6
Stufe 2	38,7	Stufe 2	28,4
Stufe 3	3,9	Stufe 3	6,4
		Stufe 4	7,8
		Stufe 5	–
		Stufe 6	–
	22,8		22,8
	100,0		100,0

Werl 6

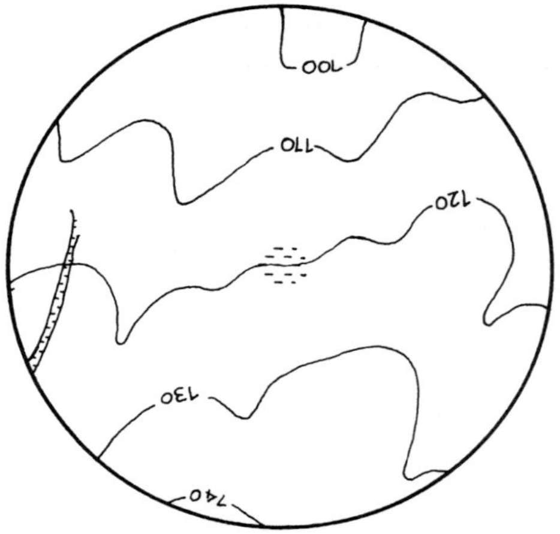

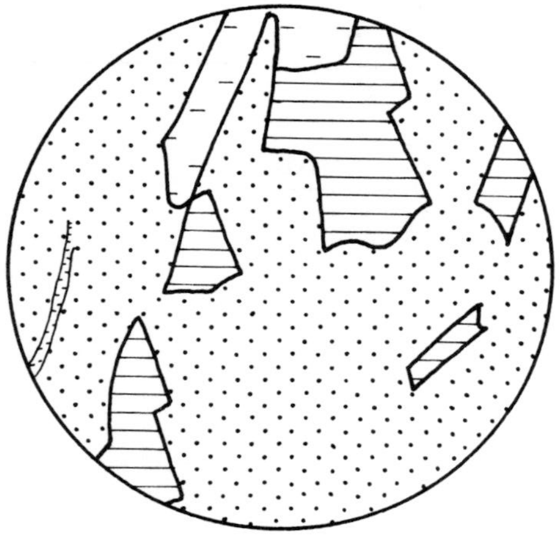

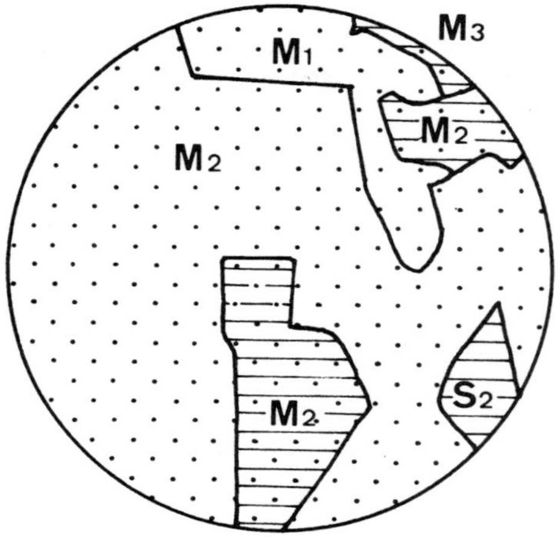

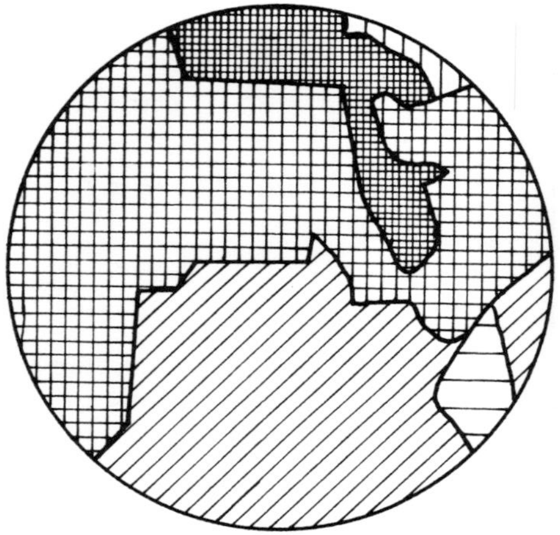

Bezeichnung u. Lokalisation		Art u. Einordnung des Fundmaterials		Standortmerkmale	
Gemarkung	Werl	Fundumstände	Fundbergungen bei Ausschachtungsarbeiten	Morphologischer Standort	riedelartiger Rücken
Kreis	Soest				
Flur- oder Lagebezeichnung	Steinkuhlenweg	Siedlungsindikatoren	Keramik, Steingeräte	Exposition	nach Norden
				Höhenlage	120 m
Koordinaten	34 24810/57 12250	Zeitliche Einordnung	Linienbandkeramik Phasen 4-5	Entfernung zum Wasservorkommen	750 m Bach
		Überlagerungen	keine	Lage im Lößareal	Lage im Löß
Streubereich der Funde	125 m im Durchmesser			Lage zum vermutlich baulich ackerbaulich genutzten Teil der Wirtschaftsfläche	zentral

Hangneigung		Boden							
	Flächenanteil in v.H.	Ausgangsmaterial	Flächenanteil in v.H.	Bodenart	Flächenanteil in v.H.	Entwicklungsstand	Flächenanteil in v.H.	Bonitierung	Flächenanteil in v.H.
0 – 1°	5,1	Löß	97,2	leicht	–	Stufe 1	11,5	Stufe 1	11,5
1 – 2°	77,8	Verwitterungsböden	2,8	mittelschwer	97,1	Stufe 2	87,3	Stufe 2	49,5
2 – 4°	17,1	Diluvialböden	–	schwer	2,9	Stufe 3	1,2	Stufe 3	35,0
4 – 8°	–	Alluvialböden	–					Stufe 4	1,1
> 8°	–							Stufe 5	2,9
								Stufe 6	–
	100,0		100,0		100,0		100,0		100,0

Nicht erfaßte bzw. nicht berücksichtigte Bereiche
W : –
HS : –
Al : –

Werl 7

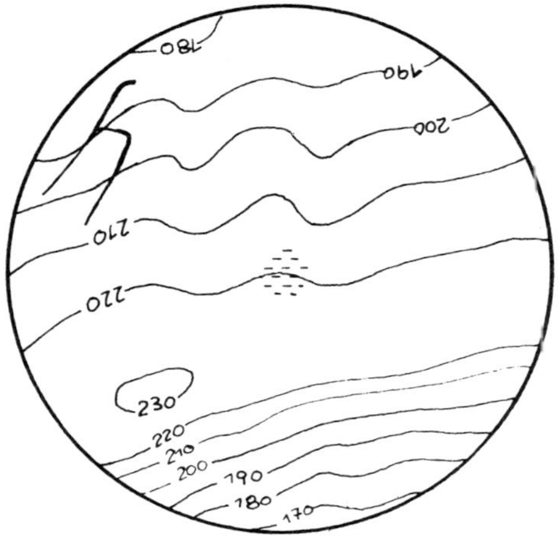

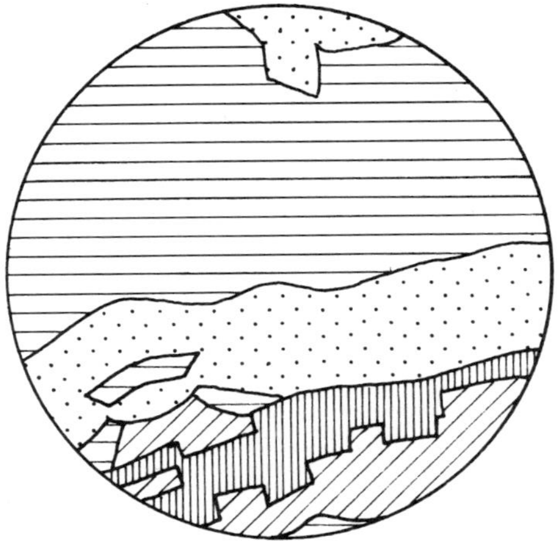

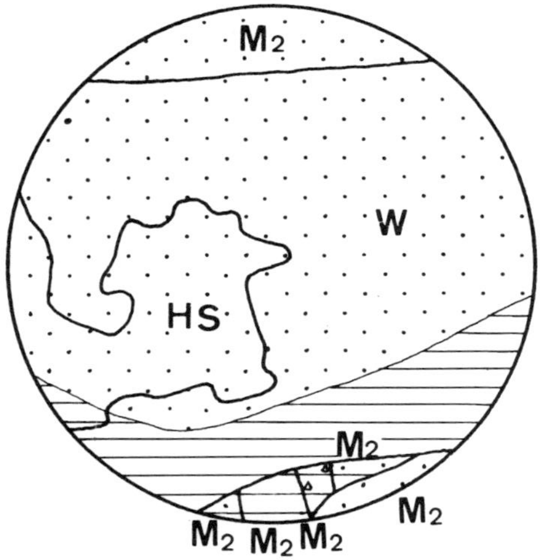

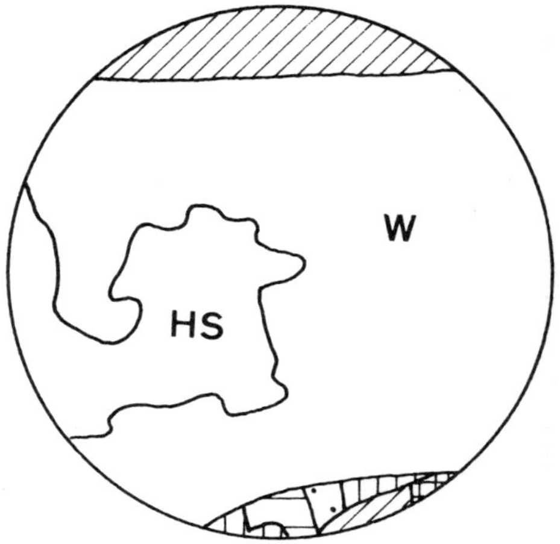

Bezeichnung u. Lokalisation		
Gemarkung	Werl	
Kreis	Soest	
Flur- oder Lagebezeichnung	Stadtwald	
Koordinaten	34 23220/57 09460	
Streubereich der Funde	125 m im Durchmesser	

Art u. Einordnung des Fundmaterials		
Fundumstände	Fundbergungen bei Ausschachtungsarbeiten	
Siedlungsindikatoren	Keramik, Steingeräte, Gruben	
Zeitliche Einordnung	Großgartach	
Überlagerungen	keine	

Standortmerkmale		
Morphologischer Standort	am Rand der Stufenstirn	
Exposition	nach Norden	
Höhenlage	220 m	
Entfernung zum Wasservorkommen	500 m Quelle	
Lage zum Lößareal	im Löß	
Lage zum vermutlich ackerbaulich genutzten Teil der Wirtschaftsfläche	randlich	

Hangneigung	Flächenanteil in v.H.	Boden								
		Ausgangsmaterial	Flächenanteil in v.H.	Bodenart	Flächenanteil in v.H.	Entwicklungsstand	Flächenanteil in v.H.	Bonitierung	Flächenanteil in v.H.
0 – 1°	-	Löß	80,9	leicht	-	Stufe 1	-	Stufe 1	-
1 – 2°	25,6	Verwitterungsböden	19,1	mittelschwer	12,5	Stufe 2	12,5	Stufe 2	0,3
2 – 4°	55,0	Diluvialböden	-	schwer	-	Stufe 3	-	Stufe 3	9,3
4 – 8°	10,7	Alluvialböden	-					Stufe 4	1,2
> 8°	8,7							Stufe 5	1,0
								Stufe 6	0,7
				Nicht erfaßt bzw. nicht berücksichtigte Bereiche					
				W 69,3 HS 18,2 Al -	87,5		87,5		87,5
100,0		100,0		100,0		100,0		100,0	

Werl 8

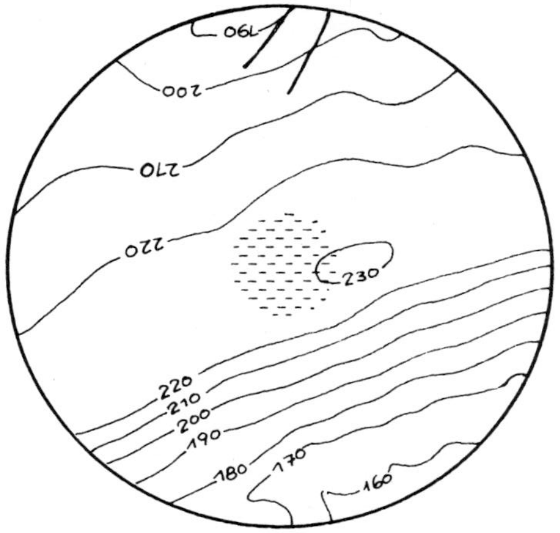

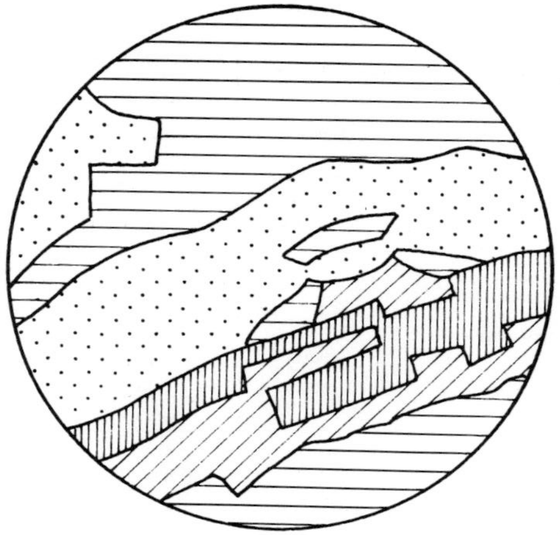

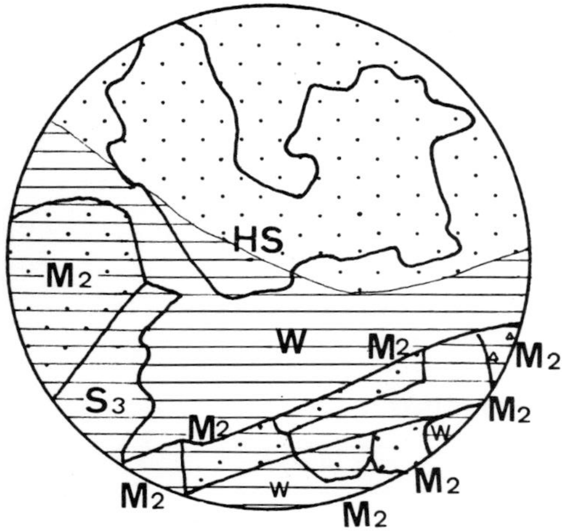

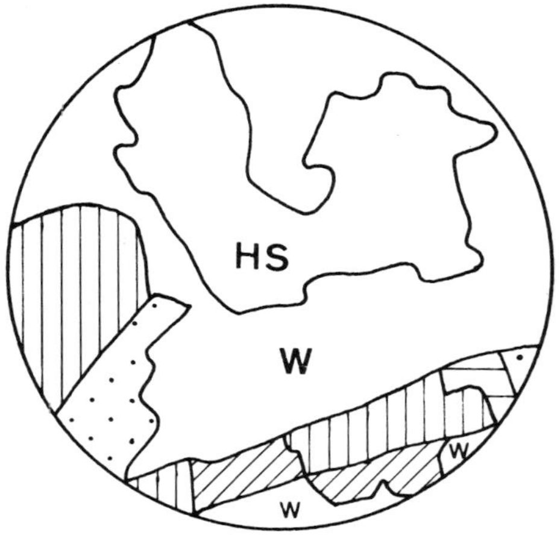

Bezeichnung u. Lokalisation		
Gemarkung	Werl	
Kreis	Soest	
Flur- oder Lagebezeichnung	Stadtwald	
Koordinaten	3427540/5713320	
Streubereich der Funde	300 m im Durchmesser	

Art u. Einordnung des Fundmaterials		
Fundumstände	Grabung	
Siedlungsindikatoren	Keramik, Steingeräte, Pfostenlöcher, Gruben	
Zeitliche Einordnung	Bischheim	
Überlagerungen	Michelsberg, Galeriegrabgruppe	

Standortmerkmale		
Morphologischer Standort	am Rand der Stufenstirn	
Exposition	keine	
Höhenlage	227,5 m	
Entfernung zum Wasservorkommen	500 m Quelle	
zum Lößareal	Lage unmittelbar am Löß	
	randlich	
	Lage zum vermutlich ackerbaulich genutzten Teil der Wirtschaftsfläche	

Hangneigung	Flächenanteil in v.H.
0 – 1°	–
1 – 2°	32,9
2 – 4°	41,9
4 – 8°	12,9
> 8°	12,3
	100,0

Boden		
Ausgangsmaterial		Flächenanteil in v.H.
Löß		61,6
Verwitterungsböden		38,4
Diluvialböden		–
Alluvialböden		–
		100,0

Bodenart	Flächenanteil in v.H.
leicht	–
mittelschwer	21,8
schwer	5,2
Nicht erfaßte bzw. nicht berücksichtigte Bereiche	73,0
W 45,6 HS 27,4 Al –	100,0

Entwicklungsstand	Flächenanteil in v.H.
Stufe 1	–
Stufe 2	22,0
Stufe 3	5,0
	73,0
	100,0

Bonitierung	Flächenanteil in v.H.
Stufe 1	–
Stufe 2	–
Stufe 3	4,3
Stufe 4	15,5
Stufe 5	1,4
Stufe 6	5,8
	73,0
	100,0

9 Westönnen

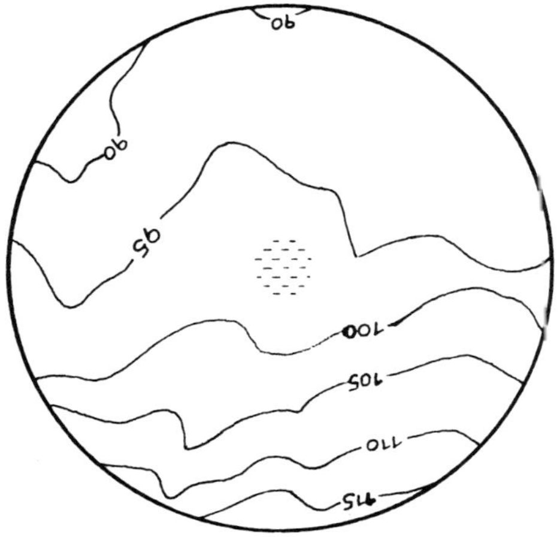

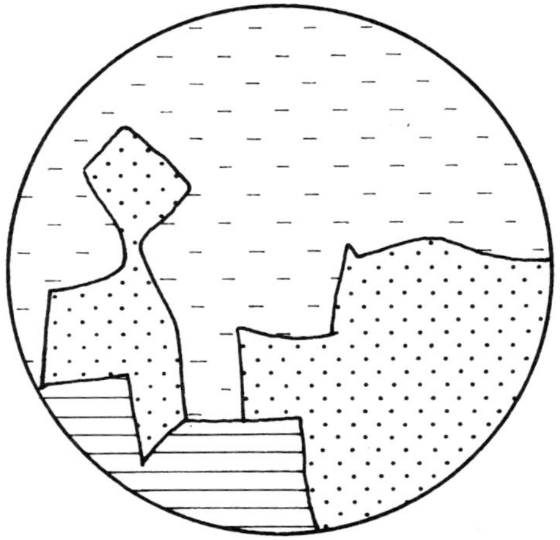

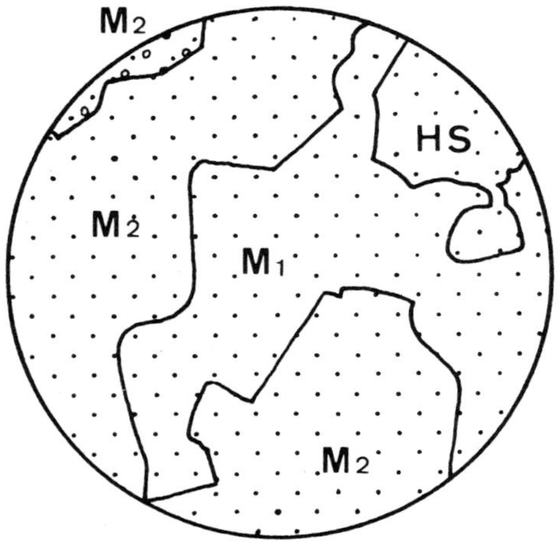

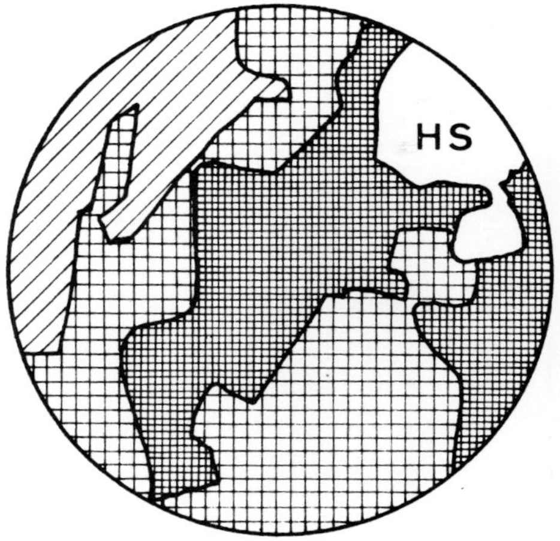

Bezeichnung u. Lokalisation		Art u. Einordnung des Fundmaterials	
Gemarkung	Westönnen	Fundumstände	Fundbergungen bei Ausschachtungsarbeiten
Kreis	Soest	Siedlungsindikatoren	Keramik, Steingeräte, Gruben
Flur- oder Lagebezeichnung	Weststraße	Zeitliche Einordnung	Linienbandkeramik Phase 2 – 3
Koordinaten	34 27540/57 13320	Überlagerungen	Stichbandkeramik Großgartach
Streubereich der Funde	150 m im Durchmesser		

Standortmerkmale	
Morphologischer Standort	riedelartiger Rücken
Exposition	nach Norden
Höhenlage	97,5 m
Entfernung zum Wasservorkommen	925 m Quelle
zum Lößareal	Lage im Löß
Lage zum vermutlich ackerbaulich genutzten Teil der Wirtschaftsfläche	zentral

Hangneigung	Flächenanteil in v.H.
0 – 1°	57,5
1 – 2°	32,1
2 – 4°	10,4
4 – 8°	–
> 8°	–
	100,0

Boden					
Ausgangsmaterial	Flächenanteil in v.H.	Bodenart	Flächenanteil in v.H.	Entwicklungsstand	Flächenanteil in v.H.
Löß	100,0	leicht	–	Stufe 1	33,2
Verwitterungsböden	–	mittelschwer	91,6	Stufe 2	58,4
Diluvialböden	–	schwer	–	Stufe 3	–
Alluvialböden	–				
	100,0		100,0		

Nicht erfaßte bzw. nicht berücksichtigte Bereiche
W HS 8,4
Al –
= 8,4

Bonitierung	Flächenanteil in v.H.
Stufe 1	36,7
Stufe 2	42,8
Stufe 3	12,1
Stufe 4	–
Stufe 5	–
Stufe 6	–
	8,4
	100,0

10 Ostönnen

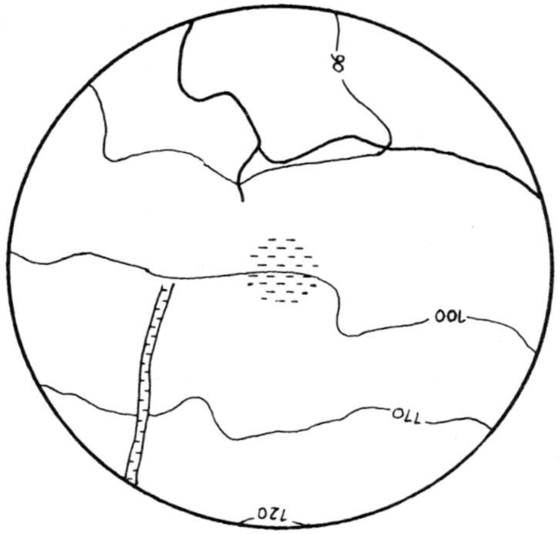

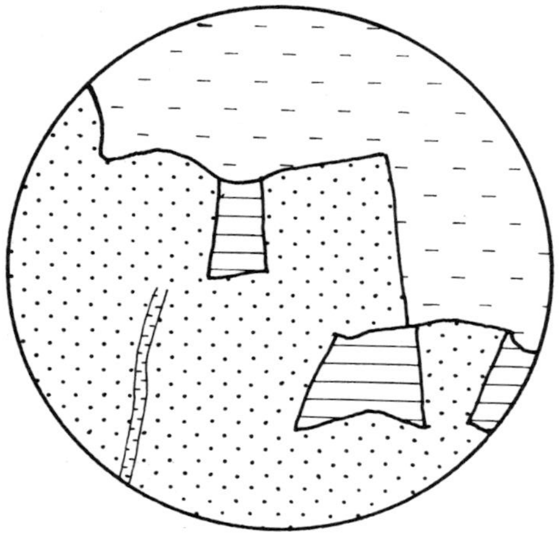

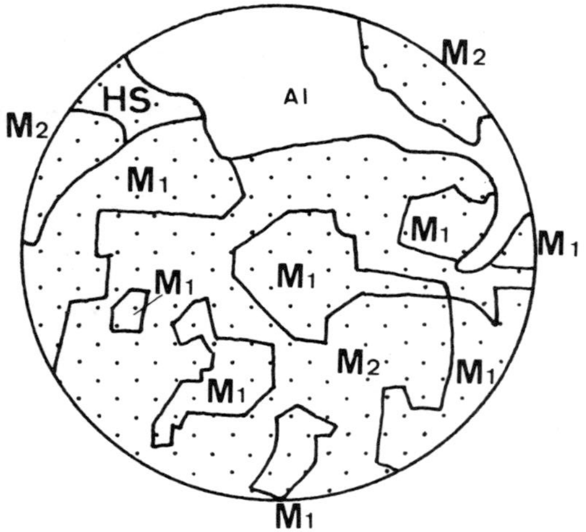

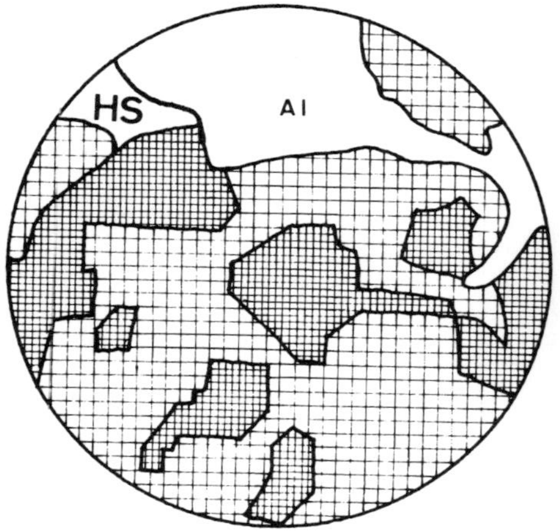

Bezeichnung u. Lokalisation		Art u. Einordnung des Fundmaterials		Standortmerkmale	
Gemarkung	Ostönnen	Fundumstände	Fundbergungen bei Ausgrabung der Fundamente eines Galeriegrabes	Morphologischer Standort	riedelartiger Rücken
Kreis	Soest	Siedlungsindikatoren	Keramik, Steingeräte, Gruben	Exposition	nach Norden
Flur- oder Lagebezeichnung	Kräggenbrink			Höhenlage	100 m
		Zeitliche Einordnung	Linienbandkeramik Phase 2	Entfernung zum Wasservorkommen	250 m Quelle
Koordinaten	34 29880/57 13100			Lage zum Lößareal	Lage im Löß
Streubereich der Funde	200 m im Durchmesser	Überlagerungen	Galeriegrabgruppe	Lage zum vermutlich ackerbaulich genutzten Teil der Wirtschaftsfläche	randlich

Hangneigung		Boden						Entwicklungsstand		Bonitierung	
	Flächenanteil in v.H.	Ausgangsmaterial	Flächenanteil in v.H.	Bodenart	Flächenanteil in v.H.				Flächenanteil in v.H.		Flächenanteil in v.H.
0 – 1°	34,0	Löß	83,7	leicht	-			Stufe 1	33,9	Stufe 1	28,5
1 – 2°	58,1	Verwitterungsböden	-	mittelschwer	80,3			Stufe 2	46,4	Stufe 2	51,8
2 – 4°	7,9	Diluvialböden	-	schwer	-			Stufe 3	-	Stufe 3	-
4 – 8°	-	Alluvialböden	16,3							Stufe 4	-
> 8°	-			Nicht erfaßte bzw. nicht berücksichtigte Bereiche						Stufe 5	-
				W - HS 3,4 Al 16,3 = 19,7					19,7	Stufe 6	-
	100,0		100,0		100,0				100,0		19,7
											100,0

Bremen

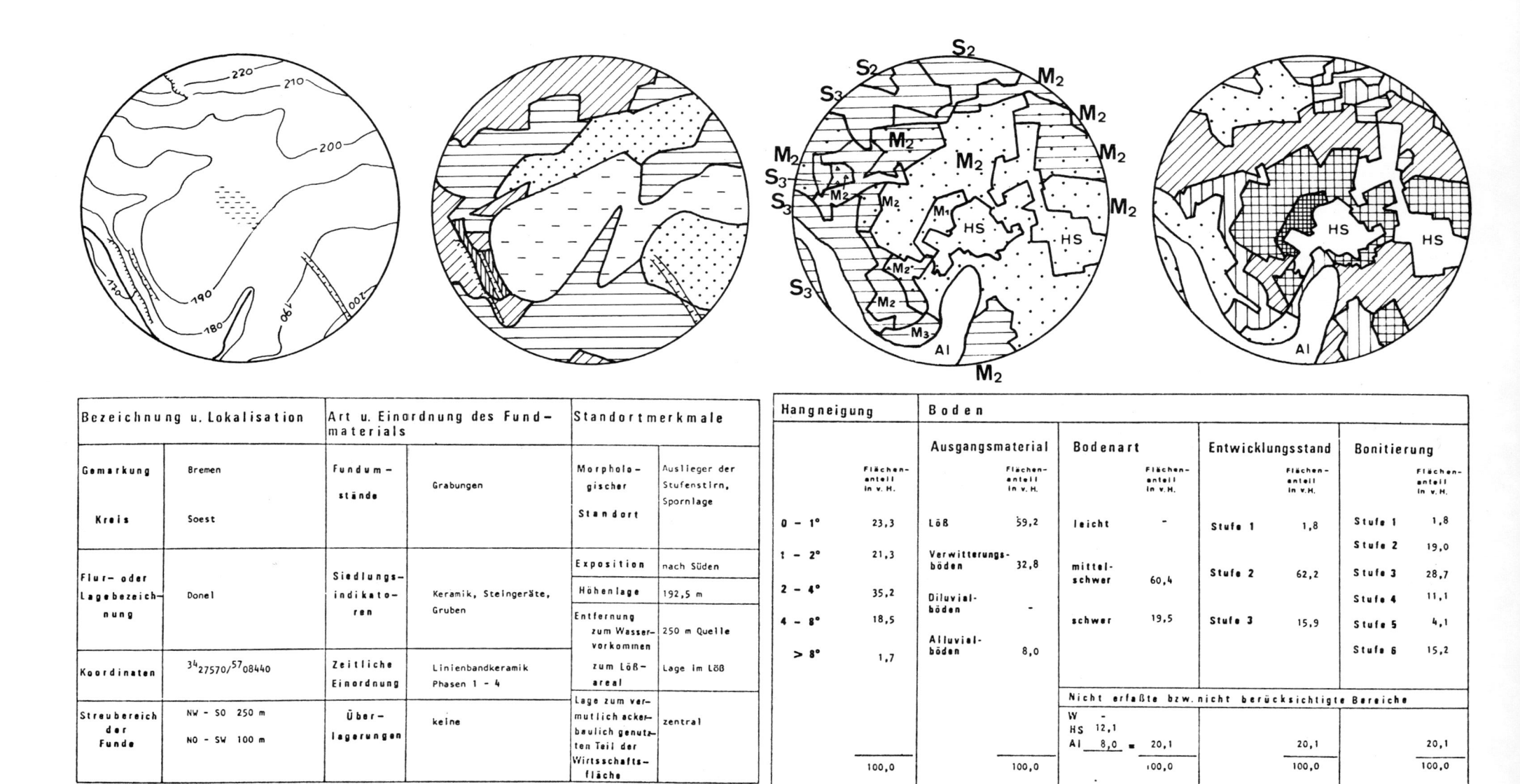

11

Bezeichnung u. Lokalisation		
Gemarkung	Bremen	
Kreis	Soest	
Flur- oder Lagebezeichnung	Donel	
Koordinaten	34 27570/57 08440	
Streubereich der Funde	NW – SO 250 m	NO – SW 100 m

Art u. Einordnung des Fundmaterials		
Fundumstände	Grabungen	
Siedlungsindikatoren	Keramik, Steingeräte, Gruben	
Zeitliche Einordnung	Linienbandkeramik Phasen 1 – 4	
Überlagerungen	keine	

Standortmerkmale		
Morphologischer Standort	Auslieger der Stufenstirn, Spornlage	
Exposition	nach Süden	
Höhenlage	192,5 m	
Entfernung zum Wasservorkommen	250 m Quelle	
Lage zum vermutlich ackerbaulich genutzten Teil der Wirtschaftsfläche	Lage im Lößareal zentral	

Hangneigung	Flächenanteil in v.H.	Boden Ausgangsmaterial	Flächenanteil in v.H.	Bodenart	Flächenanteil in v.H.	Entwicklungsstand	Flächenanteil in v.H.	Bonitierung	Flächenanteil in v.H.
0 – 1°	23,3	Löß	59,2	leicht	–	Stufe 1	1,8	Stufe 1	1,8
1 – 2°	21,3	Verwitterungsböden	32,8	mittelschwer	60,4	Stufe 2	62,2	Stufe 2	19,0
2 – 4°	35,2	Diluvialböden	–	schwer	19,5	Stufe 3	15,9	Stufe 3	28,7
4 – 8°	18,5	Alluvialböden	8,0					Stufe 4	11,1
> 8°	1,7							Stufe 5	4,1
								Stufe 6	15,2
	100,0		100,0	Nicht erfaßte bzw. nicht berücksichtigte Bereiche					
				W HS 12,1			20,1		20,1
				Al 8,0 = 20,1					
					100,0		100,0		100,0

Soest

12

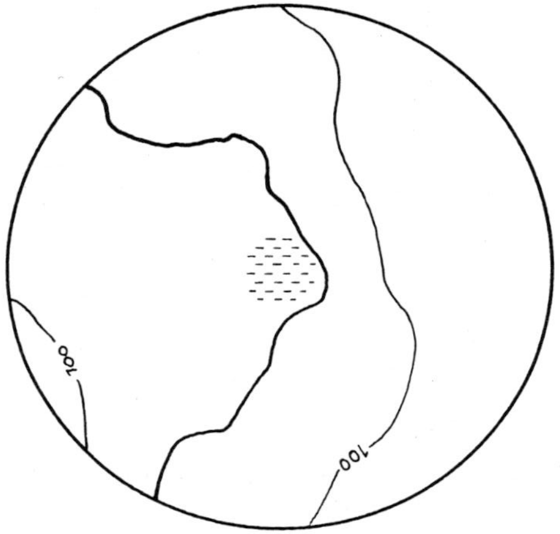

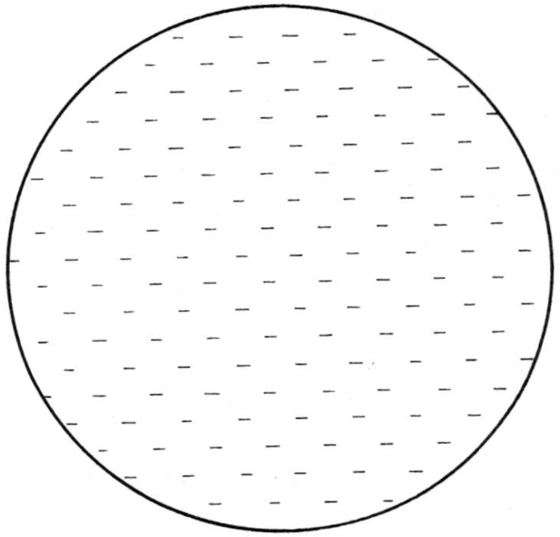

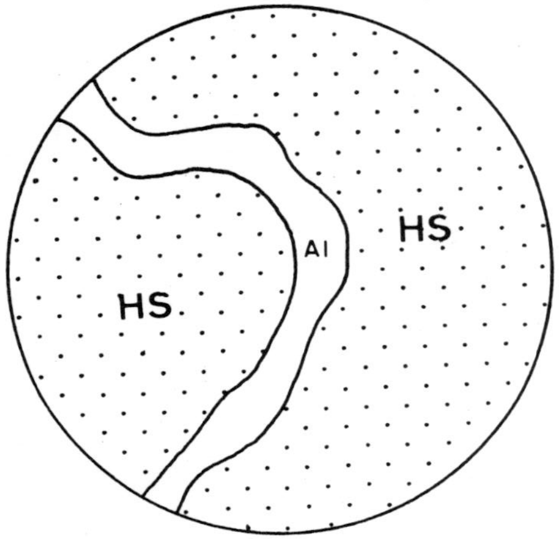

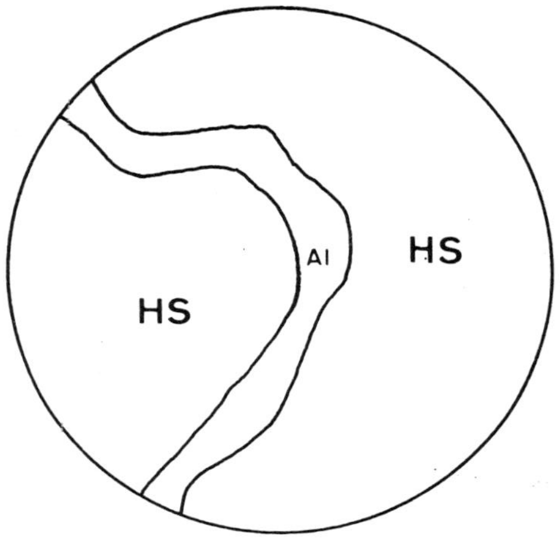

Bezeichnung u. Lokalisation		Art u. Einordnung des Fundmaterials	
Gemarkung	Soest	Fundumstände	
Kreis	Soest	Grabungen	
Flur- oder Lagebezeichnung	Nicolai - Kapelle	Siedlungsindikatoren	Keramik, Steingeräte, Gruben
		Zeitliche Einordnung	Linienbandkeramik Phase 4
Koordinaten	34 38300/57 15575	Überlagerungen	keine
Streubereich der Funde	200 m im Durchmesser		

Standortmerkmale	
Morphologischer Standort	Hangfuß an einem Bachtal
Exposition	nicht feststellb.
Höhenlage	95 m
Entfernung zum Wasservorkommen	50 m Bach
Entfernung zum Lößareal	Lage im Löß
Lage zum vermutlich baulich genutzten Teil der Wirtschaftsfläche	zentral

Hangneigung	Flächenanteil in v.H.	Boden			Entwicklungsstand		Bonitierung	
		Ausgangsmaterial	Flächenanteil in v.H.	Bodenart	Flächenanteil in v.H.		Flächenanteil in v.H.	
0 – 1°	100,0	Löß	87,0	leicht	–	Stufe 1	–	Stufe 1	–
1 – 2°	–	Verwitterungsböden	–	mittelschwer	–	Stufe 2	–	Stufe 2	–
2 – 4°	–	Diluvialböden	–	schwer	–	Stufe 3	–	Stufe 3	–
4 – 8°	–	Alluvialböden	13,0					Stufe 4	–
> 8°	–							Stufe 5	–
								Stufe 6	–
	100,0		100,0	Nicht erfaßte bzw. nicht berücksichtigte Bereiche W – HS 87,0 Al 13,0 = 100,0			100,0		100,0

Deiringsen

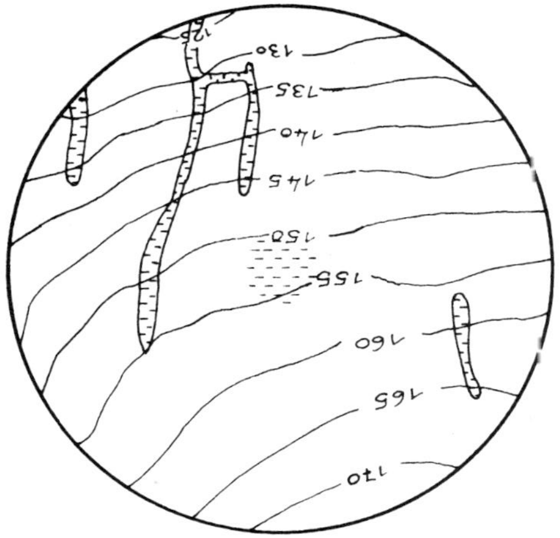

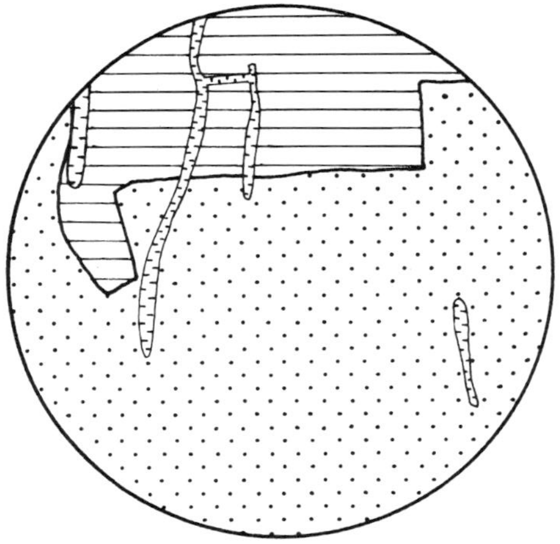

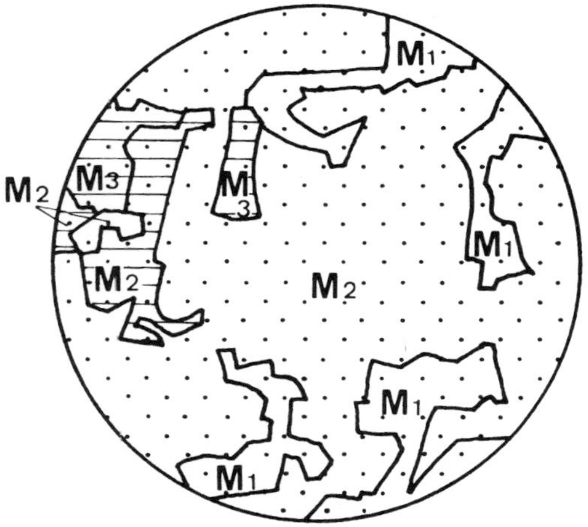

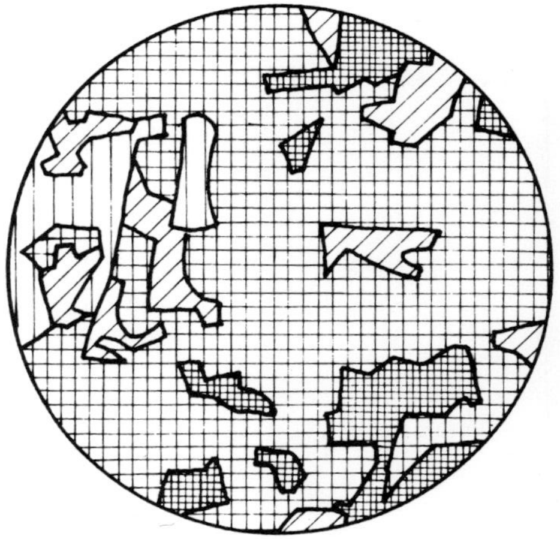

13

Bezeichnung u. Lokalisation		Art u. Einordnung des Fundmaterials		Standortmerkmale	
Gemarkung	Deiringsen/Ruploh	Fundumstände	Grabung	Morphologischer Standort	riedelartiger Rücken
Kreis	Soest	Siedlungsindikatoren	Keramik, Steingeräte, Gruben, Pfostenlöcher	Exposition	nach Norden
Flur- oder Lagebezeichnung	nordöstlich Kortmanns Hof	Zeitliche Einordnung	Rössen	Höhenlage	152,5 m
Koordinaten	34˚37200/57˚12540	Überlagerungen	Bischheim Michelsberg	Entfernung zum Wasservorkommen	1675 m Bach (Schledde)
Streubereich der Funde	200 m im Durchmesser			Lage zum Lößareal	Lage im Löß
				Lage zum vermutlich ackerbaulich genutzten Teil der Wirtschaftsfläche	zentral

Hangneigung	Flächenanteil in v.H.	Boden						Entwicklungsstand	Flächenanteil in v.H.	Bonitierung	Flächenanteil in v.H.
		Ausgangsmaterial	Flächenanteil in v.H.	Bodenart	Flächenanteil in v.H.						
0 – 1°	-	Löß	100,0	leicht	-			Stufe 1	17,8	Stufe 1	12,8
1 – 2°	74,0	Verwitterungsböden	-	mittelschwer	100,0			Stufe 2	77,4	Stufe 2	66,5
2 – 4°	26,0	Diluvialböden	-	schwer	-			Stufe 3	4,8	Stufe 3	12,5
4 – 8°	-	Alluvialböden	-							Stufe 4	8,2
> 8°	-									Stufe 5	-
										Stufe 6	-
	100,0		100,0		100,0				100,0		100,0
				Nicht erfaßte bzw. nicht berücksichtigte Bereiche W: - HS: - Al: -							

Geseke

14

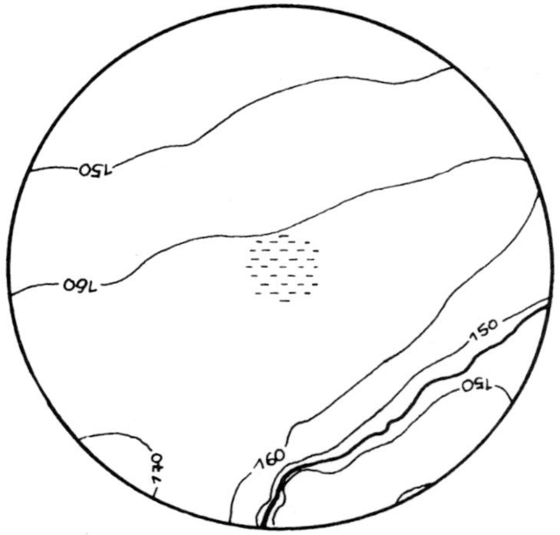

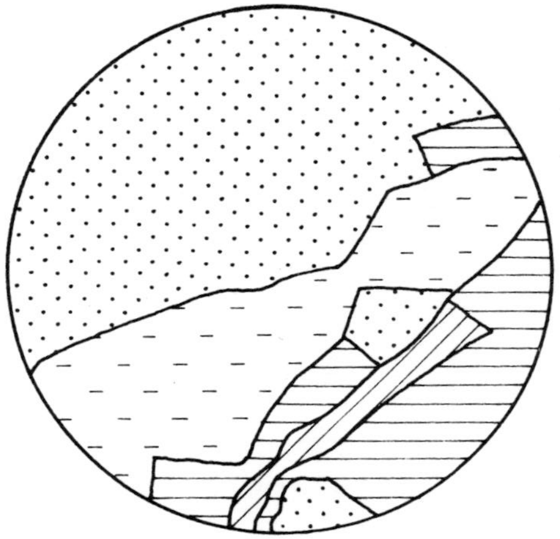

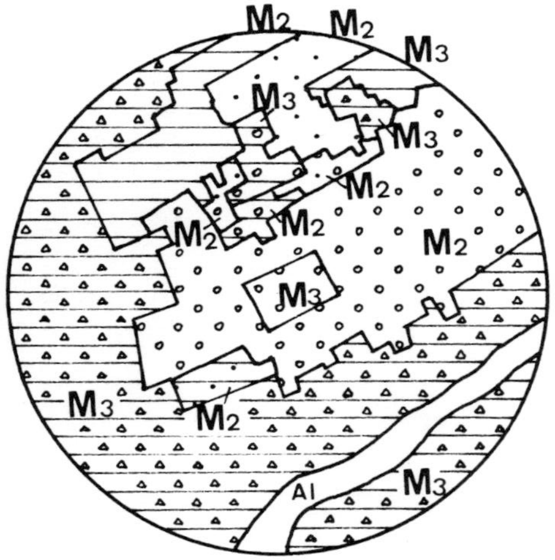

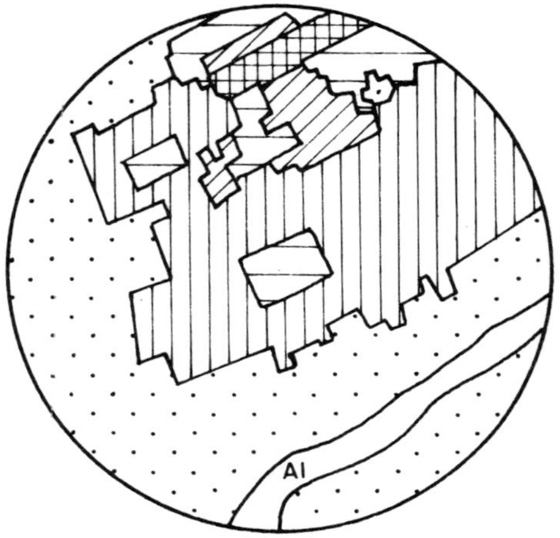

Bezeichnung u. Lokalisation		Art u. Einordnung des Fundmaterials		Standortmerkmale	
Gemarkung	Geseke	Fundumstände	Fundbergungen in der Ziegeleigrube	Morphologischer Standort	Randlage auf einem Rücken
Kreis	Lippstadt	Siedlungsindikatoren	Keramik, Steingeräte, Gruben	Exposition	nach Norden
Flur- oder Lagebezeichnung	Ziegeleigrube Eulentrop/ Elsinger Warte	Zeitliche Einordnung	Linienbandkeramik	Höhenlage	163,75 m
Koordinaten	34 67300/57 20840	Überlagerungen	keine	Entfernung zum Wasservorkommen	500 m Bach (Schledde)
Streubereich der Funde	200 m im Durchmesser			zum Lößareal	500 m
				Lage zum vermutlich ackerbaulich genutzten Teil der Wirtschaftsfläche	zentral

Hangneigung		Boden							
	Flächenanteil in v.H.	Ausgangsmaterial	Flächenanteil in v.H.	Bodenart	Flächenanteil in v.H.	Entwicklungsstand	Flächenanteil in v.H.	Bonitierung	Flächenanteil in v.H.
0 – 1°	26,8	Löß	8,8	leicht	–	Stufe 1	–	Stufe 1	–
1 – 2°	50,1	Verwitterungsböden	55,8	mittelschwer	94,4	Stufe 2	41,5	Stufe 2	2,6
2 – 4°	18,9	Diluvialböden	29,8	schwer	–	Stufe 3	52,9	Stufe 3	5,7
4 – 8°	4,2	Alluvialböden	5,6					Stufe 4	29,8
> 8°	–							Stufe 5	10,0
								Stufe 6	46,3
				Nicht erfaßte bzw. nicht berücksichtigte Bereiche					
				W –					
				HS –					
				Al 5,6 =	5,6		5,6		5,6
	100,0		100,0		100,0		100,0		100,0

Willebadessen

15

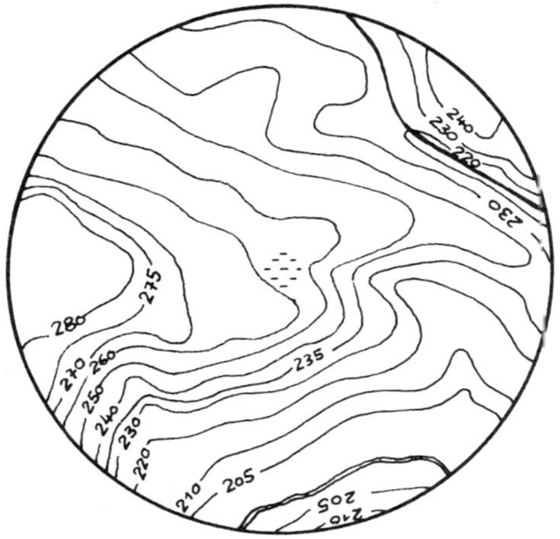

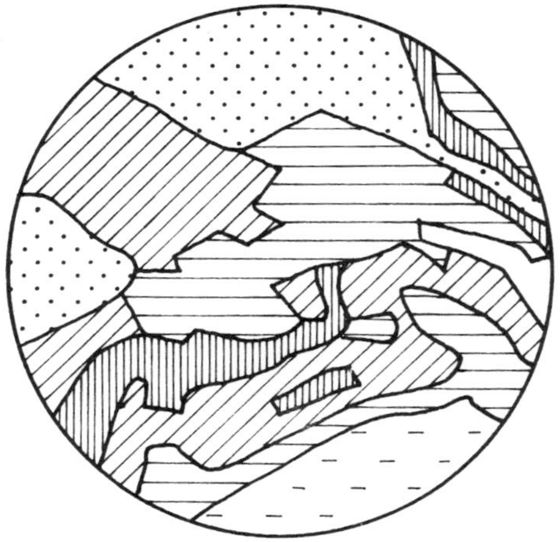

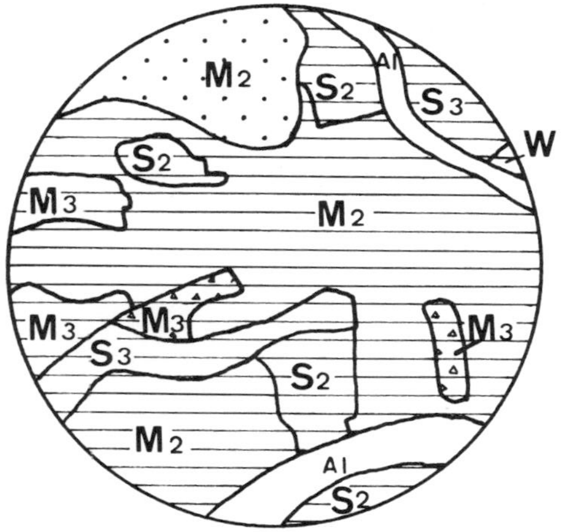

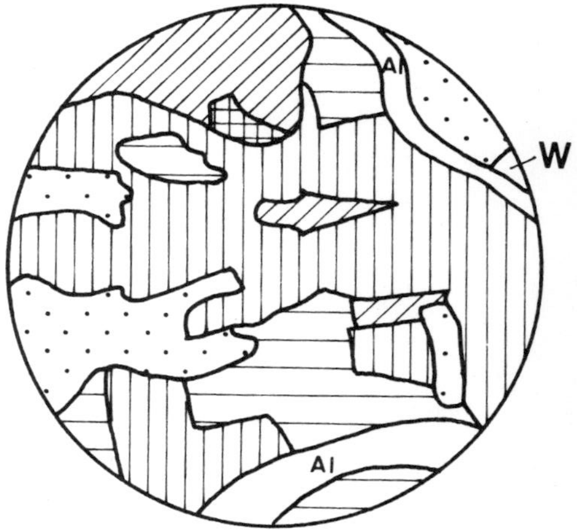

Bezeichnung u. Lokalisation		
Gemarkung	Willebadessen	
Kreis	Warburg	
Flur- oder Lagebezeichnung	Gehrdener Weg	
Koordinaten	35 04720/57 22550	
Streubereich der Funde	100 m im Durchmesser	

Art u. Einordnung des Fundmaterials	
Fundumstände	
Lesefunde	Keramik, Steingeräte
Siedlungsindikatoren	
Zeitliche Einordnung	Linienbandkeramik
Überlagerungen	keine

Standortmerkmale	
Morphologischer Standort	Hangverflachung an einem Sporn
Exposition	nach Osten
Höhenlage	255 m
Entfernung zum Wasservorkommen	500 m Fluß / 550 m Bach
Lage zum vermutlich ackerbaulich genutzten Teil der Wirtschaftsfläche	375 m / randlich

Hangneigung	Flächenanteil in v.H.
0 – 1°	12,4
1 – 2°	19,0
2 – 4°	28,2
4 – 8°	30,7
> 8°	9,7
	100,0

Boden						
Ausgangsmaterial		Bodenart		Entwicklungsstand		Bonitierung
	Flächenanteil in v.H.		Flächenanteil in v.H.		Flächenanteil in v.H.	
Löß	10,1	leicht	–	Stufe 1	–	Stufe 1 –
Verwitterungsböden	84,5	mittelschwer	73,1	Stufe 2	75,8	Stufe 2 1,3
Diluvialböden	–	schwer	21,1	Stufe 3	18,4	Stufe 3 12,1
Alluvialböden	5,4					Stufe 4 47,7
						Stufe 5 17,5
						Stufe 6 15,6
	100,0	Nicht erfaßte bzw. nicht berücksichtigte Bereiche W 0,4 / HS – / Al 5,4 = 5,8	100,0		5,8	5,8
					100,0	100,0

Natingen 1

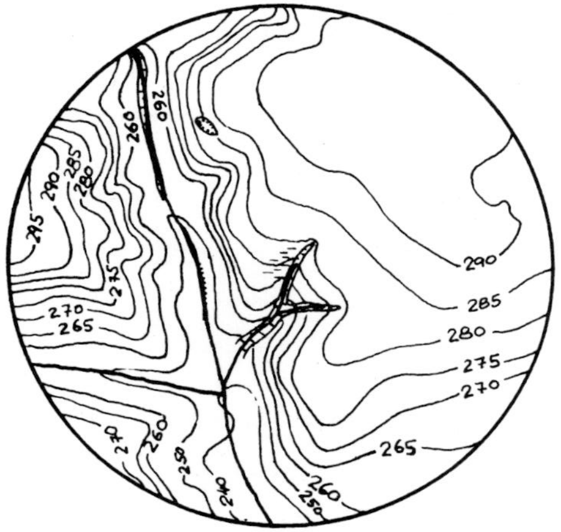

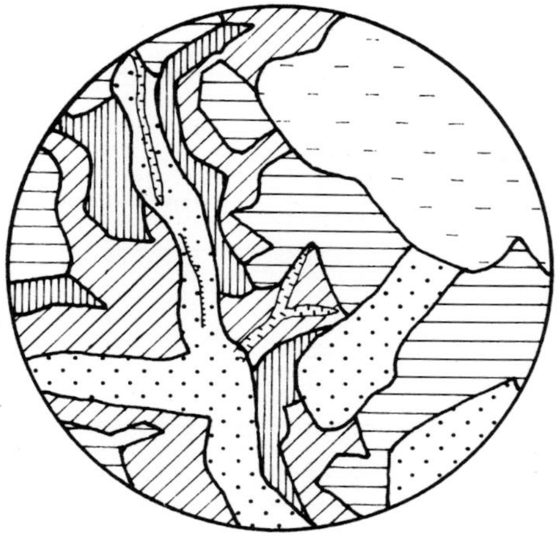

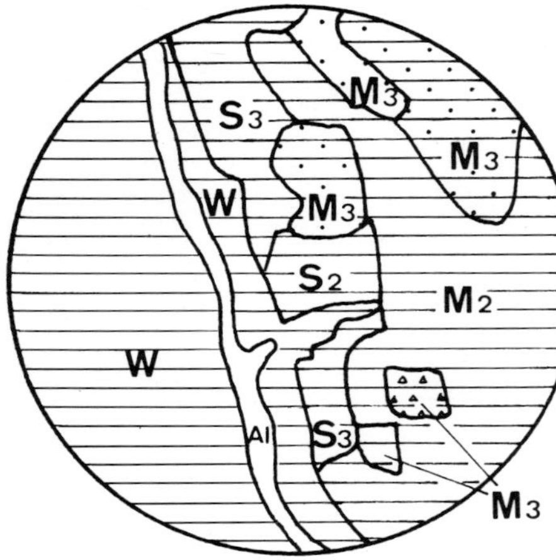

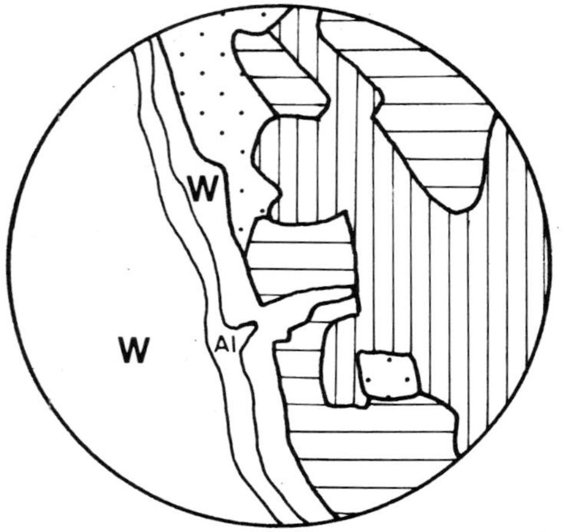

16

Bezeichnung u. Lokalisation		
Gemarkung	Natingen	
Kreis	Warburg	
Flur- oder Lagebezeichnung	'Am Schwedenbusch'	
Koordinaten	35 15680/57 22400	
Streubereich der Funde	SW – NO 100 m SO – NW 50 m	

Art u. Einordnung des Fundmaterials		
Fundumstände	Lesefunde	Keramik, Steingeräte
	Siedlungsindikatoren	
Zeitliche Einordnung		Linienbandkeramik
Überlagerungen		keine

Standortmerkmale		
Morphologischer Standort		Oberhang an einem Bachtal
	Exposition	nach Südwesten
	Höhenlage	275 m
Entfernung zum Wasservorkommen		Lage an einer Quelle 50 m
Lage zum vermutlich ackerbaulich genutzten Teil der Wirtschaftsfläche		randlich

Hangneigung	Flächenanteil in v.H.	Boden						Entwicklungsstand		Bonitierung	
		Ausgangsmaterial	Flächenanteil in v.H.	Bodenart	Flächenanteil in v.H.				Flächenanteil in v.H.		Flächenanteil in v.H.
0 – 1°	19,1	Löß	13,4	leicht	–			Stufe 1	–	Stufe 1	–
1 – 2°	21,5	Verwitterungsböden	81,3	mittelschwer	44,0			Stufe 2	43,0	Stufe 2	–
2 – 4°	24,4	Diluvialböden	–	schwer	12,2			Stufe 3	13,2	Stufe 3	–
4 – 8°	23,8	Alluvialböden	5,3							Stufe 4	26,5
> 8°	11,2									Stufe 5	22,0
										Stufe 6	7,7
	100,0		100,0	Nicht erfaßte bzw. nicht berücksichtigte Bereiche							
				W 38,5 HS – Al 5,3	= 43,8				43,8		43,8
					100,0				100,0		100,0

Natingen 2

17

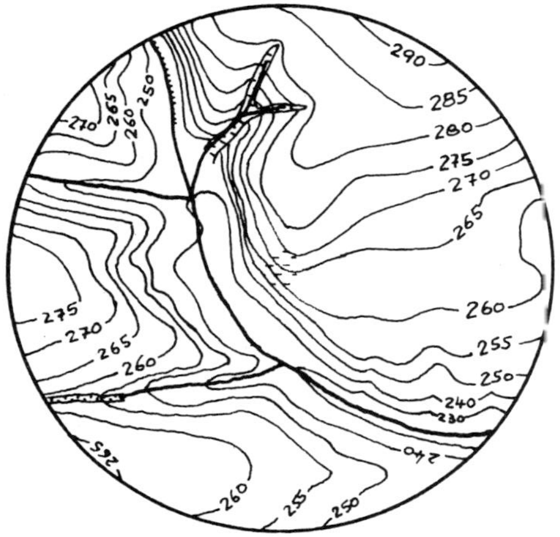

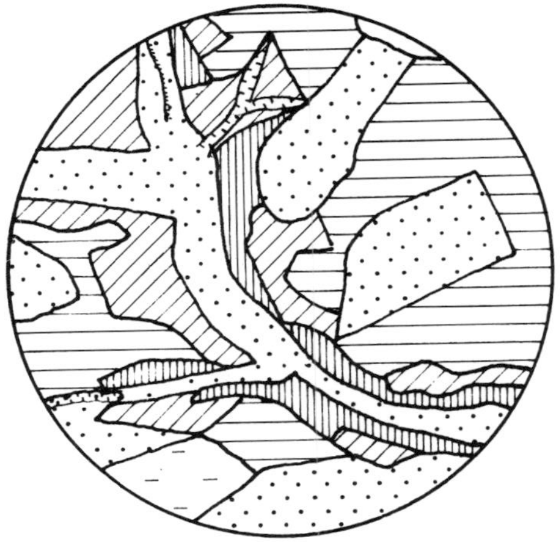

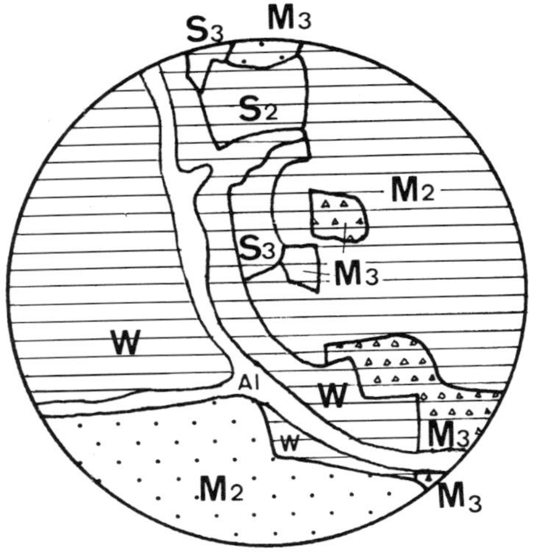

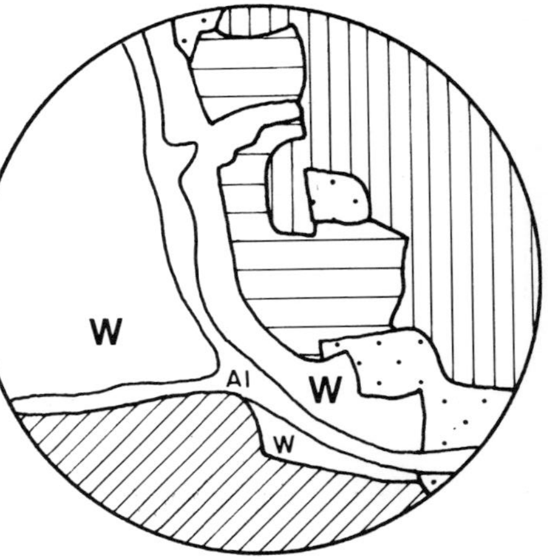

Bezeichnung u. Lokalisation		
Gemarkung	Natingen	
Kreis	Warburg	
Flur- oder Lagebezeichnung	Südöstlich des Bannenberges	
Koordinaten	35_15780/57_21850	
Streubereich der Funde	100 m im Durchmesser	

Art u. Einordnung des Fundmaterials		
Fundumstände	Lesefunde	
Siedlungsindikatoren	Keramik, Steingeräte	
Zeitliche Einordnung	Linienbandkeramik	
Überlagerungen	keine	

Standortmerkmale		
Morphologischer Standort	Mittelhang an einem Bach/Flußtal	
Exposition	nach Südwesten	
Höhenlage	265 m	
Entfernung zum Wasservorkommen	250 m Bach	
zum Lößareal	375 m	
Lage zum vermutlich ackerbaulich genutzten Teil der Wirtschaftsfläche	randlich	

Hangneigung	Flächenanteil in v.H.
0 – 1°	3,6
1 – 2°	38,1
2 – 4°	32,3
4 – 8°	17,6
> 8°	8,4
	100,0

Boden					
Ausgangsmaterial	Flächenanteil in v.H.	Bodenart	Flächenanteil in v.H.	Entwicklungsstand	Flächenanteil in v.H.
Löß	15,4	leicht	–	Stufe 1	–
Verwitterungsböden	77,9	mittelschwer	49,7	Stufe 2	46,4
Diluvialböden	–	schwer	6,4	Stufe 3	9,7
Alluvialböden	6,7	Nicht erfaßte bzw. nicht berücksichtigte Bereiche			
		W 37,2			
		HS –			
		Al 6,7 = 43,9	43,9		43,9
	100,0		100,0		100,0

Bonitierung	Flächenanteil in v.H.
Stufe 1	–
Stufe 2	–
Stufe 3	16,1
Stufe 4	21,2
Stufe 5	12,6
Stufe 6	6,2
	43,9
	100,0

Schweckhausen

18

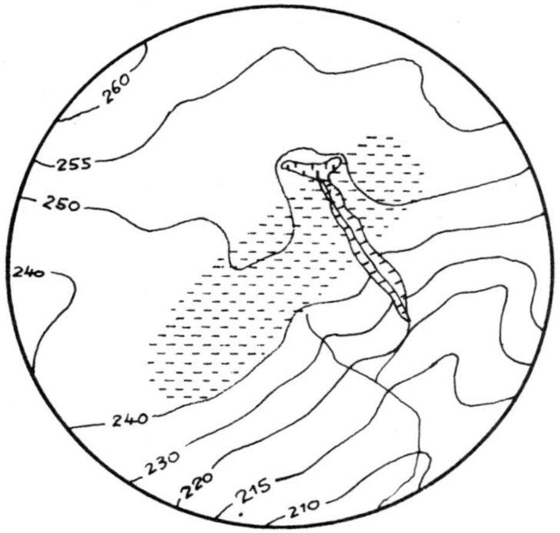

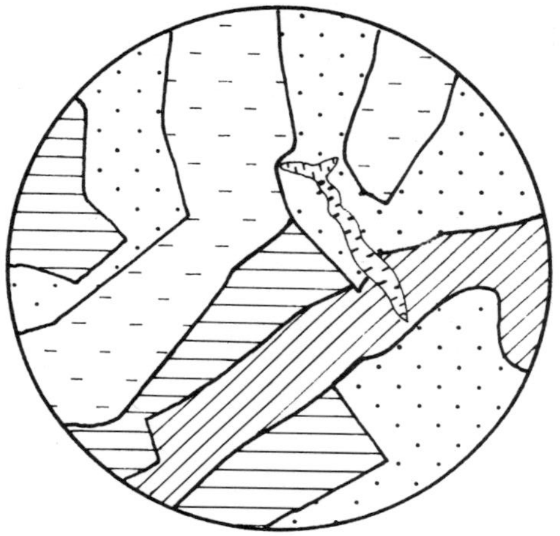

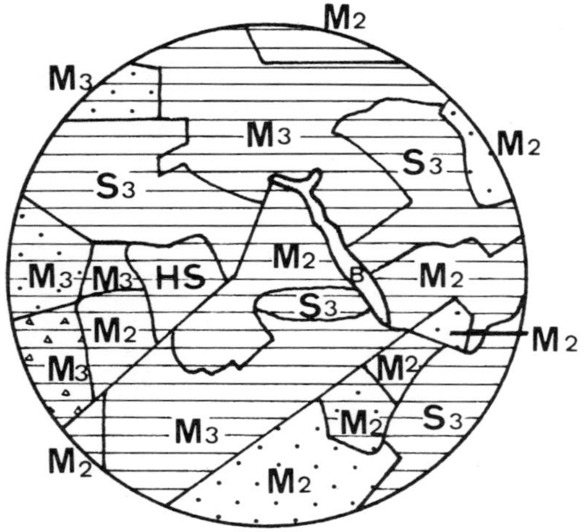

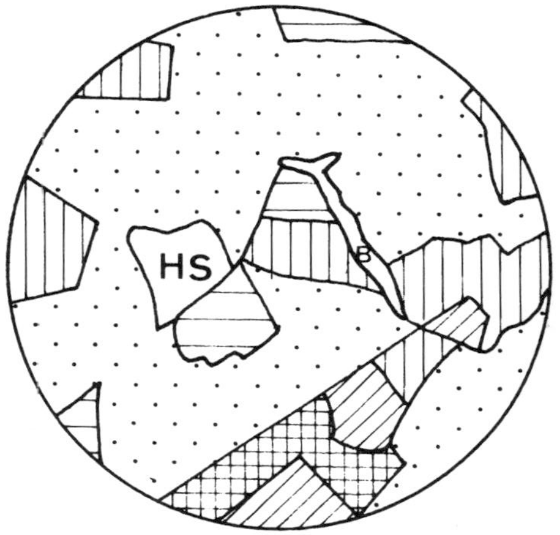

Bezeichnung u. Lokalisation		Art u. Einordnung des Fundmaterials		Standortmerkmale	
Gemarkung	Schweckhausen	Fundumstände	Östlich vom Gut Schöntal	Morphologischer Standort	Hangverflachung
Kreis	Warburg	Lesefunde	Keramik, Steingeräte	Exposition	nach Südosten
Flur- oder Lagebezeichnung	Östlich vom Gut Schöntal	Siedlungsindikatoren	Keramik, Steingeräte	Höhenlage	245 m
Koordinaten	35_13050/57_17820	Zeitliche Einordnung	Linienbandkeramik	Entfernung zum Wasservorkommen	100 m Quelle 375 m Quelle 400 m
Streubereich der Funde	SW - NO 950 m SO - NW 250 m	Überlagerungen	keine	Lage zum vermutlich ackerbaulich genutzten Teil der Wirtschaftsfläche	zentral

Hangneigung	Flächenanteil in v.H.	Boden							
		Ausgangsmaterial	Flächenanteil in v.H.	Bodenart	Flächenanteil in v.H.	Entwicklungsstand	Flächenanteil in v.H.	Bonitierung	Flächenanteil in v.H.
0 – 1°	27,2	Löß	18,0	leicht	–	Stufe 1	1,5	Stufe 1	–
1 – 2°	36,7	Verwitterungsböden	82,0	mittelschwer	70,0	Stufe 2	32,5	Stufe 2	6,0
2 – 4°	19,7	Diluvialböden	–	schwer	25,0	Stufe 3	61,0	Stufe 3	7,0
4 – 8°	16,4	Alluvialböden	–					Stufe 4	18,0
> 8°	–							Stufe 5	6,7
								Stufe 6	57,3
	100,0		100,0	Nicht erfaßte bzw. nicht berücksichtigte Bereiche W B 1,8 HS 3,2 Al – = 5,0	100,0		5,0 100,0		5,0 100,0

Löwen

19

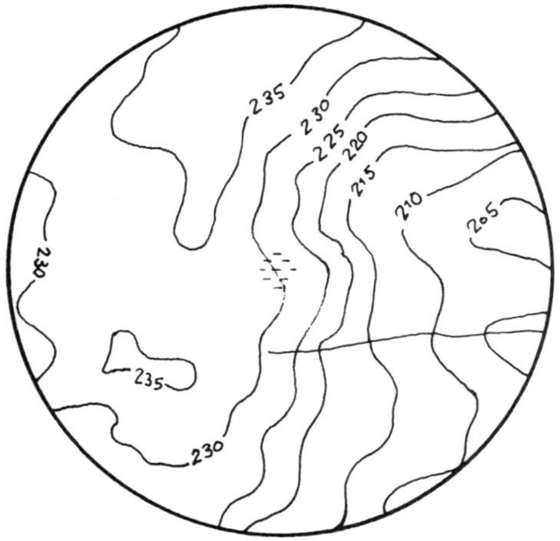

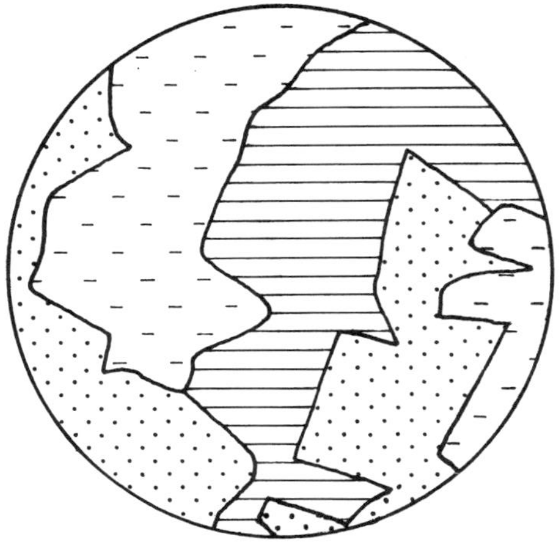

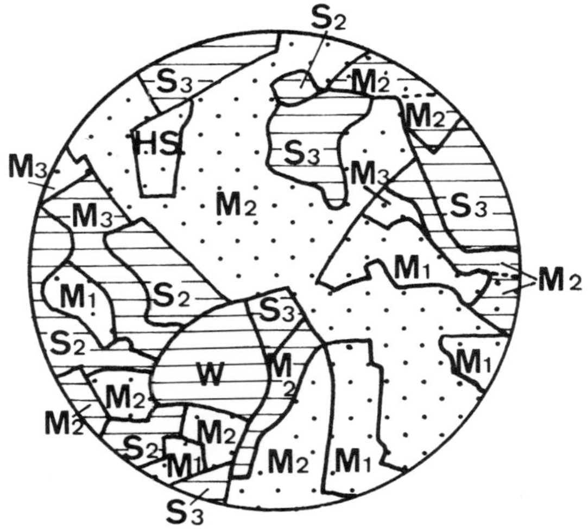

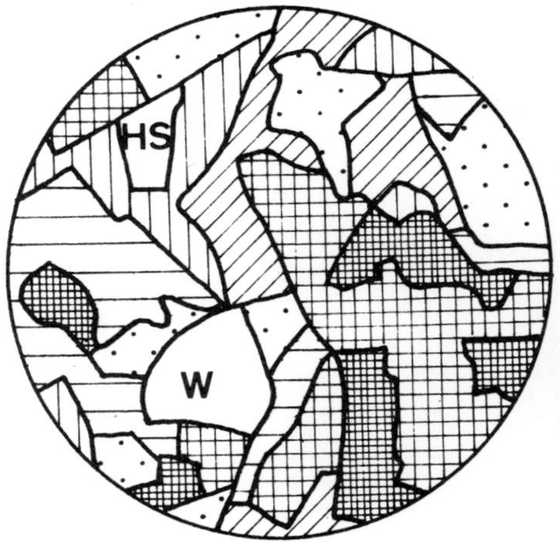

Bezeichnung u. Lokalisation		Art u. Einordnung des Fundmaterials		Standortmerkmale	
Gemarkung	Löwen	Fundumstände	Warburg	Morphologischer Standort	Randlage an einer Verflachung
Kreis	Warburg	Lesefunde	Keramik, Steingeräte	Exposition	nach Osten
Flur- oder Lagebezeichnung	Südlich vom Gut Alfredshöhe	Siedlungsindikatoren	Linienbandkeramik	Höhenlage	230 m
Koordinaten	35 09150/57 14380	Zeitliche Einordnung	keine	Entfernung zum Wasservorkommen	200 m Quelle
Streubereich der Funde	100 m im Durchmesser	Überlagerungen		Lage zum Lößareal	Lage im Löß
					Lage zum vermutlich ackerbaulich genutzten Teil der Wirtschaftsfläche: randlich

Hangneigung		Boden							
	Flächenanteil in v.H.	Ausgangsmaterial	Flächenanteil in v.H.	Bodenart	Flächenanteil in v.H.	Entwicklungsstand	Flächenanteil in v.H.	Bonitierung	Flächenanteil in v.H.
0 – 1°	34,0	Löß	59,0	leicht	–	Stufe 1	13,1	Stufe 1	13,3
1 – 2°	32,3	Verwitterungsböden	41,0	mittelschwer	68,7	Stufe 2	59,2	Stufe 2	22,5
2 – 4°	33,7	Diluvialböden	–	schwer	24,0	Stufe 3	20,4	Stufe 3	13,1
4 – 8°	–	Alluvialböden	–					Stufe 4	10,3
> 8°	–			Nicht erfaßte bzw. nicht berücksichtigte Bereiche				Stufe 5	15,9
				W 5,4 HS 1,9 Al – = 7,3				Stufe 6	17,6
	100,0		100,0		100,0		100,0		100,0

Großeneder

20

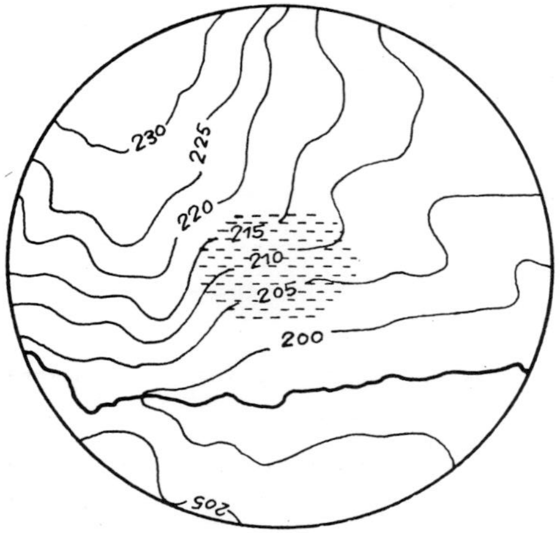

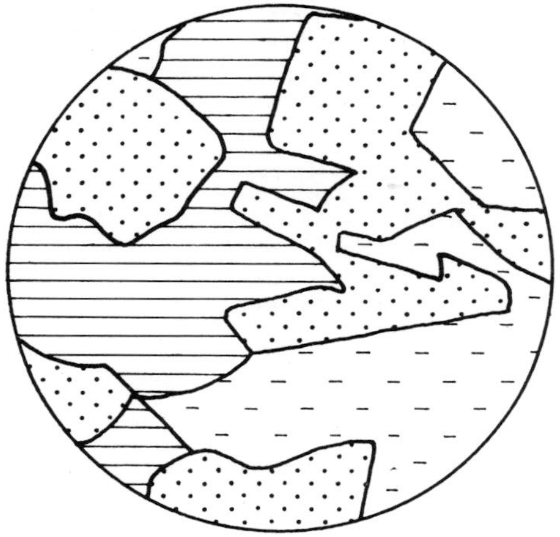

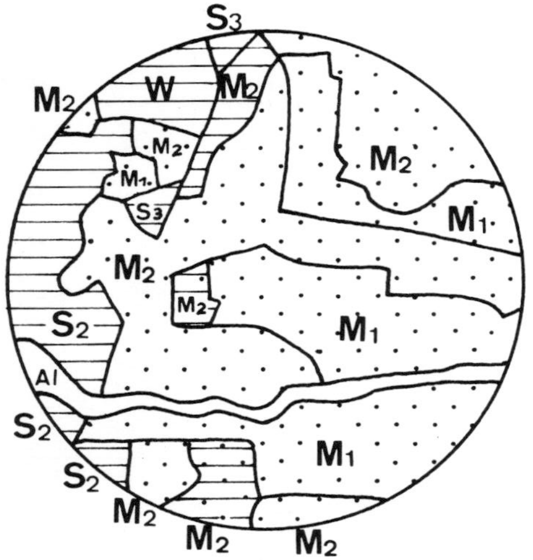

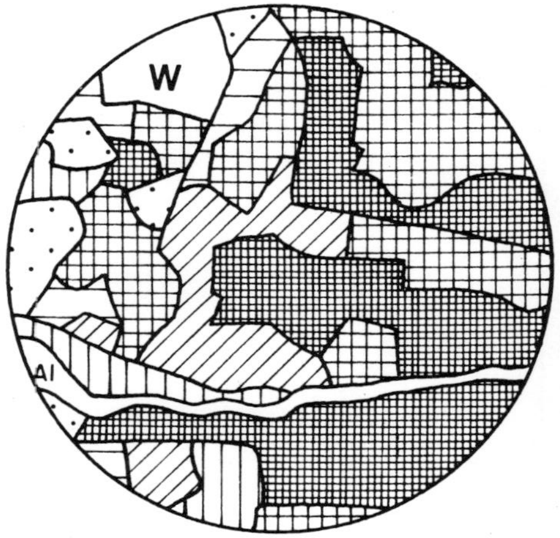

Bezeichnung u. Lokalisation		
Gemarkung	Großeneder	
Kreis	Warburg	
Flur- oder Lagebezeichnung	'Am Sundern'	
Koordinaten	35 09300/57 13500	
Streubereich der Funde	S – N 300 m W – O 425 m	

Art u. Einordnung des Fundmaterials		
Fundumstände	Lesefunde	
Siedlungsindikatoren	Keramik, Steingeräte	
Zeitliche Einordnung	Linienbandkeramik Phase 2 / 4	
Überlagerungen	keine	

Standortmerkmale		
Morphologischer Standort	Mittelhang an einem Bachtal	
Exposition	nach Südosten	
Höhenlage	210 m	
Entfernung zum Wasservorkommen	350 m Bach	
zum Lößareal	Lage im Löß	
	Lage zum vermutlich ackerbaulich genutzten Teil der Wirtschaftsfläche	zentral

Hangneigung		Boden							
	Flächenanteil in v.H.	Ausgangsmaterial	Flächenanteil in v.H.	Bodenart	Flächenanteil in v.H.	Entwicklungsstand	Flächenanteil in v.H.	Bonitierung	Flächenanteil in v.H.
0 – 1°	29,6	Löß	75,6	leicht	–			Stufe 1	32,4
1 – 2°	38,1	Verwitterungsböden	20,5	mittelschwer	79,0	Stufe 1	33,5	Stufe 2	27,2
2 – 4°	32,3	Diluvialböden	–	schwer	13,0	Stufe 2	56,3	Stufe 3	12,4
4 – 8°	–	Alluvialböden	3,9			Stufe 3	2,2	Stufe 4	6,9
> 8°	–							Stufe 5	6,2
								Stufe 6	6,9
				Nicht erfaßte bzw. nicht berücksichtigte Bereiche W 4,1 HS – Al 3,9 = 8,0			8,0		8,0
	100,0		100,0		100,0		100,0		100,0

Hohenwepel

21

Hangneigung		Boden						Entwicklungsstand		Bonitierung	
	Flächen-anteil in v.H.	Ausgangsmaterial	Flächen-anteil in v.H.	Bodenart	Flächen-anteil in v.H.				Flächen-anteil in v.H.		Flächen-anteil in v.H.
0 – 1°	37,7	Löß	77,1	leicht	-			Stufe 1	33,5	Stufe 1	32,1
1 – 2°	38,4	Verwitterungs-böden	20,3	mittel-schwer	84,9			Stufe 2	62,8	Stufe 2	18,9
2 – 4°	23,9	Diluvial-böden	-	schwer	12,5			Stufe 3	1,1	Stufe 3	17,5
4 – 8°	-	Alluvial-böden	2,6							Stufe 4	11,4
> 8°	-			Nicht erfaßte bzw. nicht berücksichtigte Bereiche						Stufe 5	12,4
				W –						Stufe 6	5,1
				HS –					2,6		2,6
	100,0		100,0	Al 2,6 = 2,6					100,0		100,0

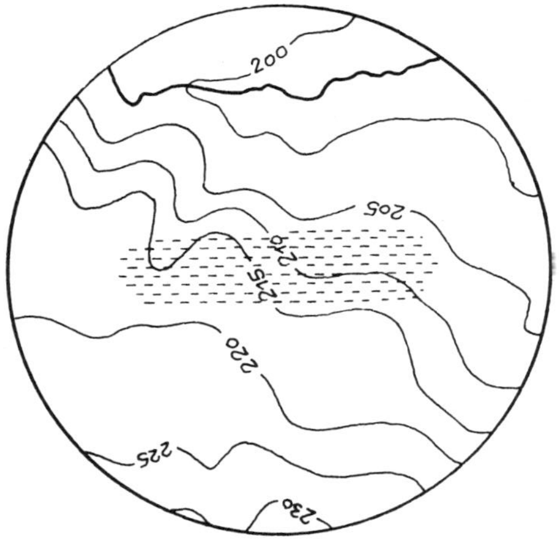

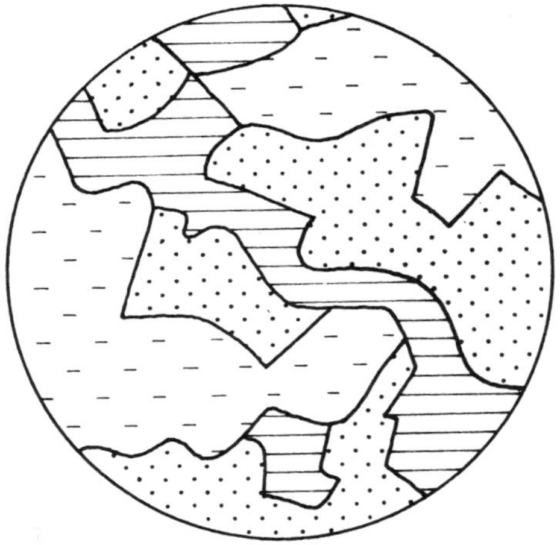

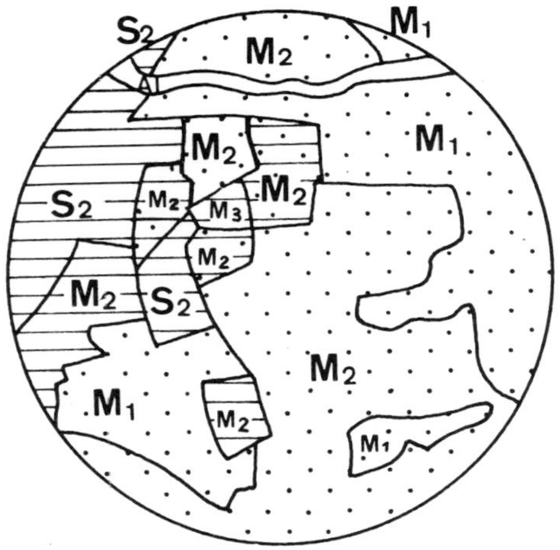

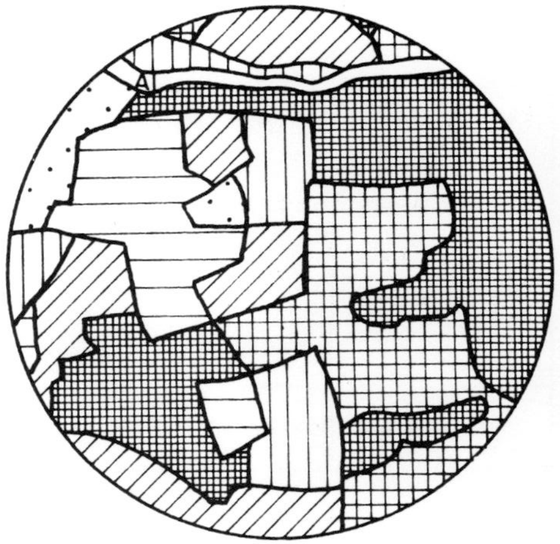

Bezeichnung u. Lokalisation		Art u. Einordnung des Fundmaterials		Standortmerkmale	
Gemarkung	Hohenwepel	Fundumstände		Morphologischer Standort	Mittelhang an einem Bachtal
Kreis	Warburg	Lesefunde		Exposition	nach Nordosten
		Siedlungsindikatoren	Keramik, Steingeräte	Höhenlage	215 m
Flur- oder Lagebezeichnung	'Tiwitzfeld'	Zeitliche Einordnung	Linienbandkeramik 2/5	Entfernung zum Wasservorkommen	250 m Quelle 500 m Bach
Koordinaten	35 09150/57 12600	Überlagerungen	keine	zum Lößareal	Lage im Löß
Streubereich der Funde	S – N 200 m W – O 875 m			Lage zum vermutlich ackerbaulich genutzten Teil der Wirtschaftsfläche	randlich

Nörde

22

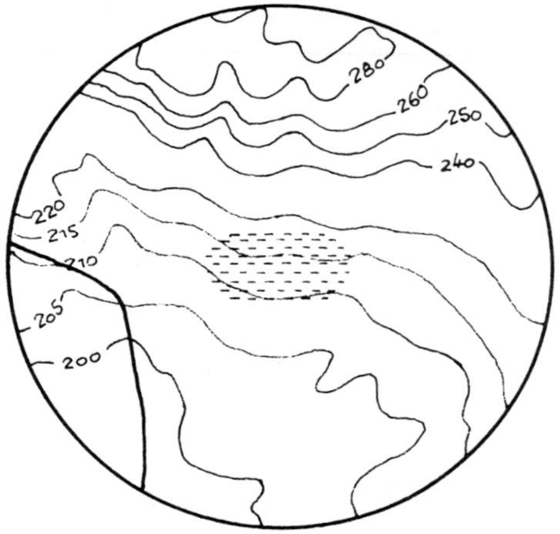

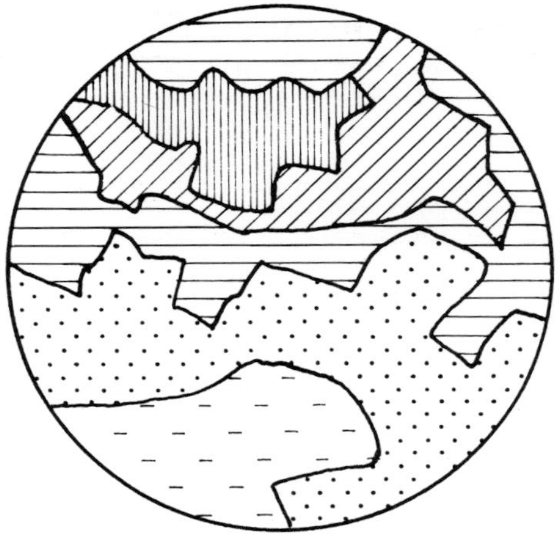

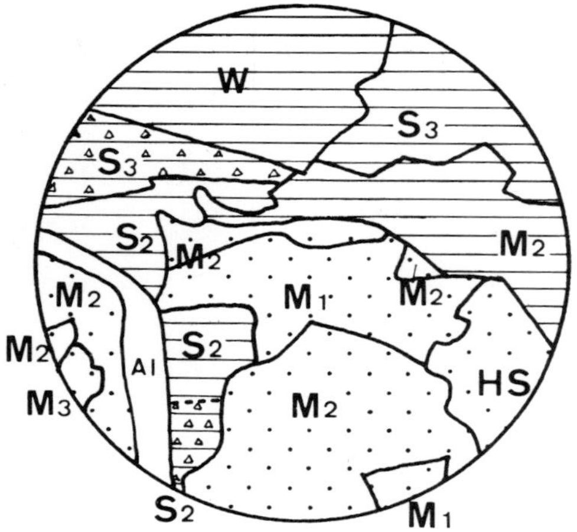

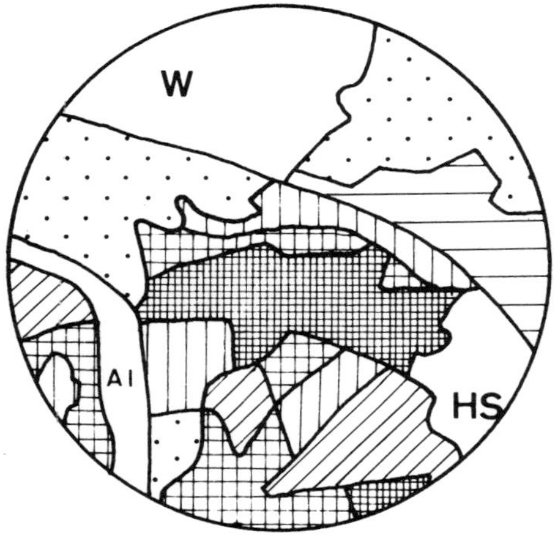

Bezeichnung u. Lokalisation		Art u. Einordnung des Fundmaterials		Standortmerkmale	
Gemarkung	Nörde	Fundumstände		Morphologischer Standort	Mittelhang
Kreis	Warburg	Lesefunde	Keramik, Steingeräte	Exposition	nach Süden
Flur- oder Lagebezeichnung	Südöstlich des Finnenberges	Siedlungsindikatoren		Höhenlage	215 m
		Zeitliche Einordnung	Linienbandkeramik Phase 4/5	Entfernung zum Wasservorkommen	450 m Bach
Koordinaten	3506350/5711200	Überlagerungen	keine	zum Lößareal	Lage im Löß
Streubereich der Funde	W – O 400 m S – N 200 m			Lage zum vermutlich ackerbaulich genutzten Teil der Wirtschaftsfläche	randlich

Hangneigung	Flächenanteil in v.H.	Boden			Entwicklungsstand	Flächenanteil in v.H.	Bonitierung	Flächenanteil in v.H.
		Ausgangsmaterial	Flächenanteil in v.H.	Bodenart	Flächenanteil in v.H.			
0 – 1°	14,7	Löß	42,6	leicht	–	Stufe 1	12,8	Stufe 1	12,3
1 – 2°	31,9	Verwitterungsböden	53,1	mittelschwer	48,7	Stufe 2	45,2	Stufe 2	11,5
2 – 4°	26,9	Diluvialböden	–	schwer	25,4	Stufe 3	16,1	Stufe 3	9,5
4 – 8°	15,9	Alluvialböden	4,3					Stufe 4	10,4
> 8°	10,6							Stufe 5	8,1
								Stufe 6	22,3
	100,0		100,0		100,0		100,0		100,0
				Nicht erfaßte bzw. nicht berücksichtigte Bereiche					
				W 16,2 HS 5,4 Al 4,3 = 25,9			25,9		25,9
					100,0		100,0		100,0

Daseburg 1

23

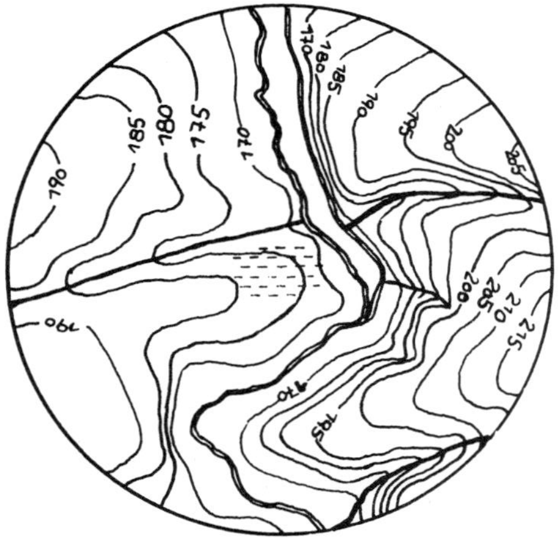

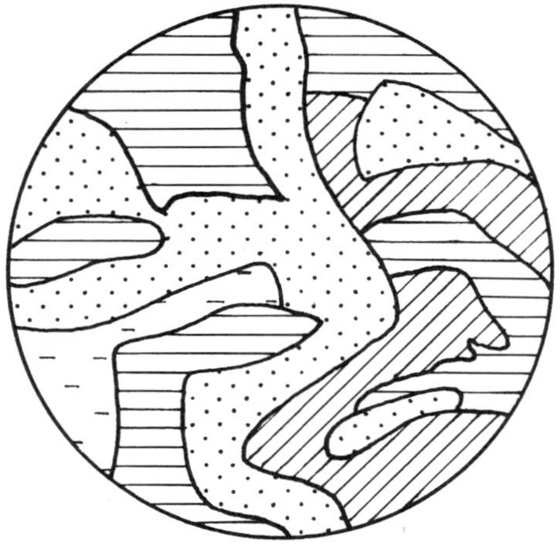

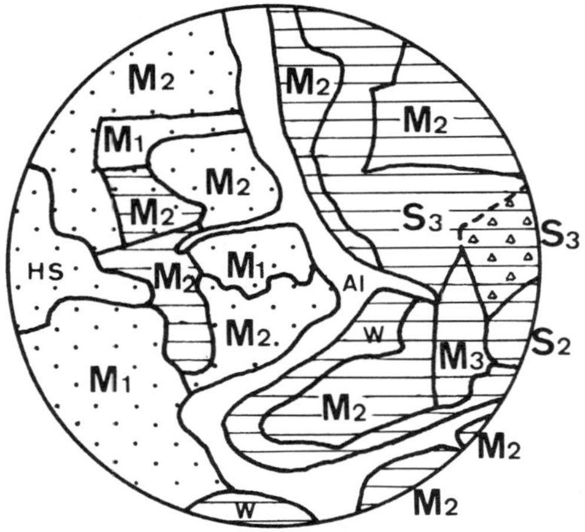

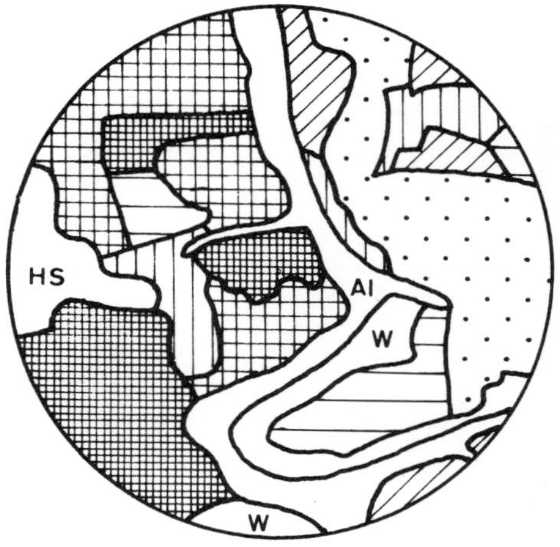

Bezeichnung u. Lokalisation		Art u. Einordnung des Fundmaterials		Standortmerkmale	
Gemarkung	Daseburg	Fundumstände	Grabung	Morphologischer Standort	Hanglage an einem Sporn
Kreis	Warburg	Siedlungsindikatoren	Keramik, Steingeräte, Gruben, Pfostenlöcher	Exposition	nach Osten
				Höhenlage	175 m
Flur- oder Lagebezeichnung	Lehmgrube Sievers	Zeitliche Einordnung	Linienbandkeramik Phase 1 – 4	Entfernung zum Wasservorkommen	100 m Bach 125 m Bach
Koordinaten	35,16280/5708580	Überlagerungen	Stichbandkeramik, Großgartach, Bischheim	Entfernung zum Lößareal	Lage im Löß
Streubereich der Funde	W – O 250 m S – N 150 m			Lage zum vermutlich ackerbaulich genutzten Teil der Wirtschaftsfläche	randlich

Hangneigung		Boden			Bodenart		Entwicklungsstand		Bonitierung	
	Flächenanteil in v.H.	Ausgangsmaterial		Flächenanteil in v.H.		Flächenanteil in v.H.		Flächenanteil in v.H.		Flächenanteil in v.H.
0 – 1°	7,6	Löß		41,9	leicht	–	Stufe 1	16,9	Stufe 1	16,9
1 – 2°	37,4	Verwitterungsböden		46,3	mittelschwer	60,7	Stufe 2	42,8	Stufe 2	18,0
2 – 4°	34,4	Diluvialböden		–	schwer	16,1	Stufe 3	17,1	Stufe 3	6,3
4 – 8°	20,6	Alluvialböden		11,8					Stufe 4	8,0
> 8°	–								Stufe 5	8,3
									Stufe 6	19,3
	100,0			100,0	Nicht erfaßte bzw. nicht berücksichtigte Bereiche W 6,7 HS 4,7 Al 11,8 = 23,2			23,2		23,2
						100,0		100,0		100,0

Daseburg 2

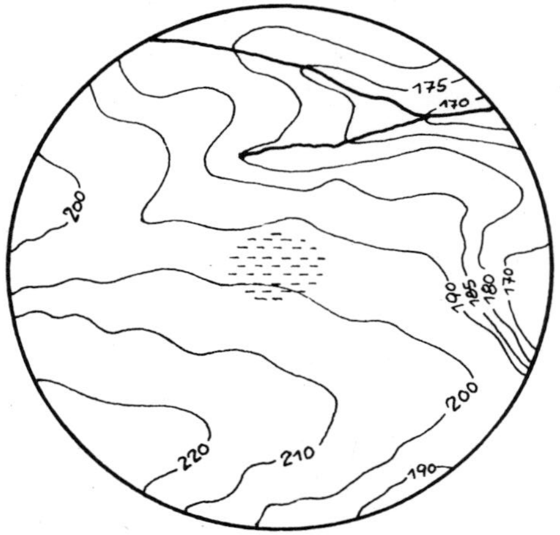

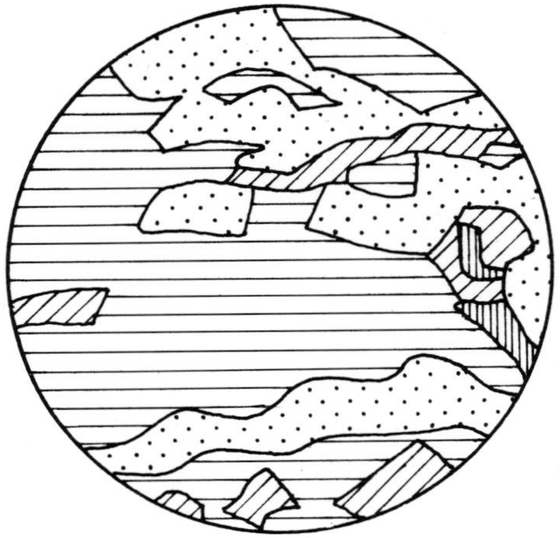

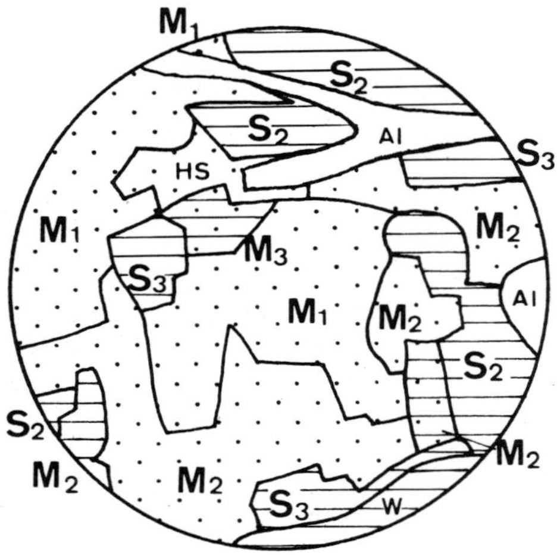

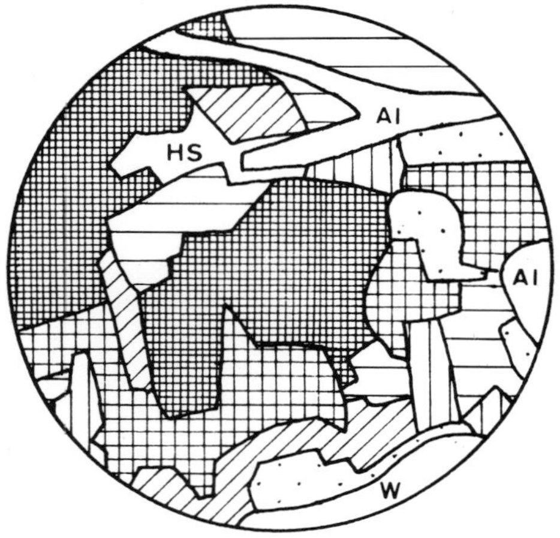

24

Bezeichnung u. Lokalisation		
Gemarkung	Daseburg	
Kreis	Warburg	
Flur- oder Lagebezeichnung	Südlich von Gut Klingenberg	
Koordinaten	35 15400/57 06850	
Streubereich der Funde	W – O 300 m S – N 200 m	

Art u. Einordnung des Fundmaterials		
Fundumstände	Lesefunde	Keramik, Steingeräte
Siedlungsindikatoren		
Zeitliche Einordnung	Linienbandkeramik Phase 2/4	
Überlagerungen	keine	

Standortmerkmale		
Morphologischer Standort	Mittelhang an einem Bachtal	
Exposition	nach Nordosten	
Höhenlage	200 m	
Entfernung zum Wasservorkommen	325 m Quelle	
Lage zum Lößareal	Lage im Löß	
Lage zum vermutlich acker-baulich genutz-ten Teil der Wirtschafts-fläche	zentral	

Hangneigung	Flächenanteil in v.H.	Boden			Entwicklungsstand	Flächenanteil in v.H.	Bonitierung	Flächenanteil in v.H.
		Ausgangsmaterial	Flächenanteil in v.H.	Bodenart	Flächenanteil in v.H.			
0 – 1°	–	Löß	66,3	leicht	–	Stufe 1	32,9	Stufe 1	30,3
1 – 2°	31,4	Verwitterungsböden	26,8	mittelschwer	64,3	Stufe 2	44,5	Stufe 2	15,7
2 – 4°	59,5	Diluvialböden	–	schwer	22,3	Stufe 3	9,2	Stufe 3	7,2
4 – 8°	7,6	Alluvialböden	6,9					Stufe 4	8,5
> 8°	1,5			Nicht erfaßte bzw. nicht berücksichtigte Bereiche				Stufe 5	16,9
				W 2,9 HS 3,6 Al 6,9 = 13,4			13,4	Stufe 6	8,0
	100,0		100,0		100,0		100,0		13,4
									100,0

Daseburg 3

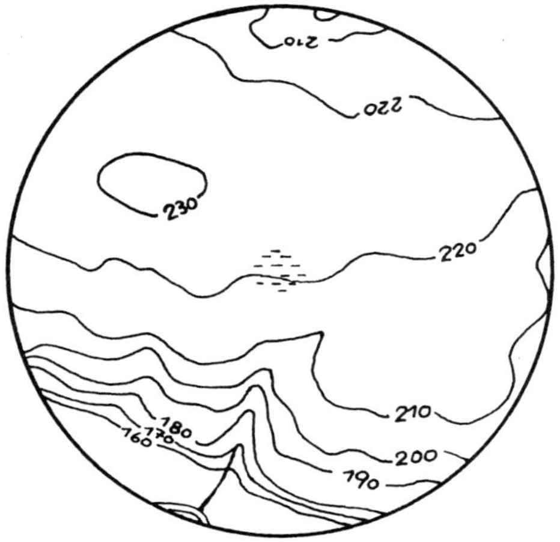

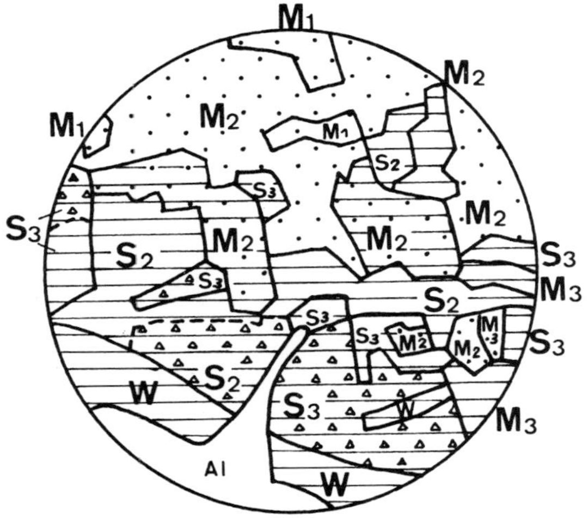

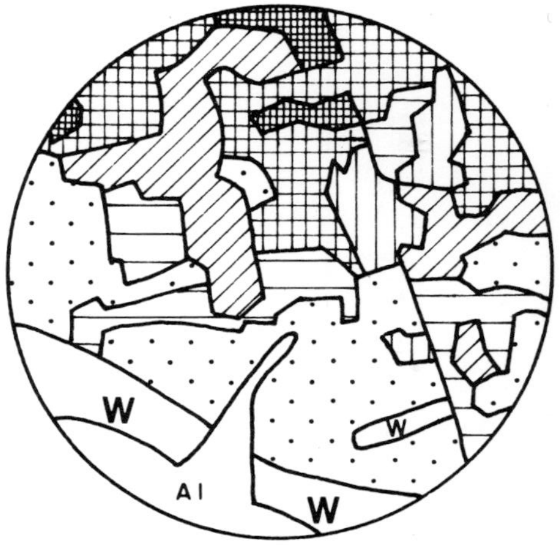

25

Bezeichnung u. Lokalisation		Art u. Einordnung des Fundmaterials		Standortmerkmale	
Gemarkung	Daseburg	Fundumstände	Lesefunde	Morphologischer Standort	Randlage auf einer Verebnung
Kreis	Warburg	Siedlungsindikatoren	Keramik, Steingeräte	Exposition	nach Süden
Flur- oder Lagebezeichnung	'Am Diemelberg'	Zeitliche Einordnung	Linienbandkeramik Phase 2 – 3	Höhenlage	220 m
Koordinaten	35 14400/57 06050	Überlagerungen	keine	Entfernung zum Wasservorkommen	500 m Quelle 625 m Fluß
				Lage zum Lößareal	unmittelbare Randlage
Streubereich der Funde	W – O 150 m S – N 125 m			Lage zum vermutlich ackerbaulich genutzten Teil der Wirtschaftsfläche	randlich

Hangneigung		Boden						
	Flächenanteil in v.H.	Ausgangsmaterial	Flächenanteil in v.H.	Bodenart	Flächenanteil in v.H.	Entwicklungsstand	Flächenanteil in v.H.	Bonitierung	Flächenanteil in v.H.
0 – 1°	10,3	Löß	39,3	leicht	–			Stufe 1	2,9
1 – 2°	34,0	Verwitterungsböden	53,8	mittelschwer	44,5	Stufe 1	3,2	Stufe 2	19,1
2 – 4°	33,6	Diluvialböden	–	schwer	40,0	Stufe 2	57,9	Stufe 3	15,4
4 – 8°	15,3	Alluvialböden	6,9			Stufe 3	23,4	Stufe 4	5,5
> 8°	6,8							Stufe 5	12,5
								Stufe 6	29,1
	100,0		100,0		100,0		100,0		100,0
				Nicht erfaßte bzw. nicht berücksichtigte Bereiche					
				W 8,6 HS – Al 6,9	= 15,5		15,5		15,5
					100,0		100,0		100,0

Külte

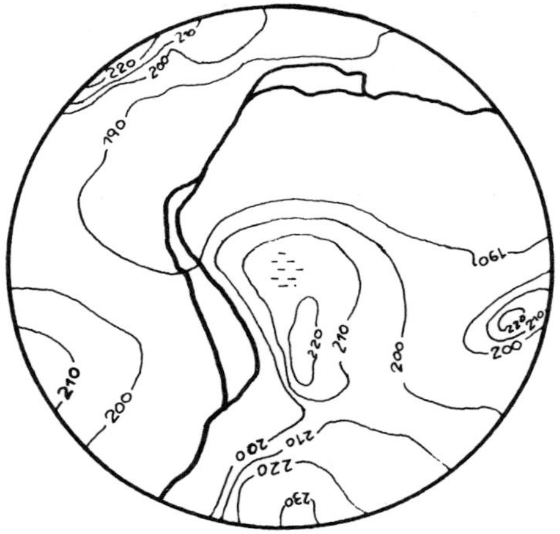

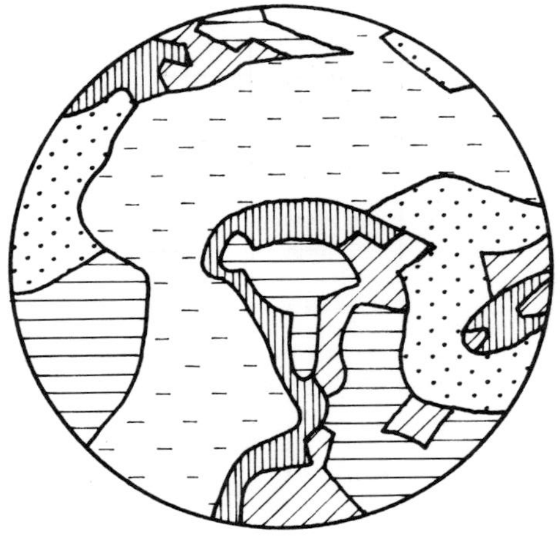

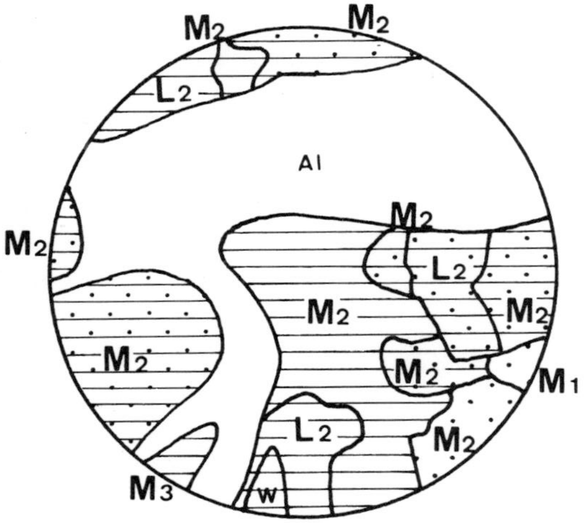

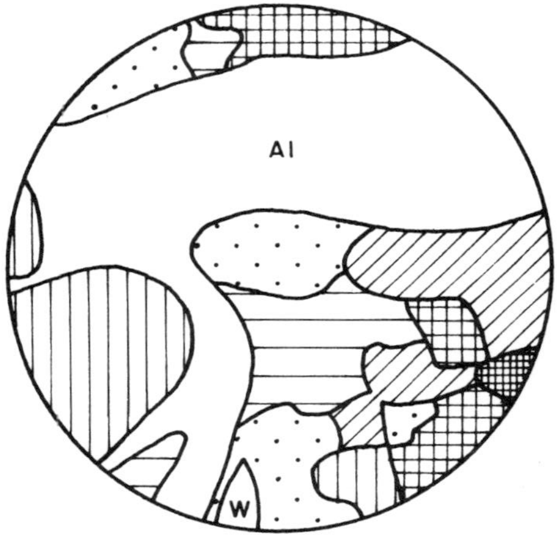

26

Bezeichnung u. Lokalisation		Art u. Einordnung des Fundmaterials		Standortmerkmale	
Gemarkung	Külte	Fundumstände		Morphologischer Standort	Verflachung auf einem Sporn
Kreis	Waldeck	Lesefunde			
Flur- oder Lagebezeichnung	Hakenberg	Siedlungsindikatoren	Keramik, Steingeräte	Exposition	nach Nordwesten
				Höhenlage	215 m
		Zeitliche Einordnung	Linienbandkeramik Phase 6	Entfernung zum Wasservorkommen	250 m Bach
Koordinaten	3505260/5695720	Überlagerungen	Großgartach	zum Lößareal	250 m
Streubereich der Funde	100 m im Durchmesser			Lage zum vermutlich ackerbaulich genutzten Teil der Wirtschaftsfläche	randlich

Hangneigung		Boden						Bonitierung	
	Flächenanteil in v.H.	Ausgangsmaterial	Flächenanteil in v.H.	Bodenart	Flächenanteil in v.H.	Entwicklungsstand	Flächenanteil in v.H.		Flächenanteil in v.H.
0 – 1°	44,0	Löß	30,9	leicht	10,9	Stufe 1	0,9	Stufe 1	0,9
1 – 2°	17,6	Verwitterungsböden	28,0	mittelschwer	46,9	Stufe 2	55,7	Stufe 2	8,4
2 – 4°	20,3	Diluvialböden	–	schwer	–	Stufe 3	1,2	Stufe 3	12,0
4 – 8°	9,7	Alluvialböden	41,1					Stufe 4	14,0
> 8°	8,4							Stufe 5	10,4
								Stufe 6	12,1
				Nicht erfaßte bzw. nicht berücksichtigte Bereiche					
				W 1,1 HS – Al 41,1 = 42,2	42,2		42,2		42,2
	100,0		100,0		100,0		100,0		100,0

Hofgeismar 1

27

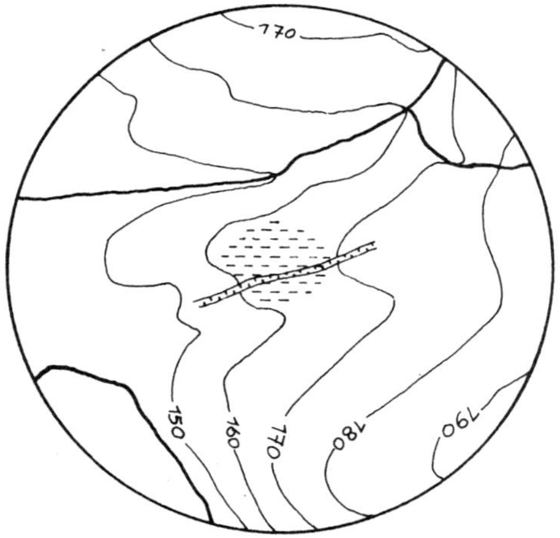

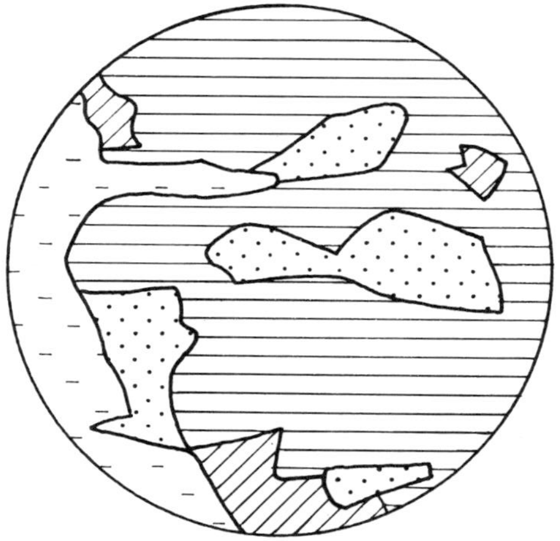

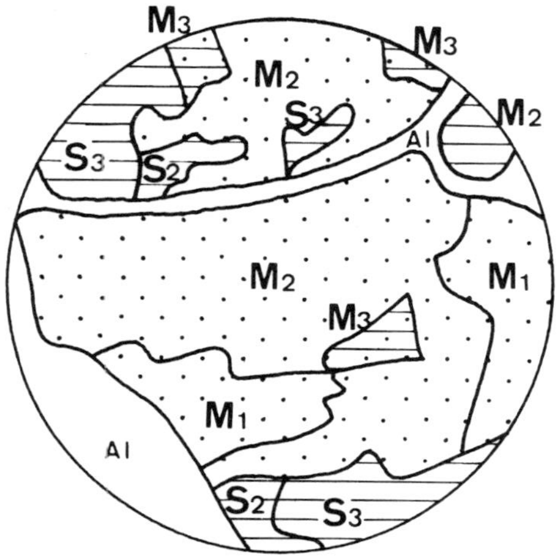

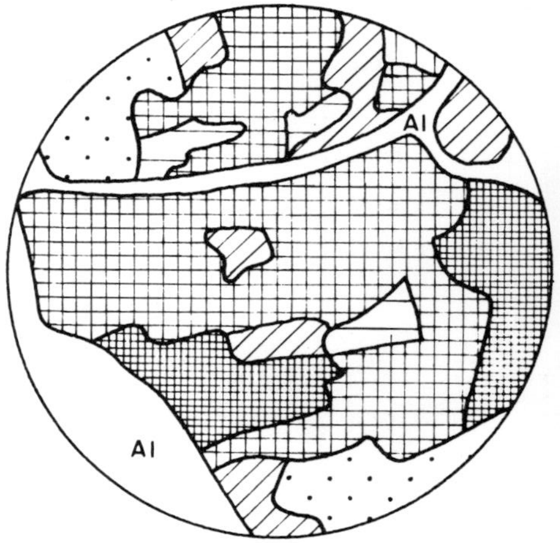

Bezeichnung u. Lokalisation		Art u. Einordnung des Fundmaterials	
Gemarkung	Hofgeismar/Schöneberg	Fundumstände	Wüstung Bünchheim
Kreis	Hofgeismar	Lesefunde	Keramik, Steingeräte
Flur- oder Lagebezeichnung	Wüstung Bünchheim	Siedlungsindikatoren	
Koordinaten	35 28560/57 08560	Zeitliche Einordnung	Linienbandkeramik 2 – 5
Streubereich der Funde	W – O 300 m S – N 250 m	Überlagerungen	Großgartach, Rössen, Bischheim röm. Kaiserzeit, Mittelalter

Standortmerkmale	
Morphologischer Standort	Unterhang an einem Flußtal
Exposition	nach Westen
Höhenlage	165 m
Entfernung zum Wasservorkommen	250 m Bach 500 m Fluß
zum Lößareal	Lage im Löß
Lage zum vermutlich ackerbaulich genutzten Teil der Wirtschaftsfläche	zentral

Hangneigung		Boden								
	Flächenanteil in v.H.	Ausgangsmaterial	Flächenanteil in v.H.	Bodenart	Flächenanteil in v.H.	Entwicklungsstand	Flächenanteil in v.H.	Bonitierung	Flächenanteil in v.H.
0 – 1°	16,1	Löß	68,6	leicht	–	Stufe 1	14,3	Stufe 1	14,3
1 – 2°	16,5	Verwitterungsböden	16,7	mittelschwer	70,6	Stufe 2	55,5	Stufe 2	45,1
2 – 4°	61,3	Diluvialböden	–	schwer	14,7	Stufe 3	15,5	Stufe 3	10,4
4 – 8°	6,1	Alluvialböden	14,7					Stufe 4	0,9
> 8°	–							Stufe 5	3,9
								Stufe 6	10,7
	100,0		100,0		100,0		100,0		
				Nicht erfaßte bzw. nicht berücksichtigte Bereiche W – HS – Al 14,7 = 14,7					14,7
									100,0

Hofgeismar 2

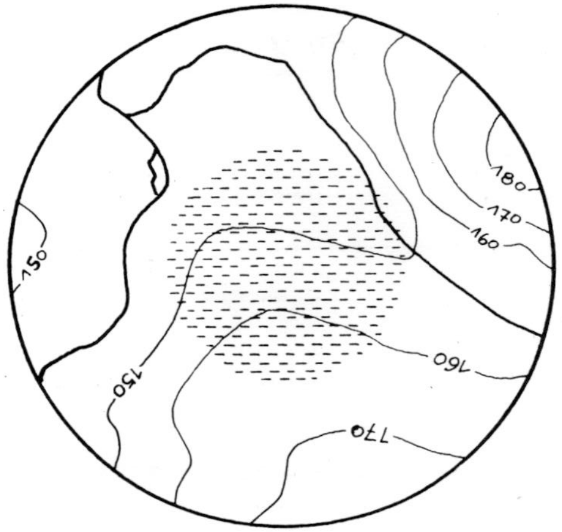

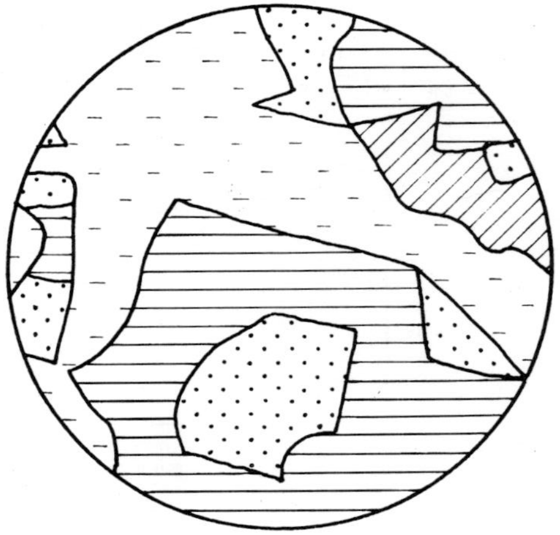

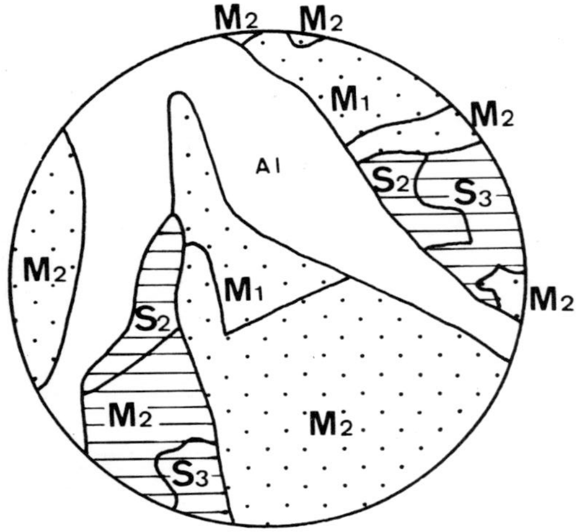

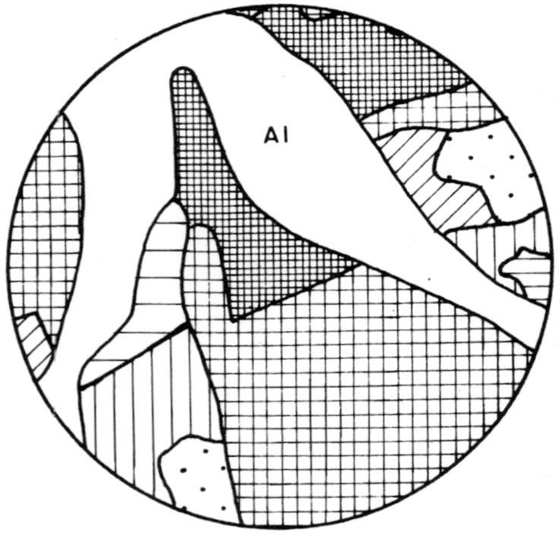

28

Bezeichnung u. Lokalisation		Art u. Einordnung des Fundmaterials	
Gemarkung	Hofgeismar	Fundumstände	Fundbergungen bei Ausschachtungsarbeiten, Lesefunde
Kreis	Hofgeismar	Siedlungsindikatoren	Keramik, Steingeräte
Flur- oder Lagebezeichnung	Domäne Gesundbrunnen	Zeitliche Einordnung	Linienbandkeramik
Koordinaten	35 28100/57 07640	Überlagerungen	keine
Streubereich der Funde	650 m im Durchmesser		

Standortmerkmale	
Morphologischer Standort	Unterhang an einem Flußtal
Exposition	nach Nordwesten
Höhenlage	150 m
Entfernung zum Wasservorkommen	125 m Fluß / 375 m Fluß
Lage zum Lößareal	Lage im Löß
Lage zum vermutlich ackerbaulich genutzten Teil der Wirtschaftsfläche	randlich

Hangneigung	Flächenanteil in v.H.
0 – 1°	41,5
1 – 2°	27,4
2 – 4°	30,2
4 – 8°	0,5
> 8°	0,4
	100,0

Boden			
Ausgangsmaterial	Flächenanteil in v.H.	Bodenart	Flächenanteil in v.H.
Löß	72,6	leicht	–
Verwitterungsböden	7,9	mittelschwer	77,5
Diluvialböden	–	schwer	3,0
Alluvialböden	19,5		
	100,0	Nicht erfaßte bzw. nicht berücksichtigte Bereiche	
		W –	
		HS –	19,5
		Al 19,5 =	100,0

Entwicklungsstand	Flächenanteil in v.H.	Bonitierung	Flächenanteil in v.H.
		Stufe 1	19,7
		Stufe 2	42,5
Stufe 1	15,8	Stufe 3	8,7
Stufe 2	63,0	Stufe 4	6,6
Stufe 3	1,7	Stufe 5	3,0
		Stufe 6	–
	19,5		19,5
	100,0		100,0

Hofgeismar 3

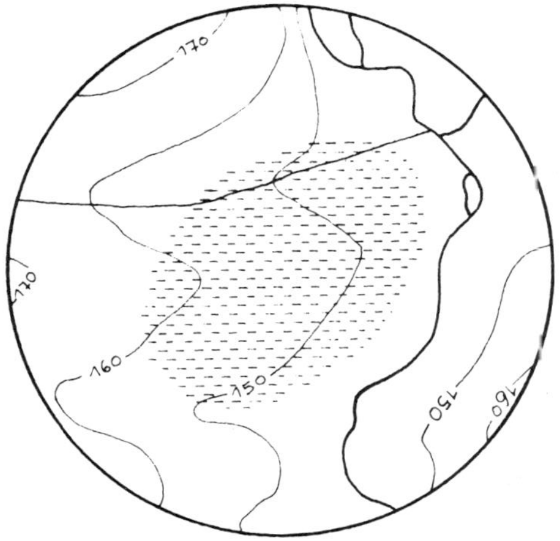

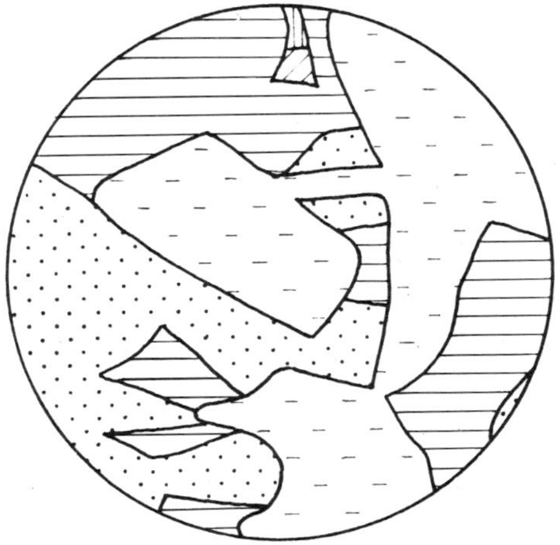

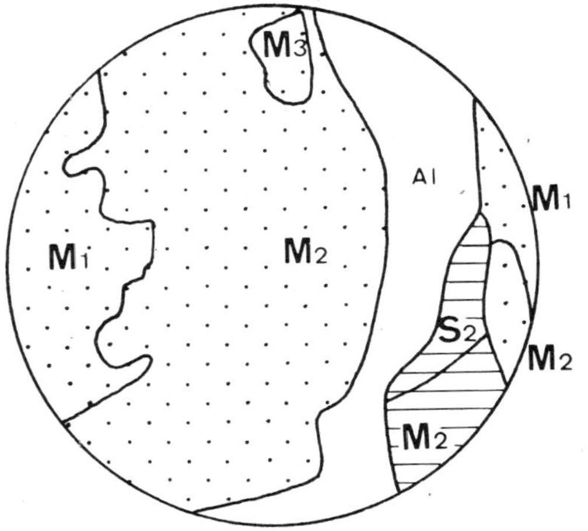

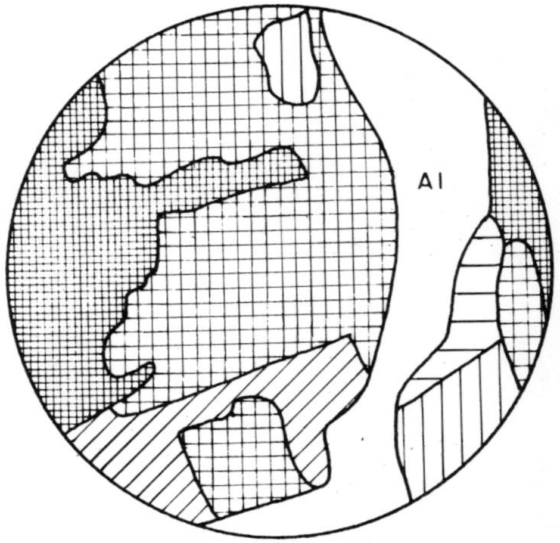

Bezeichnung u. Lokalisation		Art u. Einordnung des Fundmaterials		Standortmerkmale	
Gemarkung	Hofgeismar	Fundumstände	Fundbergungen bei Ausschachtungsarbeiten	Morphologischer Standort	Unterhang an einem Flußtal
Kreis	Hofgeismar	Siedlungsindikatoren	Keramik, Steingeräte	Exposition	nach Osten
Flur- oder Lagebezeichnung	'Am hohlen Weg'	Zeitliche Einordnung	Linienbandkeramik Phase 1 - 5	Höhenlage	155 m
				Entfernung zum Wasservorkommen	225 m Bach 300 m Fluß
Koordinaten	35 $^{22280}/_{57\,07700}$	Überlagerungen	Stichbandkeramik, Großgartach, Rössen	Lage zum Lößareal	Lage im Löß
Streubereich der Funde	SW - NO 850 m SO - NW 625 m			Lage zum vermutlich ackerbaulich genutzten Teil der Wirtschaftsfläche	randlich

Hangneigung		Boden						Entwicklungsstand		Bonitierung	
	Flächenanteil in v.H.	Ausgangsmaterial	Flächenanteil in v.H.	Bodenart	Flächenanteil in v.H.				Flächenanteil in v.H.		Flächenanteil in v.H.
0 – 1°	35,2	Löß	52,1	leicht	-			Stufe 1	12,8	Stufe 1	12,8
1 – 2°	17,3	Verwitterungsböden	18,3	mittelschwer	58,1			Stufe 2	50,6	Stufe 2	38,5
2 – 4°	41,5	Diluvialböden	-	schwer	12,3			Stufe 3	7,0	Stufe 3	2,9
4 – 8°	6,0	Alluvialböden	29,6							Stufe 4	7,9
> 8°	-									Stufe 5	3,0
										Stufe 6	5,3
	100,0		100,0	Nicht erfaßte bzw. nicht berücksichtigte Bereiche					100,0		100,0
				W - HS - Al 29,6	= 29,6				29,6		29,6
					100,0				100,0		100,0

Immenhausen

30

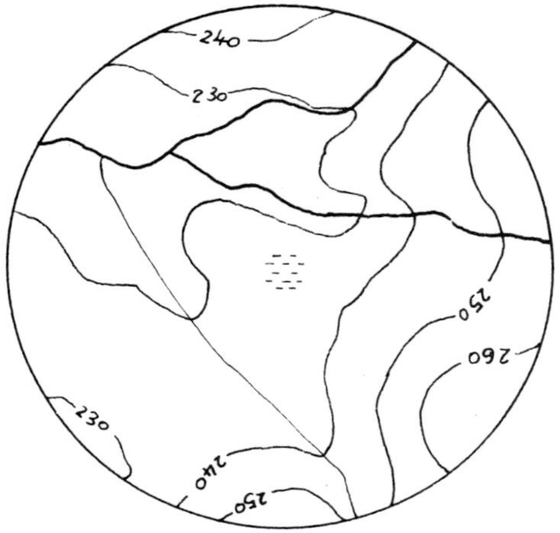

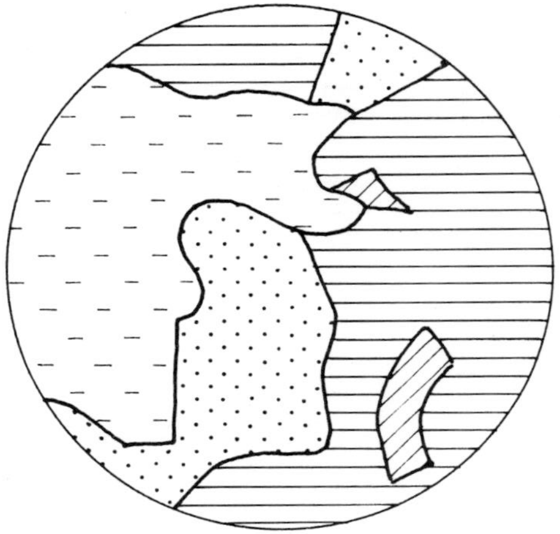

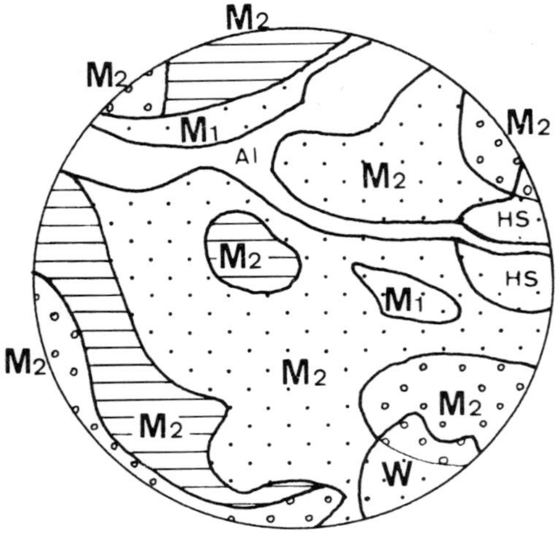

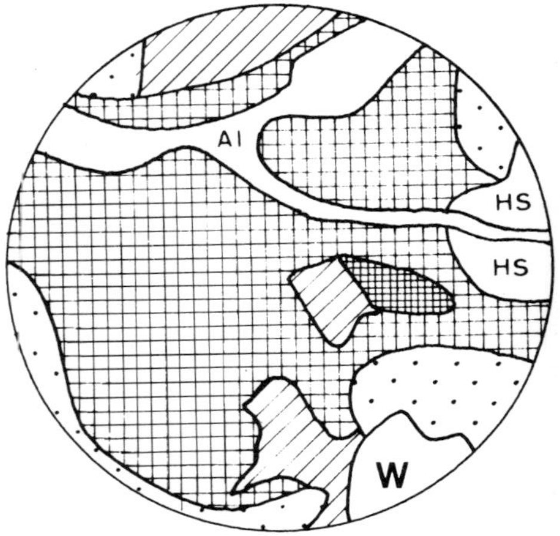

Bezeichnung u. Lokalisation		Art u. Einordnung des Fundmaterials		Standortmerkmale	
Gemarkung	Immenhausen	Fundumstände	Fundbergungen bei Ausschachtungsarbeiten	Morphologischer Standort	Unterhang an einem Bachtal
Kreis	Hofgeismar	Siedlungsindikatoren	Keramik, Steingeräte	Exposition	nach Nordwesten
Flur- oder Lagebezeichnung	Haus Fuchs in der Bahnhofstraße	Zeitliche Einordnung	Linienbandkeramik Phase 2 – 5	Höhenlage	235 m
Koordinaten	35 32850/56 99175	Überlagerungen	keine	Entfernung zum Wasservorkommen	125 m Bach 225 m Bach
Streubereich der Funde	100 m Durchmesser			Lage zum vermutlich ackerbaulich genutzten Teil der Wirtschaftsfläche	Lage im Löß-areal / zentral

Hangneigung	Flächenanteil in v.H.	Boden						Bonitierung	
		Ausgangsmaterial	Flächenanteil in v.H.	Bodenart	Flächenanteil in v.H.	Entwicklungsstand	Flächenanteil in v.H.		Flächenanteil in v.H.
0 – 1°	32,9	Löß	55,9	leicht	–	Stufe 1	4,9	Stufe 1	1,6
1 – 2°	22,3	Verwitterungsböden	23,7	mittelschwer	81,5	Stufe 2	76,6	Stufe 2	55,4
2 – 4°	41,5	Diluvialböden	10,1	schwer	–	Stufe 3	–	Stufe 3	11,7
4 – 8°	3,3	Alluvialböden	10,3					Stufe 4	–
> 8°	–							Stufe 5	–
								Stufe 6	12,8
	100,0		100,0	Nicht erfaßte bzw. nicht berücksichtigte Bereiche					18,5
				W 3,5 HS 4,7 Al 10,3 = 18,5			100,0		100,0

Rothwesten

31

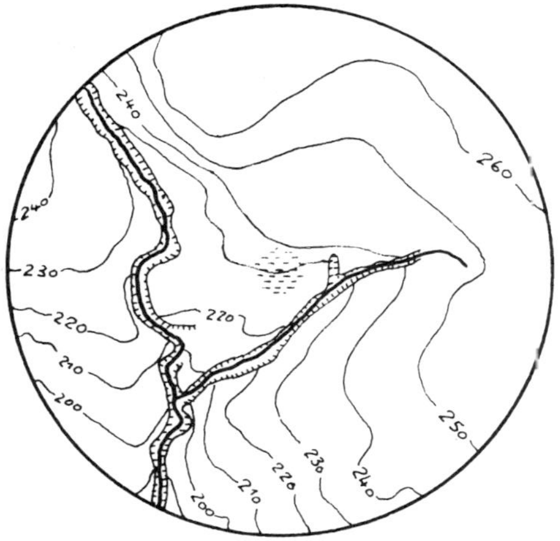

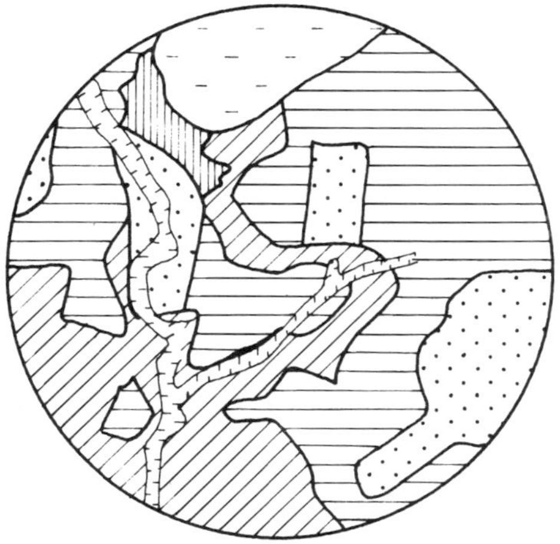

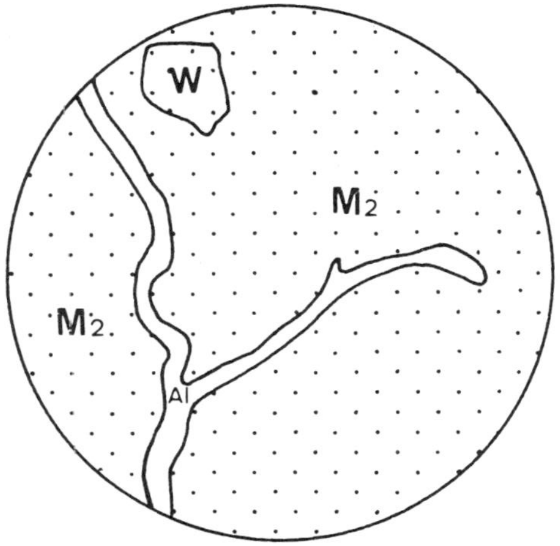

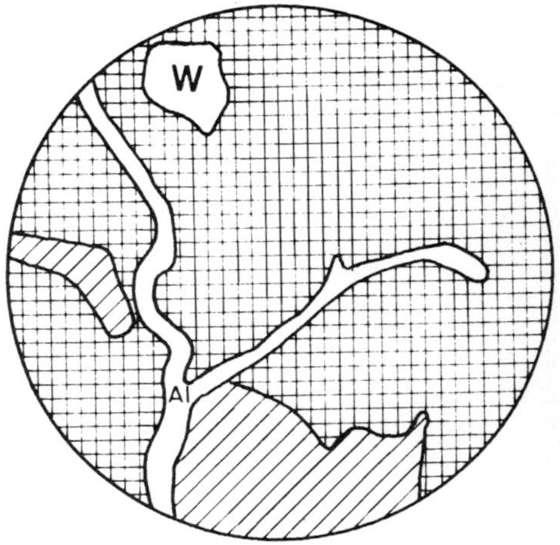

Bezeichnung u. Lokalisation		Art u. Einordnung des Fundmaterials		Standortmerkmale	
Gemarkung	Rothwesten	Fundumstände	Fundbergungen bei Ausschachtungsarbeiten	Morphologischer Standort	Mittelhang an einer Erosionskerbe undeinem Bachtal
Kreis	Kassel	Siedlungsindikatoren	Keramik, Steingeräte, Gruben	Exposition	nach Südwesten
Flur- oder Lagebezeichnung	Sportplatz	Zeitliche Einordnung	Bischheim	Höhenlage	230 m
Koordinaten	35 36080/56 94580	Überlagerungen	keine	Entfernung zum Wasservorkommen	125 m Bach
				zum Lößareal	Lage im Löß
Streubereich der Funde	125 m im Durchmesser			Lage zum vermutlich ackerbaulich genutzten Teil der Wirtschaftsfläche	randlich

Hangneigung		Boden						Entwicklungsstand		Bonitierung	
	Flächenanteil in v.H.	Ausgangsmaterial	Flächenanteil in v.H.	Bodenart	Flächenanteil in v.H.				Flächenanteil in v.H.		Flächenanteil in v.H.
0 – 1°	9,2	Löß	93,8	leicht	-			Stufe 1	-	Stufe 1	-
1 – 2°	18,7	Verwitterungsböden	-	mittelschwer	91,2			Stufe 2	91,2	Stufe 2	77,7
2 – 4°	47,9	Diluvialböden	-	schwer	-			Stufe 3	-	Stufe 3	13,5
4 – 8°	21,9	Alluvialböden	6,2							Stufe 4	-
> 8°	2,3			Nicht erfaßte bzw. nicht berücksichtigte Bereiche						Stufe 5	-
				W 2,6						Stufe 6	-
				HS -							
				Al 6,2 = 8,8							8,8
	100,0		100,0		100,0				100,0		100,0

Simmershausen

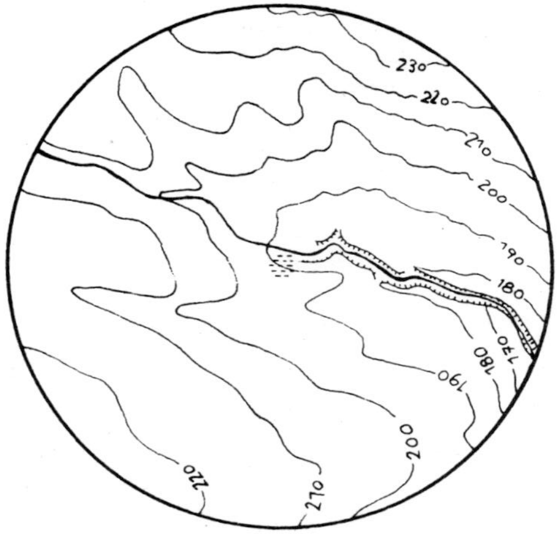

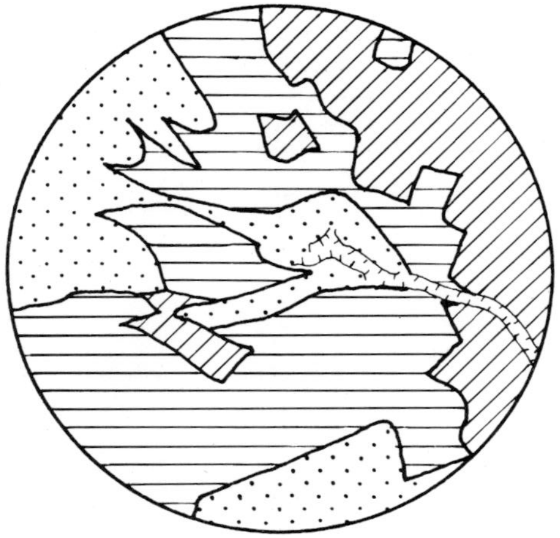

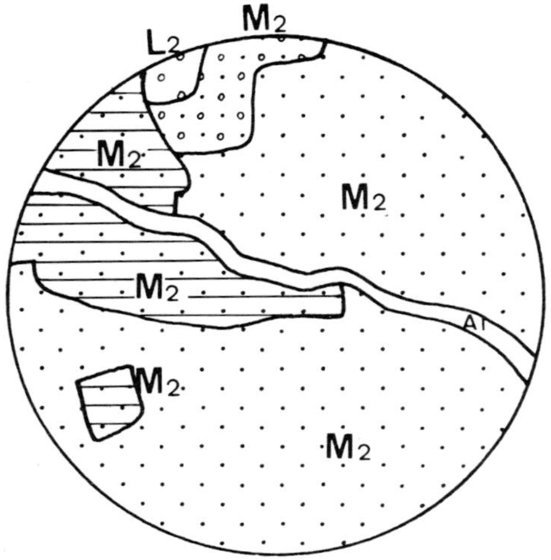

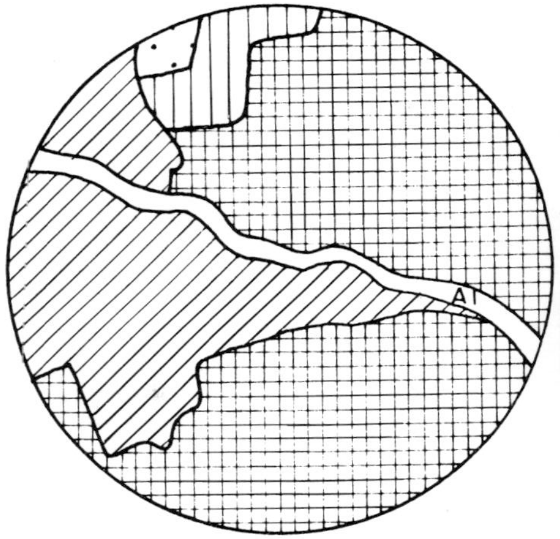

32

Bezeichnung u. Lokalisation		
Gemarkung	Simmershausen	
Kreis	Kassel	
Flur- oder Lagebezeichnung	'Am Kampe'	
Koordinaten	35 34860 / 56 94000	
Streubereich der Funde	75 m im Durchmesser	

Art u. Einordnung des Fundmaterials		
Fundumstände	Fundbergungen bei Ausschachtungsarbeiten	
Siedlungsindikatoren	Keramik, Steingeräte	
Zeitliche Einordnung	Linienbandkeramik Phase 1 / 2	
Überlagerungen	keine	

Standortmerkmale		
Morphologischer Standort	Hangfuß an einem Bachtal	
Exposition	nach Nordosten	
Höhenlage	190 m	
Entfernung zum Wasservorkommen	unmittelbare Lage am Bach	
Lage im Lößareal	Lage im Löß	
Lage zum vermutlich ackerbaulich genutzten Teil der Wirtschaftsfläche	zentral	

Hangneigung		Boden				Entwicklungsstand		Bonitierung	
	Flächenanteil in v.H.	Ausgangsmaterial	Flächenanteil in v.H.	Bodenart	Flächenanteil in v.H.		Flächenanteil in v.H.		Flächenanteil in v.H.
0 – 1°	–	Löß	93,8	leicht	1,3	Stufe 1	–	Stufe 1	–
1 – 2°	27,9	Verwitterungsböden	–	mittelschwer	93,8	Stufe 2	95,1	Stufe 2	57,9
2 – 4°	48,6	Diluvialböden	1,3	schwer	–	Stufe 3	–	Stufe 3	31,3
4 – 8°	23,5	Alluvialböden	4,9					Stufe 4	4,6
> 8°	–							Stufe 5	–
								Stufe 6	1,3
	100,0		100,0		100,0		100,0		100,0
				Nicht erfaßte bzw. nicht berücksichtigte Bereiche					
				W –					
				HS –					
				Al 4,9 = 4,9		4,9		4,9	

33 Ihringshausen

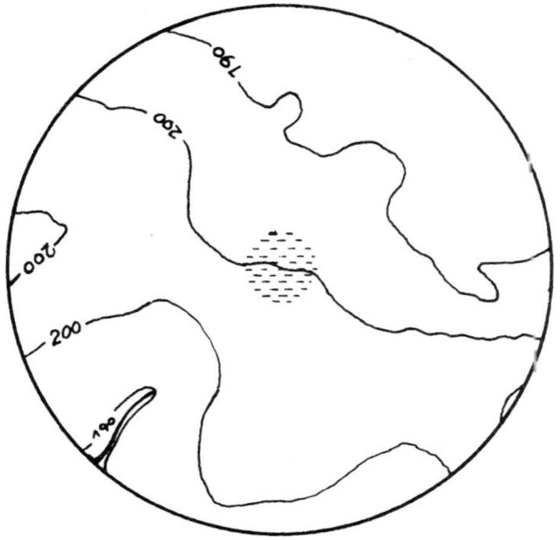

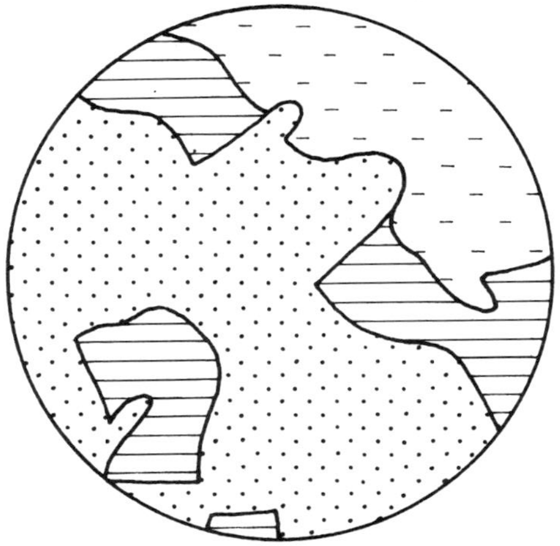

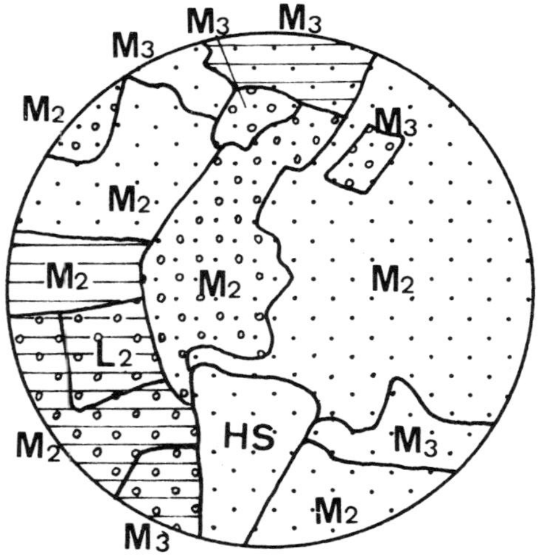

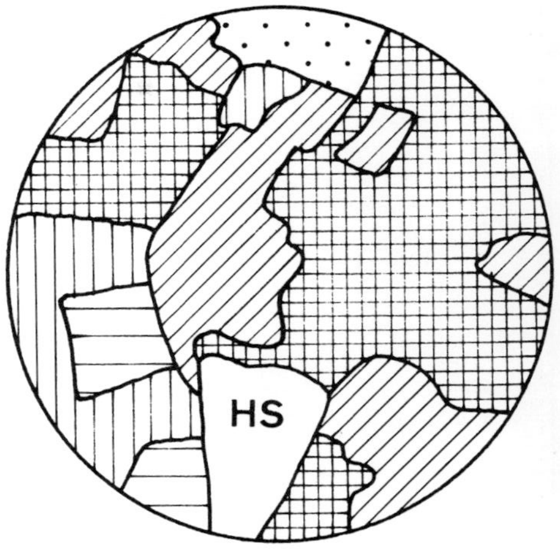

Bezeichnung u. Lokalisation		Art u. Einordnung des Fundmaterials		Standortmerkmale	
Gemarkung	Ihringshausen	Fundumstände	Lesefunde	Morphologischer Standort	Randlage an einer Verflachung
Kreis	Kassel	Siedlungsindikatoren	Keramik, Steingeräte	Exposition	nach Nordosten
Flur- oder Lagebezeichnung	'In dem Grund'	Zeitliche Einordnung	Linienbandkeramik Phase 2 - 4	Höhenlage	200 m
Koordinaten	35_36020/56_90025	Überlagerungen	keine	Entfernung zum Wasservorkommen	500 m Quelle
Streubereich der Funde	200 m im Durchmesser			Lage zum vermutlich ackerbaulich genutzten Teil der Wirtschaftsfläche	zentral
				Lage im Lößareal	zentral

Hangneigung		Boden				Entwicklungsstand		Bonitierung	
	Flächenanteil in v.H.	Ausgangsmaterial	Flächenanteil in v.H.	Bodenart	Flächenanteil in v.H.		Flächenanteil in v.H.		
0 – 1°	22,5	Löß	82,8	leicht	3,6	Stufe 1	–	Stufe 1	–
1 – 2°	54,3	Verwitterungsböden	4,5	mittelschwer	88,5	Stufe 2	75,6	Stufe 2	41,8
2 – 4°	23,2	Diluvialböden	12,7	schwer	–	Stufe 3	16,5	Stufe 3	27,0
4 – 8°	–	Alluvialböden	–					Stufe 4	12,5
> 8°	–							Stufe 5	6,1
								Stufe 6	4,7
	100,0		100,0		100,0				
				Nicht erfaßte bzw. nicht berücksichtigte Bereiche					
				W –					
				HS 7,9			7,9		7,9
				Al –					
					7,9		100,0		100,0

Kassel-Niedervellmar

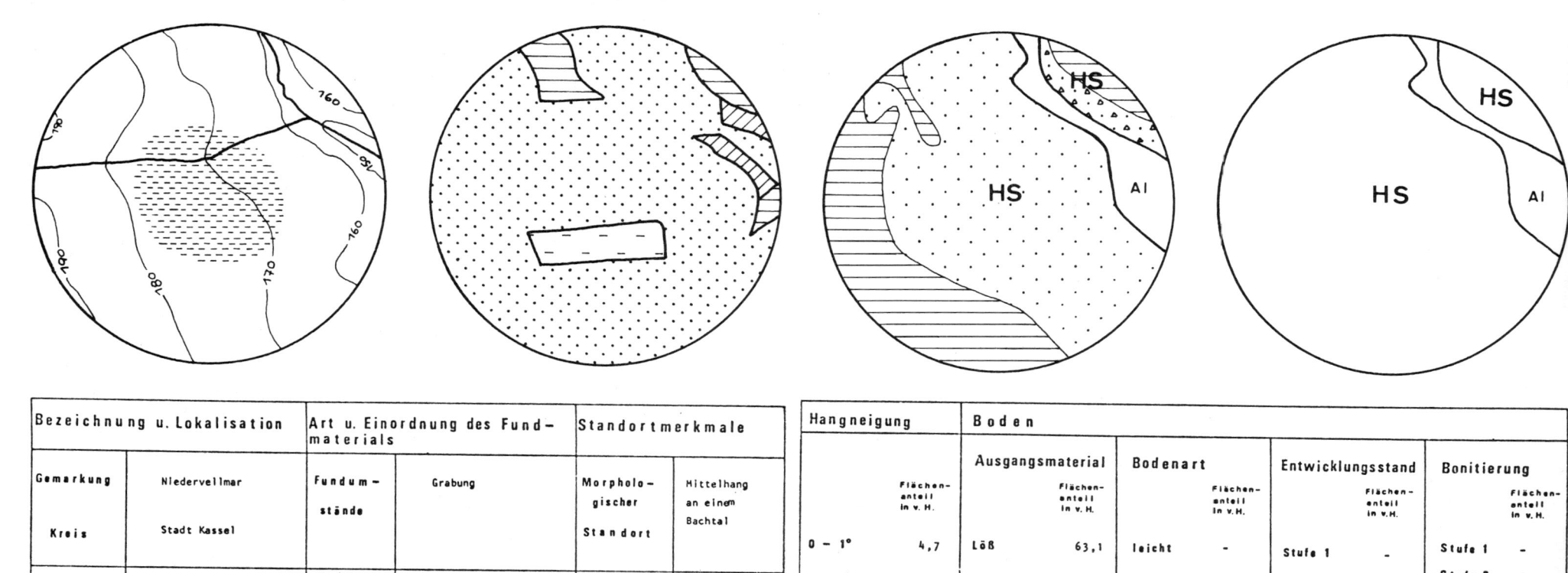

34

Bezeichnung u. Lokalisation		Art u. Einordnung des Fundmaterials		Standortmerkmale	
Gemarkung	Niedervellmar		Grabung	Morphologischer Standort	Mittelhang an einem Bachtal
Kreis	Stadt Kassel	Fundumstände			
Flur- oder Lagebezeichnung	Ziegeleigrube Thiessen	Siedlungsindikatoren	Keramik, Steingeräte, Gruben, Pfostenlöcher	Exposition	nach Osten
				Höhenlage	175 m
Koordinaten	35 33660 / 56 89340	Zeitliche Einordnung	Linienbandkeramik Phase 3 - 5	Entfernung zum Wasservorkommen	500 m Bach
		Überlagerungen	bandkeramische Nachfolgekultur	Lage zum Lößareal	Lage im Löß
Streubereich der Funde	SW - NO 575 m SO - NW 675 m			Lage zum vermutlich ackerbaulich genutzten Teil der Wirtschaftsfläche	zentral

Hangneigung		Boden								
	Flächenanteil in v.H.	Ausgangsmaterial	Flächenanteil in v.H.	Bodenart	Flächenanteil in v.H.	Entwicklungsstand	Flächenanteil in v.H.	Bonitierung	Flächenanteil in v.H.
0 - 1°	4,7	Löß	63,1	leicht	-	Stufe 1	-	Stufe 1	-
1 - 2°	87,9	Verwitterungsböden	29,0	mittelschwer	-	Stufe 2	-	Stufe 2	-
2 - 4°	5,2	Diluvialböden	-	schwer	-	Stufe 3	-	Stufe 3	-
4 - 8°	2,2	Alluvialböden	7,9					Stufe 4	-
> 8°	-							Stufe 5	-
								Stufe 6	-
	100,0		100,0	Nicht erfaßte bzw. nicht berücksichtigte Bereiche W - HS 92,1 Al 7,9 = 100,0			100,0		100,0
							100,0		100,0

Kassel-Harleshausen

35

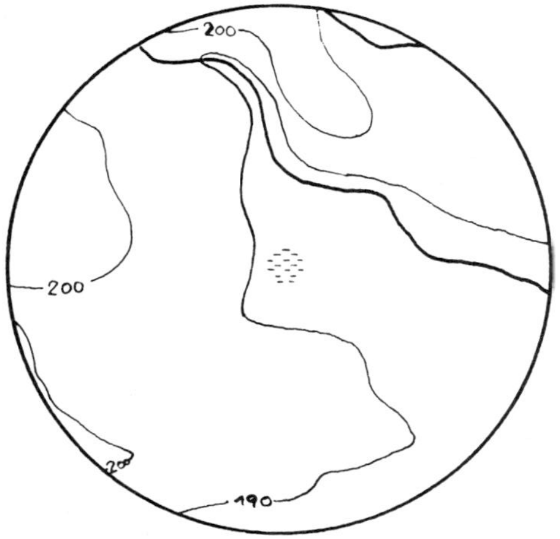

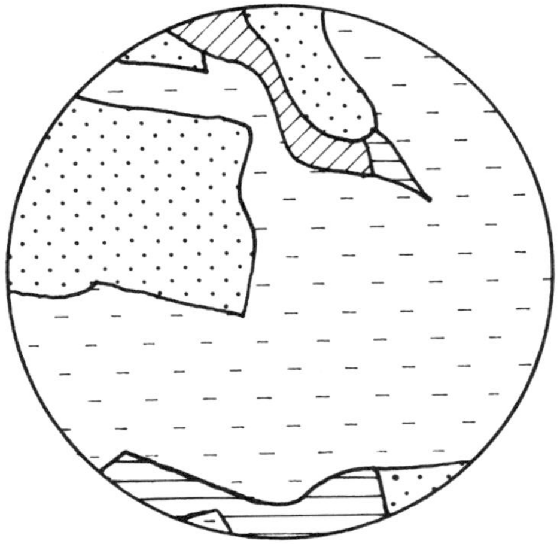

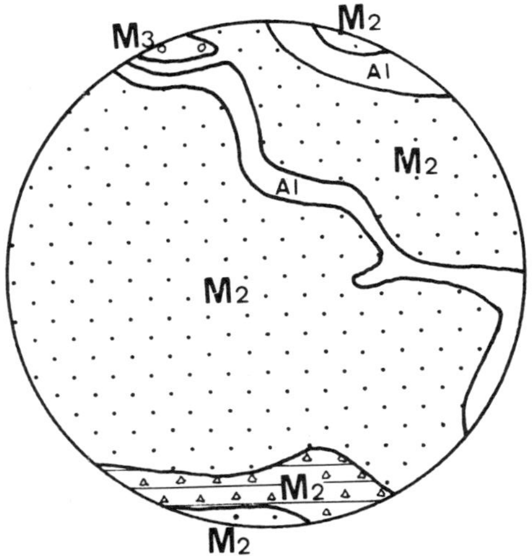

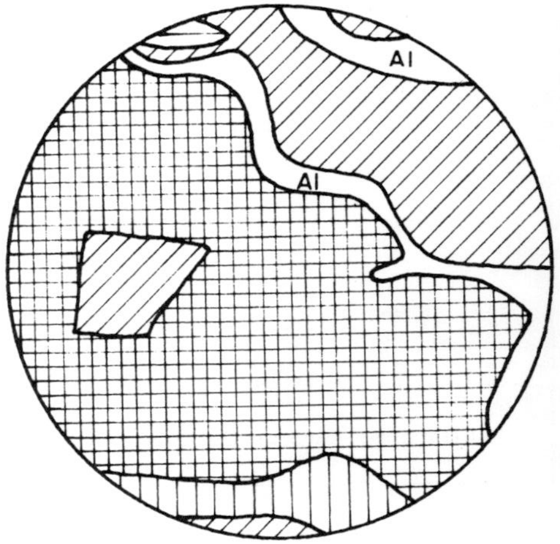

Bezeichnung u. Lokalisation		
Gemarkung	Harleshausen	
Kreis	Stadt Kassel	
Flur- oder Lagebezeichnung	'In der Aue'	
Koordinaten	35 31920/568980	
Streubereich der Funde	100 m im Durchmesser	

Art u. Einordnung des Fundmaterials		
Fundumstände	Fundbergungen bei Ausschachtungsarbeiten	
Siedlungsindikatoren	Keramik, Steingeräte, Gruben, Pfostenlöcher	
Zeitliche Einordnung	Linienbandkeramik Phase 3 – 4	
Überlagerungen	keine	

Standortmerkmale		
Morphologischer Standort	Mittelhang an einem Bachtal	
Exposition	nach Osten	
Höhenlage	187,5 m	
Entfernung zum Wasservorkommen	200 m Bach	
Lage zum Lößareal	Lage im Löß	
Lage zum vermutlich ackerbaulich genutzten Teil der Wirtschaftsfläche	zentral	

Hangneigung	Flächenanteil in v.H.
0 – 1°	65,8
1 – 2°	24,6
2 – 4°	6,3
4 – 8°	3,3
> 8°	-
	100,0

Boden		
Ausgangsmaterial		Flächenanteil in v.H.
Löß		84,7
Verwitterungsböden		6,0
Diluvialböden		0,7
Alluvialböden		8,6
		100,0

Bodenart	Flächenanteil in v.H.
leicht	-
mittelschwer	91,4
schwer	-
Nicht erfaßte bzw. nicht berücksichtigte Bereiche	
W -	
HS -	
Al 8,6 = 8,6	
	100,0

Entwicklungsstand	Flächenanteil in v.H.
Stufe 1	-
Stufe 2	90,7
Stufe 3	0,7
	8,6
	100,0

Bonitierung	Flächenanteil in v.H.
Stufe 1	-
Stufe 2	59,4
Stufe 3	25,3
Stufe 4	6,0
Stufe 5	0,7
Stufe 6	-
	8,6
	100,0

Kassel-Kirchditmold

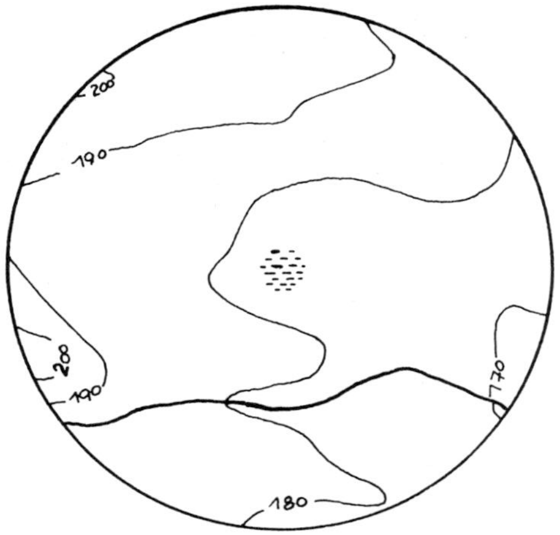

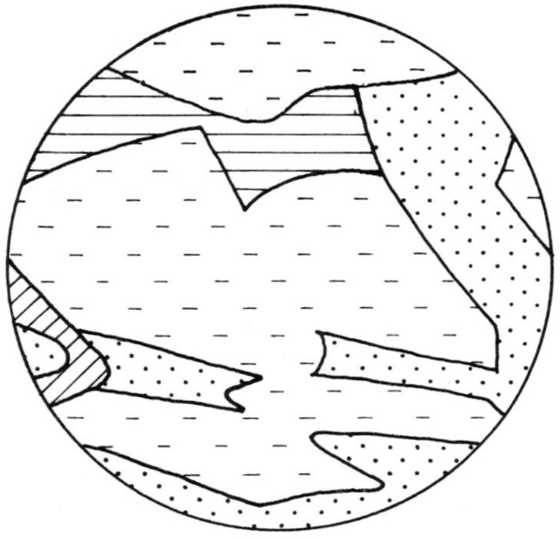

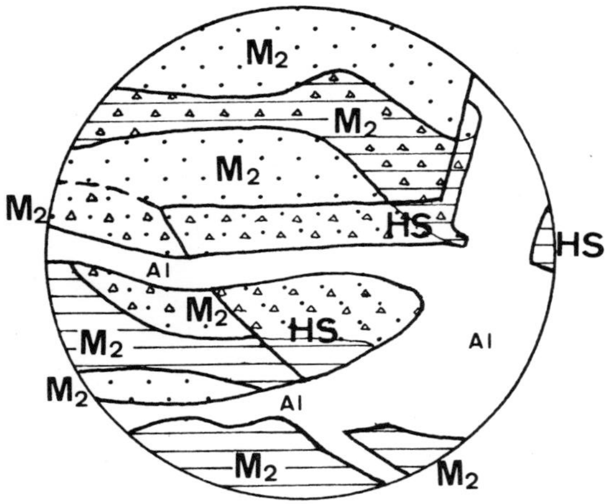

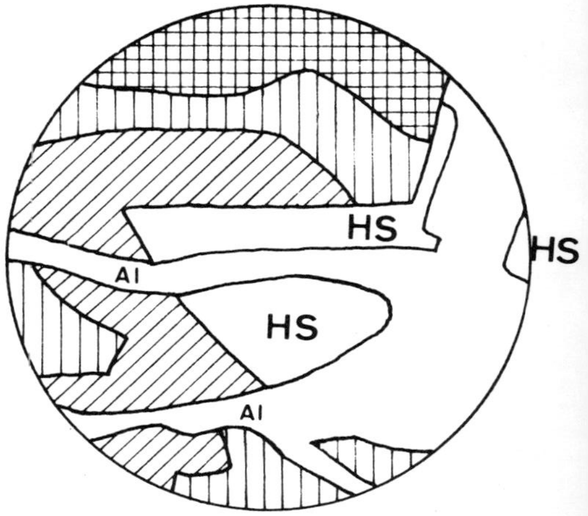

36

Bezeichnung u. Lokalisation		Art u. Einordnung des Fundmaterials		Standortmerkmale	
Gemarkung	Kassel-Kirchditmold und Kassel-Mittelfeld	Fundumstände	Grabung und Fundbergungen nach Ausschachtungsarbeiten	Morphologischer Standort	Hangfuß an einem Bachtal
Kreis	Stadt Kassel	Siedlungsindikatoren	Keramik, Steingeräte, Gruben	Exposition	nach Osten
Flur- oder Lagebezeichnung	Bardelebenstraße/ Knaustwiesen	Zeitliche Einordnung	Linienbandkeramik Phase 4 - 5	Höhenlage	177,5 m
				Entfernung zum Wasservorkommen	unmittelbare Lage an einem Bach
Koordinaten	35 31960/56 87860	Überlagerungen	keine	Entfernung zum Lößareal	125 m
Streubereich der Funde	125 m im Durchmesser			Lage zum vermutlich ackerbaulich genutzten Teil der Wirtschaftsfläche	randlich

Hangneigung		Boden					
	Flächenanteil in v.H.	Ausgangsmaterial	Flächenanteil in v.H.	Bodenart	Flächenanteil in v.H.	Entwicklungsstand	Flächenanteil in v.H.	Bonitierung	Flächenanteil in v.H.
0 - 1°	61,4	Löß	43,2	leicht	-	Stufe 1	-	Stufe 1	-
1 - 2°	26,4	Verwitterungsböden	27,1	mittelschwer	55,9	Stufe 2	55,9	Stufe 2	13,2
2 - 4°	10,0	Diluvialböden	-	schwer	-	Stufe 3	-	Stufe 3	24,0
4 - 8°	2,2	Alluvialböden	29,7					Stufe 4	18,7
> 8°	-							Stufe 5	-
								Stufe 6	-
	100,0		100,0	Nicht erfaßte bzw. nicht berücksichtigte Bereiche W - HS 14,4 Al 29,7 = 44,1	100,0		44,1 100,0		44,1 100,0

Vollmarshausen 1

37

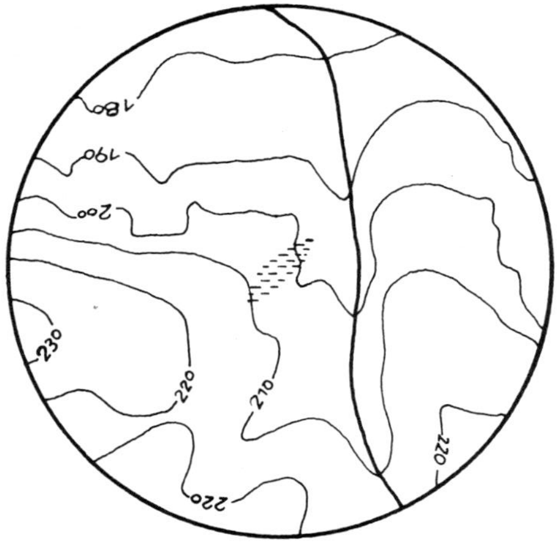

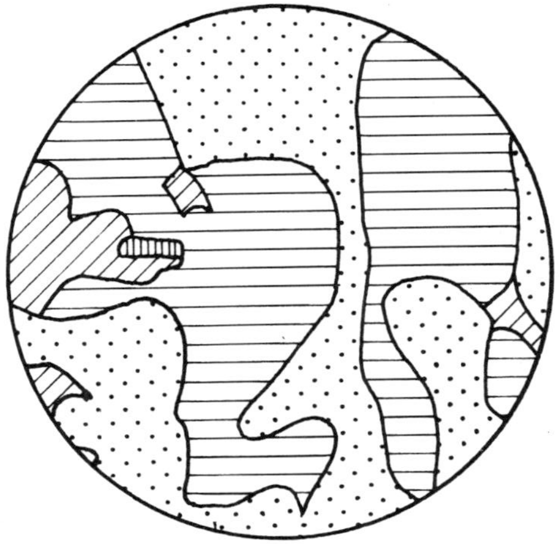

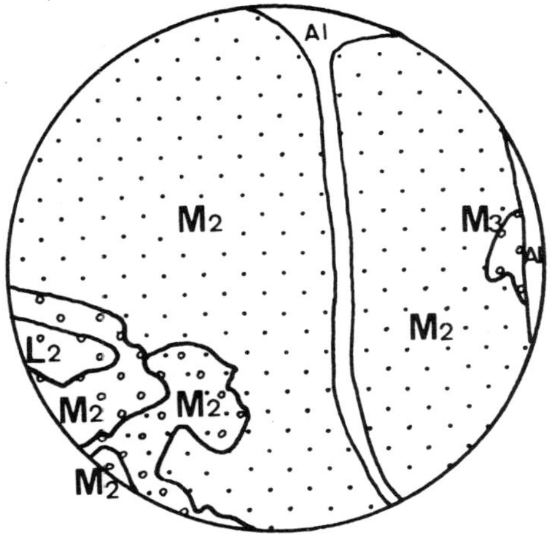

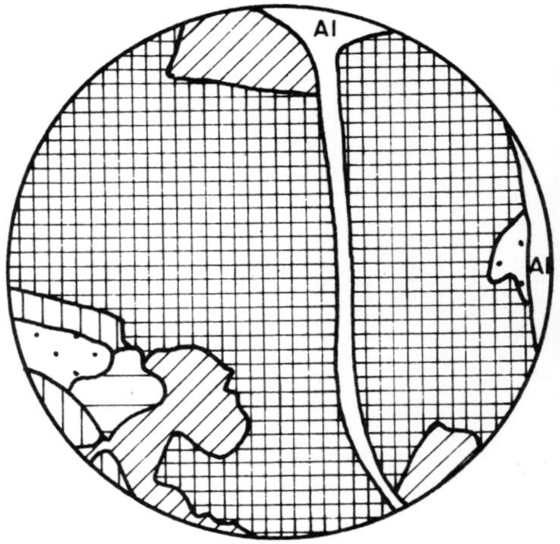

Bezeichnung u. Lokalisation		Art u. Einordnung des Fundmaterials		Standortmerkmale	
Gemarkung	Vollmarshausen	Fundumstände		Morphologischer Standort	Mittelhang an einem Bachtal
Kreis	Kassel	Lesefunde	Keramik, Steingeräte	Exposition	nach Nordosten.
Flur- oder Lagebezeichnung	'Auf der Leimersbach'	Siedlungsindikatoren		Höhenlage	205 m
		Zeitliche Einordnung	Linienbandkeramik Phase 1/5	Entfernung zum Wasservorkommen	150 m Bach
Koordinaten	35 40940/56 82840	Überlagerungen	keine	Entfernung zum Lößareal	Lage im Löß
Streubereich der Funde	SW - NO 250 m SO - NW 75 m			Lage zum vermutlich ackerbaulich genutzten Teil der Wirtschaftsfläche	zentral

Hangneigung		Boden								
	Flächenanteil in v.H.	Ausgangsmaterial	Flächenanteil in v.H.	Bodenart	Flächenanteil in v.H.	Entwicklungsstand	Flächenanteil in v.H.	Bonitierung	Flächenanteil in v.H.
0 - 1°	-	Löß	90,5	leicht	-	Stufe 1	-	Stufe 1	-
1 - 2°	30,5	Verwitterungsböden	-	mittelschwer	91,7	Stufe 2	90,5	Stufe 2	70,3
2 - 4°	60,7	Diluvialböden	1,2	schwer	-	Stufe 3	1,2	Stufe 3	18,1
4 - 8°	8,8	Alluvialböden	8,3					Stufe 4	2,1
> 8°	-							Stufe 5	-
								Stufe 6	1,2
	100,0		100,0		100,0		100,0		100,0
				Nicht erfaßte bzw. nicht berücksichtigte Bereiche					8,3
				W - HS - Al 8,3	= 8,3				
					100,0				100,0

Niederkaufungen

38

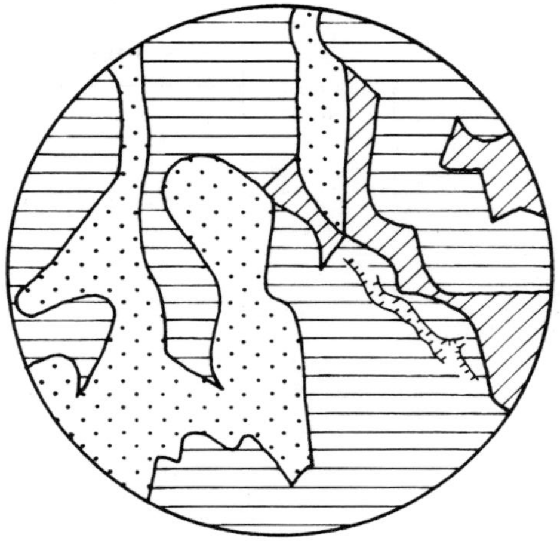

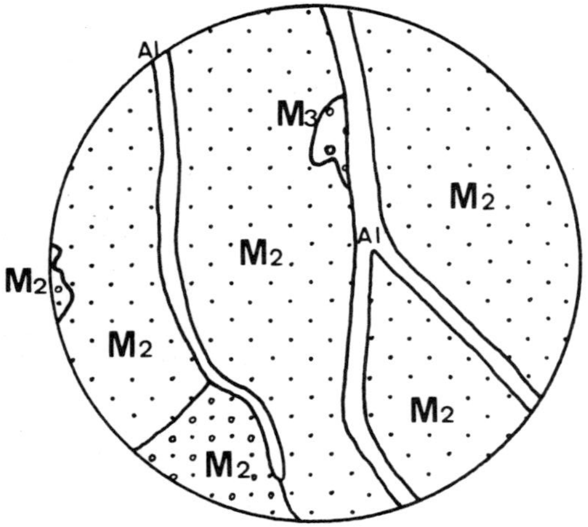

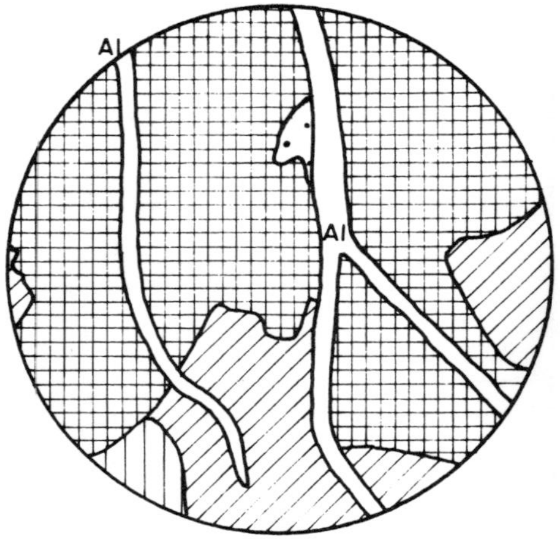

Bezeichnung u. Lokalisation		
Gemarkung	Niederkaufungen	
Kreis	Kassel	
Flur- oder Lagebezeichnung	'Auf Schaubs-Rain'	
Koordinaten	35 41550 / 56 82520	
Streubreich der Funde	100 m im Durchmesser	

Art u. Einordnung des Fundmaterials		
Fundumstände	Lesefunde	
Siedlungsindikatoren	Keramik, Steingeräte	
Zeitliche Einordnung	Linienbandkeramik	
Überlagerungen	keine	

Standortmerkmale		
Morphologischer Standort	Rücken zwischen zwei Bachtälern / Mittelhanglage	
Exposition	nach Nordwesten	
Höhenlage	217,5 m	
Entfernung zum Wasservorkommen	100 m Bach / 325 m Bach	
Entfernung zum Lößareal	Lage im Löß	
Lage zum vermutlich ackerbaulich genutzten Teil der Wirtschaftsfläche	zentral	

Hangneigung		Boden						
	Flächenanteil in v.H.	Ausgangsmaterial	Flächenanteil in v.H.	Bodenart	Flächenanteil in v.H.	Entwicklungsstand	Flächenanteil in v.H.	Bonitierung	Flächenanteil in v.H.
0 – 1°	–	Löß	85,8	leicht	1,6	Stufe 1	–	Stufe 1	–
1 – 2°	44,0	Verwitterungsböden	–	mittelschwer	91,7	Stufe 2	92,0	Stufe 2	74,3
2 – 4°	48,6	Diluvialböden	7,5	schwer	–	Stufe 3	–	Stufe 3	11,2
4 – 8°	6,9	Alluvialböden	6,7			Stufe 5	1,3	Stufe 4	3,1
> 8°	0,5							Stufe 5	2,0
								Stufe 6	2,7
	100,0		100,0		100,0	Nicht erfaßte bzw. nicht berücksichtigte Bereiche W – HS – Al 6,7 = 6,7	100,0		100,0

Vollmarshausen 2

39

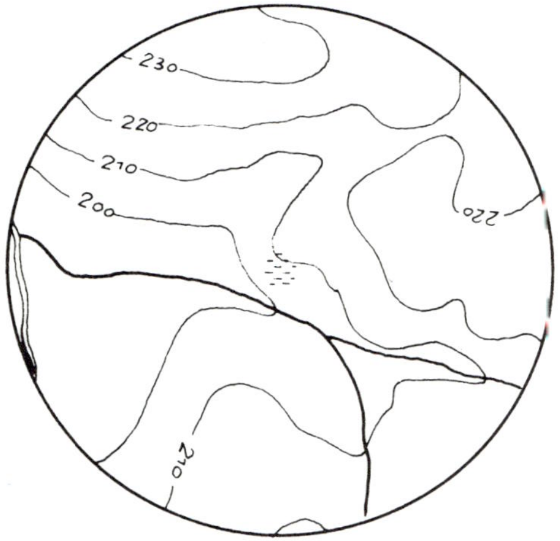

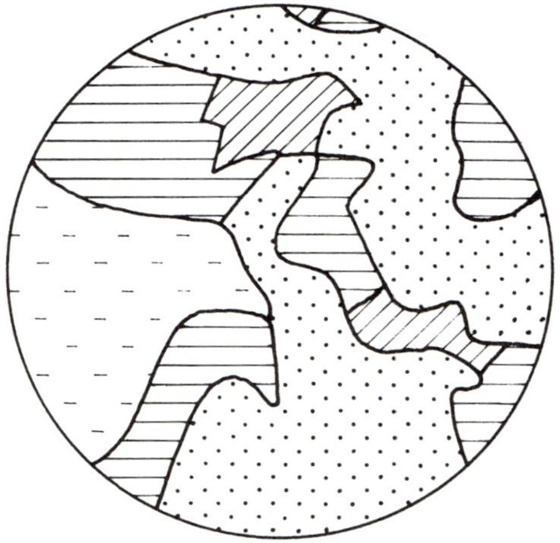

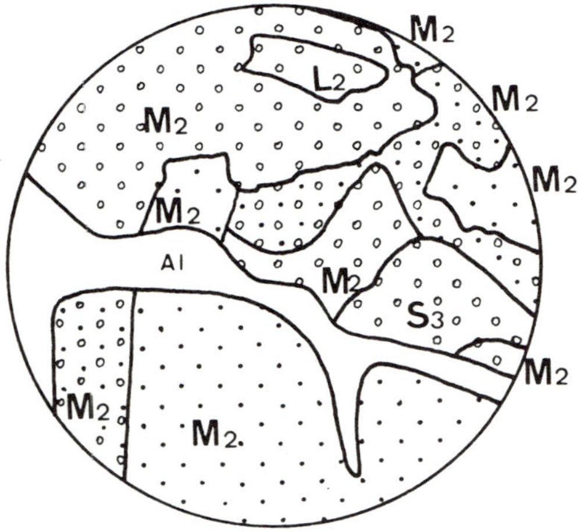

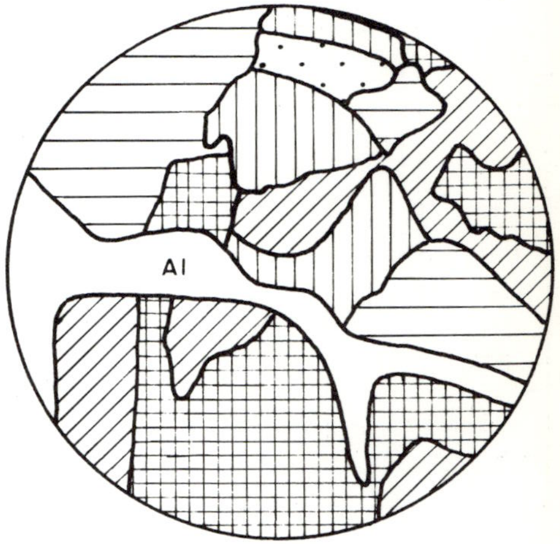

Bezeichnung u. Lokalisation		Art u. Einordnung des Fundmaterials		Standortmerkmale	
Gemarkung	Vollmarshausen	Fundumstände	"In den stumpfen Seigen"	Morphologischer Standort	Unterhang einem Bachtal
Kreis	Kassel	Lesefunde	Keramik, Steingeräte	Exposition	nach Südwesten
Flur- oder Lagebezeichnung	"In den stumpfen Seigen"	Siedlungsindikatoren	bandkeramische Folgekultur	Höhenlage	205 m
		Zeitliche Einordnung	bandkeramische Folgekultur	Entfernung zum Wasservorkommen	50 m Bach
Koordinaten	35_40160/56_82060	Überlagerungen	keine	Entfernung zum Lößareal	50 m
Streubereich der Funde	100 m im Durchmesser			Lage zum vermutlich ackerbaulich genutzten Teil der Wirtschaftsfläche	randlich

Hangneigung	Flächenanteil in v.H.	Boden			Entwicklungsstand	Flächenanteil in v.H.	Bonitierung	Flächenanteil in v.H.
		Ausgangsmaterial	Flächenanteil in v.H.	Bodenart	Flächenanteil in v.H.			
0 – 1°	18,5	Löß	48,3	leicht	2,5	Stufe 1	–	Stufe 1	–
1 – 2°	48,4	Verwitterungsböden	–	mittelschwer	76,8	Stufe 2	79,3	Stufe 2	28,7
2 – 4°	26,6	Diluvialböden	37,7	schwer	6,7	Stufe 3	6,7	Stufe 3	19,8
4 – 8°	6,5	Alluvialböden	14,0					Stufe 4	13,5
> 6°	–							Stufe 5	21,5
	100,0		100,0		100,0		100,0	Stufe 6	2,5
				Nicht erfaßte bzw. nicht berücksichtigte Bereiche					
				W –					
				HS –					
				Al 14,0 = 14,0			14,0		14,0
							100,0		100,0

Geographisches Institut
der Universität Kiel
Neue Universität

Kassel-Oberzwehren

40

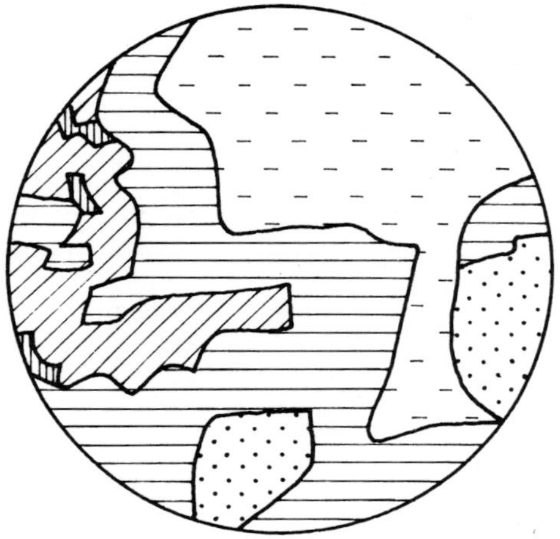

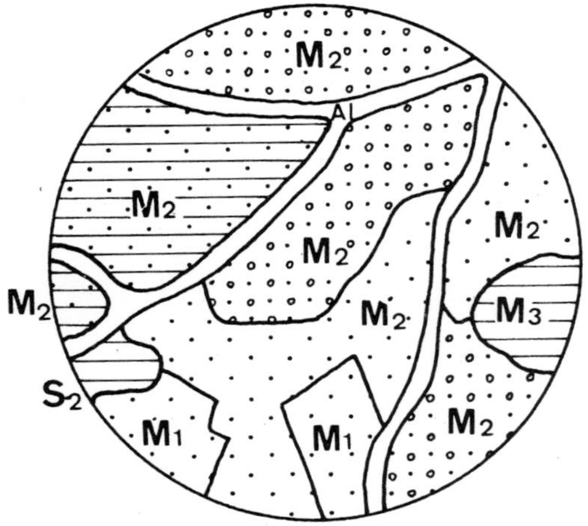

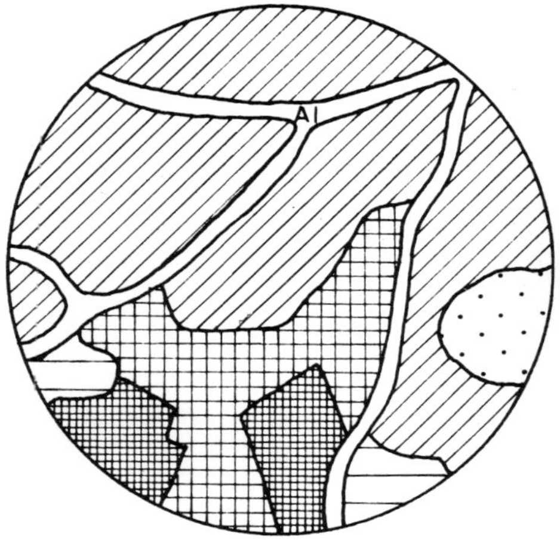

Bezeichnung u. Lokalisation	
Gemarkung	Kassel-Oberzwehren
Kreis	Stadt Kassel
Flur- oder Lagebezeichnung	'Im Lohre'
Koordinaten	$35_{30580}/56_{81920}$
Streubereich der Funde	SW – NO 850 m SO – NW 375 m

Art u. Einordnung des Fundmaterials	
Fundumstände	Fundbergungen bei Ausschachtungsarbeiten
Siedlungsindikatoren	Keramik, Steingeräte, Gruben, Pfostenlöcher
Zeitliche Einordnung	Linienbandkeramik Phase 1 – 4
Überlagerungen	vorchr. Eisenzeit

Standortmerkmale	
Morphologischer Standort	Mittelhang an einem Bachtal / Rücken zwischen zwei Bachtälern
Exposition	nach Nordosten
Höhenlage	180 m
Entfernung zum Wasservorkommen	150 m Bach 325 m Bach
Entfernung zum Lößareal	Lage im Löß
Lage zum vermutlich ackerbaulich genutzten Teil der Wirtschaftsfläche	zentral

Hangneigung	Flächenanteil in v.H.
0 – 1°	34,7
1 – 2°	10,4
2 – 4°	40,9
4 – 8°	13,0
> 8°	1,0
	100,0

Boden			
Ausgangsmaterial	Flächenanteil in v.H.	Bodenart	Flächenanteil in v.H.
Löß	84,7	leicht	-
Verwitterungsböden	6,5	mittelschwer	89,3
Diluvialböden	-	schwer	1,9
Alluvialböden	8,8	Nicht erfaßte bzw. nicht berücksichtigte Bereiche W - HS - Al 8,8 = 8,8	
	100,0		100,0

Entwicklungsstand	Flächenanteil in v.H.	Bonitierung	Flächenanteil in v.H.
		Stufe 1	9,7
		Stufe 2	16,5
Stufe 1	9,7	Stufe 3	56,2
Stufe 2	76,9	Stufe 4	-
Stufe 3	4,6	Stufe 5	4,2
		Stufe 6	4,6
	8,8		8,8
	100,0		100,0

Baunatal-Großenritte

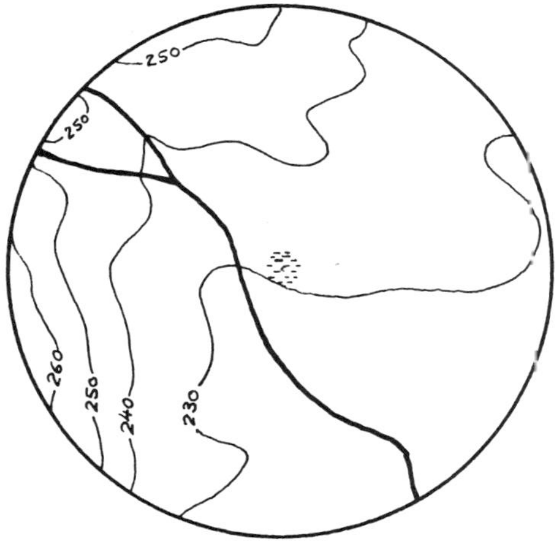

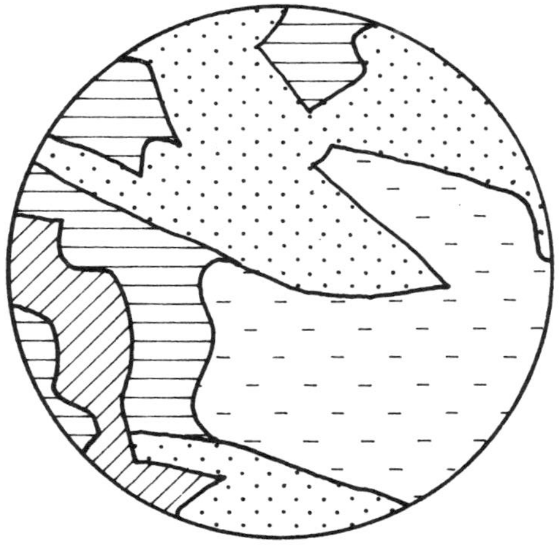

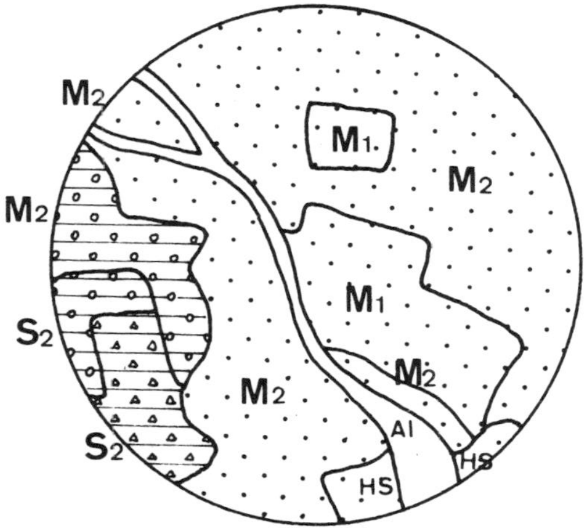

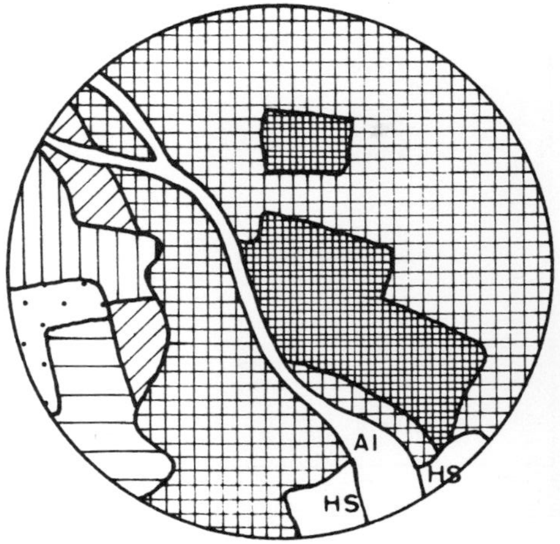

41

Bezeichnung u. Lokalisation		Art u. Einordnung des Fundmaterials		Standortmerkmale	
Gemarkung	Baunatal-Großenritte	Fundumstände	Fundbergungen bei Ausschachtungsarbeiten	Morphologischer Standort	Hangfuß an einem Bachtal
Kreis	Kassel	Siedlungsindikatoren	Keramik, Steingeräte	Exposition	nach Südosten
Flur- oder Lagebezeichnung	'Auf der Kaute' 'Die grünen Wegsäcker'	Zeitliche Einordnung	Linienbandkeramik Phase 4	Höhenlage	230 m
				Entfernung zum Wasservorkommen	75 m Bach
Koordinaten	3526860/5679900	Überlagerungen	keine	zum Lößareal	Lage im Löß
Streubereich der Funde	100 m im Durchmesser			Lage zum vermutlich ackerbaulich genutzten Teil der Wirtschaftsfläche	zentral

Hangneigung	Flächenanteil in v.H.	Boden			Entwicklungsstand	Flächenanteil in v.H.	Bonitierung	Flächenanteil in v.H.
		Ausgangsmaterial		Flächenanteil in v.H.				
0 – 1°	34,7		Löß	80,8			Stufe 1	15,7
1 – 2°	39,4		Verwitterungsböden	5,3	Stufe 1	15,7	Stufe 2	60,2
2 – 4°	17,9		Diluvialböden	8,9	Stufe 2	76,8	Stufe 3	3,7
4 – 8°	8,0		Alluvialböden	5,0	Stufe 3	-	Stufe 4	5,1
> 8°	-						Stufe 5	5,3
							Stufe 6	2,5
	100,0			100,0		100,0		100,0

Bodenart	Flächenanteil in v.H.
leicht	-
mittelschwer	84,7
schwer	7,8
Nicht erfaßte bzw. nicht berücksichtigte Bereiche	
W - HS 2,5 Al 5,0 =	7,5
	100,0

Niedenstein

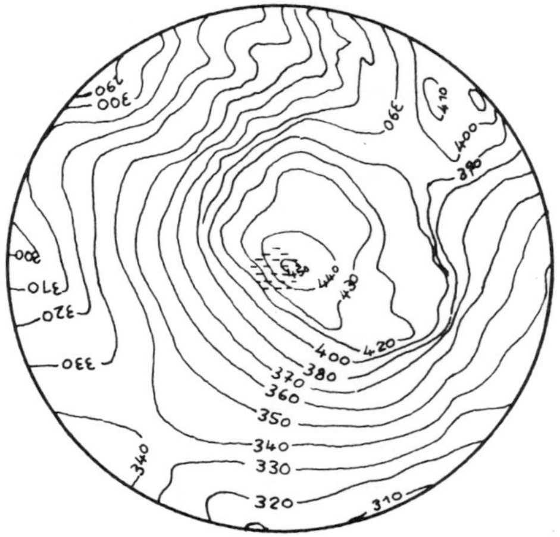

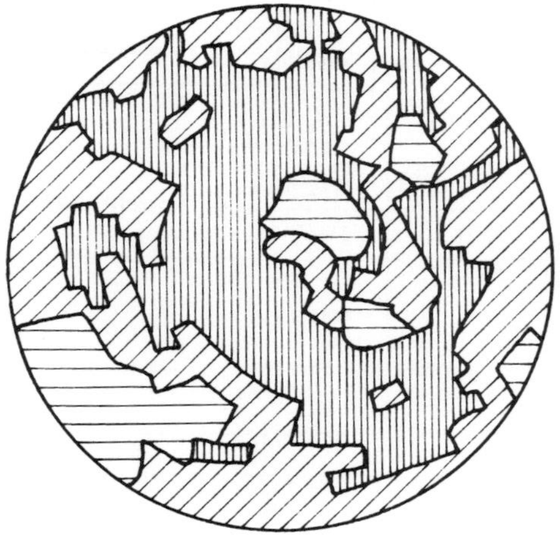

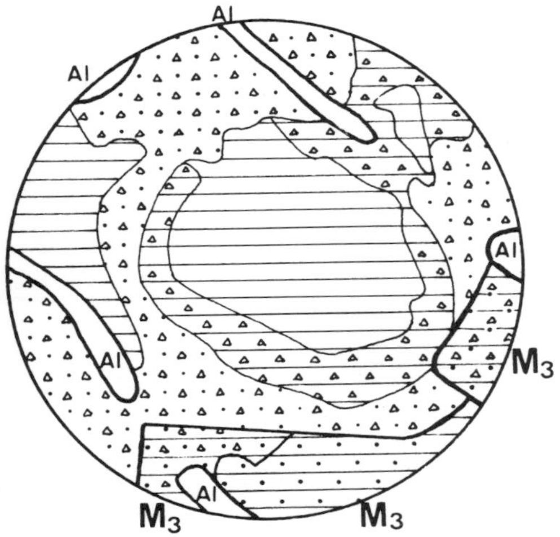

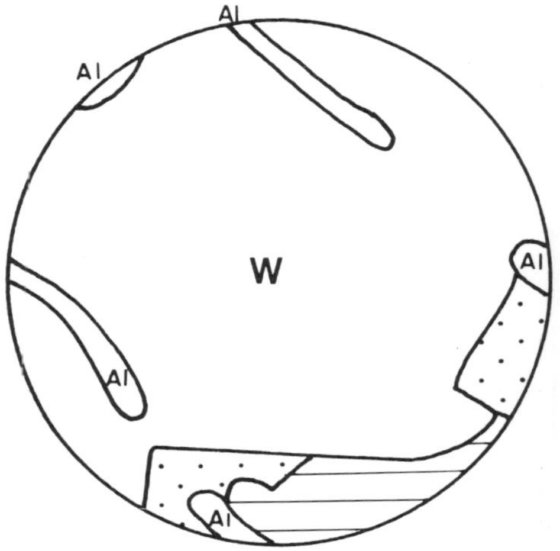

42

Bezeichnung u. Lokalisation	
Gemarkung	Niedenstein
Kreis	Fritzlar-Homberg
Flur- oder Lagebezeichnung	Altenburg
Koordinaten	35 20280/56 79120
Streubereich der Funde	160 m im Durchmesser

Art u. Einordnung des Fundmaterials	
Fundumstände	Bei Ausgrabungen der laténezeitlichen Anlage geborgen
Siedlungsindikatoren	Keramik, Steingeräte
Zeitliche Einordnung	Großgartach
Überlagerungen	Michelsberg, Latène

Standortmerkmale	
Morphologischer Standort	Bergkuppe
Exposition	nach Südwesten
Höhenlage	440 m
Entfernung zum Wasservorkommen	500 m Quelle
Entfernung zum Lößareal	500 m
Lage zum vermutlich ackerbaulich genutzten Teil der Wirtschaftsfläche	außerhalb

Hangneigung	Flächenanteil in v.H.	Boden				Entwicklungsstand	Flächenanteil in v.H.	Bonitierung	Flächenanteil in v.H.
		Ausgangsmaterial	Flächenanteil in v.H.	Bodenart	Flächenanteil in v.H.				
0 – 1°	–	Löß	49,4	leicht	–	Stufe 1	–	Stufe 1	–
1 – 2°	–	Verwitterungsböden	44,4	mittelschwer	13,7	Stufe 2	–	Stufe 2	–
2 – 4°	13,5	Diluvialböden	–	schwer	–	Stufe 3	13,7	Stufe 3	–
4 – 8°	46,3	Alluvialböden	6,2					Stufe 4	–
> 8°	40,2							Stufe 5	7,3
								Stufe 6	6,4
	100,0		100,0		100,0		100,0		100,0
				Nicht erfaßte bzw. nicht berücksichtigte Bereiche					
				W 80,1 HS – Al 6,2 = 86,3	86,3		86,3		86,3

Besse 1

43

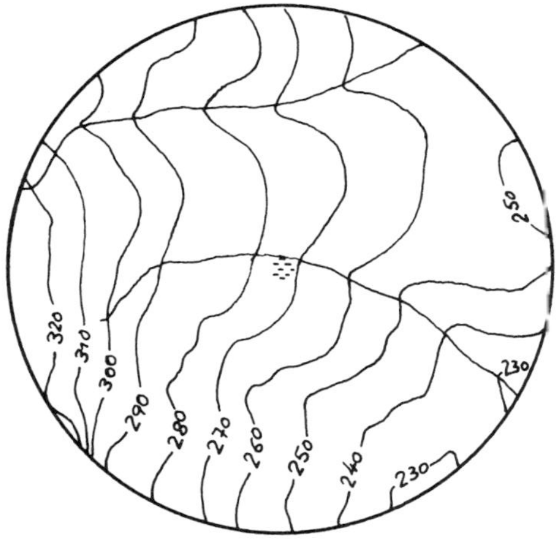

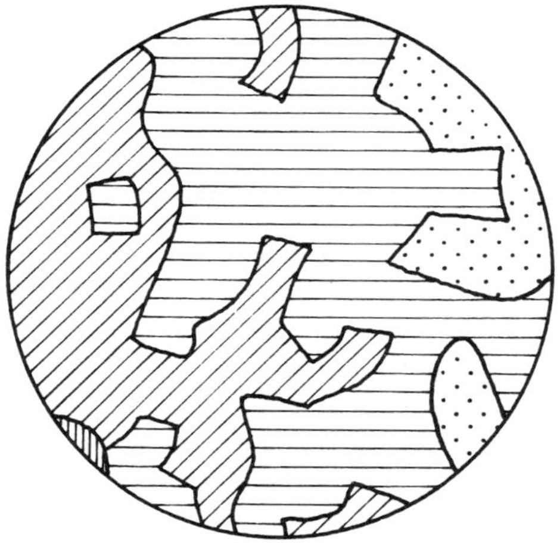

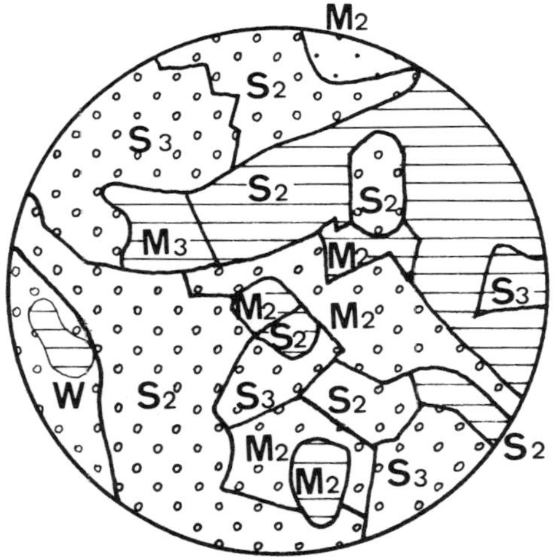

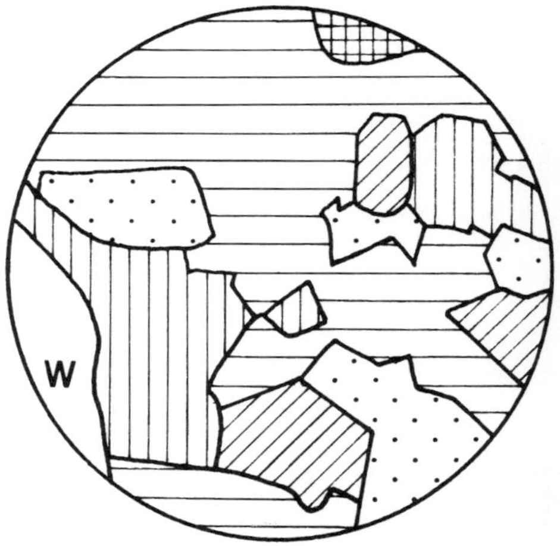

Bezeichnung u. Lokalisation		Art u. Einordnung des Fundmaterials		Standortmerkmale	
Gemarkung	Besse	Fundumstände		Morphologischer Standort	Mittelhang
Kreis	Fritzlar-Homberg	Lesefunde			
Flur- oder Lagebezeichnung	Schollenberg	Siedlungsindikatoren	Keramik, Steingeräte	Exposition	nach Osten
				Höhenlage	275 m
Koordinaten	35 25900/56 77700	Zeitliche Einordnung	Linienbandkeramik Phase 2/6	Entfernung zum Wasservorkommen	50 m Bach 750 m Quelle
		Überlagerungen	Galeriegrabgruppe vorchr. Eisenzeit	zum Lößareal	625 m
Streubereich der Funde	60 m im Durchmesser			Lage zum vermutlich baulich genutzten Teil der Wirtschaftsfläche	randlich

Hangneigung		Boden							
	Flächenanteil in v.H.	Ausgangsmaterial	Flächenanteil in v.H.	Bodenart	Flächenanteil in v.H.	Entwicklungsstand	Flächenanteil in v.H.	Bonitierung	Flächenanteil in v.H.
0 – 1°	–	Löß	1,3	leicht	–		–	Stufe 1	–
1 – 2°	13,5	Verwitterungsböden	34,3	mittelschwer	20,6	Stufe 1	–	Stufe 2	1,3
2 – 4°	53,7	Diluvialböden	64,4			Stufe 2	71,2	Stufe 3	10,8
4 – 6°	32,3	Alluvialböden	–	schwer.	73,7	Stufe 3	23,1	Stufe 4	22,4
> 8°	0,5							Stufe 5	44,9
								Stufe 6	14,9
	100,0		100,0		100,0		100,0		100,0
				Nicht erfaßte bzw. nicht berücksichtigte Bereiche					
				W 5,7 HS – Al –	5,7		5,7		5,7
					100,0		100,0		100,0

Besse 2

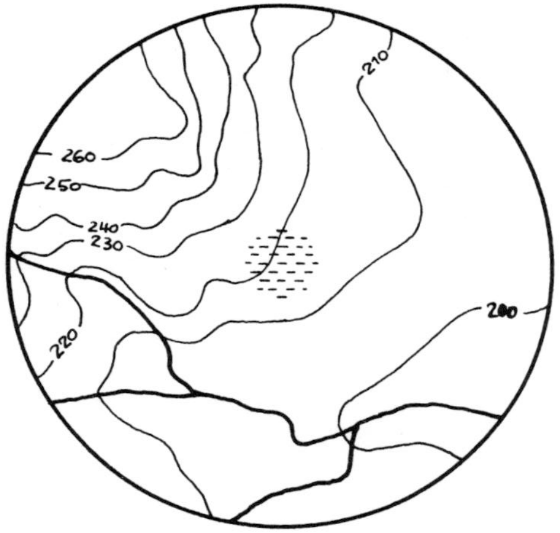

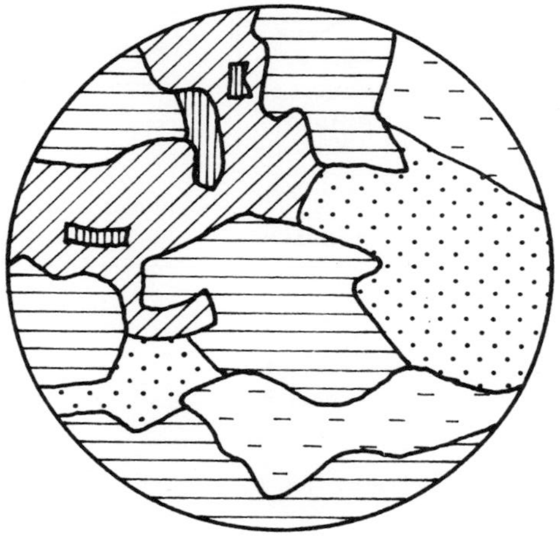

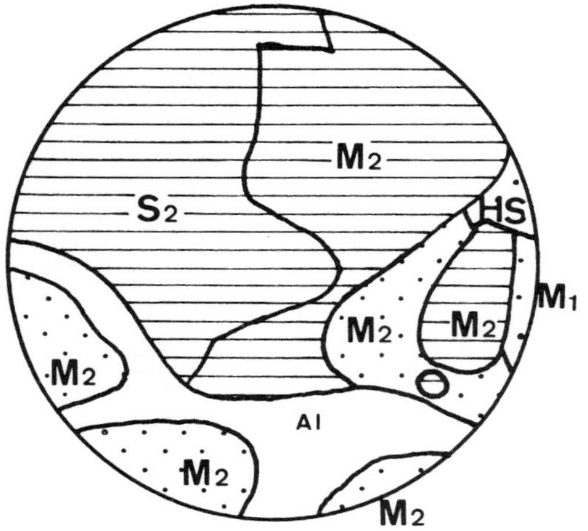

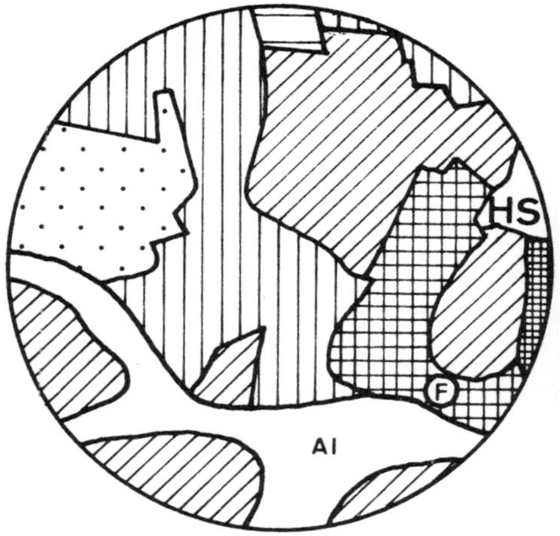

44

Bezeichnung u. Lokalisation		Art u. Einordnung des Fundmaterials		Standortmerkmale	
Gemarkung	Besse	Fundumstände		Morphologischer Standort	Mittelhang auf einem Rücken
Kreis	Fritzlar-Homberg	Lesefunde		Exposition	nach Südosten
Flur- oder Lagebezeichnung	'Bei der Schinderkaude'	Siedlungsindikatoren	Keramik, Steingeräte	Höhenlage	220 m
		Zeitliche Einordnung	Linienbandkeramik Phase 2/5	Entfernung zum Wasservorkommen	375 m Bach
Koordinaten	35 26540/56 75860	Überlagerungen	keine	Entfernung zum Lößareal	250 m
Streubereich der Funde	200 m im Durchmesser			Lage zum vermutlich ackerbaulich genutzten Teil der Wirtschaftsfläche	zentral

Hangneigung	Flächenanteil in v.H.	Boden			Bodenart		Entwicklungsstand		Bonitierung	
		Ausgangsmaterial		Flächenanteil in v.H.		Flächenanteil in v.H.		Flächenanteil in v.H.		Flächenanteil in v.H.
0 – 1°	16,1	Löß		21,7	leicht	-	Stufe 1	1,3	Stufe 1	1,3
1 – 2°	23,2	Verwitterungsböden		65,2	mittelschwer	51,6	Stufe 2	83,5	Stufe 2	7,7
2 – 4°	41,2	Diluvialböden		-	schwer	33,2	Stufe 3	-	Stufe 3	35,7
4 – 8°	17,3	Alluvialböden		13,1					Stufe 4	27,6
> 8°	2,2								Stufe 5	1,1
									Stufe 6	11,4
	100,0			100,0		100,0		100,0		100,0
					Nicht erfaßte bzw. nicht berücksichtigte Bereiche					
					W F 0,5 HS 1,6 Al 13,1 = 15,2	15,2		15,2		15,2

Besse 3

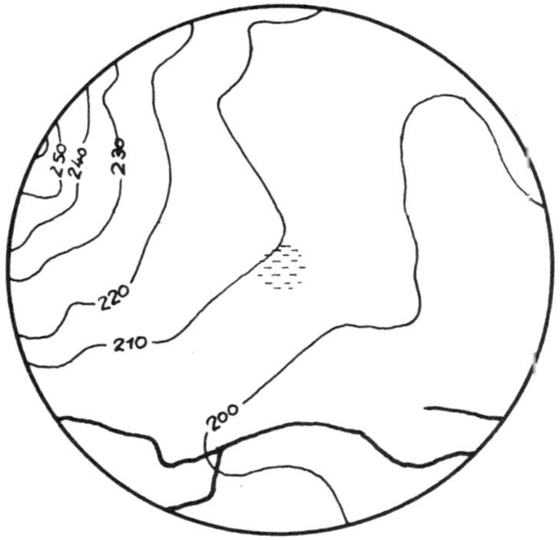

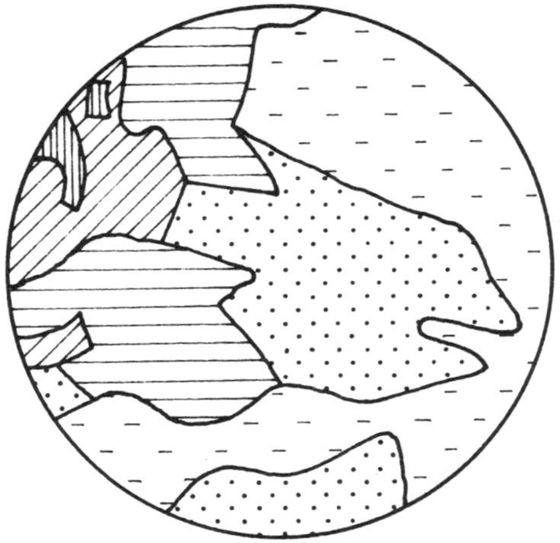

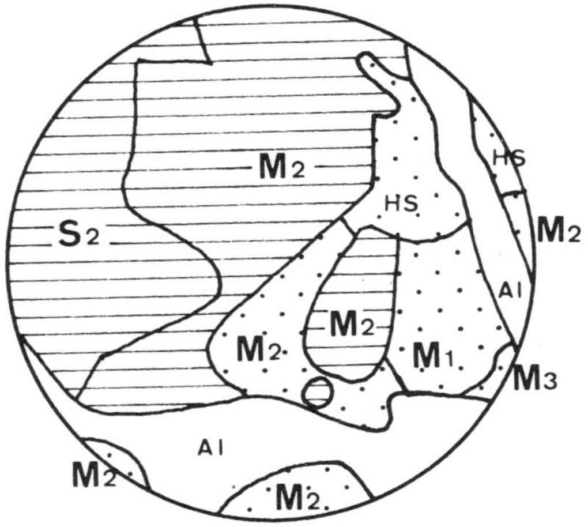

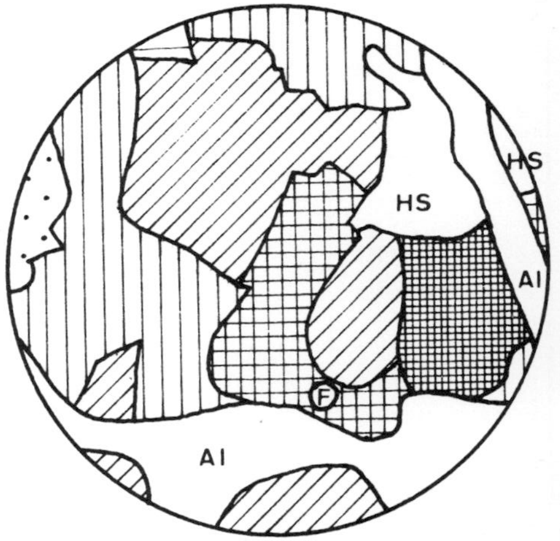

Bezeichnung u. Lokalisation		Art u. Einordnung des Fundmaterials		Standortmerkmale	
Gemarkung	Besse	Fundumstände		Morphologischer Standort	Mittelhang auf einem Rücken
Kreis	Fritzlar-Homberg	Lesefunde	Keramik, Steingeräte, Abschläge	Exposition	nach Südosten
Flur- oder Lagebezeichnung	'Bei der Schinderkaude'	Siedlungsindikatoren		Höhenlage	210 m
		Zeitliche Einordnung	Linienbandkeramik Phase 1/3	Entfernung zum Wasservorkommen	375 m Bach 550 m Bach
Koordinaten	35 26120/56 75820	Überlagerungen	vorchr. Eisenzeit	Entfernung zum Lößareal	50 m
Streubereich der Funde	125 m im Durchmesser			Lage zum vermutlich ackerbaulich genutzten Teil der Wirtschaftsfläche	zentral

Hangneigung	Flächenanteil in v.H.	Boden			Entwicklungsstand		Bonitierung	
		Ausgangsmaterial	Flächenanteil in v.H.	Bodenart	Flächenanteil in v.H.		Flächenanteil in v.H.	
0 – 1°	39,7	Löß	29,6	leicht	–	Stufe 1	7,3	Stufe 1	7,3
1 – 2°	28,4	Verwitterungsböden	54,2	mittelschwer	57,4	Stufe 2	65,6	Stufe 2	12,2
2 – 4°	22,1	Diluvialböden	–	schwer	16,4	Stufe 3	0,9	Stufe 3	27,2
4 – 8°	8,3	Alluvialböden	16,2					Stufe 4	24,5
> 8°	1,5							Stufe 5	1,0
								Stufe 6	1,6
	100,0		100,0	Nicht erfaßte bzw. nicht berücksichtigte Bereiche					26,2
				W F 0,5 H S 9,5 A l 16,2	26,2		26,2		
					100,0		100,0		100,0

Holzhausen 1

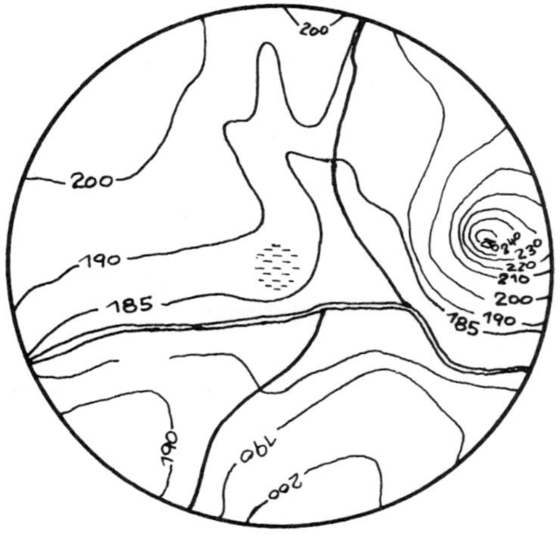

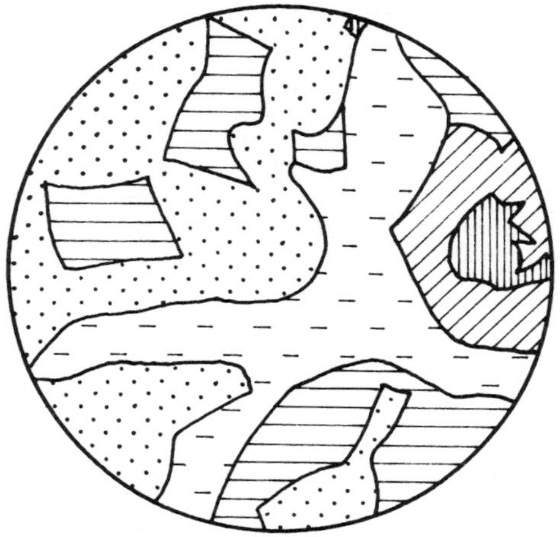

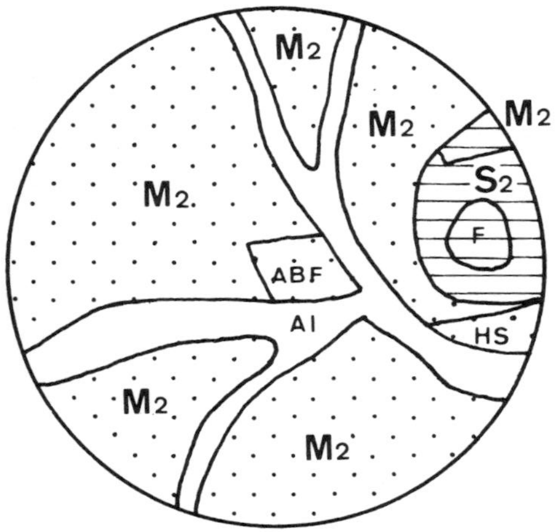

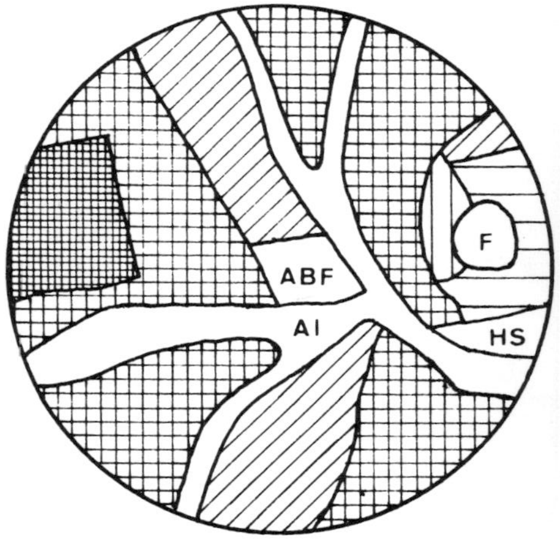

Bezeichnung u. Lokalisation		Art u. Einordnung des Fundmaterials		Standortmerkmale	
Gemarkung	Holzhausen am Hahn	Fundumstände	Fundbergungen beim Tonabbau	Morphologischer Standort	Hangfuß zwischen zwei Bachtälern
Kreis	Fritzlar-Homberg			Exposition	nach Südosten
Flur- oder Lagebezeichnung	Ziegeleigrube Fußholt	Siedlungsindikatoren	Keramik, Steingeräte, Gruben	Höhenlage	187,5 m
				Entfernung zum Wasservorkommen	75 m Bach
Koordinaten	3528875/56 75800	Zeitliche Einordnung	Großgartach	zum Lößareal	100 m Bach Lage im Löß
Streubereich der Funde	120 m im Durchmesser	Überlagerungen	Rössen, Bischheim	Lage zum vermutlich ackerbaulich genutzten Teil der Wirtschaftsfläche	zentral

Hangneigung		Boden							
	Flächenanteil in v.H.	Ausgangsmaterial	Flächenanteil in v.H.	Bodenart	Flächenanteil in v.H.	Entwicklungsstand	Flächenanteil in v.H.	Bonitierung	Flächenanteil in v.H.
0 – 1°	28,9	Löß	74,7	leicht	-		-	Stufe 1	6,9
1 – 2°	38,2	Verwitterungsböden	8,7	mittelschwer	71,7	Stufe 1	-	Stufe 2	46,2
2 – 4°	21,3	Diluvialböden	-			Stufe 2	78,3	Stufe 3	19,2
4 – 8°	9,0	Alluvialböden	16,6	schwer	6,6	Stufe 3	-	Stufe 4	1,8
> 8°	2,6							Stufe 5	4,2
								Stufe 6	-
	100,0		100,0		100,0		100,0		21,7
				Nicht erfaßte bzw. nicht berücksichtigte Bereiche W - ABF 2,3 HS 1,5 F 1,3 Al 16,6 = 21,7					100,0

Holzhausen 2

47

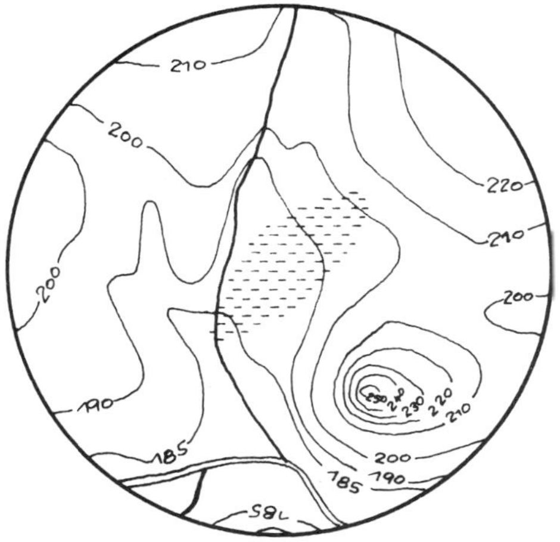

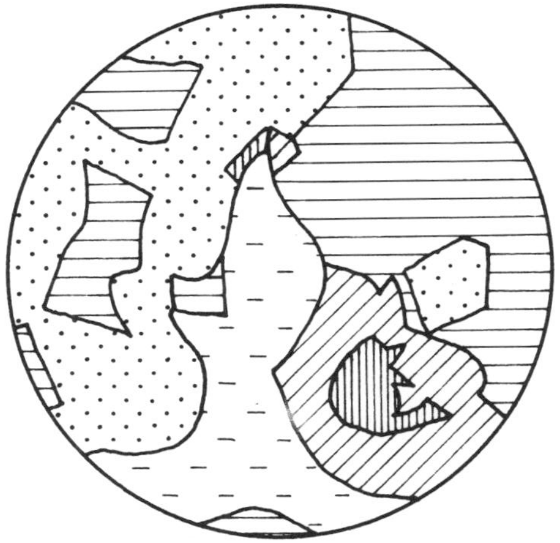

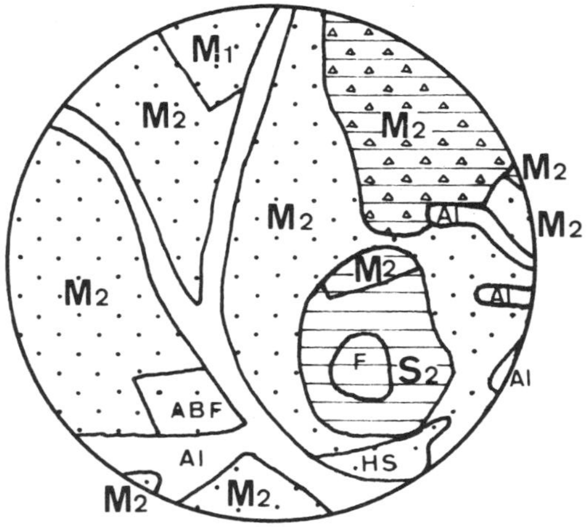

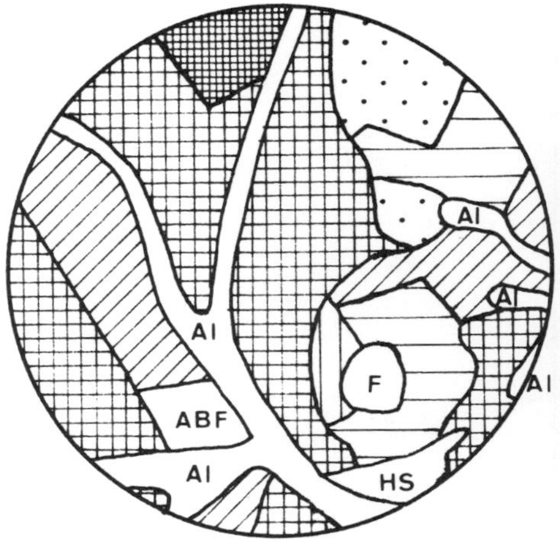

Bezeichnung u. Lokalisation		
Gemarkung	Holzhausen am Hahn	
Kreis	Fritzlar-Homberg	
Flur- oder Lagebezeichnung	'Seelenbach' und 'Auf dem Stück'	
Koordinaten	35 29250/56 76250	
Streubereich der Funde	SSW - NNO 550 m OSO - WNW 225 m	

Art u. Einordnung des Fundmaterials		
Fundumstände	Lesefunde	
Siedlungsindikatoren	Keramik, Steingeräte, Gruben, Pfostenlöcher	
Zeitliche Einordnung	Linienbandkeramik Phase 1 – 4	
Überlagerungen	keine	

Standortmerkmale		
Morphologischer Standort	Mittelhang an einem Bachtal	
Exposition	nach Südwesten	
Höhenlage	190 m	
Entfernung zum Wasservorkommen	150 m Bach	
Lage zum vermutlich ackerbaulich genutzten Teil der Wirtschaftsfläche	zentral	

Hangneigung	Flächenanteil in v.H.	Boden Ausgangsmaterial	Flächenanteil in v.H.	Bodenart	Flächenanteil in v.H.	Entwicklungsstand	Flächenanteil in v.H.	Bonitierung	Flächenanteil in v.H.
0 – 1°	19,4	Löß	61,6	leicht	–			Stufe 1	3,3
1 – 2°	33,7	Verwitterungsböden	24,5	mittelschwer	73,6	Stufe 1	3,3	Stufe 2	40,9
2 – 4°	32,8	Diluvialböden	–	schwer	7,9	Stufe 2	78,2	Stufe 3	18,9
4 – 8°	11,4	Alluvialböden	13,9			Stufe 3	–	Stufe 4	1,9
> 8°	2,7							Stufe 5	6,9
								Stufe 6	9,6
	100,0		100,0		100,0		100,0		100,0

Nicht erfaßte bzw. nicht berücksichtigte Bereiche

W –   ABF 2,3
HS 1,0   F 1,3
Aj 13,9 = 18,5

Holzhausen 3

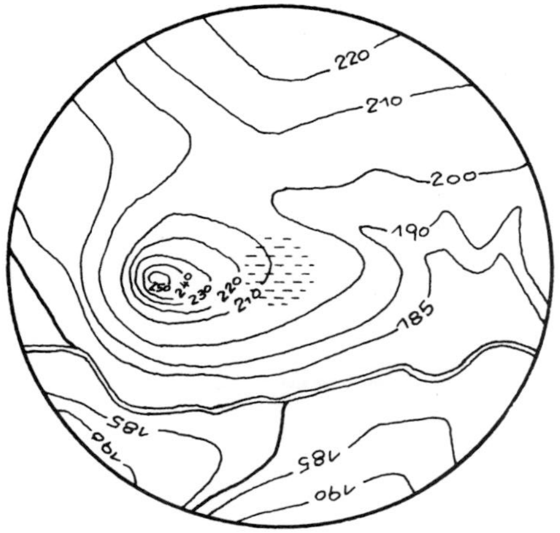

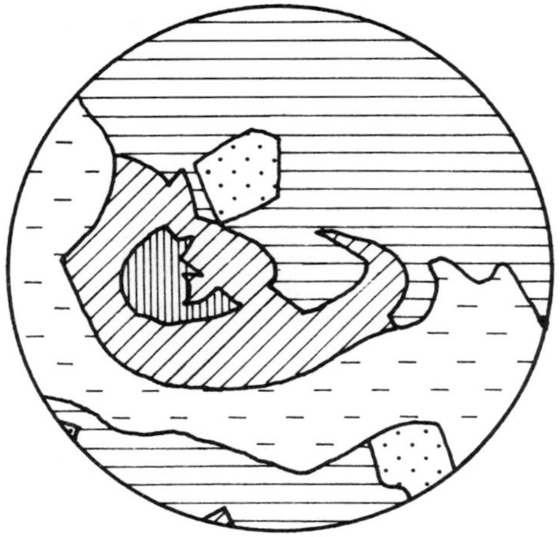

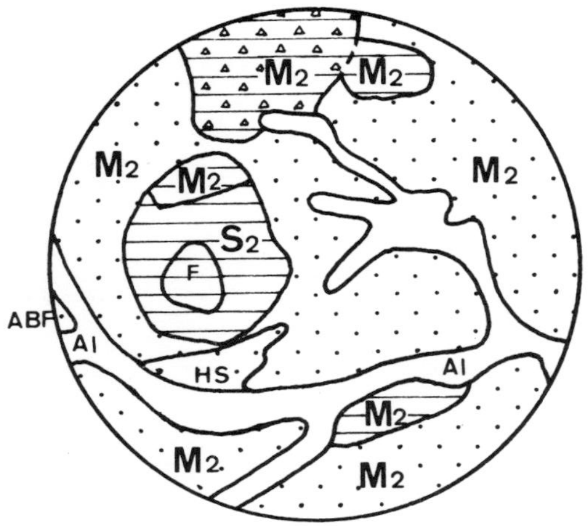

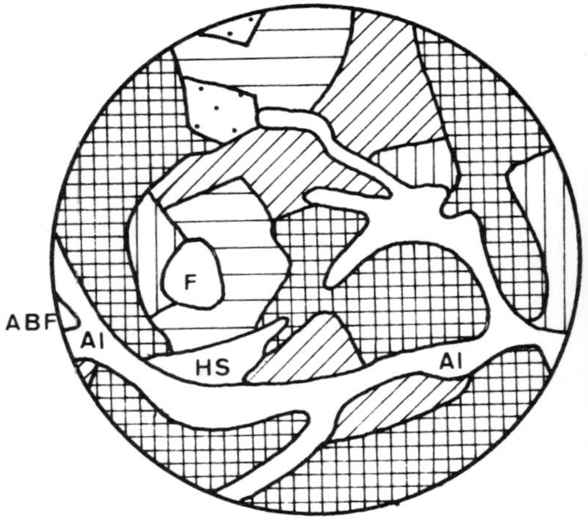

48

Bezeichnung u. Lokalisation		Art u. Einordnung des Fundmaterials		Standortmerkmale	
Gemarkung	Holzhausen am Hahn	Fundumstände		Morphologischer Standort	Hangfuß einer Kuppe
Kreis	Fritzlar-Homberg	Lesefunde	Keramik	Exposition	nach Osten
Flur- oder Lagebezeichnung	'Auf dem Knatz'	Siedlungsindikatoren		Höhenlage	210 m
Koordinaten	35 29800/56 75900	Zeitliche Einordnung	Linienbandkeramik	Entfernung zum Wasservorkommen	300 m Bach
Streubereich der Funde	200 m im Durchmesser	Überlagerungen	keine	Lage zum Lößareal	Lage im Löß
				Lage zum vermutlich ackerbaulich genutzten Teil der Wirtschaftsfläche	randlich

Hangneigung		Boden			Bodenart		Entwicklungsstand		Bonitierung	
	Flächenanteil in v.H.	Ausgangsmaterial	Flächenanteil in v.H.			Flächenanteil in v.H.		Flächenanteil in v.H.		Flächenanteil in v.H.
0 – 1°	28,8	Löß	62,1	leicht		-		-	Stufe 1	-
1 – 2°	4,7	Verwitterungsböden	22,8	mittelschwer		73,5	Stufe 2	81,8	Stufe 2	43,8
2 – 4°	47,7	Diluvialböden	-						Stufe 3	16,2
4 – 8°	16,7	Alluvialböden	15,1	schwer		8,3	Stufe 3	-	Stufe 4	6,8
> 8°	2,1								Stufe 5	12,9
									Stufe 6	2,1
	100,0		100,0			100,0		100,0		100,0
				Nicht erfaßte bzw. nicht berücksichtigte Bereiche						
				W - ABF 0,2				18,2		18,2
				HS 1,6 F 1,3						
				Al 15,1 = 18,2				100,0		100,0

Holzhausen 4

49

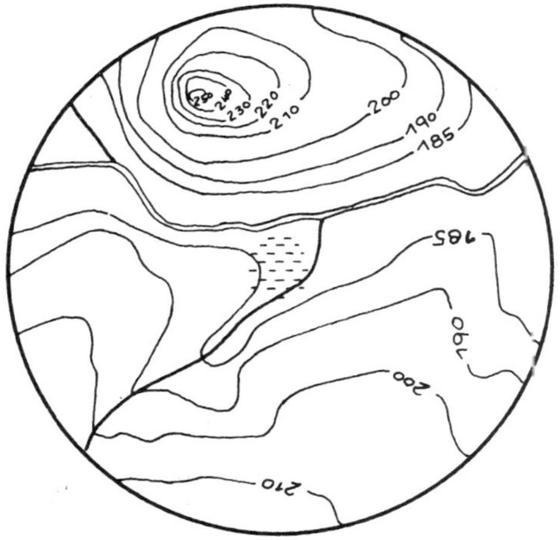

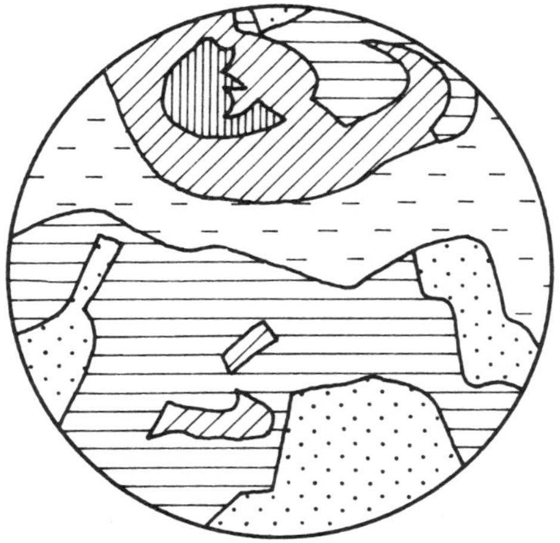

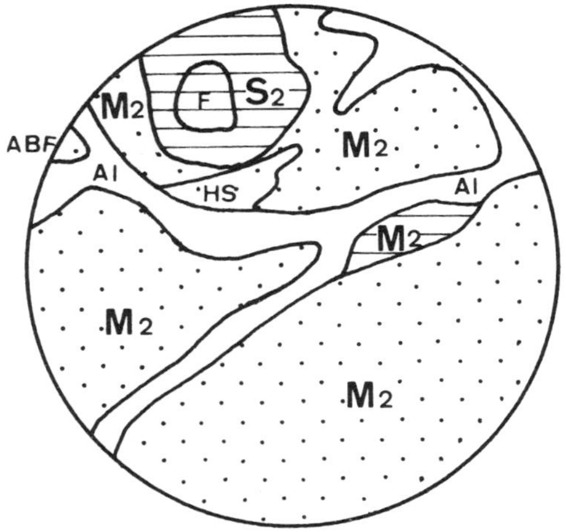

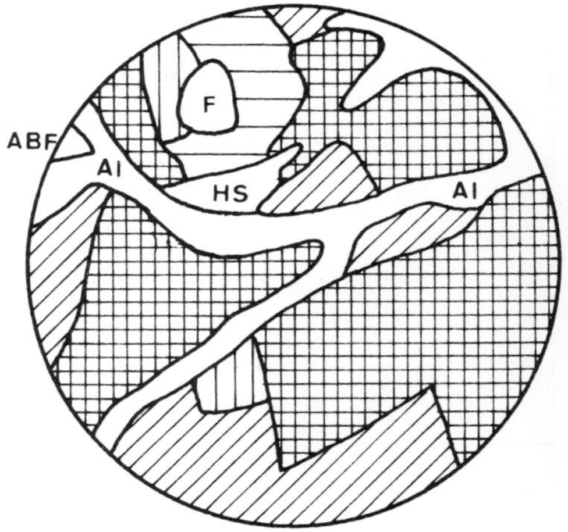

Bezeichnung u. Lokalisation	
Gemarkung	Holzhausen am Hahn
Kreis	Fritzlar-Homberg
Flur- oder Lagebezeichnung	'Das Streckfußfeld'
Koordinaten	3529660/5675380
Streubereich der Funde	150 m im Durchmesser

Art u. Einordnung des Fundmaterials	
Fundumstände	Lesefunde und Fundbergungen bei Ausschachtungsarbeiten
Siedlungsindikatoren	Keramik, Steingeräte, Abschläge, Gruben
Zeitliche Einordnung	Linienbandkeramik Phase 2
Überlagerungen	keine

Standortmerkmale	
Morphologischer Standort	Hangfuß eines Bachtales
Exposition	nach Nordosten
Höhenlage	185 m
Entfernung zum Wasservorkommen	50 m Bach
Entfernung zum Lößareal	50 m Bach Lage im Löß
Lage zum vermutlich ackerbaulich genutzten Teil der Wirtschaftsfläche	randlich

Hangneigung	Flächenanteil in v.H.	Boden						Entwicklungsstand	Flächenanteil in v.H.	Bonitierung	
		Ausgangsmaterial	Flächenanteil in v.H.	Bodenart	Flächenanteil in v.H.						
0 - 1°	23,9	Löß	74,4	leicht	-			Stufe 1	-	Stufe 1	-
1 - 2°	19,7	Verwitterungsböden	11,6	mittelschwer	75,0			Stufe 2	82,6	Stufe 2	48,9
2 - 4°	39,4	Diluvialböden	-	schwer	7,6			Stufe 3	-	Stufe 3	24,1
4 - 8°	14,9	Alluvialböden	14,0							Stufe 4	3,4
> 8°	2,1									Stufe 5	6,2
										Stufe 6	-
				Nicht erfaßte bzw. nicht berücksichtigte Bereiche W - ABF 0,2 HS 1,9 F 1,3 Al 14,0 = 17,4					17,4		17,4
	100,0		100,0		100,0				100,0		100,0

Holzhausen 5

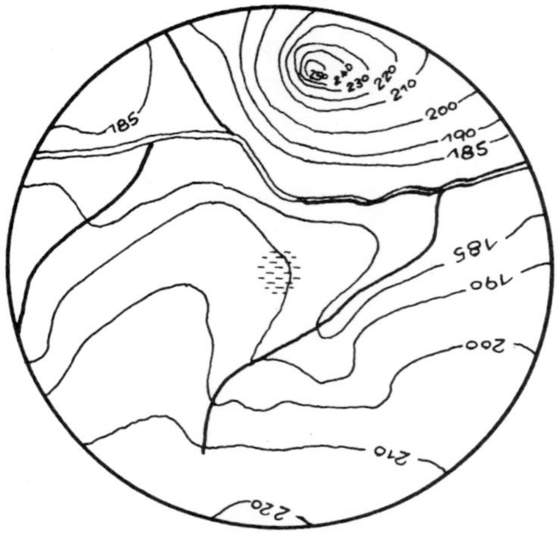

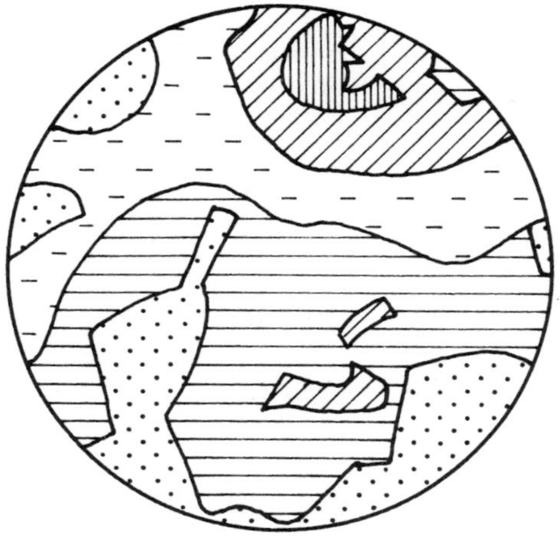

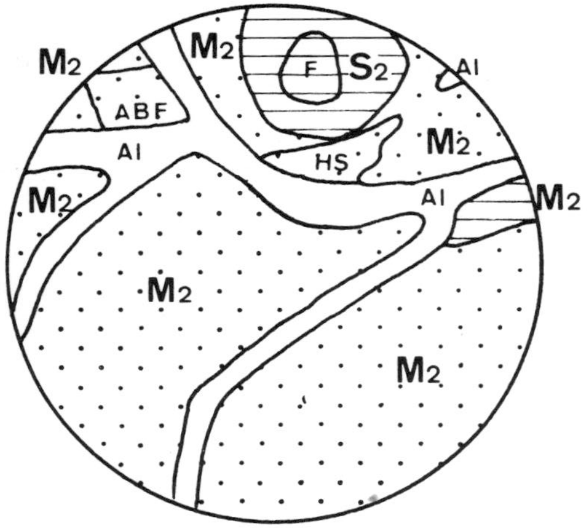

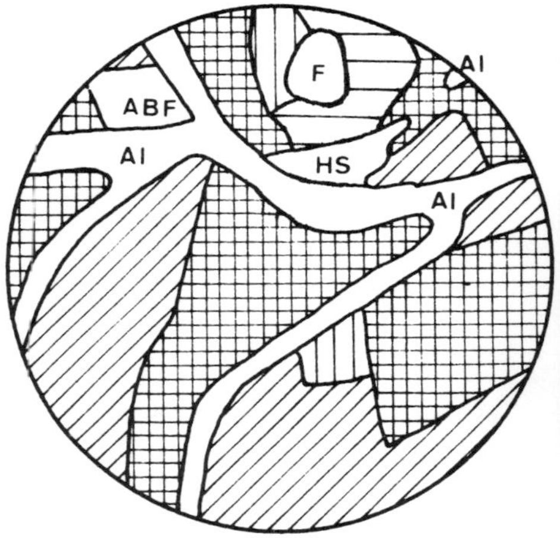

Bezeichnung u. Lokalisation		
Gemarkung	Holzhausen am Hahn	
Kreis	Fritzlar-Homberg	
Flur- oder Lagebezeichnung	'Am Bornrain'	
Koordinaten	35.293340/56.75320	
Streubereich der Funde	125 m im Durchmesser	

Art u. Einordnung des Fundmaterials		
Fundumstände	Lesefunde	Grabung
Siedlungsindikatoren	Keramik, Steingeräte, Hüttenlehm	
Zeitliche Einordnung	Linienbandkeramik Phase 2	
Überlagerungen	Rössen Bischheim	

Standortmerkmale		
Morphologischer Standort	Mittelhang an einem Bachtal/ Rücken zwischen zwei Bachtälern	
Exposition	nach Nordwesten	
Höhenlage	190 m	
Entfernung zum Wasservorkommen	150 m Bach	
	150 m Bach	
Lage zum Lößareal	Lage im Löß	
Lage zum vermutlich ackerbaulich genutzten Teil der Wirtschaftsfläche	randlich	

Hangneigung	Flächenanteil in v.H.	Boden							Entwicklungsstand	Flächenanteil in v.H.	Bonitierung	Flächenanteil in v.H.
		Ausgangsmaterial	Flächenanteil in v.H.	Bodenart	Flächenanteil in v.H.							
0 – 1°	24,7	Löß	75,5	leicht	-				Stufe 1	-	Stufe 1	-
1 – 2°	21,3	Verwitterungsböden	9,6	mittelschwer	73,4				Stufe 2	79,9	Stufe 2	38,1
2 – 4°	37,8	Diluvialböden	-								Stufe 3	33,3
4 – 8°	14,1	Alluvialböden	14,9	schwer	6,5				Stufe 3	-	Stufe 4	3,5
> 8°	2,1										Stufe 5	5,0
											Stufe 6	-
	100,0		100,0		100,0					100,0		100,0
				Nicht erfaßte bzw. nicht berücksichtigte Bereiche: W ABF 2,3 HS 1,6 F 1,3 Al 14,9 = 20,1						20,1		20,1

Dissen 1

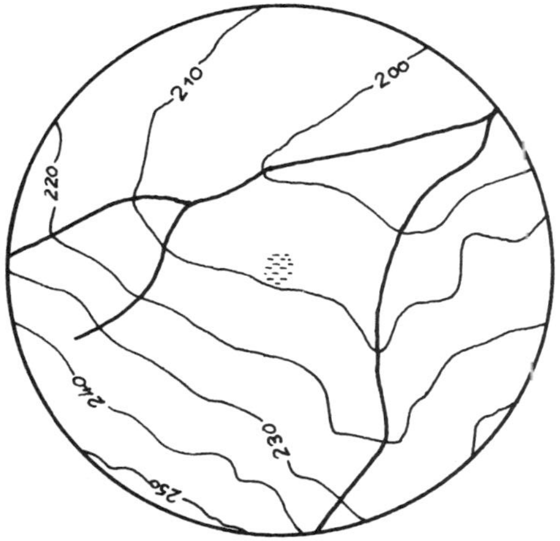

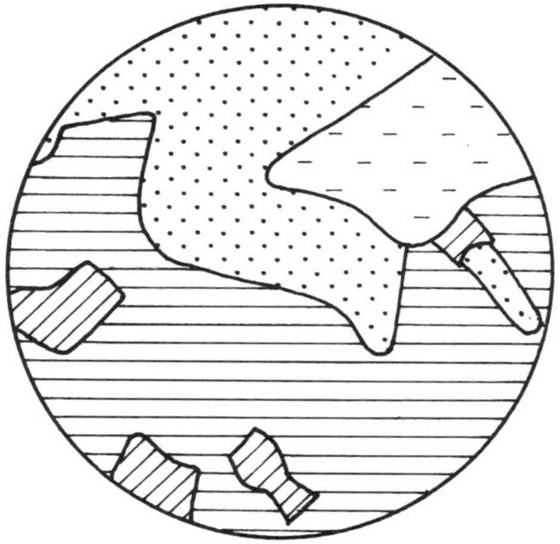

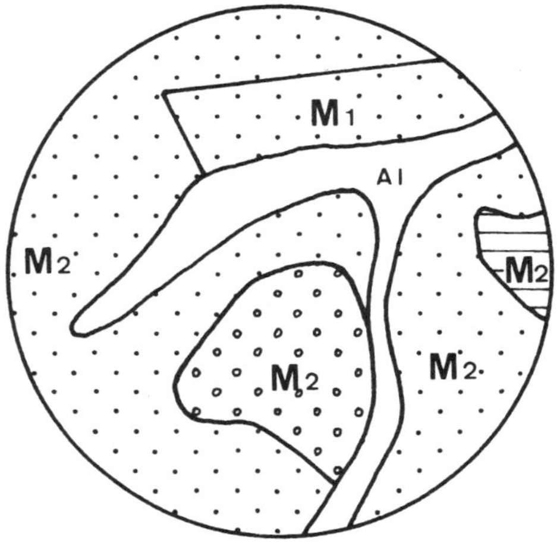

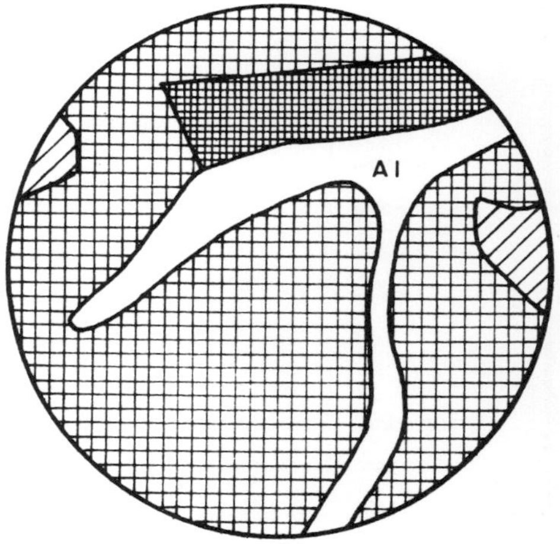

51

Bezeichnung u. Lokalisation		
Gemarkung	Dissen	
Kreis	Fritzlar-Homberg	
Flur- oder Lagebezeichnung	Südwestlich der Wüstung Stockhausen	
Koordinaten	3527400/56/74160	
Streubereich der Funde	75 m im Durchmesser	

Art u. Einordnung des Fundmaterials		
Fundumstände	Lesefunde	
Siedlungsindikatoren	Keramik	
Zeitliche Einordnung	bandkeramische Nachfolgekulturgruppen	
Überlagerungen	keine	

Standortmerkmale		
Morphologischer Standort	Mittelhang an einem Bachtal	
Exposition	nach Nordosten	
Höhenlage	210 m	
Entfernung zum Wasservorkommen	250 m Bach	
zum Lößareal	250 m Bach Lage im Löß	
Lage zum vermutlich baulich genutzten Teil der Wirtschaftsfläche	zentral	

Hangneigung	Flächenanteil in v.H.	Boden								
		Ausgangsmaterial	Flächenanteil in v.H.	Bodenart	Flächenanteil in v.H.	Entwicklungsstand	Flächenanteil in v.H.	Bonitierung	Flächenanteil in v.H.
0 – 1°	13,4	Löß	68,5	leicht	-	Stufe 1	10,7	Stufe 1	10,7
1 – 2°	27,8	Verwitterungsböden	2,0	mittelschwer	85,7	Stufe 2	75,0	Stufe 2	71,8
2 – 4°	50,6	Diluvialböden	15,2	schwer	-	Stufe 3	-	Stufe 3	3,2
4 – 8°	8,2	Alluvialböden	14,3					Stufe 4	-
> 8°	-							Stufe 5	-
								Stufe 6	-
	100,0		100,0		100,0				
				Nicht erfaßte bzw. nicht berücksichtigte Bereiche					
				W -			14,3		14,3
				HS -					
				Al 14,3			100,0		100,0

Dissen 2

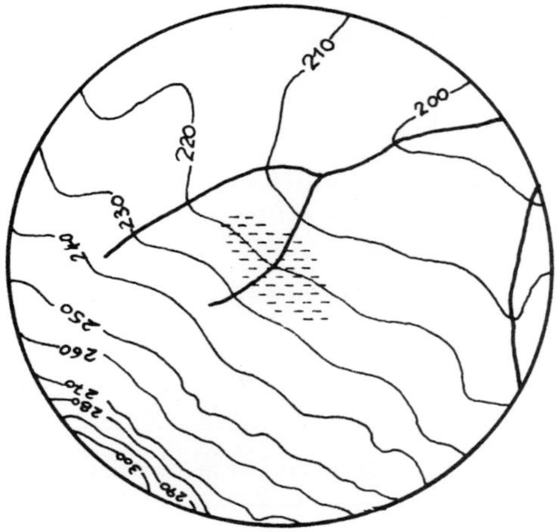

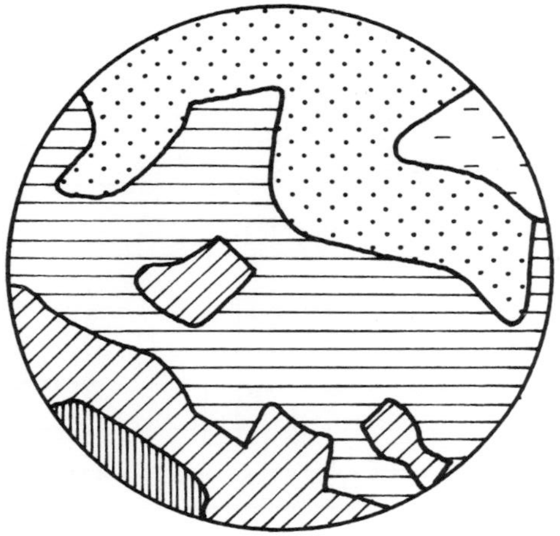

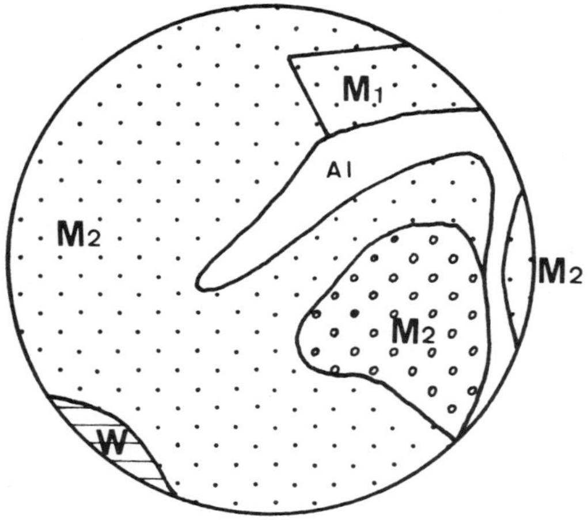

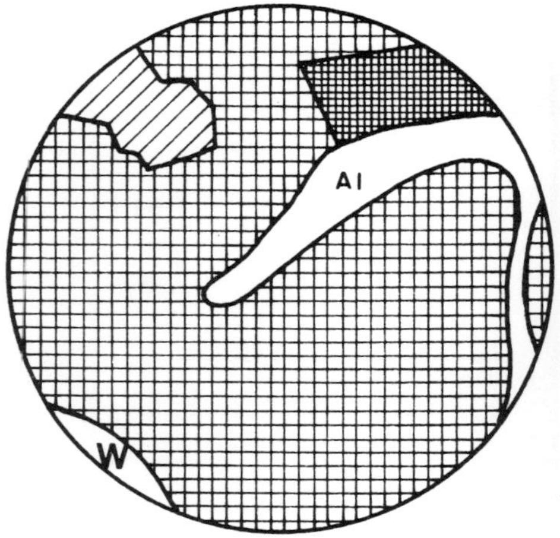

52

Bezeichnung u. Lokalisation		
Gemarkung	Dissen	
Kreis	Fritzlar-Homberg	
Flur- oder Lagebezeichnung	Glißborn	
Koordinaten	35_27040/56_74060	
Streubereich der Funde	SO – NW 375 m SW – NO 200 m	

Art u. Einordnung des Fundmaterials		
Fundumstände	Lesefunde	
Siedlungsindikatoren	Keramik, Steingeräte	
Zeitliche Einordnung	Linienbandkeramik Phase 2/5	
Überlagerungen	bandkeramische Nachfolgekultur vorchr. Eisenzeit	

Standortmerkmale		
Morphologischer Standort	Mittelhang an einem Bachtal	
Exposition	nach Nordosten	
Höhenlage	220 m	
Entfernung zum Wasservorkommen	Lage unmittelbar am Bach 250 m Bach	
zum Lößareal	Lage im Löß	
Lage zum vermutlich ackerbaulich genutzten Teil der Wirtschaftsfläche	zentral	

Hangneigung	Flächenanteil in v.H.
0 – 1°	3,3
1 – 2°	28,4
2 – 4°	46,2
4 – 8°	18,7
> 8°	3,4
	100,0

Boden				
Ausgangsmaterial	Flächenanteil in v.H.	Bodenart	Flächenanteil in v.H.	
Löß	78,2	leicht	-	
Verwitterungsböden	1,2	mittelschwer	91,4	
Diluvialböden	13,2	schwer	-	
Alluvialböden	7,4			
	100,0	Nicht erfaßte bzw. nicht berücksichtigte Bereiche		
		W 1,2 HS — Al 7,4 = 8,6		
			100,0	

Entwicklungsstand	Flächenanteil in v.H.	Bonitierung	Flächenanteil in v.H.
Stufe 1	5,5	Stufe 1	5,5
Stufe 2	85,9	Stufe 2	81,5
Stufe 3	-	Stufe 3	4,4
		Stufe 4	-
		Stufe 5	-
		Stufe 6	-
	8,6		8,6
	100,0		100,0

Dissen 3

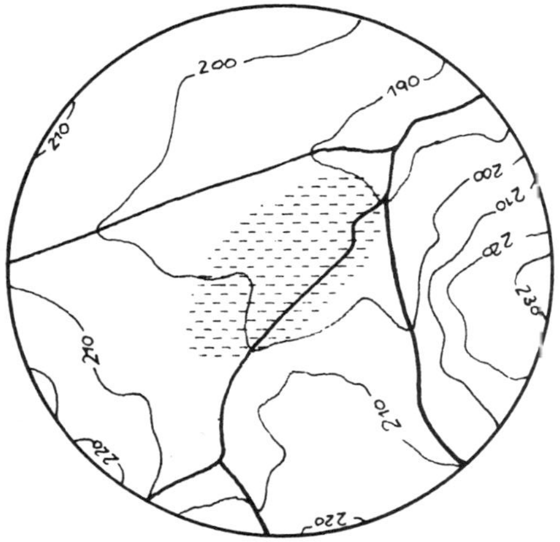

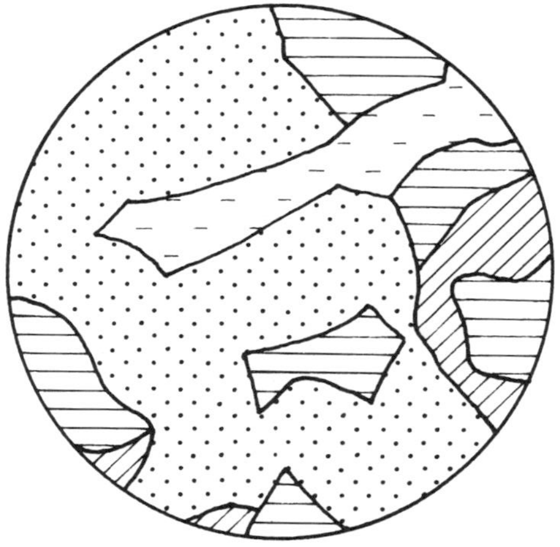

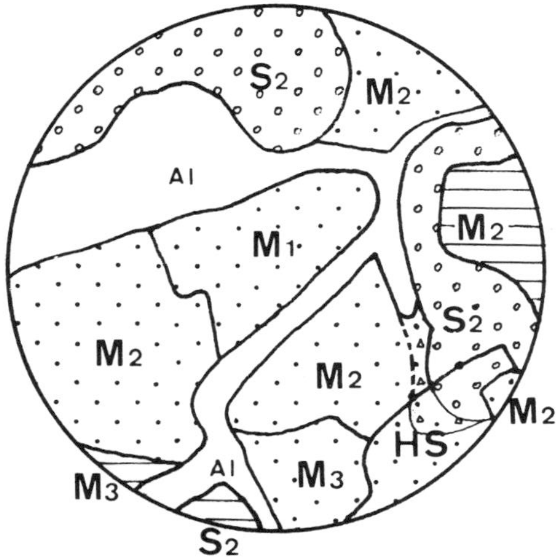

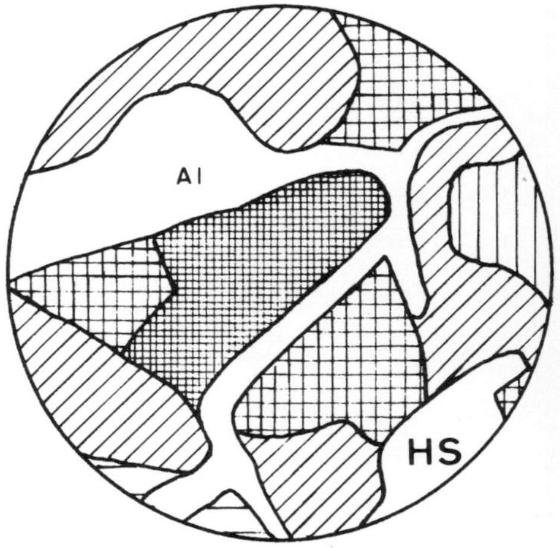

53

Bezeichnung u. Lokalisation		Art u. Einordnung des Fundmaterials		Standortmerkmale	
Gemarkung	Dissen	Fundumstände	Lesefunde	Morphologischer Standort	Mittelhang an einem Bachtal/ Rücken zwischen zwei Bachtälern
Kreis	Fritzlar-Homberg			Exposition	nach Nordosten
Flur- oder Lagebezeichnung	'Im Mitteldisser Feld'	Siedlungsindikatoren	Keramik, Steingeräte, oberflächige Bodenverfärbungen	Höhenlage	195 m
				Entfernung zum Wasservorkommen	125 m Bach 150 m Bach
Koordinaten	35 28550/56 72150	Zeitliche Einordnung	Linienbandkeramik Phase 1 - 5	Entfernung zum Lößareal	Lage im Löß
Streubereich der Funde	SW - NO 650 m SO - NW 300 m	Überlagerungen	Rössen vorchr. Eisenzeit röm. Kaiserzeit	Lage zum vermutlich ackerbaulich genutzten Teil der Wirtschaftsfläche	randlich

Hangneigung	Flächenanteil in v.H.	Boden				Entwicklungsstand	Flächenanteil in v.H.	Bonitierung	Flächenanteil in v.H.
		Ausgangsmaterial	Flächenanteil in v.H.	Bodenart	Flächenanteil in v.H.				
0 - 1°	11,9	Löß	51,1	leicht	-	Stufe 1	10,4	Stufe 1	15,6
1 - 2°	58,4	Verwitterungsböden	6,6	mittelschwer	53,7	Stufe 2	58,1	Stufe 2	18,7
2 - 4°	21,2	Diluvialböden	21,0	schwer	20,8	Stufe 3	6,0	Stufe 3	33,6
4 - 8°	8,5	Alluvialböden	21,3					Stufe 4	4,5
> 8°	-							Stufe 5	2,1
								Stufe 6	-
	100,0		100,0	Nicht erfaßte bzw. nicht berücksichtigte Bereiche W - HS - Al 21,3	= 25,5		25,5		25,5
					100,0		100,0		100,0

Gudensberg 1

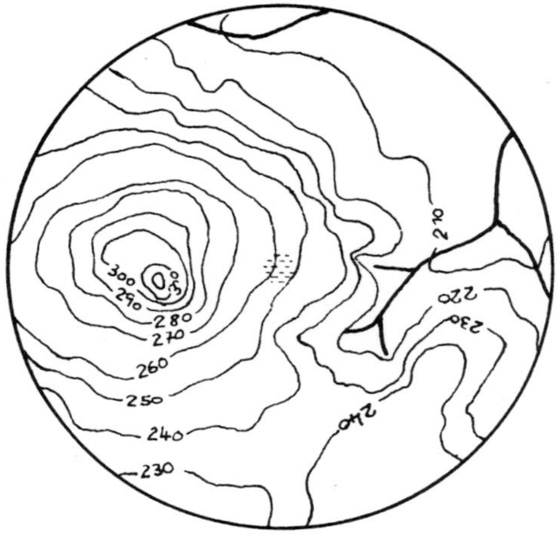

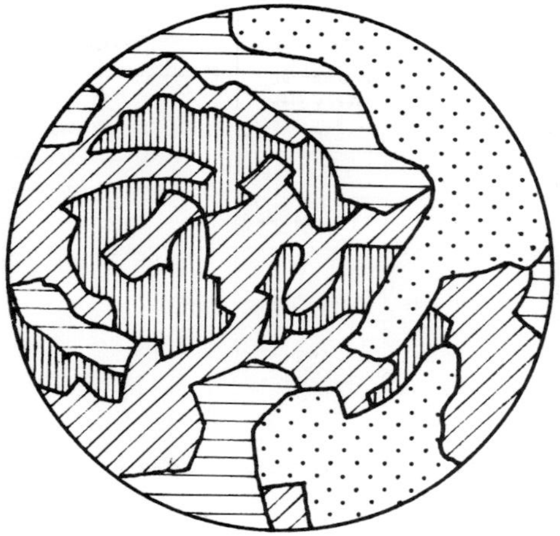

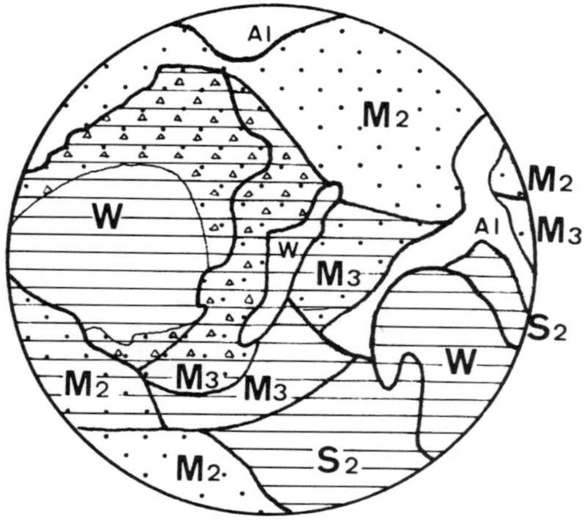

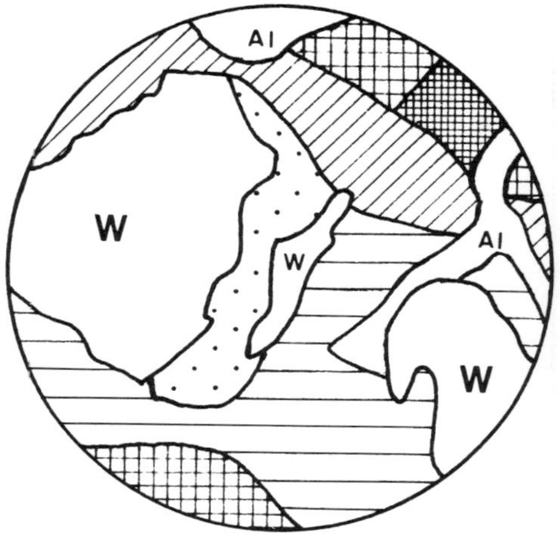

54

Bezeichnung u. Lokalisation		
Gemarkung	Gudensberg	
Kreis	Fritzlar-Homberg	
Flur- oder Lagebezeichnung	'Hinterm Lamsberg'	
Koordinaten	35_27780/56_71520	
Streubereich der Funde	75 m im Durchmesser	

Art u. Einordnung des Fundmaterials		
Fundumstände	Lesefunde	
Siedlungsindikatoren	Keramik, Steingeräte, Pfeilspitzen	
Zeitliche Einordnung	Rössen	
Überlagerungen	Bischheim	

Standortmerkmale		
Morphologischer Standort	Hangfuß einer Kuppe	
Exposition	nach Osten	
Höhenlage	260 m	
Entfernung zum Wasservorkommen	225 m Quelle / 250 m Quelle	
Entfernung zum Lößareal	Lage im Löß	
Lage zum vermutlich ackerbaulich genutzten Teil der Wirtschaftsfläche	randlich	

Hangneigung	Flächenanteil in v.H.	Boden							
		Ausgangsmaterial	Flächenanteil in v.H.	Bodenart	Flächenanteil in v.H.	Entwicklungsstand	Flächenanteil in v.H.	Bonitierung	Flächenanteil in v.H.
0 – 1°	–	Löß	54,3	leicht	–	Stufe 1	–	Stufe 1	3,2
1 – 2°	30,6	Verwitterungsböden	38,8	mittelschwer	49,2	Stufe 2	40,5	Stufe 2	8,9
2 – 4°	17,7	Diluvialböden	–	schwer	11,0	Stufe 3	19,7	Stufe 3	13,9
4 – 8°	33,6	Alluvialböden	6,9					Stufe 4	–
> 8°	18,1							Stufe 5	26,0
								Stufe 6	8,2
				Nicht erfaßte bzw. nicht berücksichtigte Bereiche					
				W 32,9 / HS – / Al 6,9 =	39,8		39,8		39,8
	100,0		100,0		100,0		100,0		100,0

55 Maden 1

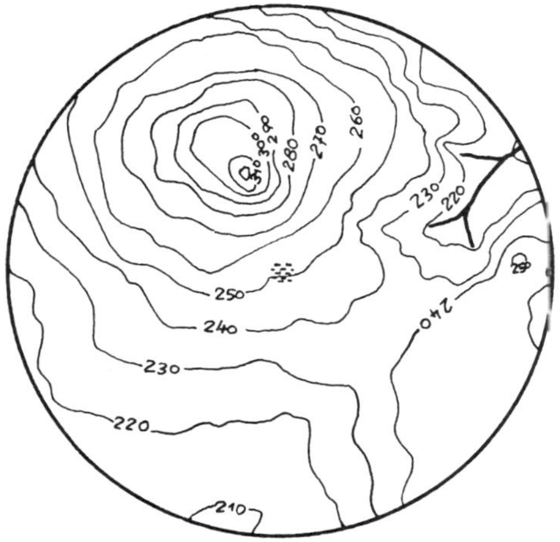

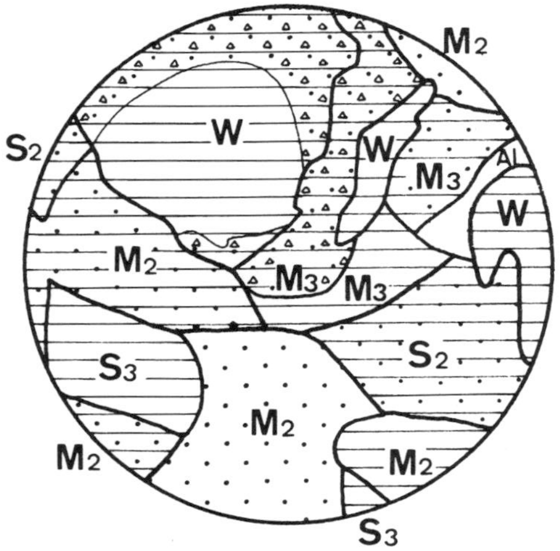

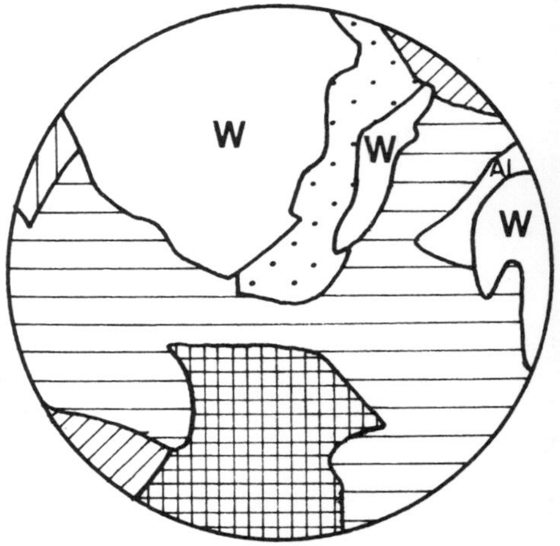

Bezeichnung u. Lokalisation		Art u. Einordnung des Fundmaterials	
Gemarkung	Maden	Fundumstände	
Kreis	Fritzlar-Homberg	Lesefunde	Keramik, Steingeräte
Flur- oder Lagebezeichnung	Südöstlich des Lamsberges	Siedlungsindikatoren	bandkeramische Nachfolgekulturen
Koordinaten	$3527550/5671180$	Zeitliche Einordnung	
Streubereich der Funde	75 m im Durchmesser	Überlagerungen	keine

Standortmerkmale	
Morphologischer Standort	Hangfuß einer Kuppe
Exposition	nach Südosten
Höhenlage	250 m
Entfernung zum Wasservorkommen	375 m Quelle
Lage im Lößareal	Lage zum vermutlich ackerbaulich genutzten Teil der Wirtschaftsfläche	randlich

Hangneigung	Flächenanteil in v.H.	Boden			Entwicklungsstand		Bonitierung	
		Ausgangsmaterial	Flächenanteil in v.H.	Bodenart	Flächenanteil in v.H.		Flächenanteil in v.H.		Flächenanteil in v.H.
$0-1°$	0,8	Löß	63,0	leicht	-	Stufe 1	-	Stufe 1	-
$1-2°$	20,8	Verwitterungsböden	35,4	mittelschwer	49,2	Stufe 2	44,5	Stufe 2	14,6
$2-4°$	26,0	Diluvialböden	-	schwer	19,8	Stufe 3	24,5	Stufe 3	4,1
$4-8°$	32,9	Alluvialböden	1,6					Stufe 4	1,4
$>8°$	19,5							Stufe 5	41,9
								Stufe 6	7,0
	100,0		100,0	Nicht erfaßte bzw. nicht berücksichtigte Bereiche W 29,4 HS - Al 1,6 = 31,0	31,0		31,0		31,0
					100,0		100,0		100,0

Maden 2

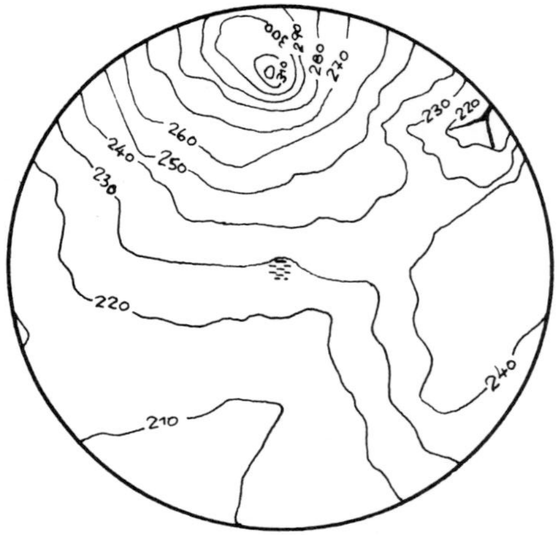

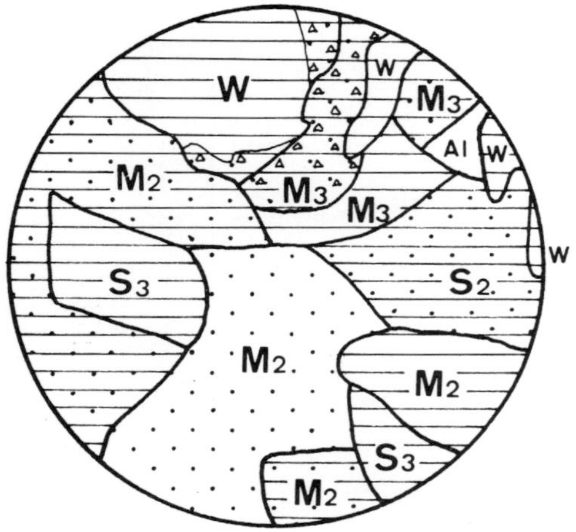

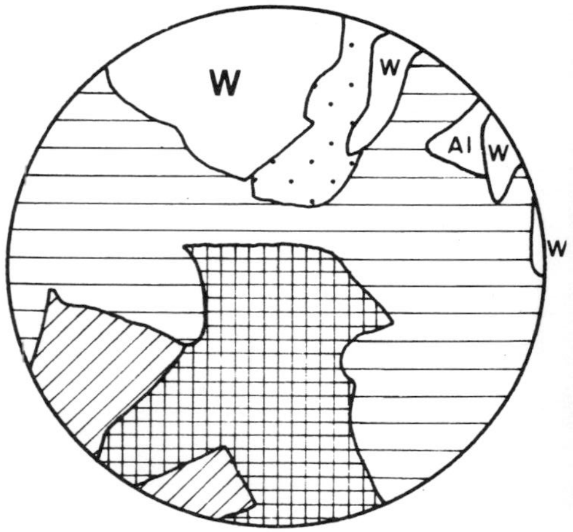

56

Bezeichnung u. Lokalisation		Art u. Einordnung des Fundmaterials		Standortmerkmale	
Gemarkung	Maden	Fundumstände	Lesefunde	Morphologischer Standort	Oberhang eines Bachtales
Kreis	Fritzlar-Homberg	Siedlungsindikatoren	Keramik	Exposition	nach Süden
Flur- oder Lagebezeichnung	Südlich des Lamsberges	Zeitliche Einordnung	bandkeramische Nachfolgekulturen	Höhenlage	230 m
Koordinaten	35 27480/56 70900	Überlagerungen	keine	Entfernung zum Wasservorkommen	500 m Quelle
Streubereich der Funde	50 m im Durchmesser			zum Lößareal	Lage im Löß
				Lage zum vermutlich ackerbaulich genutzten Teil der Wirtschaftsfläche	zentral

Hangneigung		Boden								
	Flächenanteil in v.H.	Ausgangsmaterial	Flächenanteil in v.H.	Bodenart	Flächenanteil in v.H.	Entwicklungsstand	Flächenanteil in v.H.	Bonitierung	Flächenanteil in v.H.	
0 – 1°	7,7	Löß	63,1	leicht	-	-	-	Stufe 1	-	
1 – 2°	26,7	Verwitterungsböden	35,9	mittelschwer	62,1	Stufe 1	-	Stufe 2	21,8	
2 – 4°	29,4	Diluvialböden	-	schwer	22,2	Stufe 2	61,1	Stufe 3	8,6	
4 – 8°	25,4	Alluvialböden	1,0			Stufe 3	23,2	Stufe 4	-	
> 8°	10,8							Stufe 5	49,1	
	100,0		100,0		100,0		100,0	Stufe 6	4,8	
				Nicht erfaßte bzw. nicht berücksichtigte Bereiche						
				W 14,7 HS - Al 1,0 = 15,7	15,7		15,7		15,7	
					100,0		100,0		100,0	

Maden 3

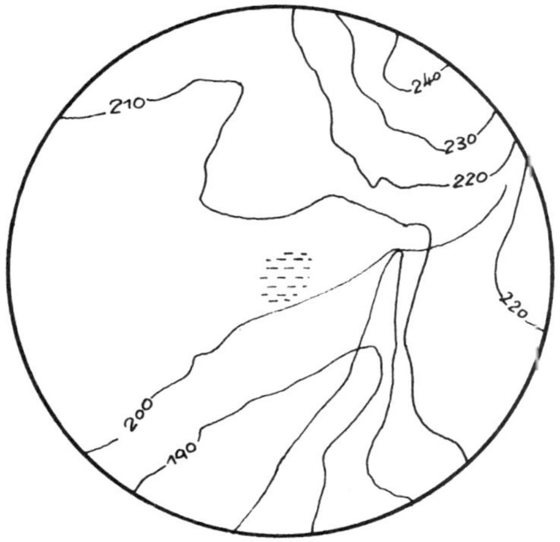

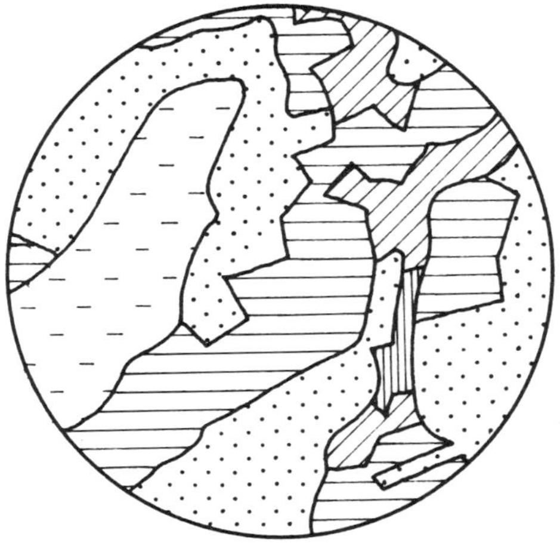

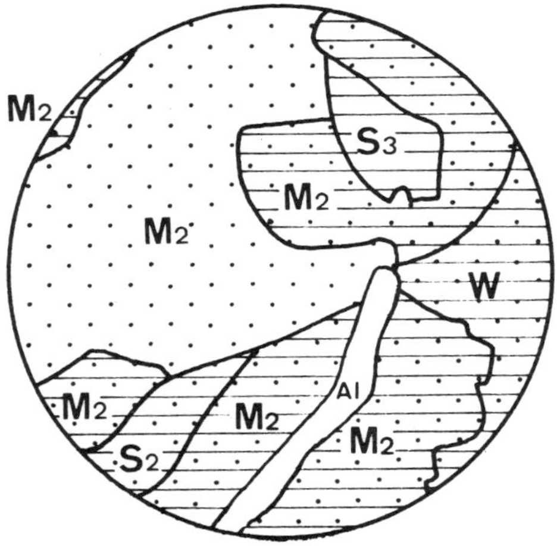

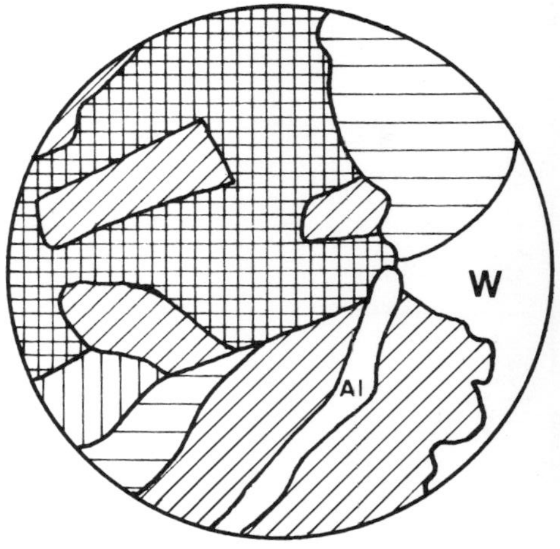

Bezeichnung u. Lokalisation		
Gemarkung	Maden	
Kreis	Fritzlar-Homberg	
Flur- oder Lagebezeichnung	'In der Ziege'	
Koordinaten	35 272580/56 69900	
Streubereich der Funde	SW – NO 150 m SO – NW 125 m	

Art u. Einordnung des Fundmaterials		
Fundumstände	Lesefunde	
Siedlungsindikatoren	Keramik, Steingeräte, Pfeilspitzen	
Zeitliche Einordnung	Linienbandkeramik	
Überlagerungen	Rössen, Bischheim	

Standortmerkmale		
Morphologischer Standort	Oberhang an einem Bachtal	
Exposition	nach Süden	
Höhenlage	205 m	
Entfernung zum Wasservorkommen	250 m Bach	
Lage zum Lößareal	Lage im Löß	
Lage zum vermutlich ackerbaulich genutzten Teil der Wirtschaftsfläche	zentral	

Hangneigung		Boden			Entwicklungsstand		Bonitierung	
	Flächenanteil in v.H.	Ausgangsmaterial	Flächenanteil in v.H.	Bodenart	Flächenanteil in v.H.		Flächenanteil in v.H.		Flächenanteil in v.H.

Hangneigung	Flächenanteil in v.H.	Ausgangsmaterial	Flächenanteil in v.H.	Bodenart	Flächenanteil in v.H.	Entwicklungsstand	Flächenanteil in v.H.	Bonitierung	Flächenanteil in v.H.
0 – 1°	17,3	Löß	91,7	leicht	-	Stufe 1	-	Stufe 1	-
1 – 2°	41,5	Verwitterungsböden	4,4	mittelschwer	78,2	Stufe 2	82,2	Stufe 2	34,5
2 – 4°	31,5	Diluvialböden	-	schwer	8,1	Stufe 3	4,1	Stufe 3	31,4
4 – 8°	8,3	Alluvialböden	3,9					Stufe 4	3,6
> 8°	1,4							Stufe 5	16,8
								Stufe 6	-
	100,0		100,0	Nicht erfaßte bzw. nicht berücksichtigte Bereiche W 9,8 HS - Al 3,9 = 13,7	13,7		13,7		13,7
					100,0		100,0		100,0

Maden 4

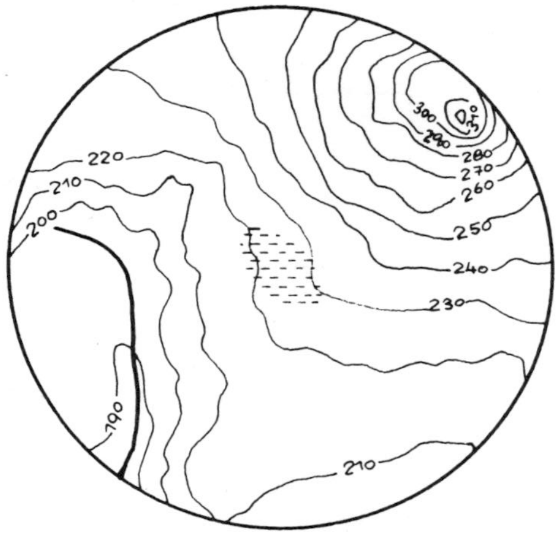

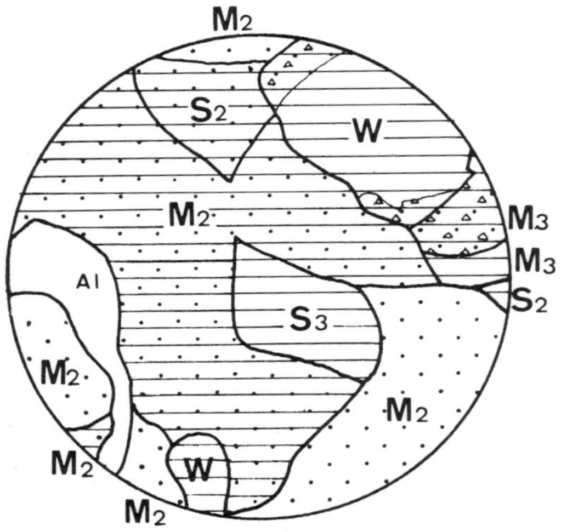

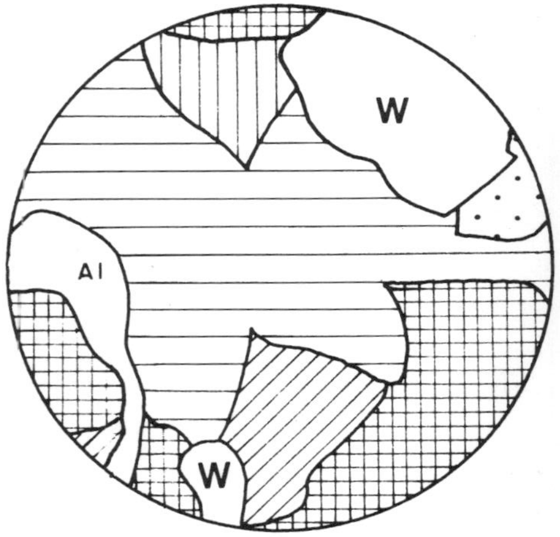

Bezeichnung u. Lokalisation		Art u. Einordnung des Fundmaterials		Standortmerkmale	
Gemarkung	Maden	Fundumstände	Lesefunde	Morphologischer Standort	Oberhang an einem Bachtal
Kreis	Fritzlar-Homberg	Siedlungsindikatoren	Keramik, Steingeräte, Pfeilspitzen	Exposition	nach Südwesten
Flur- oder Lagebezeichnung	'Auf den Steinen'	Zeitliche Einordnung	Linienbandkeramik Phase 2 – 5	Höhenlage	225 m
		Überlagerungen	Bischheim	Entfernung zum Wasservorkommen	375 m Bach
Koordinaten	35 26950/56 71040			Lage unmittelbar zum Lößareal	Lage unmittelbar am Lößareal
Streubereich der Funde	SW – NO 150 m SO – NW 250 m			Lage zum vermutlich baulich genutzten Teil der Wirtschaftsfläche	zentral

Hangneigung	Flächenanteil in v.H.	Boden			Entwicklungsstand	Flächenanteil in v.H.	Bonitierung	Flächenanteil in v.H.
		Ausgangsmaterial		Flächenanteil in v.H.				
0 – 1°	6,9	Löß		73,3		–	Stufe 1	–
1 – 2°	22,1	Verwitterungsböden		19,8	Stufe 1	–	Stufe 2	21,8
2 – 4°	33,3	Diluvialböden		–	Stufe 2	68,5	Stufe 3	8,7
4 – 8°	28,1	Alluvialböden		6,9	Stufe 3	11,0	Stufe 4	6,0
> 8°	9,6						Stufe 5	40,7
							Stufe 6	2,3
	100,0			100,0				

Bodenart	Flächenanteil in v.H.
leicht	–
mittelschwer	66,1
schwer	13,4
Nicht erfaßte bzw. nicht berücksichtigte Bereiche	20,5
W 13,6	
HS	
Al 6,9	
	100,0

Nicht erfaßte bzw. nicht berücksichtigte Bereiche: 20,5

Maden 5

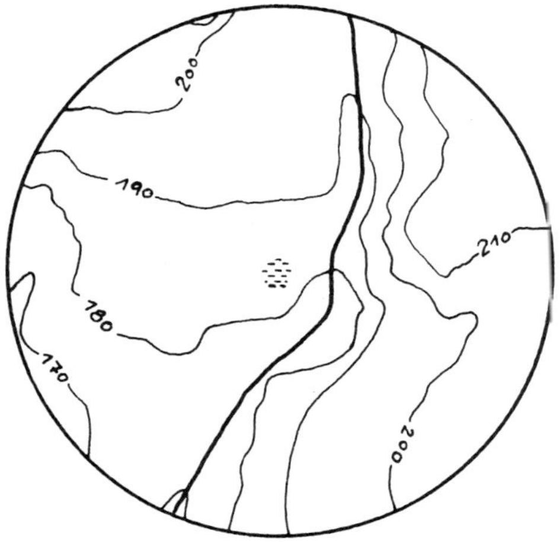

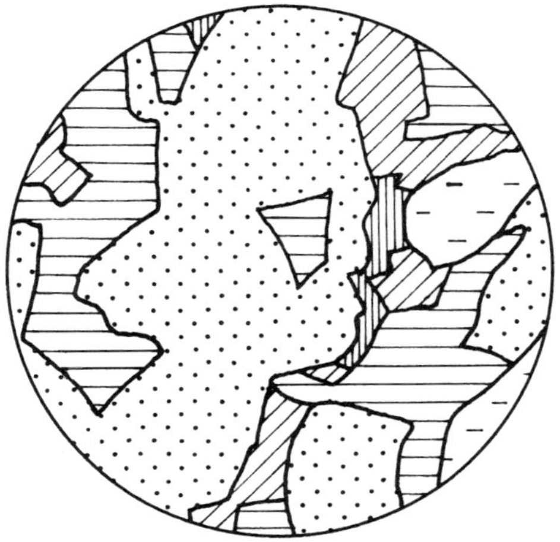

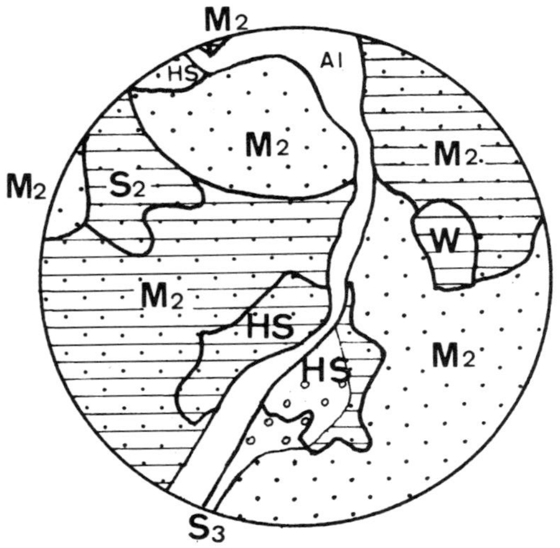

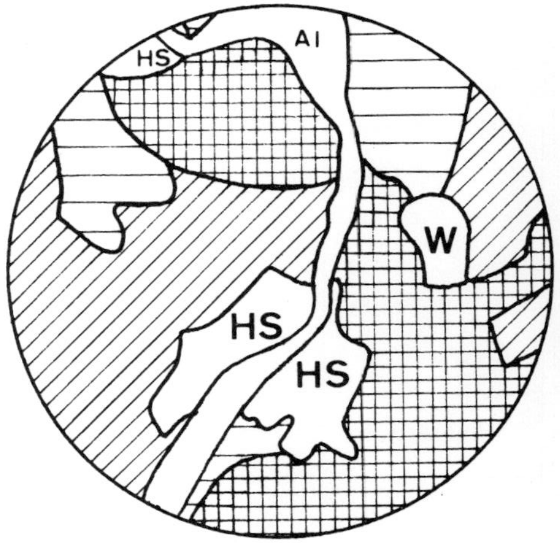

Bezeichnung u. Lokalisation		Art u. Einordnung des Fundmaterials	
Gemarkung	maden	Fundumstände	Fundbergungen bei Ausschachtungsarbeiten
Kreis	Fritzlar-Homberg	Siedlungsindikatoren	Keramik, Steingeräte, Grube
Flur- oder Lagebezeichnung	Gudensbergerstraße	Zeitliche Einordnung	Rössen
Koordinaten	35 26320,56 70250	Überlagerungen	Bischheim
Streubereich der Funde	75 m im Durchmesser		

Hangneigung		Boden				
	Flächenanteil in v.H.	Ausgangsmaterial	Flächenanteil in v.H.	Bodenart	Flächenanteil in v.H.	
0 – 1°	6,7	Löß	85,1	leicht	–	
1 – 2°	53,9	Verwitterungsböden	2,1	mittelschwer	72,6	
2 – 4°	26,0	Diluvialböden	3,8	schwer	6,7	
4 – 8°	10,8	Alluvialböden	9,0		20,7	
> 8°	2,6				100,0	
	100,0		100,0	Nicht erfaßte bzw. nicht berücksichtigte Bereiche W 2,1 HS 9,6 Al 9,0 = 20,7		

Standortmerkmale	
Morphologischer Standort	Unterhang an einem Bachtal
Exposition	nach Süden
Höhenlage	185 m
Entfernung zum Wasservorkommen	125 m Bach
zum Lößareal	Lage im Löß
Lage zum vermutlich ackerbaulich genutzten Teil der Wirtschaftsfläche	zentral

Entwicklungsstand		Bonitierung	
	Flächenanteil in v.H.		Flächenanteil in v.H.
Stufe 1	–	Stufe 1	–
Stufe 2	78,1	Stufe 2	33,1
Stufe 3	1,2	Stufe 3	31,6
	20,7	Stufe 4	–
	100,0	Stufe 5	14,6
		Stufe 6	–
			20,7
			100,0

Maden 6

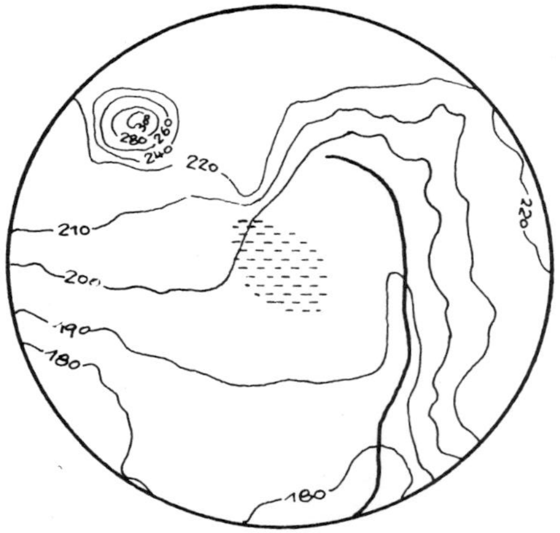

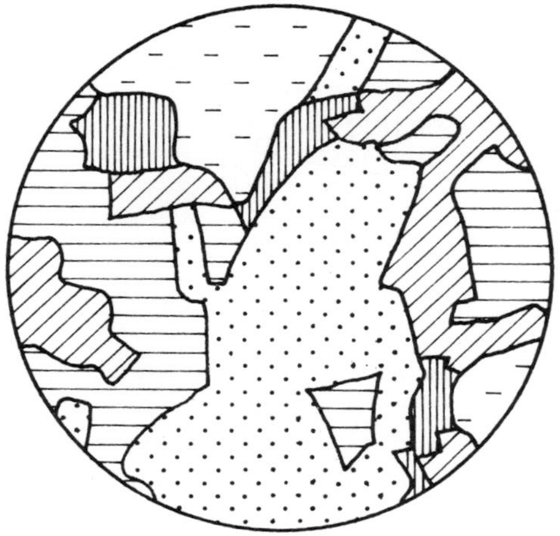

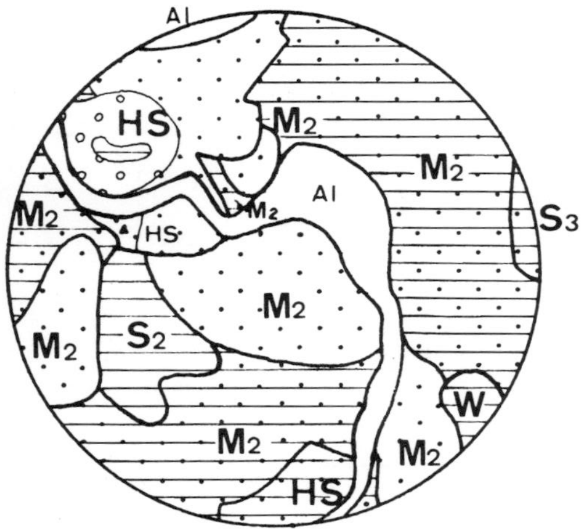

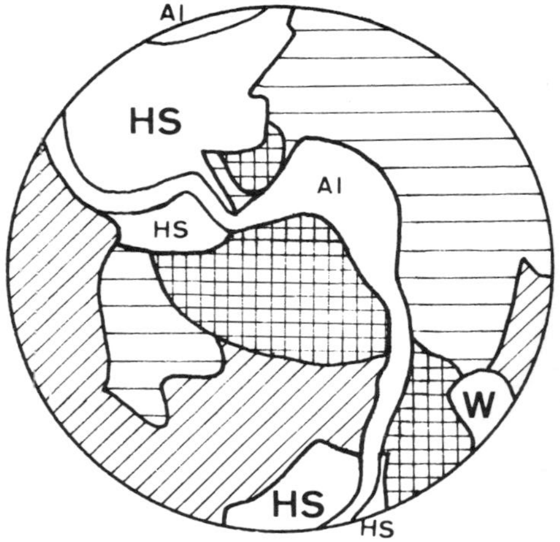

Bezeichnung u. Lokalisation		Art u. Einordnung des Fundmaterials	
Gemarkung	Maden	Fundumstände	
Kreis	Fritzlar-Homberg	Lesefunde	Keramik, Steingeräte
Flur- oder Lagebezeichnung	'Im Tiergarten'	Siedlungsindikatoren	
Koordinaten	35 26200/56 0825	Zeitliche Einordnung	'älteste Linienbandkeramik'
Streubereich der Funde	SW - NO 200 m SO - NW 350 m	Überlagerungen	Großgartach Bischheim

Standortmerkmale	
Morphologischer Standort	Mittelhang an einem Bachtal
Exposition	nach Südwesten
Höhenlage	195 m
Entfernung zum Wasservorkommen	250 m Quellen
zum Lößareal	Lage im Löß
Lage zum vermutlich ackerbaulich genutzten Teil der Wirtschaftsfläche	zentral

Hangneigung	Flächenanteil in v.H.	Boden			Entwicklungsstand		Bonitierung	
		Ausgangsmaterial	Flächenanteil in v.H.	Bodenart / Flächenanteil in v.H.		Flächenanteil in v.H.		Flächenanteil in v.H.
0 - 1°	14,7	Löß	77,7	leicht —	Stufe 1	—	Stufe 1	—
1 - 2°	35,6	Verwitterungsböden	7,4	mittelschwer 64,2	Stufe 2	69,9	Stufe 2	16,4
2 - 4°	25,4	Diluvialböden	3,9	schwer 6,7	Stufe 3	1,0	Stufe 3	24,2
4 - 8°	17,8	Alluvialböden	11,0				Stufe 4	—
> 8°	6,5			Nicht erfaßte bzw. nicht berücksichtigte Bereiche W 1,3 HS 16,8 Al 11,0 = 29,1		29,1	Stufe 5	30,3
							Stufe 6	29,1
	100,0		100,0	100,0		100,0		100,0

Gudensberg 2

61

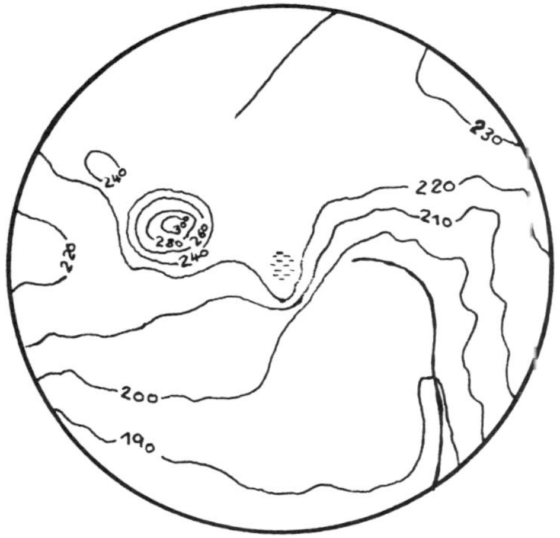

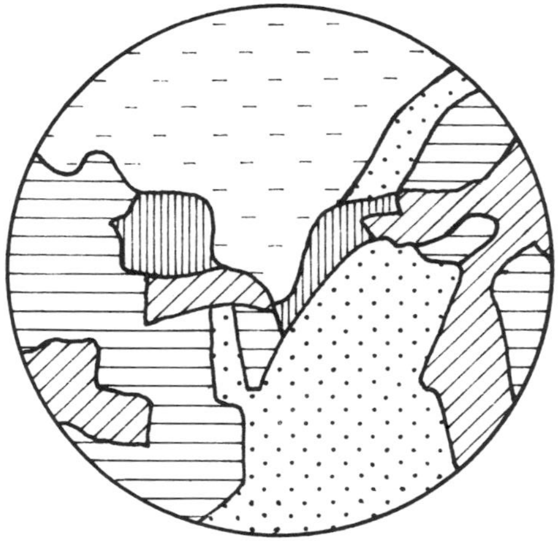

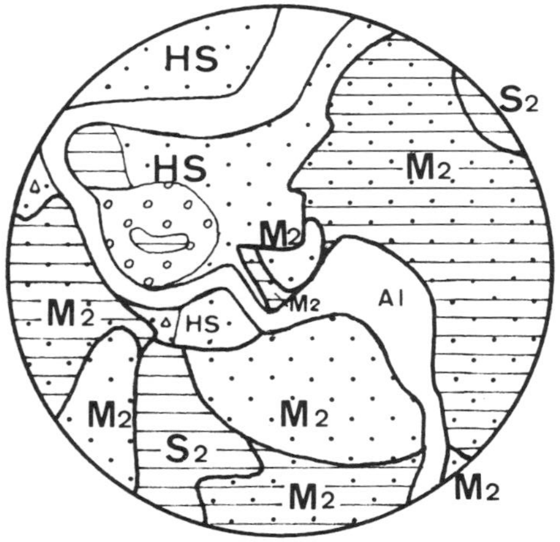

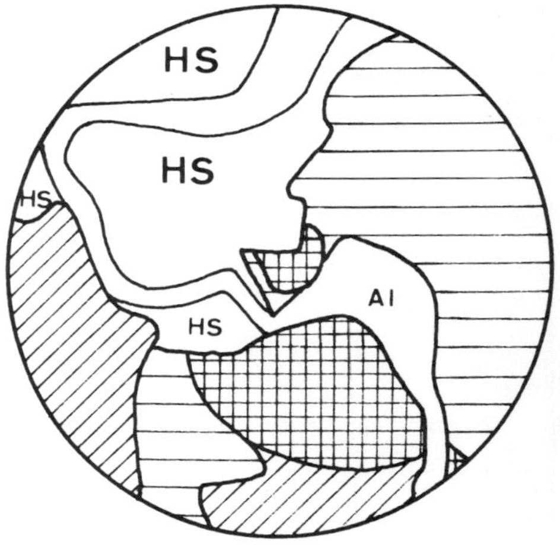

Bezeichnung u. Lokalisation		Art u. Einordnung des Fundmaterials		Standortmerkmale	
Gemarkung	Gudensberg	Fundumstände	Grabung	Morphologischer Standort	Verflachung auf einem kleinen Sporn
Kreis	Fritzlar-Homberg				
Flur- oder Lagebezeichnung	Bürgel	Siedlungsindikatoren	Keramik	Exposition	nach Süden
				Höhenlage	220 m
Koordinaten	35₂6080/⁵⁶71100	Zeitliche Einordnung	Linienbandkeramik	Entfernung zum Wasservorkommen	175 m Quellen
		Überlagerungen	keine	Lage zum Lößareal	Lage im Löß
Streubereich der Funde	75 m im Durchmesser			Lage zum vermutlich ackerbaulich genutzten Teil der Wirtschaftsfläche	zentral

Hangneigung	Flächenanteil in v.H.	Boden			Entwicklungsstand	Flächenanteil in v.H.	Bonitierung	Flächenanteil in v.H.
		Ausgangsmaterial	Flächenanteil in v.H.	Bodenart	Flächenanteil in v.H.			
0 – 1°	30,6	Löß	72,6	leicht	-	Stufe 1	-	Stufe 1	-
1 – 2°	24,8	Verwitterungsböden	9,4	mittelschwer	53,8	Stufe 2	60,5	Stufe 2	12,8
2 – 4°	23,3	Diluvialböden	3,7	schwer	6,7	Stufe 3	-	Stufe 3	18,8
4 – 8°	15,7	Alluvialböden	14,3					Stufe 4	-
> 8°	5,6			Nicht erfaßte bzw. nicht berücksichtigte Bereiche W - HS 25,2 Al 14,3 = 39,5			39,5	Stufe 5	28,9
	100,0		100,0		100,0		100,0	Stufe 6	39,5
									100,0

Gudensberg 3

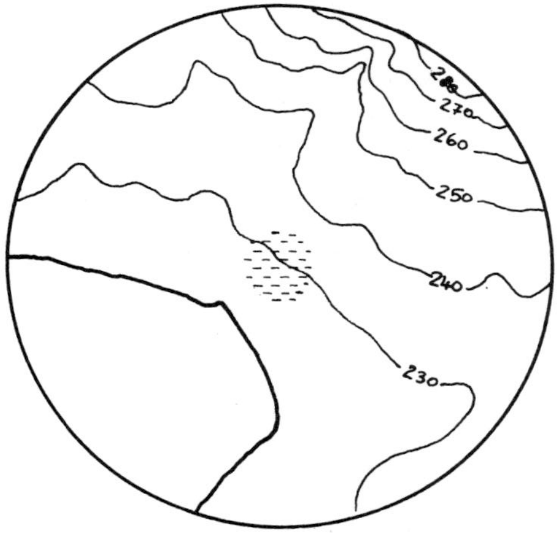

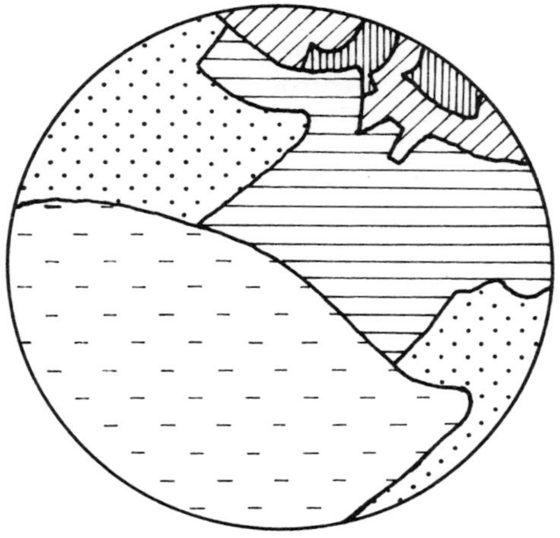

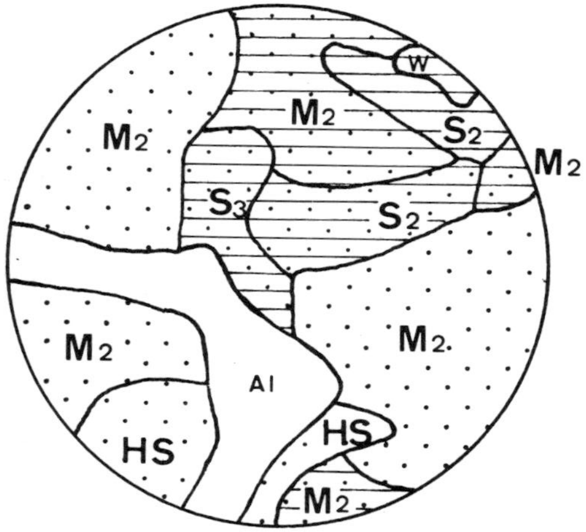

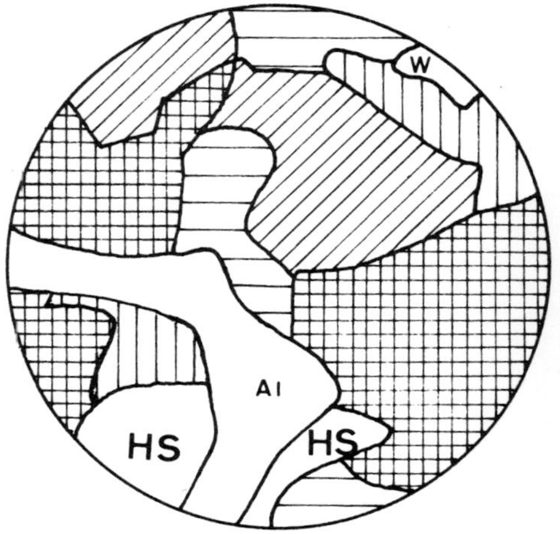

Bezeichnung u. Lokalisation		Art u. Einordnung des Fundmaterials		Standortmerkmale	
Gemarkung	Gudensberg	Fundumstände	Grabung	Morphologischer Standort	Hangfuß an einem Bachtal
Kreis	Fritzlar-Homberg	Siedlungsindikatoren	Keramik, Steingeräte, Gruben, Pfostenlöcher (mindestens 14 große Rechteckbauten)	Exposition	nach Südwesten
Flur- oder Lagebezeichnung	'Am Odenberge'	Zeitliche Einordnung	Linienbandkeramik Phase 2 - 4	Höhenlage	230 m
Koordinaten	35_26200/56_72340	Überlagerungen	keine	Entfernung zum Wasservorkommen	100 m Bach
				Lage im Lößareal	Lage im Löß
Streubereich der Funde	200 m im Durchmesser			Lage zum vermutlich ackerbaulich genutzten Teil der Wirtschaftsfläche	randlich

Hangneigung	Flächenanteil in v.H.	Boden			Entwicklungsstand	Flächenanteil in v.H.	Bonitierung	Flächenanteil in v.H.
		Ausgangsmaterial	Flächenanteil in v.H.	Bodenart	Flächenanteil in v.H.			
0 - 1°	44,1	Löß	81,6	leicht	-	Stufe 1	-	Stufe 1	-
1 - 2°	21,9	Verwitterungsböden	4,8	mittelschwer	61,3	Stufe 2	73,2	Stufe 2	37,7
2 - 4°	25,5	Diluvialböden	-	schwer	17,0	Stufe 3	5,1	Stufe 3	20,7
4 - 8°	6,1	Alluvialböden	13,6					Stufe 4	10,0
> 8°	2,4							Stufe 5	9,9
								Stufe 6	-
	100,0		100,0	Nicht erfaßte bzw. nicht berücksichtigte Bereiche W 1,1 HS 7,0 Al 13,6 = 21,7	21,7		21,7		21,7
					100,0		100,0		100,0

Gudensberg 4

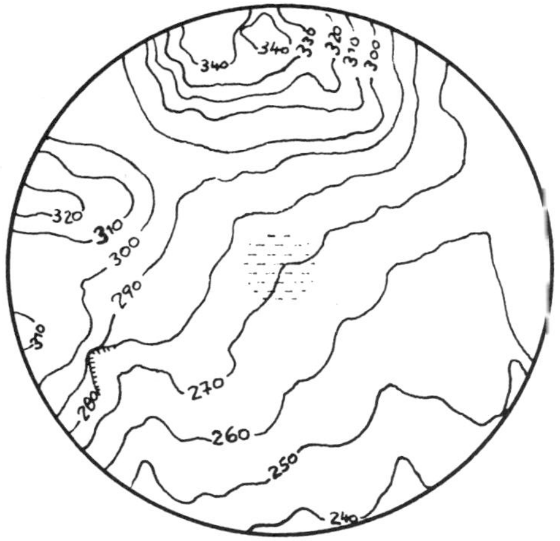

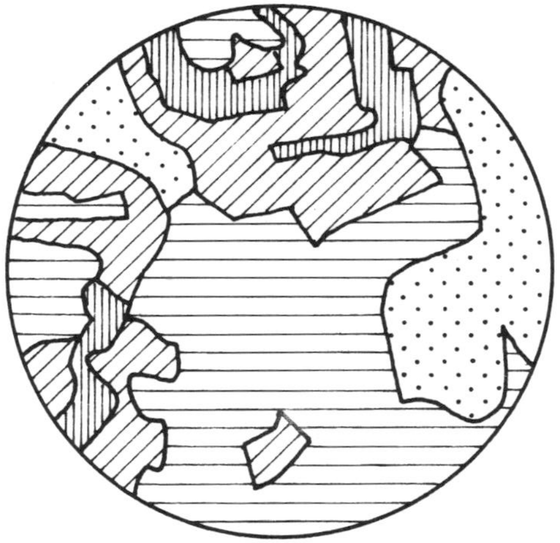

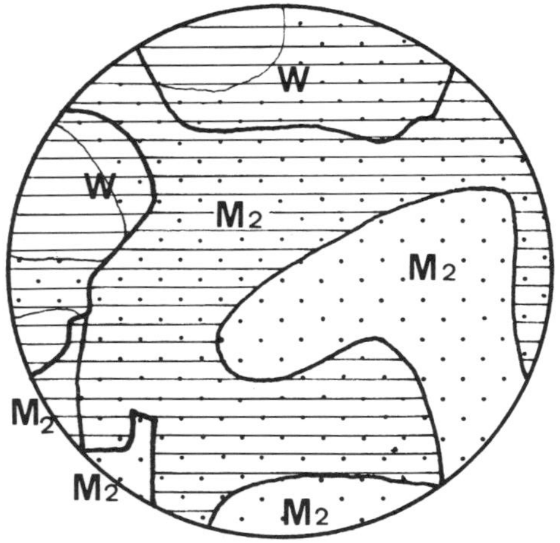

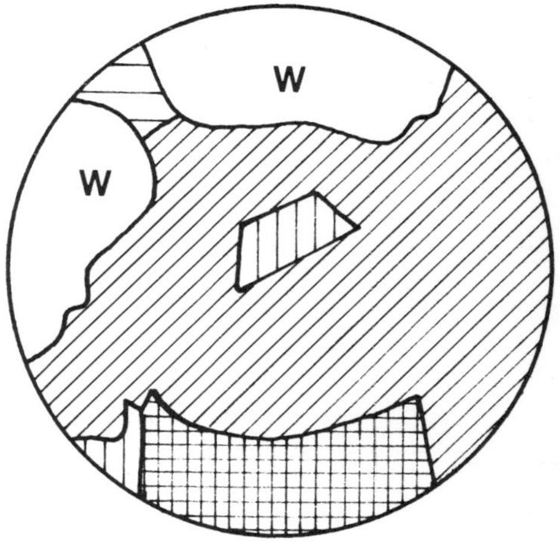

63

Bezeichnung u. Lokalisation		Art u. Einordnung des Fundmaterials		Standortmerkmale	
Gemarkung	Gudensberg	Fundumstände		Morphologischer Standort	Mittelhang an einem Bachtal
Kreis	Fritzlar-Homberg	Lesefunde	Keramik, Steingeräte, Abschläge	Exposition	nach Südosten
Flur- oder Lagebezeichnung	'Auf dem Grunzlar' (Dorfstelle Langen-Venne)	Siedlungsindikatoren		Höhenlage	270 m
		Zeitliche Einordnung	Linienbandkeramik Phase 4/6	Entfernung zum Wasservorkommen	1000 m Quelle
Koordinaten	35 25300/56 73500	Überlagerungen	vorchr. Eisenzeit		Lage im Löß-areal
Streubereich der Funde	200 m im Durchmesser				Lage zum vermutlich acker-baulich genutzten Teil der Wirtschaftsfläche

Hangneigung	Flächenanteil in v.H.	Boden						
		Ausgangsmaterial	Flächenanteil in v.H.	Bodenart	Flächenanteil in v.H.	Entwicklungsstand	Flächenanteil in v.H.	Bonitierung	Flächenanteil in v.H.
0 – 1°	–	Löß	89,3	leicht	–	Stufe 1	–	Stufe 1	–
1 – 2°	21,1	Verwitterungsböden	10,7	mittelschwer	76,2	Stufe 2	76,2	Stufe 2	12,9
2 – 4°	46,1	Diluvialböden	–	schwer	–	Stufe 3	–	Stufe 3	58,0
4 – 8°	24,2	Alluvialböden	–					Stufe 4	3,4
> 8°	8,6							Stufe 5	1,9
								Stufe 6	–
	100,0		100,0						

		Nicht erfaßte bzw. nicht berücksichtigte Bereiche			
		W 23,8 HS – Al –	23,8		23,8
			100,0		100,0

Gudensberg 5

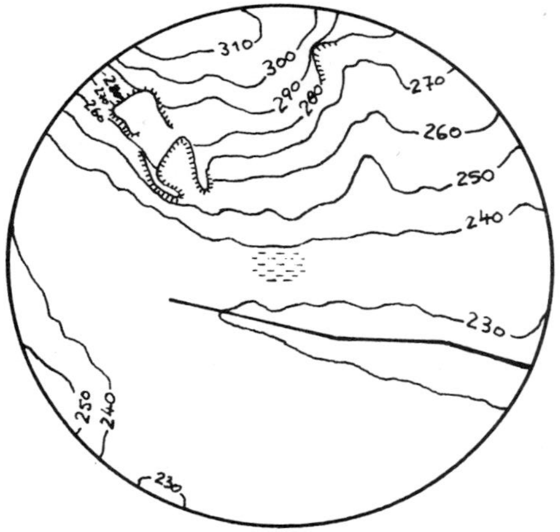

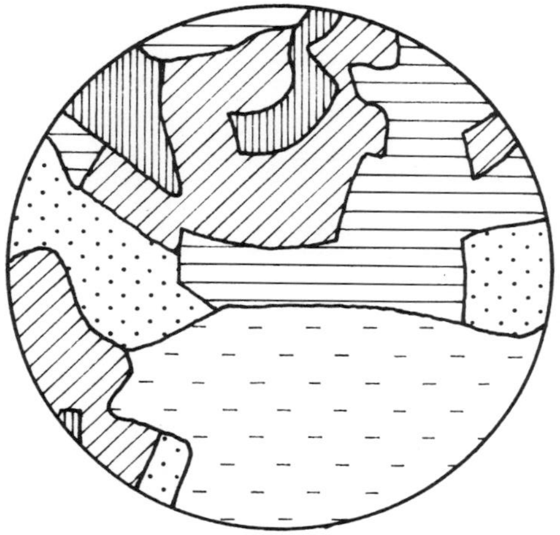

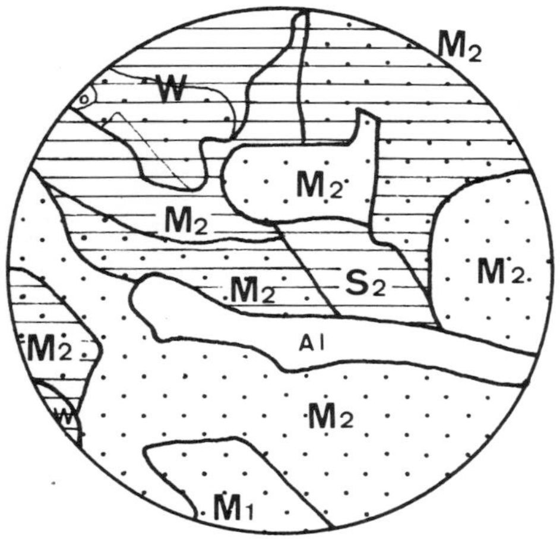

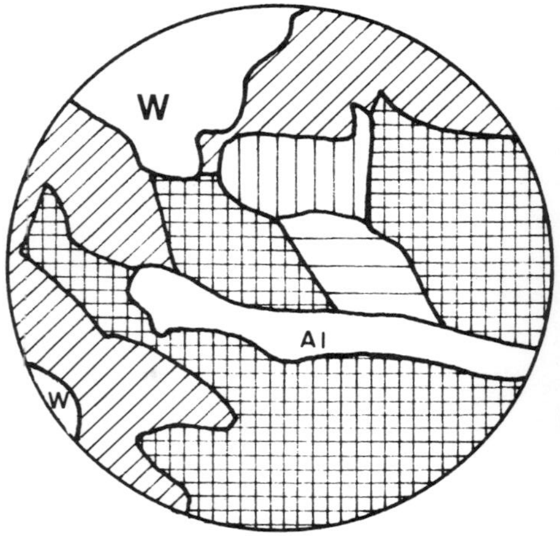

64

Bezeichnung u. Lokalisation		
Gemarkung	Gudensberg	
Kreis	Fritzlar-Homberg	
Flur- oder Lagebezeichnung	Buchenborn	
Koordinaten	35 24700/56 72640	
Streubereich der Funde	W – O 150 m S – N 100 m	

Art u. Einordnung des Fundmaterials		
Fundumstände	Lesefunde	
Siedlungsindikatoren	Keramik, Steingerät, Abschläge	
Zeitliche Einordnung	Linienbandkeramik Phase 2/5	
Überlagerungen	Urnenfelderzeit Hallstattzeit	

Standortmerkmale		
Morphologischer Standort	Hangfuß an einem Bachtal	
Exposition	nach Süden	
Höhenlage	235 m	
Entfernung zum Wasservorkommen	unmittelbar an einer Quelle 75 m Bach	
Lage zum Lößareal	Lage im Löß	
	vermutlich ackerbaulich genutzten Teil der Wirtschaftsfläche randlich	

Hangneigung	Flächenanteil in v.H.
0 – 1°	31,1
1 – 2°	13,4
2 – 4°	22,3
4 – 8°	26,0
> 8°	7,2
	100,0

Boden		
Ausgangsmaterial		Flächenanteil in v.H.
Löß		71,5
Verwitterungsböden		21,7
Diluvialböden		0,2
Alluvialböden		6,6
		100,0

Bodenart	Flächenanteil in v.H.
leicht	–
mittelschwer	78,7
schwer	4,7
Nicht erfaßte bzw. nicht berücksichtigte Bereiche	
W 10,0 HS – Al 6,6 = 16,6	16,6
	100,0

Entwicklungsstand	Flächenanteil in v.H.
Stufe 1	4,1
Stufe 2	79,3
Stufe 3	–
	16,6
	100,0

Bonitierung	Flächenanteil in v.H.
Stufe 1	–
Stufe 2	47,0
Stufe 3	25,9
Stufe 4	5,8
Stufe 5	4,7
Stufe 6	–
	16,6
	100,0

Gudensberg 6

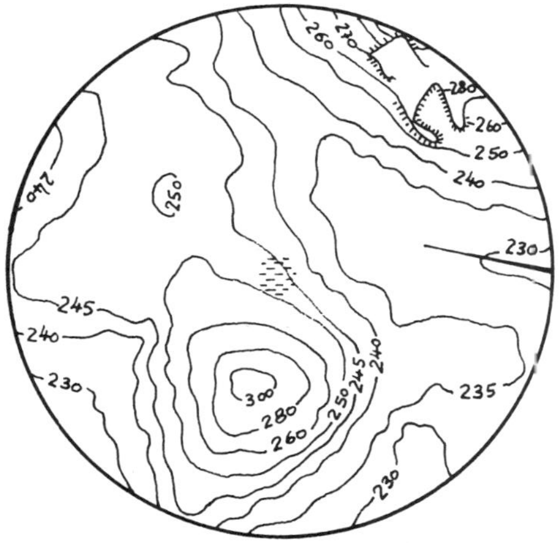

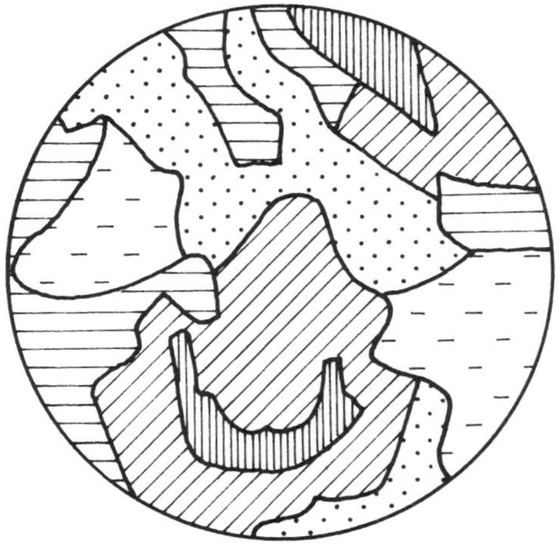

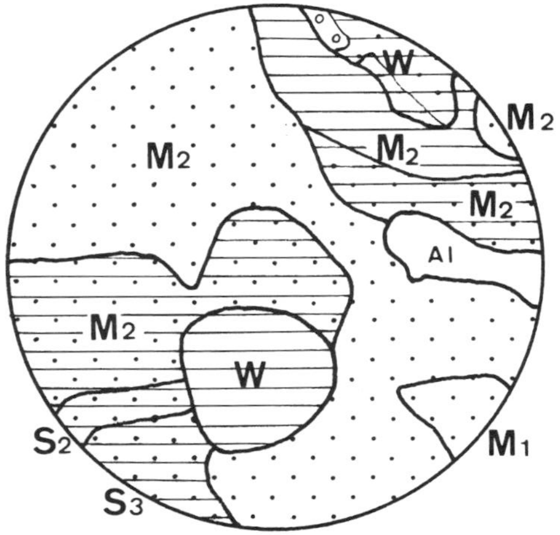

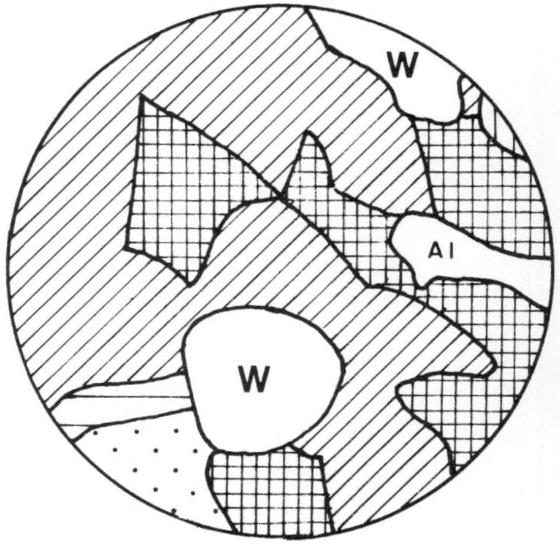

65

Bezeichnung u. Lokalisation		Art u. Einordnung des Fundmaterials		Standortmerkmale	
Gemarkung	Gudensberg	Fundumstände		Morphologischer Standort	Oberhang Bachtal / Hangfuß Kuppe
Kreis	Fritzlar-Homberg	Lesefunde	Keramik, Steingeräte, Abschläge	Exposition	nach Nordosten
Flur- oder Lagebezeichnung	"Vor dem Nenkel" (Nenkel-Nordhang)	Siedlungsindikatoren	Bischheim	Höhenlage	245 m
Koordinaten	35 23950/56 72480	Zeitliche Einordnung		Entfernung zum Wasservorkommen	375 m Quelle
Streubereich der Funde	100 m im Durchmesser	Überlagerungen	keine	zum Lößareal	Lage im Löß
				Lage zum vermutlich ackerbaulich genutzten Teil der Wirtschaftsfläche	randlich

Hangneigung	Flächenanteil in v.H.	Boden								
		Ausgangsmaterial	Flächenanteil in v.H.	Bodenart	Flächenanteil in v.H.	Entwicklungsstand	Flächenanteil in v.H.	Bonitierung	Flächenanteil in v.H.
0 – 1°	17,1	Löß	68,2	leicht	–	Stufe 1	2,7	Stufe 1	–
1 – 2°	24,2	Verwitterungsböden	28,4	mittelschwer	79,7	Stufe 2	78,6	Stufe 2	27,7
2 – 4°	17,9	Diluvialböden	0,5	schwer	5,7	Stufe 3	4,1	Stufe 3	51,2
4 – 8°	31,4	Alluvialböden	2,9					Stufe 4	0,8
> 8°	9,4							Stufe 5	1,6
								Stufe 6	4,1
	100,0		100,0	Nicht erfaßte bzw. nicht berücksichtigte Bereiche					100,0
				W 11,7 HS – Al 2,9 = 14,6			14,6		14,6
					100,0		100,0		100,0

Metze 1

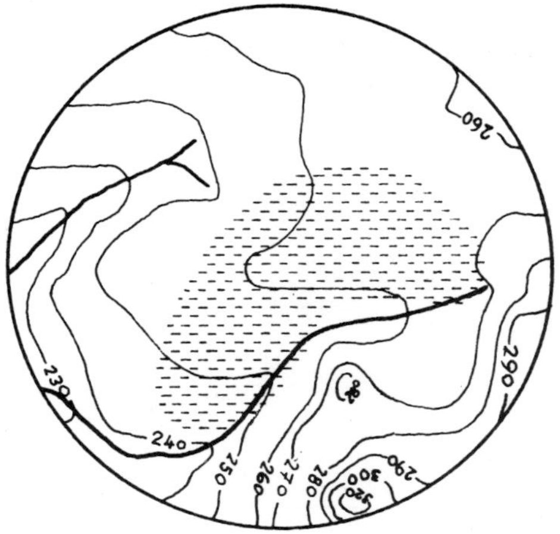

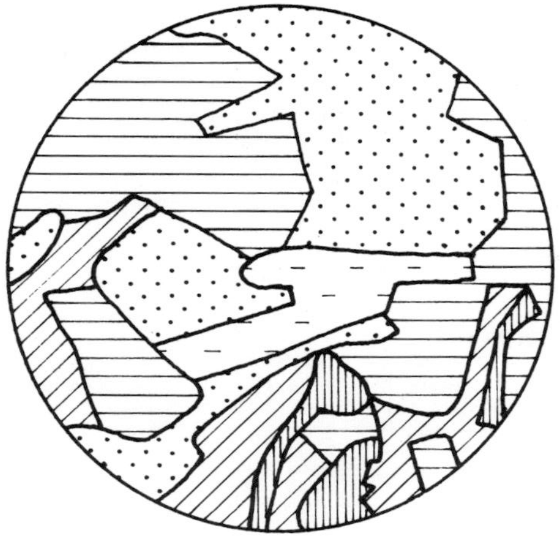

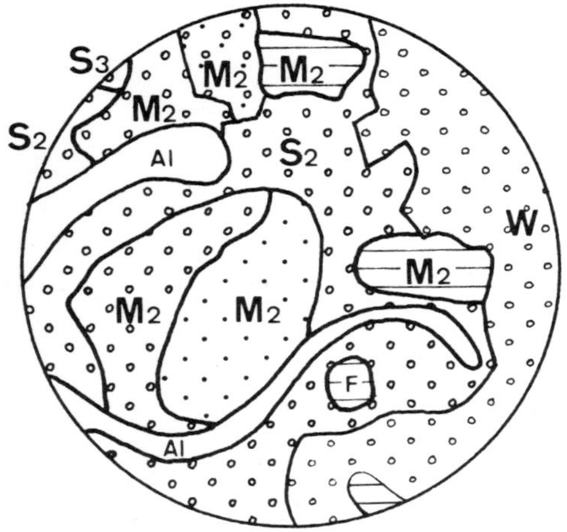

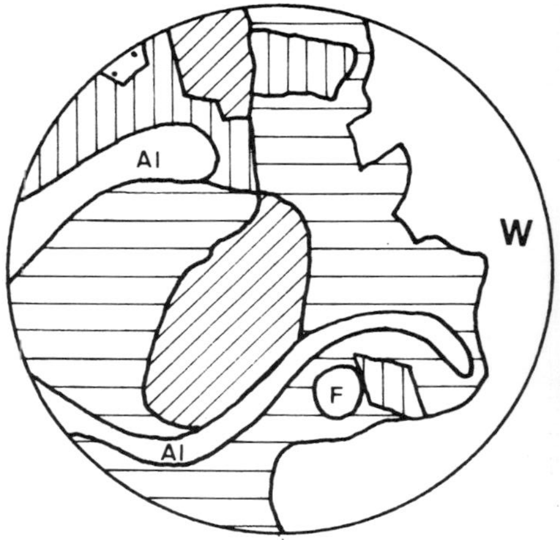

Bezeichnung u. Lokalisation		
Gemarkung	Metze	
Kreis	Fritzlar-Homberg	
Flur- oder Lagebezeichnung	"Schwarze Erde" "Am Landgrafenborn"	
Koordinaten	35 24200/56 74700	
Streubereich der Funde	SW - NO 1000 m SO - NW 375 m	

Art u. Einordnung des Fundmaterials		
Fundumstände	Lesefunde	
	Siedlungsindikatoren	Keramik, Steingeräte
Zeitliche Einordnung		Linienbandkeramik Phase 1 - 5
Überlagerungen		Großgartach Rössen Bischheim

Standortmerkmale		
Morphologischer Standort		Hangfuß bis Oberhang auf einem Rücken
	Exposition	nach Südwesten
	Höhenlage	260 m
	Entfernung zum Wasservorkommen	250 m Quelle 200 m Bach/Quelle
	zum Löß-areal	teilweise Lage im Löß
	Lage zum vermutlich ackerbaulich genutzten Teil der Wirtschaftsfläche	randlich

Hangneigung		Boden				Bodenart		Entwicklungsstand		Bonitierung	
	Flächenanteil in v.H.	Ausgangsmaterial	Flächenanteil in v.H.				Flächenanteil in v.H.		Flächenanteil in v.H.		Flächenanteil in v.H.
0 - 1°	7,9	Löß	14,9			leicht	-	Stufe 1	-	Stufe 1	-
1 - 2°	34,7	Verwitterungsböden	7,6			mittelschwer	34,9	Stufe 2	69,1	Stufe 2	-
2 - 4°	36,6	Diluvialböden	72,1			schwer	34,5	Stufe 3	0,3	Stufe 3	14,9
4 - 8°	16,2	Alluvialböden	5,4							Stufe 4	11,6
> 8°	4,6									Stufe 5	42,6
										Stufe 6	0,3
	100,0		100,0			Nicht erfaßte bzw. nicht berücksichtigte Bereiche					
						W 24,3 F 0,9					
						HS			30,6		30,6
						Al 5,4 = 30,6					
							100,0		100,0		100,0

Metze 2

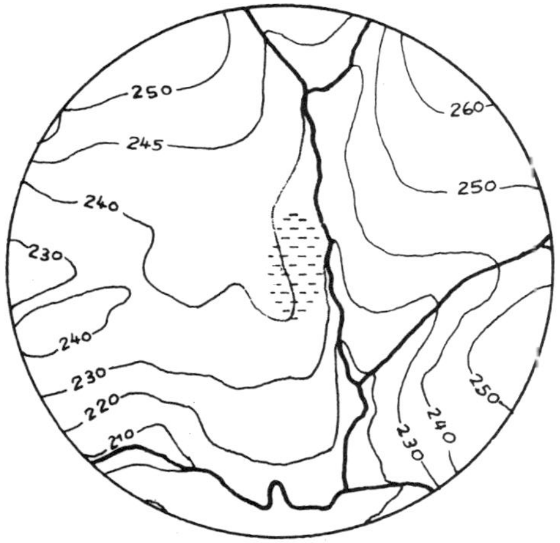

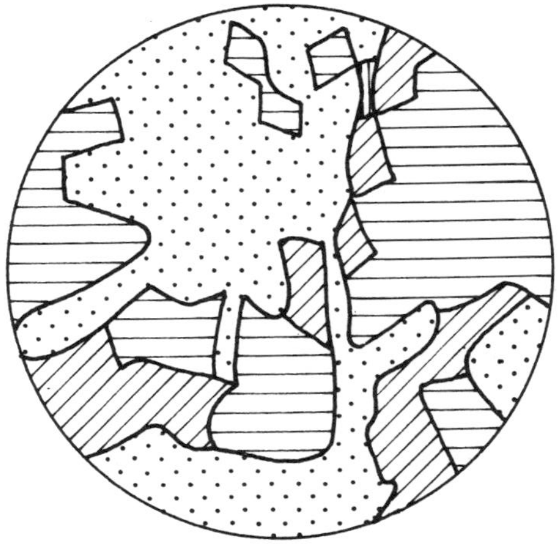

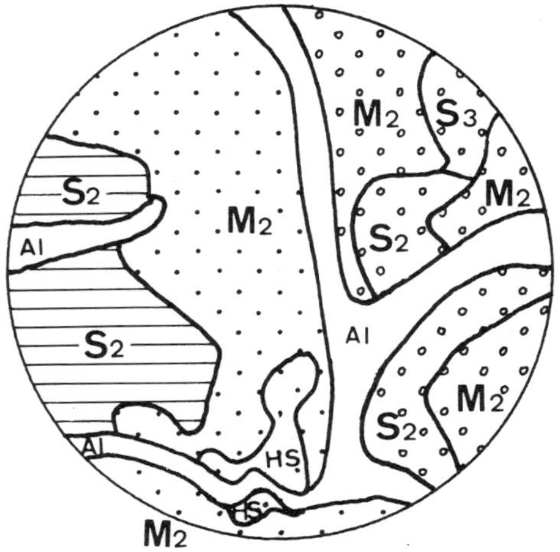

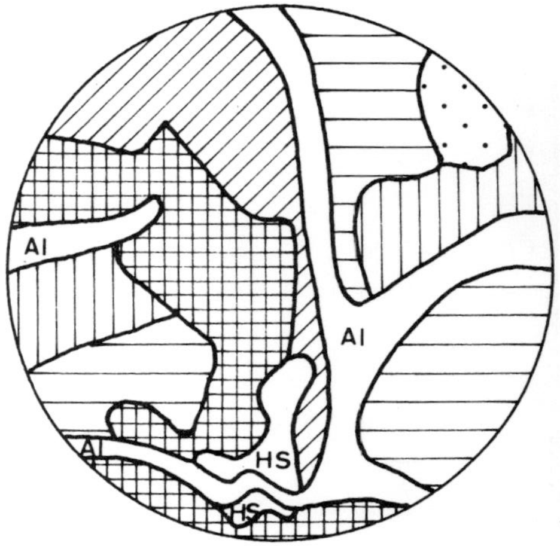

Bezeichnung u. Lokalisation		
Gemarkung	Metze	
Kreis	Fritzlar-Homberg	
Flur- oder Lagebezeichnung	'Auf der Leimkante'	
Koordinaten	35 23180/56 74960	
Streubereich der Funde	S – N 275 m W – O 150 m	

Art u. Einordnung des Fundmaterials		
Fundumstände	Fundbergungen bei Ausschachtungsarbeiten Lesefunde	
Siedlungsindikatoren	Keramik, Steingeräte, Pfeilspitzen, Gruben	
Zeitliche Einordnung	Linienbandkeramik Phase 2 – 4	
Überlagerungen	Großgartach, Rössen	

Standortmerkmale		
Morphologischer Standort	Hangfuß an einem Bachtal / an Rande einer Verflachung	
Exposition	nach Osten	
Höhenlage	240 m	
Entfernung zum Wasservorkommen	100 m Bach	
Lage zum Lößareal	Lage im Löß	
Lage zum vermutlich ackerbaulich genutzten Teil der Wirtschaftsfläche	zentral	

Hangneigung		Boden			Bodenart		Entwicklungsstand		Bonitierung	
	Flächenanteil in v.H.	Ausgangsmaterial	Flächenanteil in v.H.			Flächenanteil in v.H.		Flächenanteil in v.H.		Flächenanteil in v.H.
0 – 1°	–	Löß	38,8		leicht	–	Stufe 1	–	Stufe 1	–
1 – 2°	47,3	Verwitterungsböden	15,1		mittelschwer	51,5	Stufe 2	77,7	Stufe 2	22,2
2 – 4°	36,3	Diluvialböden	30,1		schwer	29,0	Stufe 3	2,8	Stufe 3	15,7
4 – 8°	16,1	Alluvialböden	16,0						Stufe 4	12,7
> 8°	0,3								Stufe 5	26,8
									Stufe 6	3,1
	100,0		100,0		Nicht erfaßte bzw. nicht berücksichtigte Bereiche W – HS 3,5 Al 16,0	19,5		19,5		19,5
						100,0		100,0		100,0

Kirchberg 1

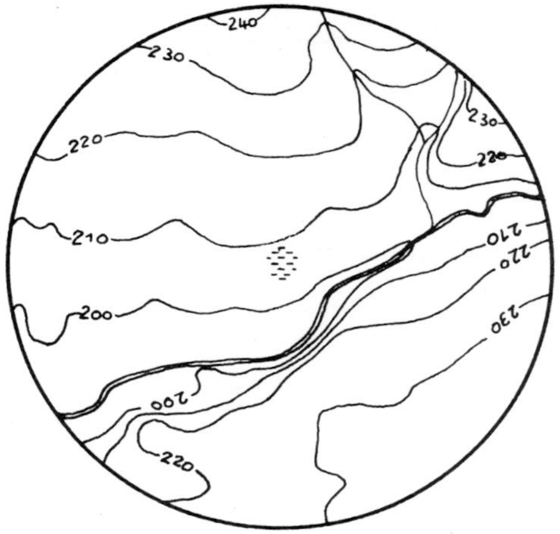

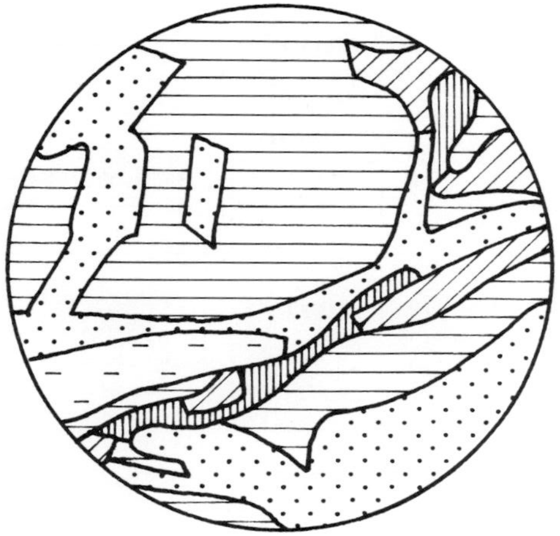

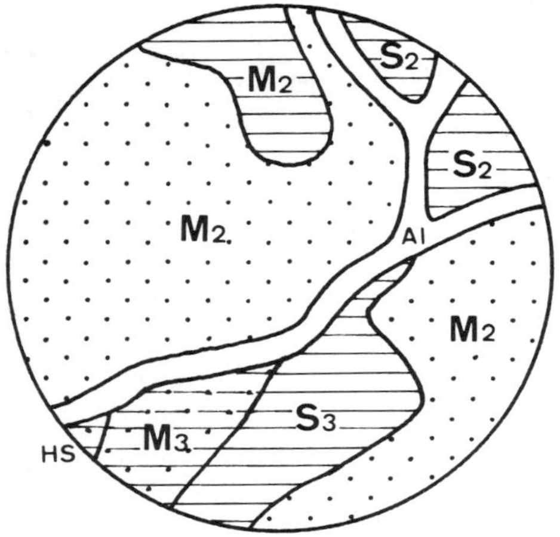

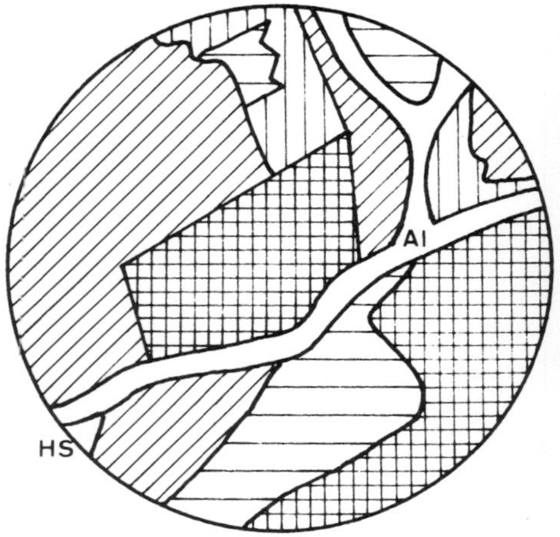

68

Bezeichnung u. Lokalisation		Art u. Einordnung des Fundmaterials		Standortmerkmale	
Gemarkung	Kirchberg	Fundumstände	Lesefunde	Morphologischer Standort	Unterhang an einem Bachtal
Kreis	Fritzlar-Homberg	Siedlungsindikatoren	Keramik, Steingeräte	Exposition	nach Süden
Flur- oder Lagebezeichnung	"Simetze"	Zeitliche Einordnung	Linienbandkeramik	Höhenlage	205 m
Koordinaten	35 21780/56 74180	Überlagerungen	keine	Entfernung zum Wasservorkommen	125 m Bach
				Lage zum Lößareal	Lage im Lößareal
Streubereich der Funde	75 m im Durchmesser			Lage zum vermutlich ackerbaulich genutzten Teil der Wirtschaftsfläche	zentral

Hangneigung		Boden			Entwicklungsstand		Bonitierung	
	Flächenanteil in v.H.	Ausgangsmaterial	Flächenanteil in v.H.	Bodenart	Flächenanteil in v.H.		Flächenanteil in v.H.		Flächenanteil in v.H.
0 – 1°	6,8	Löß	65,6	leicht	–	Stufe 1	–	Stufe 1	–
1 – 2°	30,5	Verwitterungsböden	25,2	mittelschwer	72,0	Stufe 2	71,7	Stufe 2	32,3
2 – 4°	50,2	Diluvialböden	–	schwer	18,4	Stufe 3	18,7	Stufe 3	35,2
4 – 8°	8,0	Alluvialböden	9,2					Stufe 4	7,4
> 8°	4,5							Stufe 5	15,5
								Stufe 6	–
	100,0		100,0		100,0		100,0		
				Nicht erfaßte bzw. nicht berücksichtigte Bereiche					
				W –					
				HS 0,4					9,6
				Al 9,2 = 9,6					100,0

Kirchberg 2

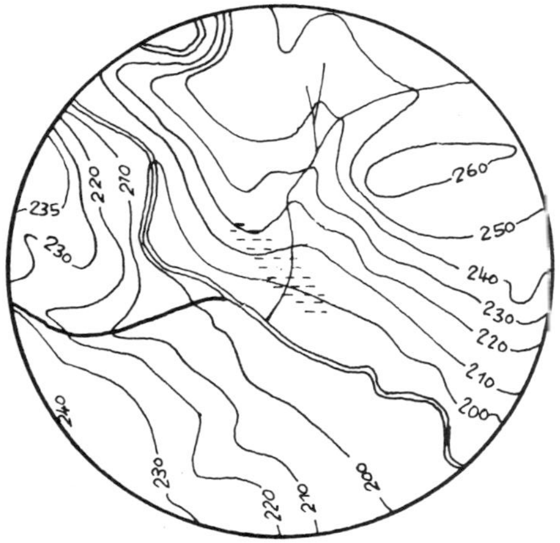

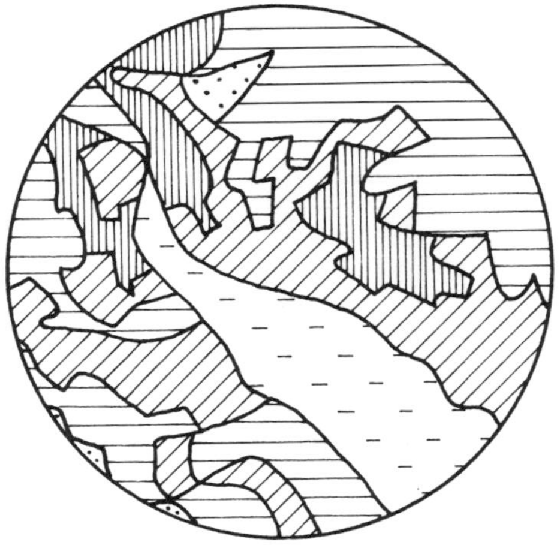

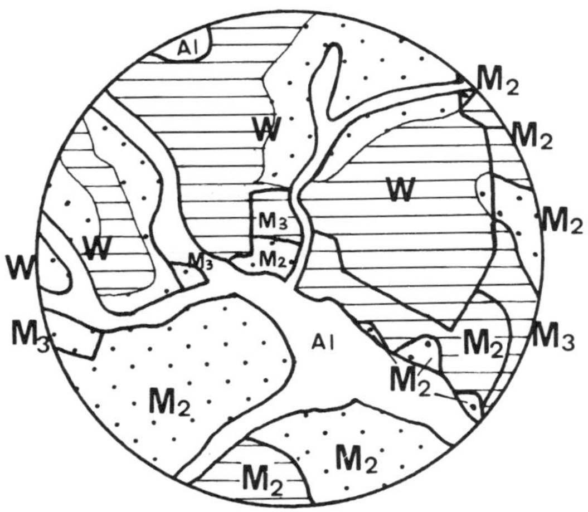

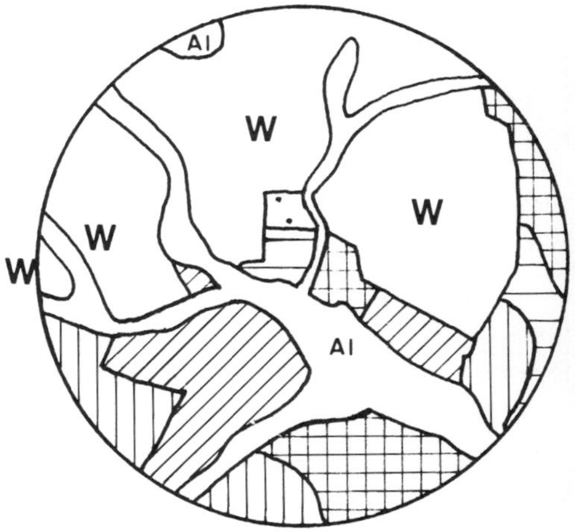

Bezeichnung u. Lokalisation		Art u. Einordnung des Fundmaterials	
Gemarkung	Kirchberg	Fundumstände	
Kreis	Fritzlar-Homberg	Lesefunde	
Flur- oder Lagebezeichnung	südöstlich der Weißentalsmühle	Siedlungsindikatoren	Keramik, Steingeräte
Koordinaten	35 19780/56 74640	Zeitliche Einordnung	Linienbandkeramik
Streubereich der Funde	SO – NW 350 m SW – NO 100 m	Überlagerungen	vorchr. Eisenzeit

Standortmerkmale	
Morphologischer Standort	Hangfuß an einem Flußtal
Exposition	nach Süden
Höhenlage	205 m
Entfernung zum Wasservorkommen	25 m Bach 75 m Fluß
zum Lößareal	250 m
Lage zum vermutlich ackerbaulich genutzten Teil der Wirtschaftsfläche	randlich

Hangneigung	Flächenanteil in v.H.	Boden			Bodenart	Flächenanteil in v.H.	Entwicklungsstand	Flächenanteil in v.H.	Bonitierung	Flächenanteil in v.H.
		Ausgangsmaterial		Flächenanteil in v.H.						
0 – 1°	18,8	Löß		39,2	leicht	–	Stufe 1	–	Stufe 1	–
1 – 2°	1,7	Verwitterungsböden		43,9	mittelschwer	40,9	Stufe 2	35,3	Stufe 2	9,6
2 – 4°	41,0	Diluvialböden		–	schwer	–	Stufe 3	5,6	Stufe 3	15,6
4 – 8°	29,1	Alluvialböden		16,9					Stufe 4	10,7
> 8°	9,4								Stufe 5	4,1
									Stufe 6	0,9
	100,0			100,0		100,0		100,0		100,0
					Nicht erfaßte bzw. nicht berücksichtigte Bereiche W 42,2 HS – Al 16,9 = 59,1			59,1		59,1
						100,0		100,0		100,0

Kirchberg 3

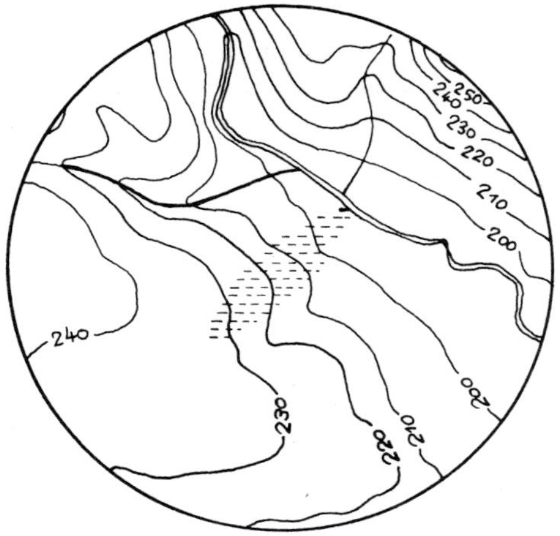

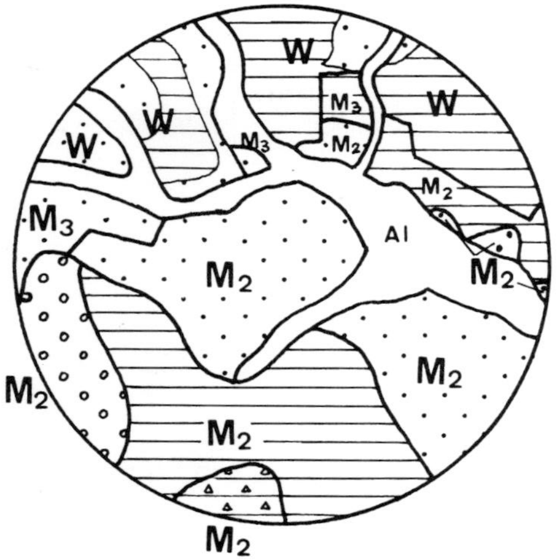

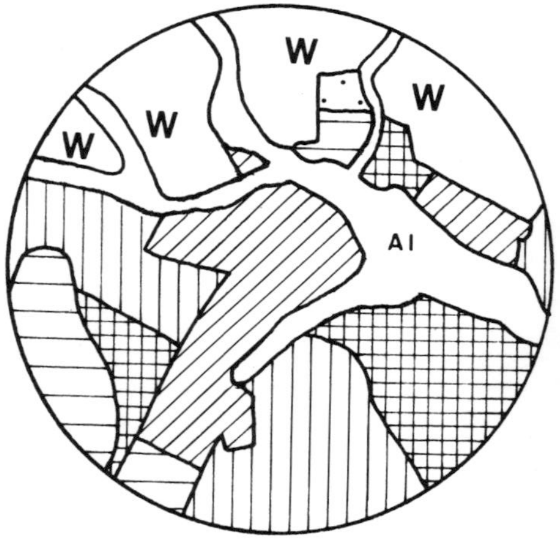

70

Bezeichnung u. Lokalisation		
Gemarkung	Kirchberg	
Kreis	Fritzlar-Homberg	
Flur- oder Lagebezeichnung	Straßenwinkel Riede-Weißentalsmühle südlich der Ems	
Koordinaten	35₁₉₅₈₀/56₇₄₂₈₀	
Streubereich der Funde	SW – NO 500 m SO – NW 125 m	

Art u. Einordnung des Fundmaterials		
Fundumstände	Lesefunde	
Siedlungsindikatoren	Keramik, Steingeräte	
Zeitliche Einordnung	Linienbandkeramik	
Überlagerungen	vorchr. Eisenzeit röm. Kaiserzeit	

Standortmerkmale		
Morphologischer Standort	Mittelhang an einem Flußtal	
Exposition	nach Nordosten	
Höhenlage	210 m	
Entfernung zum Wasservorkommen	175 m Bach 225 m Fluß	
Lage zum Lößareal	Lage im Löß	
Lage zum vermutlich ackerbaulich genutzten Teil der Wirtschaftsfläche	randlich	

Hangneigung	Flächenanteil in v.H.
0 – 1°	28,8
1 – 2°	13,1
2 – 4°	27,8
4 – 8°	23,5
> 8°	6,8
	100,0

Boden		
Ausgangsmaterial		Flächenanteil in v.H.
Löß		36,5
Verwitterungsböden		42,6
Diluvialböden		5,8
Alluvialböden		15,1
		100,0

Bodenart	Flächenanteil in v.H.
leicht	–
mittelschwer	62,6
schwer	–
Nicht erfaßte bzw. nicht berücksichtigte Bereiche W 22,3 HS Al 15,1 = 37,4	37,4
	100,0

Entwicklungsstand	Flächenanteil in v.H.
Stufe 1	–
Stufe 2	57,5
Stufe 3	5,1
	37,4
	100,0

Bonitierung	Flächenanteil in v.H.
Stufe 1	–
Stufe 2	17,2
Stufe 3	17,8
Stufe 4	22,4
Stufe 5	9,3
Stufe 6	0,7
	37,4
	100,0

Kirchberg 4

71

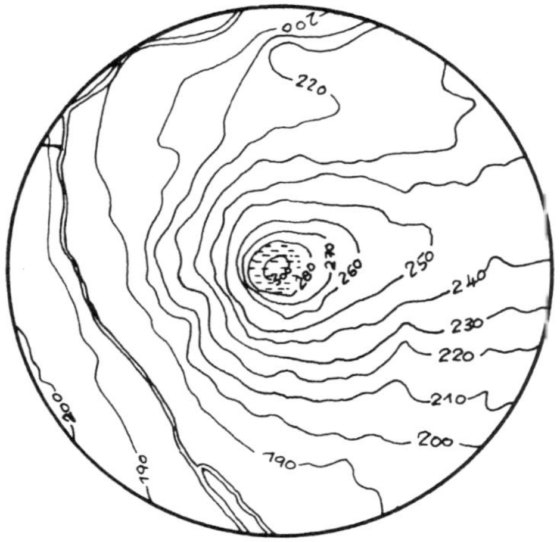

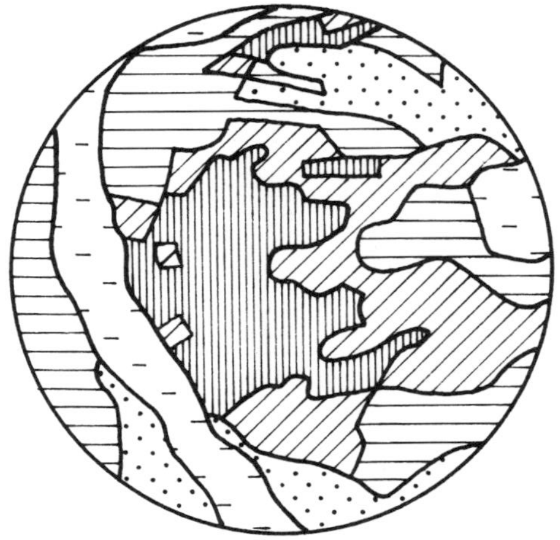

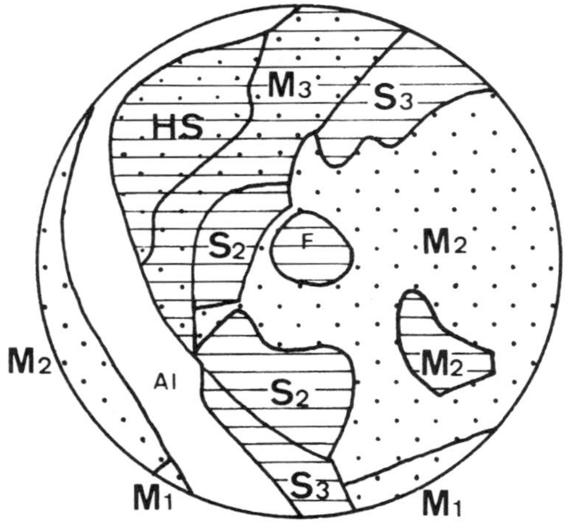

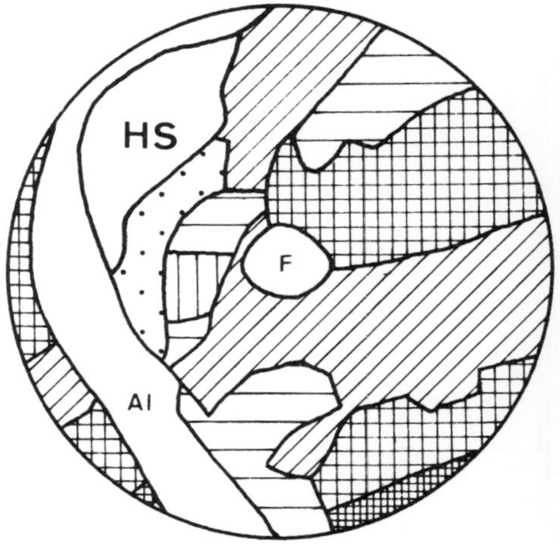

Bezeichnung u. Lokalisation		Art u. Einordnung des Fundmaterials		Standortmerkmale	
Gemarkung	Kirchberg	Fundumstände		Morphologischer Standort	Kuppenfläche
Kreis	Fritzlar-Homberg	Lesefunde		Exposition	–
Flur- oder Lagebezeichnung	Wartberg	Siedlungsindikatoren	Keramik, Steingeräte	Höhenlage	300 m
		Zeitliche Einordnung	Linienbandkeramik Phase 4 – 5	Entfernung zum Wasservorkommen	500 m Fluß
Koordinaten	35 21340/56 73080	Überlagerungen	Galeriegrabkultur (Wartberggruppe)	zum Lößareal	150 m
Streubereich der Funde	160 m im Durchmesser			Lage zum vermutlich ackerbaulich genutzten Teil der Wirtschaftsfläche	zentral

Hangneigung		Boden						Entwicklungsstand		Bonitierung	
	Flächenanteil in v.H.	Ausgangsmaterial	Flächenanteil in v.H.	Bodenart	Flächenanteil in v.H.				Flächenanteil in v.H.		Flächenanteil in v.H.
0 – 1°	17,4	Löß	62,7	leicht	–			Stufe 1	1,8	Stufe 1	1,8
1 – 2°	17,8	Verwitterungsböden	22,4	mittelschwer	56,4			Stufe 2	52,1	Stufe 2	22,3
2 – 4°	25,2	Diluvialböden	–	schwer	18,0			Stufe 3	20,5	Stufe 3	30,8
4 – 8°	21,9	Alluvialböden	14,9							Stufe 4	1,9
> 8°	17,7									Stufe 5	13,9
										Stufe 6	3,7
	100,0		100,0	Nicht erfaßte bzw. nicht berücksichtigte Bereiche							
				W – F 2,0							
				HS 8,7 = 25,6				25,6		25,6	
				Al 14,9							
					100,0				100,0		100,0

Gleichen

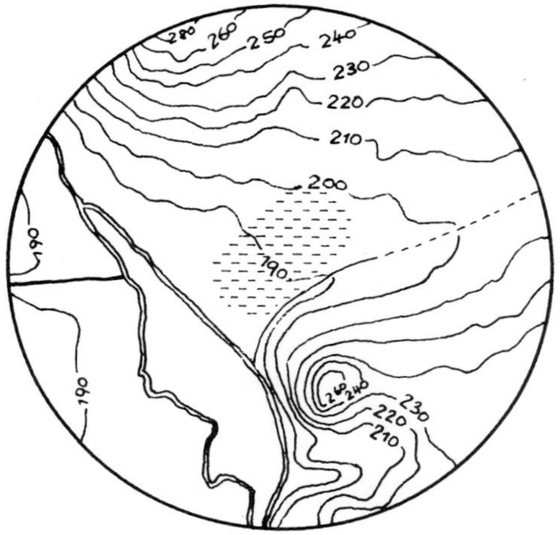

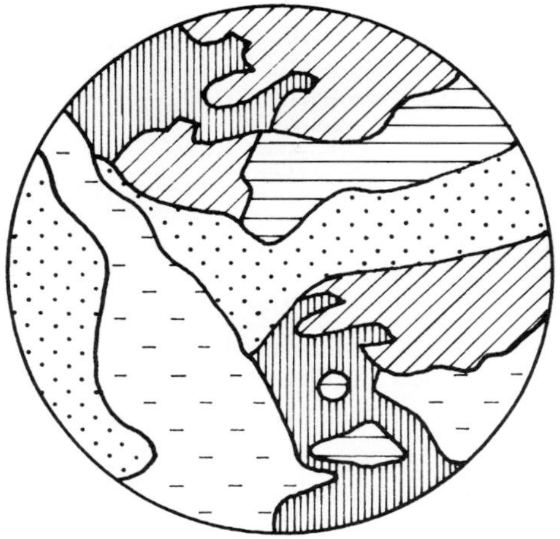

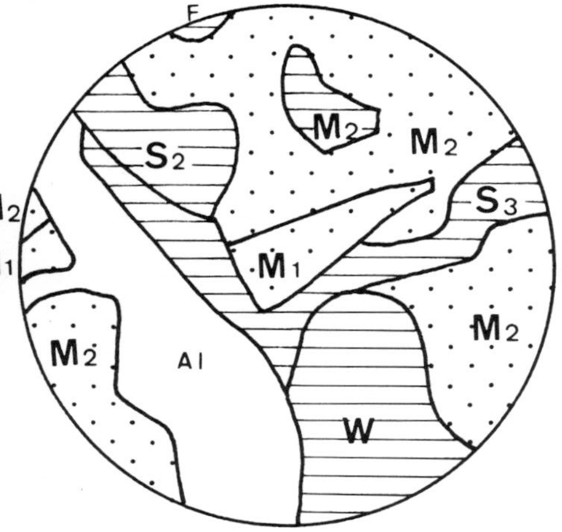

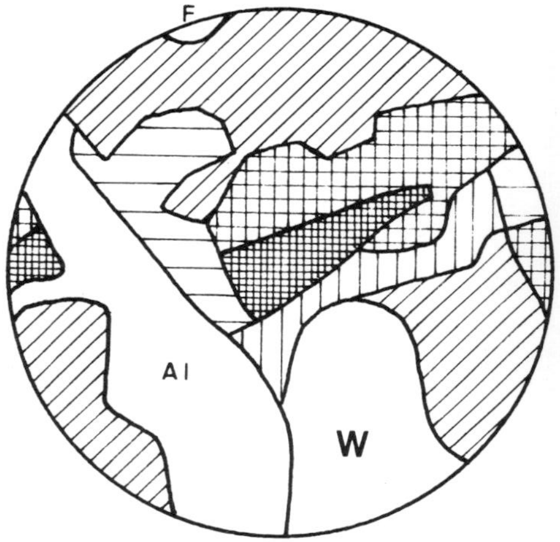

72

Bezeichnung u. Lokalisation		Art u. Einordnung des Fundmaterials		Standortmerkmale	
Gemarkung	Gleichen	Fundumstände	Lesefunde	Morphologischer Standort	Unterhang eines Flußtales
Kreis	Fritzlar-Homberg	Siedlungsindikatoren	Keramik, Steingeräte, Abschläge	Exposition	nach Südwesten
Flur- oder Lagebezeichnung	'Das Rosenfeld'	Zeitliche Einordnung	Linienbandkeramik. Phase 1 – 3	Höhenlage	190 m
Koordinaten	35 21700/56 72375	Überlagerungen	röm. Kaiserzeit	Entfernung zum Wasservorkommen	100 m Bach 250 m Fluß
Streubereich der Funde	SW – NO 450 m SO – NW 225 m			Lage im Lößareal	Lage im Löß/am Rand eines Lößareals
				Lage zum vermutlich acker- baulich genutzten Teil der Wirtschaftsfläche	randlich

Hangneigung	Flächenanteil in v.H.	Boden			Entwicklungsstand	Flächenanteil in v.H.	Bonitierung	Flächenanteil in v.H.
		Ausgangsmaterial	Flächenanteil in v.H.	Bodenart	Flächenanteil in v.H.			
0 – 1°	23,7	Löß	46,1	leicht	–	Stufe 1	5,7	Stufe 1	5,7
1 – 2°	24,5	Verwitterungsböden	33,0	mittelschwer	48,3	Stufe 2	49,5	Stufe 2	11,8
2 – 4°	10,7	Diluvialböden	–	schwer	16,6	Stufe 3	9,7	Stufe 3	33,7
4 – 8°	24,4	Alluvialböden	20,9					Stufe 4	5,5
> 8°	16,7							Stufe 5	8,2
								Stufe 6	–
	100,0		100,0		100,0		100,0		100,0
				Nicht erfaßte bzw. nicht berücksichtigte Bereiche					
				W 13,8 F 0,4 HS – = 35,1 Al 20,9			35,1		35,1

Obervorschütz 1

73

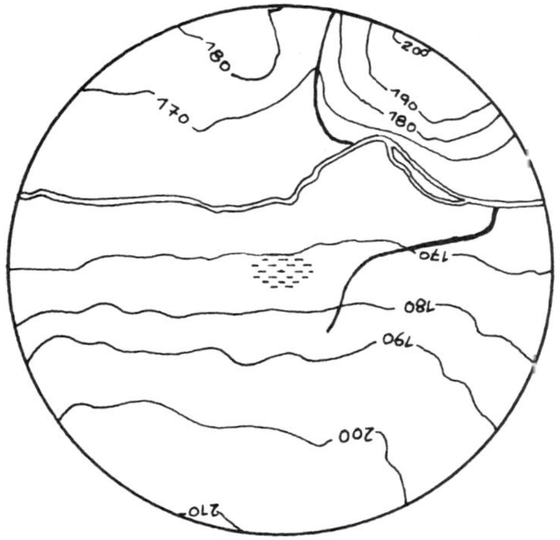

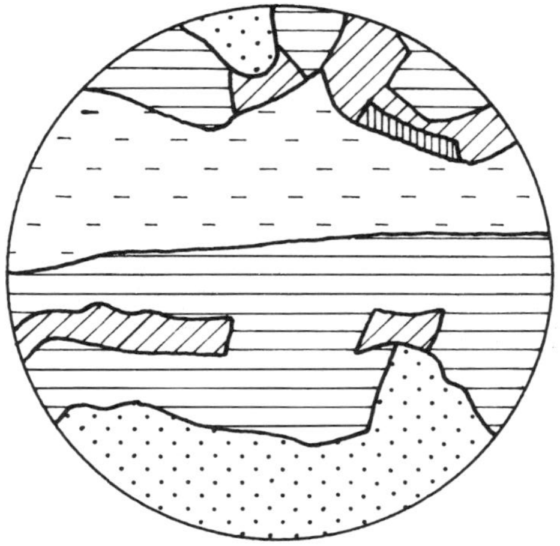

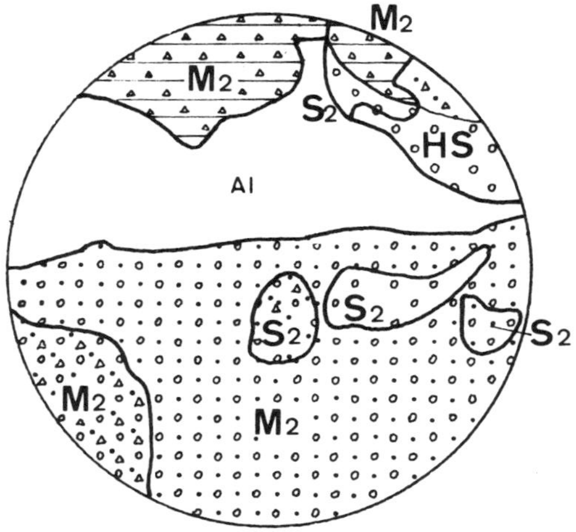

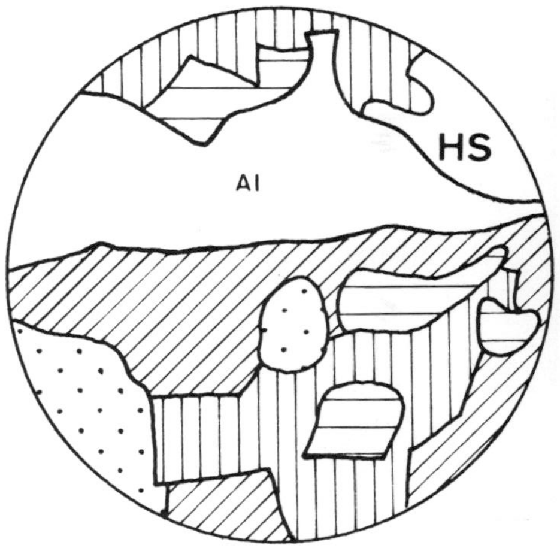

Bezeichnung u. Lokalisation		
Gemarkung	Obervorschütz	
Kreis	Fritzlar-Homberg	
Flur- oder Lagebezeichnung	"In den Pflanzenbeeten"	
Koordinaten	35 24120/56 69160	
Streubereich der Funde	W – O 175 m S – N 100 m	

Art u. Einordnung des Fundmaterials		
Fundumstände	Siedlungsindikatoren	
Lesefunde	Keramik, Steingeräte, Abschläge	
Zeitliche Einordnung	Linienbandkeramik	
Überlagerungen	Rössen, Bischheim röm. Kaiserzeit Mittelalter	

Standortmerkmale		
Morphologischer Standort	Unterhang eines Flußtales	
Exposition	nach Norden	
Höhenlage	175 m	
Entfernung zum Wasservorkommen	75 m Fluß 200 m Quelle	
Lage zum Lößareal	Lage im Löß	
Lage zum vermutlich ackerbaulich genutzten Teil der Wirtschaftsfläche	randlich	

Hangneigung	Flächenanteil in v.H.
0 – 1°	28,6
1 – 2°	22,3
2 – 4°	39,2
4 – 8°	9,1
> 8°	0,8
	100,0

Boden					
Ausgangsmaterial	Flächenanteil in v.H.	Bodenart	Flächenanteil in v.H.	Entwicklungsstand	Flächenanteil in v.H.
Löß	58,4	leicht	–	Stufe 1	–
Verwitterungsböden	8,6	mittelschwer	63,2	Stufe 2	71,0
Diluvialböden	8,0	schwer	7,8	Stufe 3	–
Alluvialböden	25,0				
	100,0				
		Nicht erfaßte bzw. nicht berücksichtigte Bereiche			
		W – HS 4,0 Al 25,0	= 29,0		29,0
			100,0		100,0

Bonitierung	Flächenanteil in v.H.
Stufe 1	–
Stufe 2	–
Stufe 3	26,1
Stufe 4	25,3
Stufe 5	11,1
Stufe 6	8,5
	29,0
	100,0

Obervorschütz 2

74

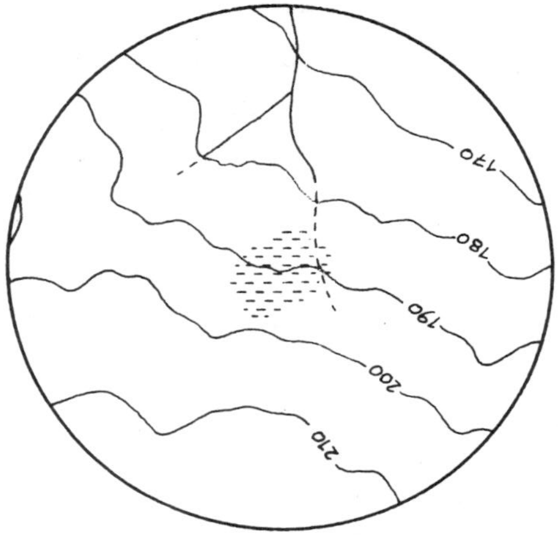

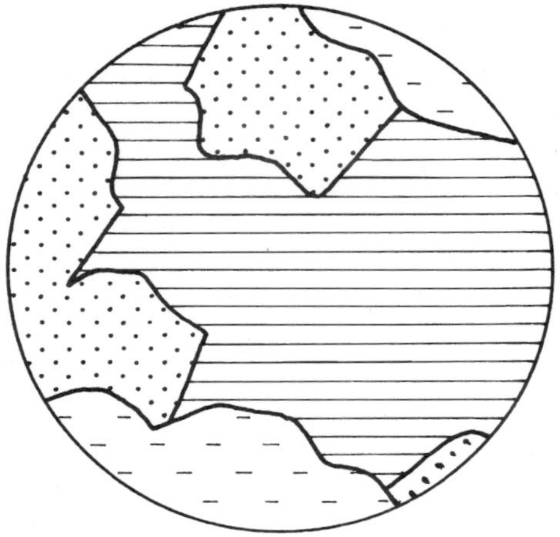

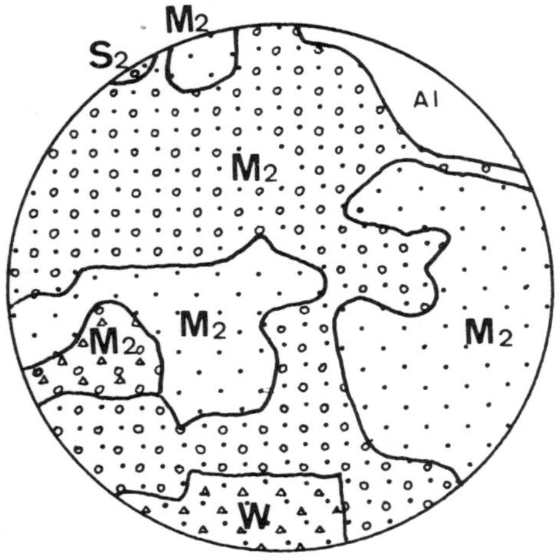

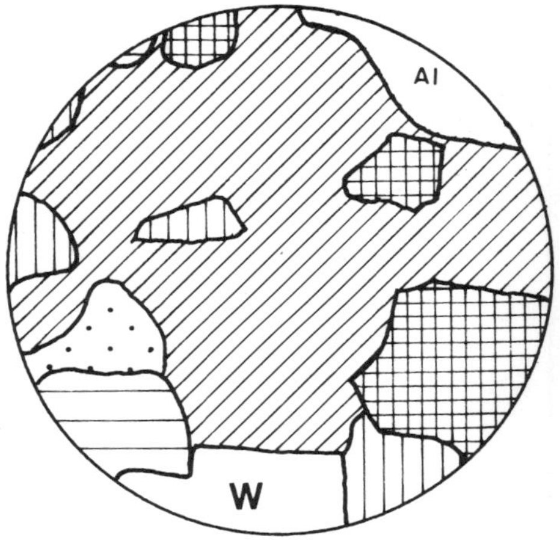

Bezeichnung u. Lokalisation		Art u. Einordnung des Fundmaterials		Standortmerkmale	
Gemarkung	Obervorschütz	Fundumstände	Lesefunde	Morphologischer Standort	Mittelhang eines Flußtales
Kreis	Fritzlar-Homberg				
Flur- oder Lagebezeichnung	'Hommer Weg'	Siedlungsindikatoren	Keramik, Steingeräte	Exposition	nach Nordosten
				Höhenlage	190 m
		Zeitliche Einordnung	Linienbandkeramik	Entfernung zum Wasservorkommen	200 m Quelle 275 m Quelle 550 m Fluß
Koordinaten	35 21180/56 68360				
		Überlagerungen	keine	zum Lößareal	Lage im Löß
Streubereich der Funde	SW – NO 250 m SO – NW 175 m			Lage zum vermutlich ackerbaulich genutzten Teil der Wirtschaftsfläche	zentral

Hangneigung		Boden			Bodenart		Entwicklungsstand		Bonitierung	
	Flächenanteil in v.H.	Ausgangsmaterial	Flächenanteil in v.H.			Flächenanteil in v.H.		Flächenanteil in v.H.		Flächenanteil in v.H.
0 – 1°	17,6	Löß	92,3	leicht	–	Stufe 1	–	Stufe 1	–
1 – 2°	28,0	Verwitterungsböden	–	mittelschwer	89,5	Stufe 2	90,0	Stufe 2	15,7
2 – 4°	54,4	Diluvialböden	3,1	schwer	0,5	Stufe 3	–	Stufe 3	59,3
4 – 8°	–	Alluvialböden	4,6					Stufe 4	6,1
> 8°	–							Stufe 5	5,5
								Stufe 6	3,4
	100,0		100,0	Nicht erfaßte bzw. nicht berücksichtigte Bereiche W 5,4 HS – Al 4,6 = 10,0	10,0		10,0		10,0
					100,0		100,0		100,0

Werkel

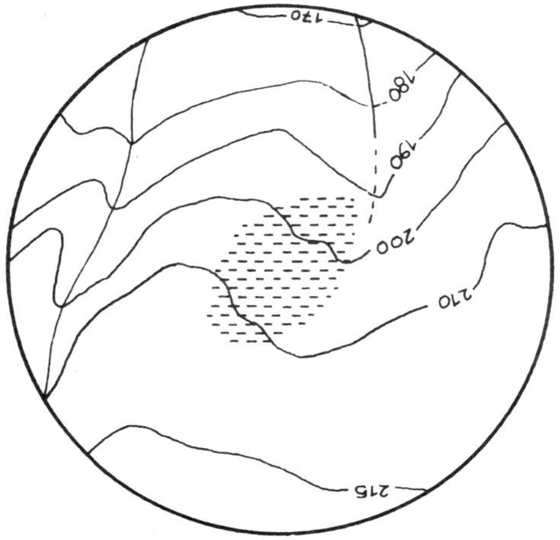

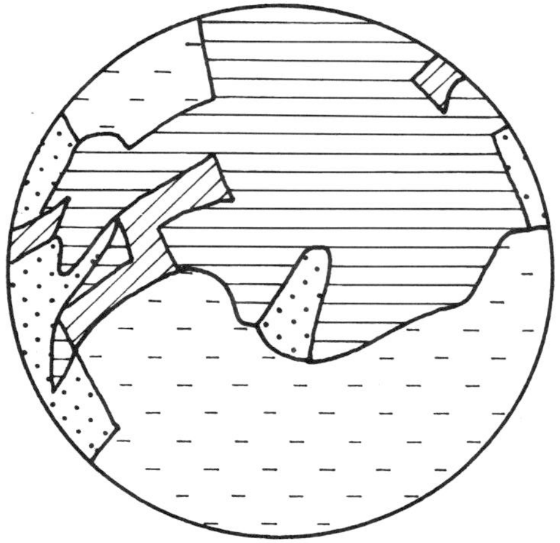

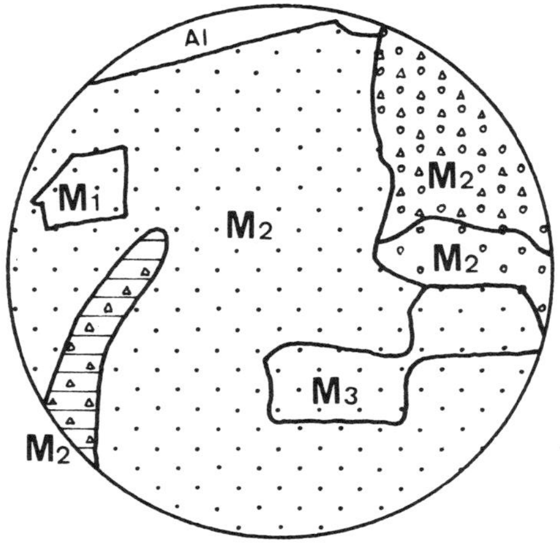

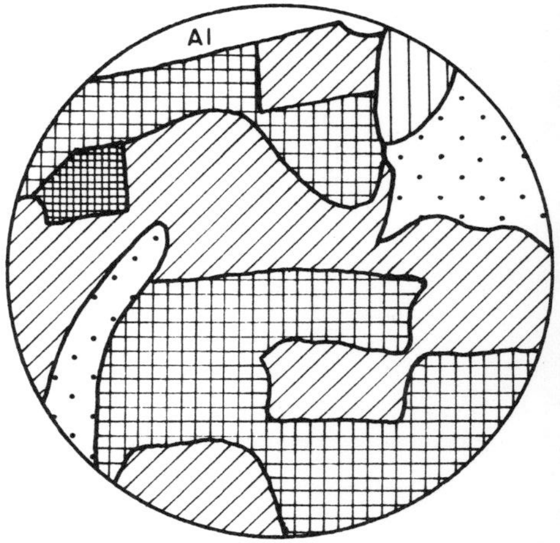

Bezeichnung u. Lokalisation		Art u. Einordnung des Fundmaterials		Standortmerkmale	
Gemarkung	Werkel	Fundumstände		Morphologischer Standort	Mittelhang an einem Flußtal
Kreis	Fritzlar-Homberg	Lesefunde	Keramik, Steingeräte	Exposition	nach Nordosten
Flur- oder Lagebezeichnung	'Im Marbach' 'Melmenäcker'	Siedlungsindikatoren		Höhenlage	205 m
Koordinaten	$35_{23000}/56_{68350}$	Zeitliche Einordnung	Linienbandkeramik Phase 3 – 5	Entfernung zum Wasservorkommen	175 m Quelle 625 m Fluß
Streubereich der Funde	SW – NO 500 m SO – NW 300 m	Überlagerungen	vorchr. Eisenzeit röm. Kaiserzeit	zum Lößareal	Lage im Löß
				Lage zum vermutlich ackerbaulich genutzten Teil der Wirtschaftsfläche	zentral

Hangneigung		Boden							
	Flächenanteil in v.H.	Ausgangsmaterial	Flächenanteil in v.H.	Bodenart	Flächenanteil in v.H.	Entwicklungsstand	Flächenanteil in v.H.	Bonitierung	Flächenanteil in v.H.
0 – 1°	43,9	Löß	76,7	leicht	–			Stufe 1	11,7
1 – 2°	8,2	Verwitterungsböden	4,0			Stufe 1	2,4	Stufe 2	35,6
2 – 4°	43,5	Diluvialböden	16,0	mittelschwer	96,7	Stufe 2	86,0	Stufe 3	35,3
4 – 8°	4,4	Alluvialböden	3,3			Stufe 3	8,3	Stufe 4	2,7
> 8°	–			schwer	–			Stufe 5	–
								Stufe 6	11,4
	100,0		100,0						
				Nicht erfaßte bzw. nicht berücksichtigte Bereiche					
				W – HS – Al 3,3	= 3,3		3,3		3,3
					100,0		100,0		100,0

Obermöllrich

76

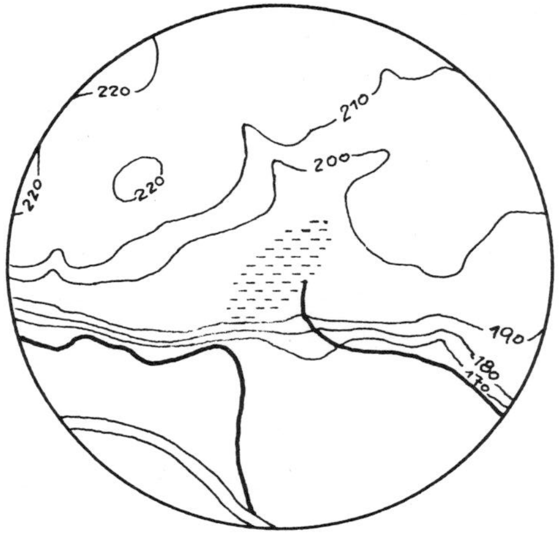

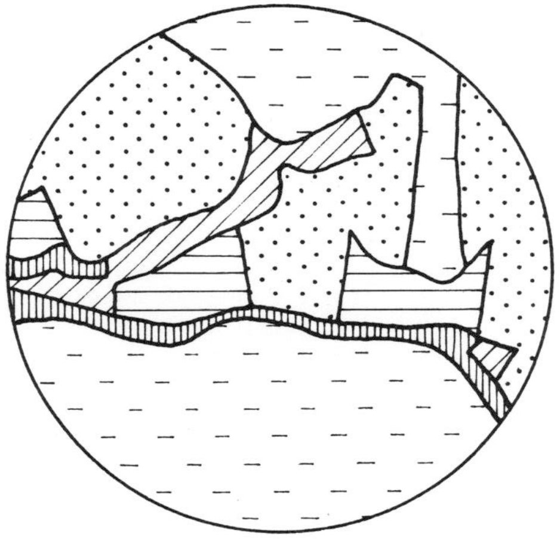

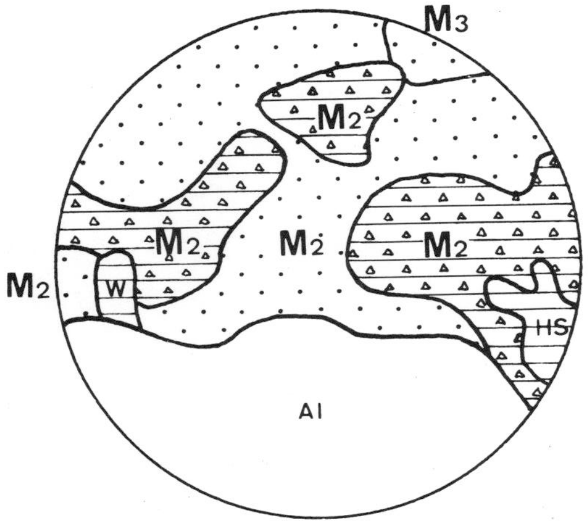

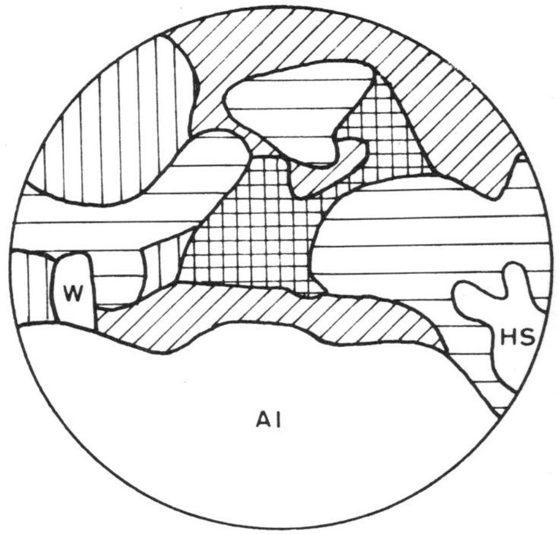

Bezeichnung u. Lokalisation		Art u. Einordnung des Fundmaterials		Standortmerkmale	
Gemarkung	Obermöllrich	Fundumstände		Morphologischer Standort	Unterhang eines Flußtales/ Erosionseinschnitt am Flußtalhang
Kreis	Fritzlar-Homberg	Lesefunde	Keramik, Steingeräte	Exposition	nach Südosten
Flur- oder Lagebezeichnung	'Auf den Erlen'	Siedlungsindikatoren		Höhenlage	195 m
		Zeitliche Einordnung	Linienbandkeramik Phase 3 - 4	Entfernung zum Wasservorkommen	75 m Bach 150 m Fluß
Koordinaten	35 21720/56 66120	Überlagerungen	bandkeramische Nachfolgekulturgruppen	zum Löß-areal	Lage im Löß
Streubereich der Funde	SW - NO 375 m SO - NW 150 m			Lage zum vermutlich ackerbaulich genutzten Teil der Wirtschaftsfläche	randlich

Hangneigung		Boden								
	Flächenanteil in v.H.	Ausgangsmaterial	Flächenanteil in v.H.	Bodenart	Flächenanteil in v.H.	Entwicklungsstand	Flächenanteil in v.H.	Bonitierung	
0 - 1°	49,7	Löß	37,6	leicht	-		-	Stufe 1	-
1 - 2°	31,5	Verwitterungsböden	30,2	mittelschwer	64,5	Stufe 1	-	Stufe 2	8,4
2 - 4°	8,4	Diluvialböden	-			Stufe 2	63,0	Stufe 3	18,8
4 - 8°	5,9	Alluvialböden	32,2	schwer	-			Stufe 4	11,7
> 8°	4,5					Stufe 3	1,5	Stufe 5	25,6
								Stufe 6	-
				Nicht erfaßte bzw. nicht berücksichtigte Bereiche					
				W 1,1 HS 2,2 Al 32,2	35,5		35,5		35,5
	100,0		100,0		100,0		100,0		100,0

Haddamar 1

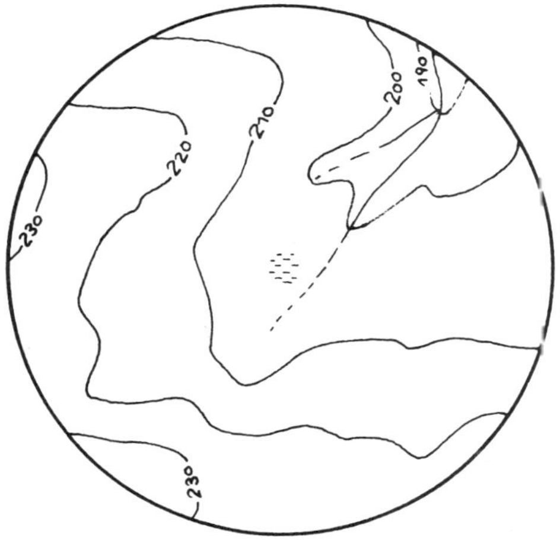

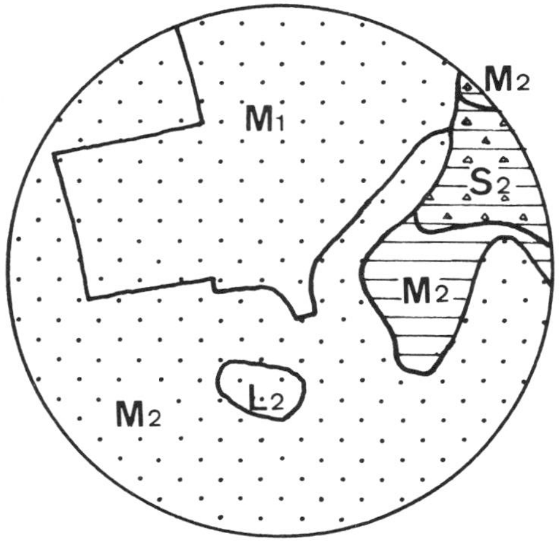

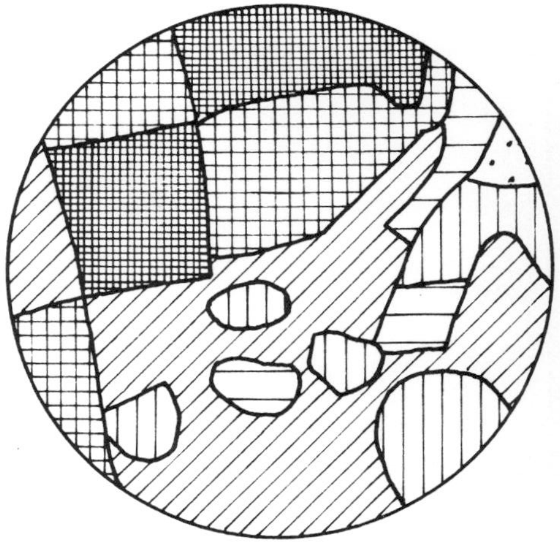

Bezeichnung u. Lokalisation

Gemarkung	Haddamar	
Kreis	Fritzlar-Homberg	
Flur- oder Lagebezeichnung	'Im Poosch'	
Koordinaten	35,19480/5568740	
Streubereich der Funde	75 m im Durchmesser	

Art u. Einordnung des Fundmaterials

Fundumstände	Lesefunde	
Siedlungsindikatoren	Keramik, Steingeräte	
Zeitliche Einordnung	Linienbandkeramik Phase 3/6	
Überlagerungen	keine	

Standortmerkmale

Morphologischer Standort	Unterhang an einem Bachtal	
Exposition	nach Nordosten	
Höhenlage	205 m	
Entfernung zum Wasservorkommen	125 m Quelle 250 m Quelle	
Lage zum vermutlich ackerbaulich genutzten Teil der Wirtschaftsfläche	Lage im Lößareal zentral	

Hangneigung

	Flächenanteil in v.H.
0 – 1°	15,7
1 – 2°	52,2
2 – 4°	31,0
4 – 8°	1,1
> 8°	-
	100,0

Boden

Ausgangsmaterial

	Flächenanteil in v.H.
Löß	88,7
Verwitterungsböden	11,3
Diluvialböden	-
Alluvialböden	-
	100,0

Bodenart

	Flächenanteil in v.H.
leicht	1,7
mittelschwer	93,4
schwer	4,9
	100,0

Nicht erfaßte bzw. nicht berücksichtigte Bereiche
W -
HS -
Al -

Entwicklungsstand

	Flächenanteil in v.H.
Stufe 1	33,5
Stufe 2	66,5
Stufe 3	-
	100,0

Bonitierung

	Flächenanteil in v.H.
Stufe 1	20,3
Stufe 2	23,1
Stufe 3	35,5
Stufe 4	13,7
Stufe 5	6,3
Stufe 6	1,1
	100,0

Haddamar 2

78

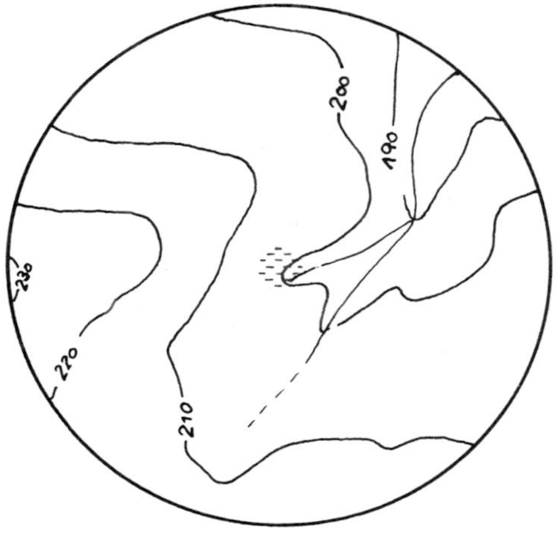

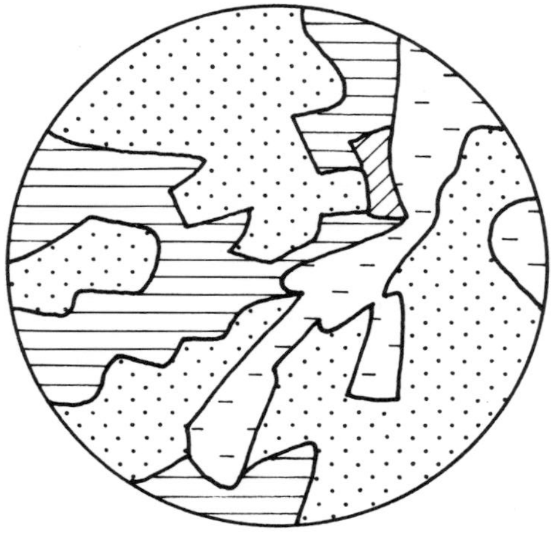

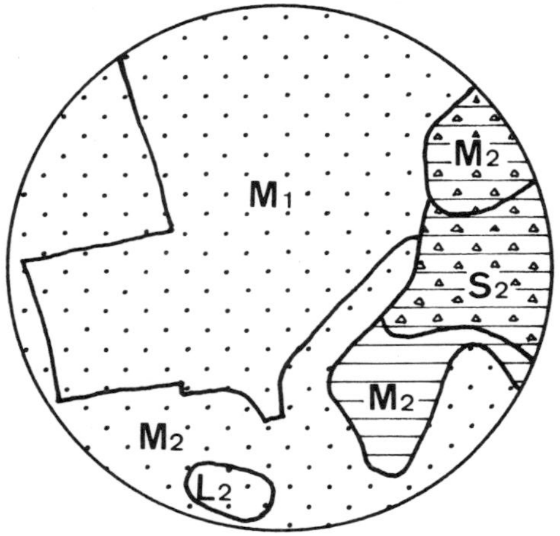

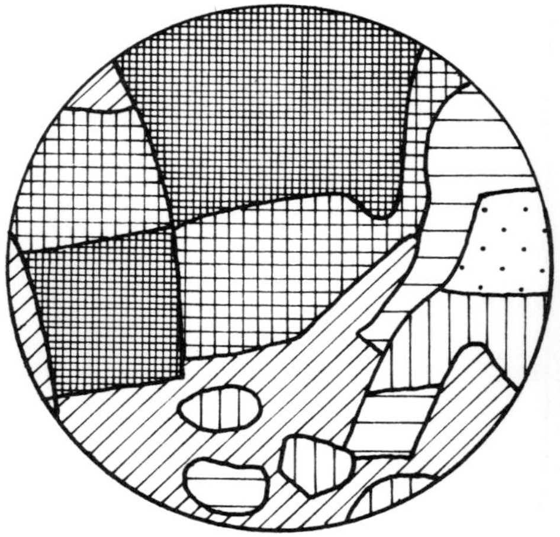

Bezeichnung u. Lokalisation		
Gemarkung	Haddamar	
Kreis	Fritzlar-Homberg	
Flur- oder Lagebezeichnung	"Am Weiberborn"	
Koordinaten	35,9520, 56,9060	
Streubereich der Funde	100 m 1m Durchmesser	

Art u. Einordnung des Fundmaterials		
Fundumstände	Lesefunde	
Siedlungsindikatoren	Keramik, Steingeräte	
Zeitliche Einordnung	Linienbandkeramik	
Überlagerungen	vorchr. Eisenzeit	

Standortmerkmale		
Morphologischer Standort	Unterhang an einem Bachtal	
Exposition	nach Nordosten	
Höhenlage	200 m	
Entfernung zum Wasservorkommen	50 m Quelle / 375 m Quelle	
zum Lößareal	Lage im Löß	
Lage zum vermutlich ackerbaulich genutzten Teil der Wirtschaftsfläche	zentral	

Hangneigung	Flächenanteil in v.H.
0 – 1°	15,4
1 – 2°	56,5
2 – 4°	26,9
4 – 8°	1,2
> 8°	–
	100,0

Boden				
Ausgangsmaterial	Flächenanteil in v.H.	Bodenart	Flächenanteil in v.H.	
Löß	82,4	leicht	1,7	
Verwitterungsböden	17,6	mittelschwer	90,9	
Diluvialböden	–	schwer	7,4	
Alluvialböden	–			
	100,0		100,0	

Nicht erfaßte bzw. nicht berücksichtigte Bereiche
W –
HS –
Al –

Entwicklungsstand	Flächenanteil in v.H.
Stufe 1	49,9
Stufe 2	50,1
Stufe 3	–
	100,0

Bonitierung	Flächenanteil in v.H.
Stufe 1	33,3
Stufe 2	23,4
Stufe 3	22,8
Stufe 4	7,5
Stufe 5	9,7
Stufe 6	3,3
	100,0

Haddamar 3

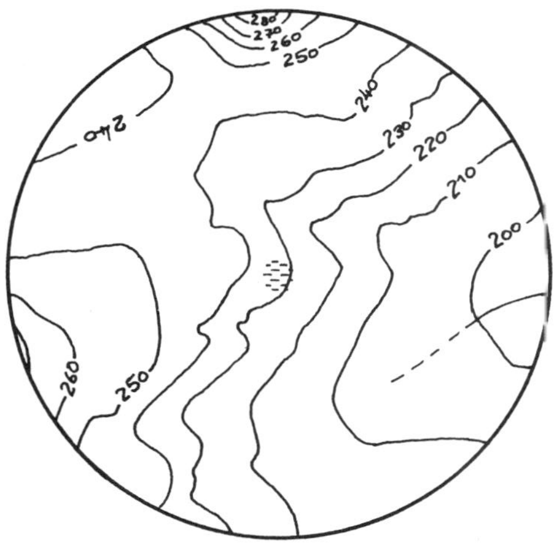

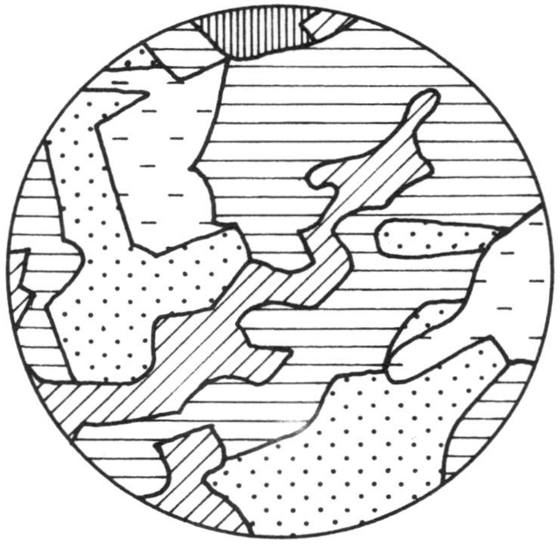

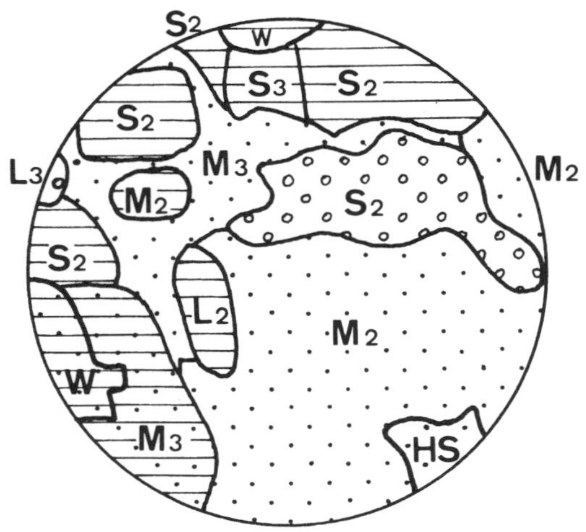

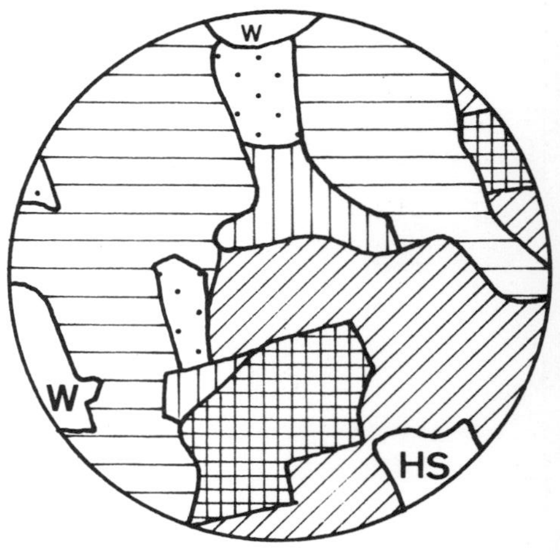

79

Bezeichnung u. Lokalisation		
Gemarkung	Haddamar	
Kreis	Fritzlar-Homberg	
Flur- oder Lagebezeichnung	Nordwestlich von Haddamar	
Koordinaten	35 18220/56 70060	
Streubereich der Funde	75 m im Durchmesser	

Art u. Einordnung des Fundmaterials		
Fundumstände	Lesefunde	
Siedlungsindikatoren	Keramik	
Zeitliche Einordnung	Linienbandkeramik	
Überlagerungen	keine	

Standortmerkmale		
Morphologischer Standort	Oberhang an einem Bachtal	
Exposition	nach Osten	
Höhenlage	230 m	
Entfernung zum Wasservorkommen	400 m Quelle	
Lage zum Lößareal	Lage im Löß (am Rande eines Lößareals)	
Lage zum vermutlich ackerbaulich genutzten Teil der Wirtschaftsfläche	zentral	

Hangneigung		Boden							
	Flächenanteil in v.H.	Ausgangsmaterial	Flächenanteil in v.H.	Bodenart	Flächenanteil in v.H.	Entwicklungsstand	Flächenanteil in v.H.	Bonitierung	Flächenanteil in v.H.
0 – 1°	13,3	Löß	63,6	leicht	3,3	Stufe 1	–	Stufe 1	–
1 – 2°	28,7	Verwitterungsböden	24,4	mittelschwer	60,1	Stufe 2	73,6	Stufe 2	14,4
2 – 4°	41,4	Diluvialböden	12,0	schwer	30,1	Stufe 3	19,9	Stufe 3	23,4
4 – 8°	14,7	Alluvialböden	–					Stufe 4	6,6
> 8°	1,9							Stufe 5	42,5
								Stufe 6	6,6
	100,0		100,0	Nicht erfaßte bzw. nicht berücksichtigte Bereiche					
				W 3,8 HS 2,7 Al – = 6,5	6,5		6,5		6,5
					100,0		100,0		100,0

Haddamar 4

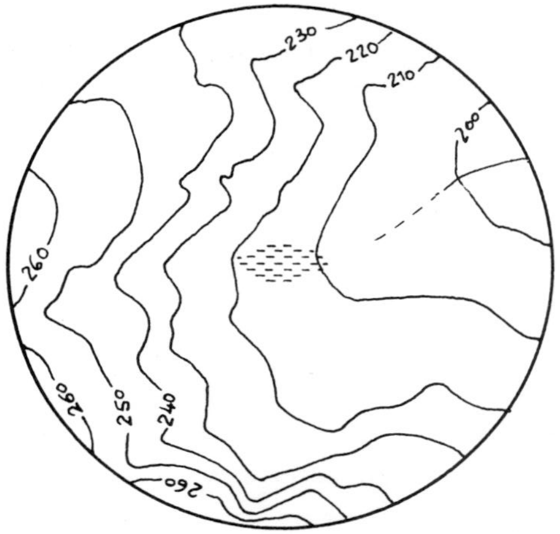

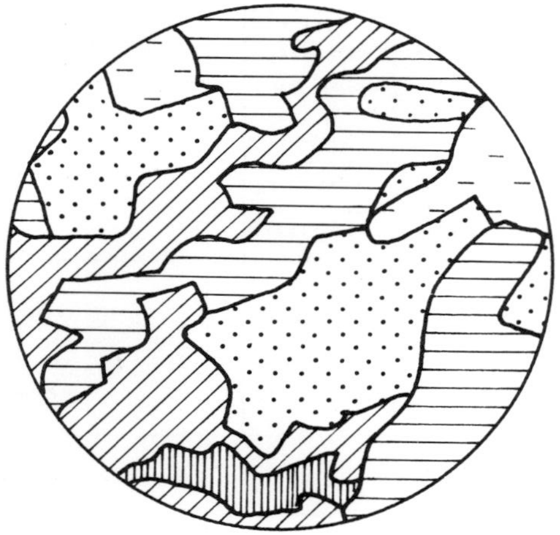

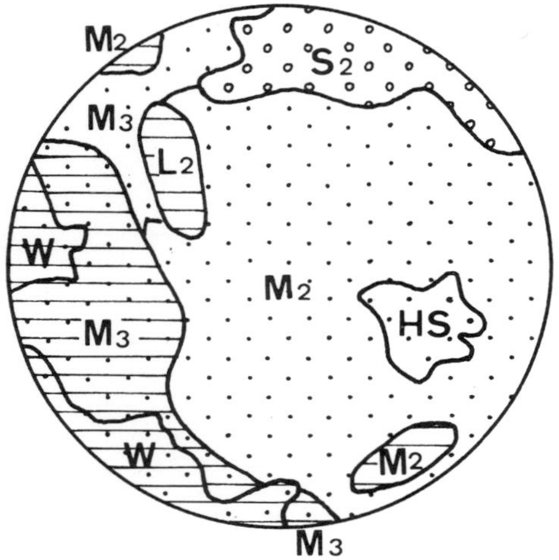

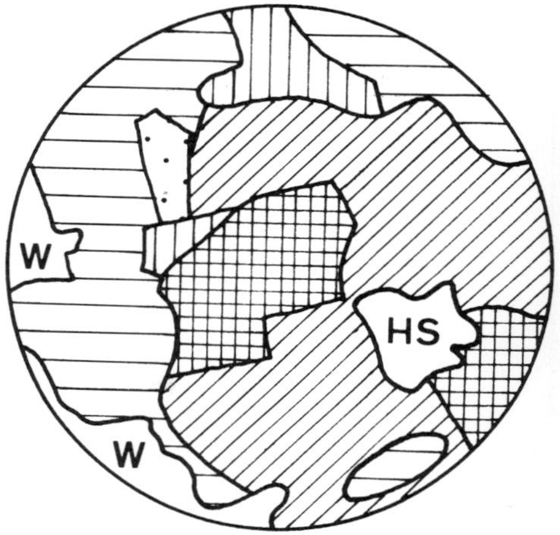

Bezeichnung u. Lokalisation		
Gemarkung	Haddamar	
Kreis	Fritzlar-Homberg	
Flur- oder Lagebezeichnung	"Im großen Garten"	
Koordinaten	35,18125/5669620	
Streubereich der Funde	W – O 250 m	S – N 100 m

Art u. Einordnung des Fundmaterials		
Fundumstände	Lesefunde	
Siedlungsindikatoren	Keramik, Steingeräte, Abschläge	
Zeitliche Einordnung	Linienbandkeramik Phase 2	
Überlagerungen	vorchr. Eisenzeit röm. Kaiserzeit	

Standortmerkmale		
Morphologischer Standort	Mittelhang an einem Bachtal	
Exposition	nach Nordosten	
Höhenlage	215 m	
Entfernung zum Wasservorkommen	250 m Quelle	
Entfernung zum Lößareal	Lage im Löß	
Lage zum vermutlich ackerbaulich genutzten Teil der Wirtschaftsfläche	zentral	

Hangneigung		Boden						Entwicklungsstand		Bonitierung	
	Flächenanteil in v.H.	Ausgangsmaterial	Flächenanteil in v.H.	Bodenart	Flächenanteil in v.H.				Flächenanteil in v.H.		Flächenanteil in v.H.
0 – 1°	7,3	Löß	85,2	leicht	2,6			Stufe 1	–	Stufe 1	–
1 – 2°	28,1	Verwitterungsböden	5,0	mittelschwer	77,2			Stufe 2	68,9	Stufe 2	13,9
2 – 4°	35,6	Diluvialböden	9,8	schwer	9,8			Stufe 3	20,7	Stufe 3	37,8
4 – 8°	24,9	Alluvialböden	–							Stufe 4	5,8
> 8°	4,1									Stufe 5	29,5
										Stufe 6	2,6
				Nicht erfaßte bzw. nicht berücksichtigte Bereiche W 6,8 HS 3,6 Al	10,4				10,4		10,4
	100,0		100,0		100,0				100,0		100,0

Haddamar 5

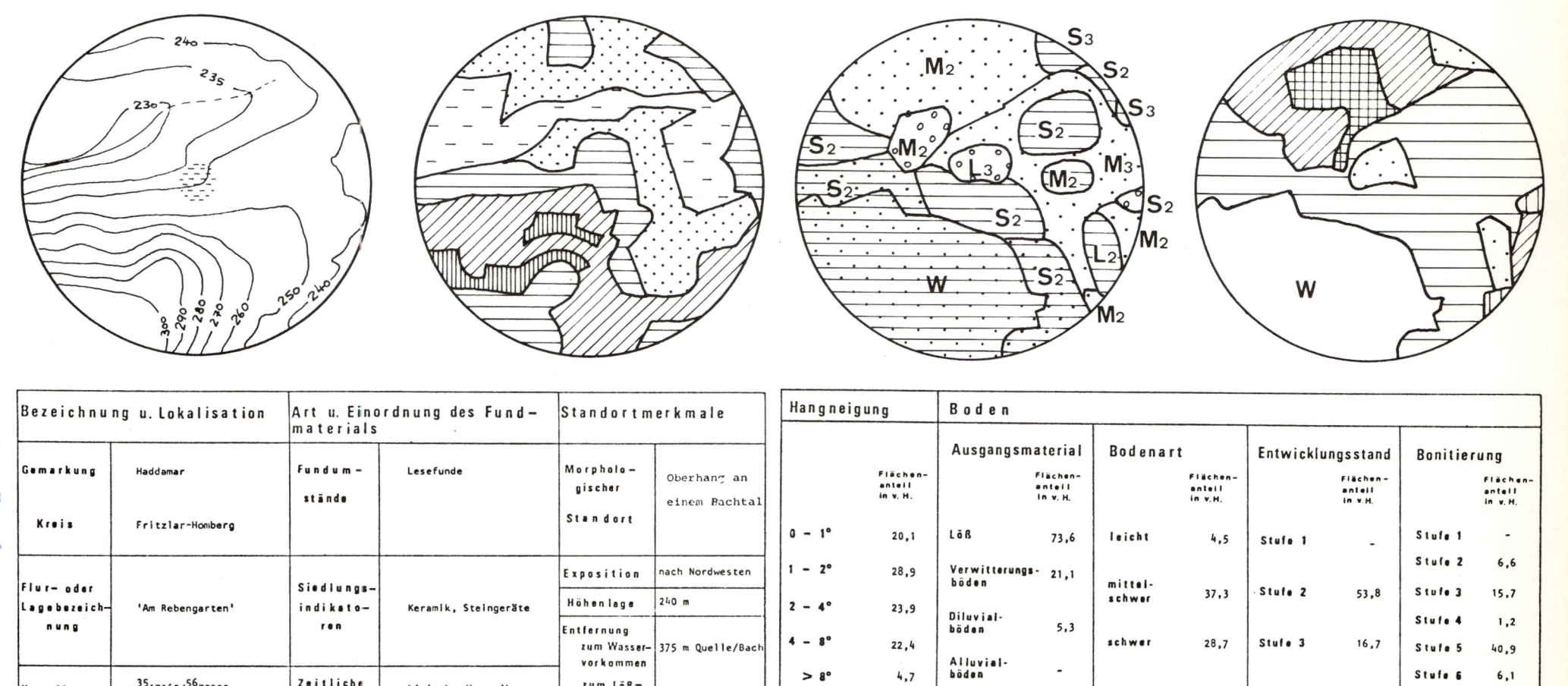

81

Bezeichnung u. Lokalisation		
Gemarkung	Haddamar	
Kreis	Fritzlar-Homberg	
Flur- oder Lagebezeichnung	'Am Rebengarten'	
Koordinaten	35 17360/56 70200	
Streubereich der Funde	150 m im Durchmesser	

Art u. Einordnung des Fundmaterials		
Fundumstände	Lesefunde	
Siedlungsindikatoren	Keramik, Steingeräte	
Zeitliche Einordnung	Linienbandkeramik Phase 2 - 3	
Überlagerungen	keine	

Standortmerkmale		
Morphologischer Standort	Oberhang an einem Bachtal	
Exposition	nach Nordwesten	
Höhenlage	240 m	
Entfernung zum Wasservorkommen	375 m Quelle/Bach	
Entfernung zum Lößareal	175 m	
Lage zum vermutlich ackerbaulich genutzten Teil der Wirtschaftsfläche	randlich	

Hangneigung		Boden			Entwicklungsstand		Bonitierung	
	Flächenanteil in v.H.	Ausgangsmaterial	Flächenanteil in v.H.	Bodenart	Flächenanteil in v.H.		Flächenanteil in v.H.	
0 - 1°	20,1	Löß	73,6	leicht	4,5	Stufe 1	-	Stufe 1	-
1 - 2°	28,9	Verwitterungsböden	21,1	mittelschwer	37,3	Stufe 2	53,8	Stufe 2	6,6
2 - 4°	23,9	Diluvialböden	5,3	schwer	28,7	Stufe 3	16,7	Stufe 3	15,7
4 - 8°	22,4	Alluvialböden	-					Stufe 4	1,2
> 8°	4,7							Stufe 5	40,9
								Stufe 6	6,1
	100,0		100,0	Nicht erfaßte bzw. nicht berücksichtigte Bereiche					
				W 29,5 HS - Al - = 29,5			29,5		29,5
					100,0		100,0		100,0

Lohne 1

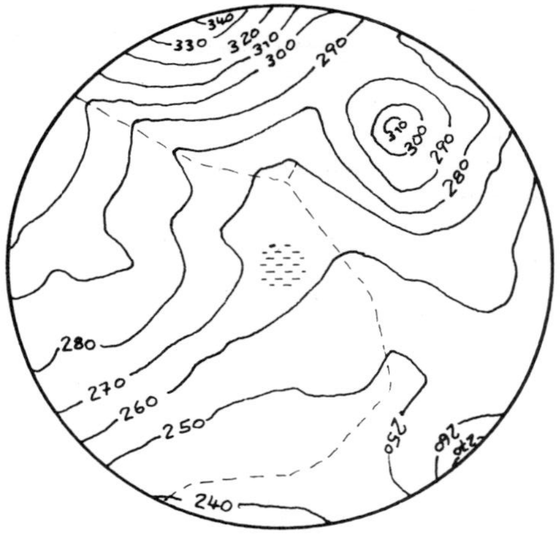

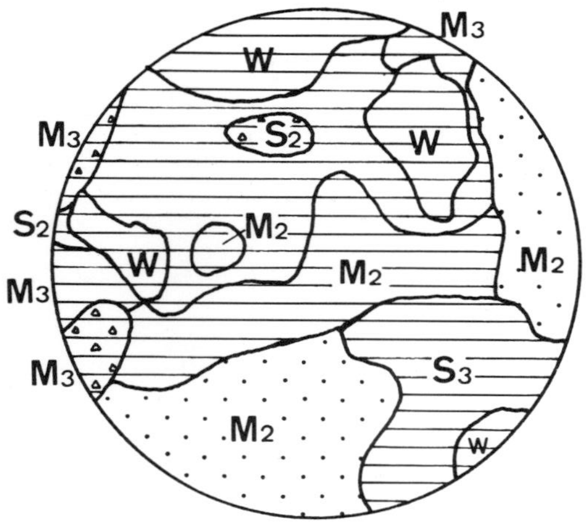

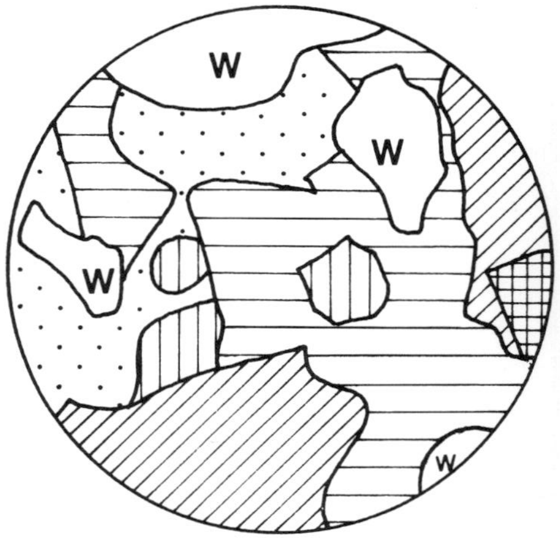

Bezeichnung u. Lokalisation		Art u. Einordnung des Fundmaterials		Standortmerkmale	
Gemarkung	Lohne	Fundumstände	Lesefund	Morphologischer Standort	Mittelhang
Kreis	Fritzlar-Homberg	Siedlungsindikatoren	Keramik, Steingeräte	Exposition	nach Osten
Flur- oder Lagebezeichnung	'Im Frosch'	Zeitliche Einordnung	Linienbandkeramik	Höhenlage	265 m
Koordinaten	35 17550/56 71500	Überlagerungen	keine	Entfernung zum Wasservorkommen	125 m Bach
Streubereich der Funde	125 m im Durchmesser			zum Lößareal	200 m
				Lage zum vermutlich ackerbaulich genutzten Teil der Wirtschaftsfläche	zentral

Hangneigung		Boden							
	Flächenanteil in v.H.	Ausgangsmaterial	Flächenanteil in v.H.	Bodenart	Flächenanteil in v.H.	Entwicklungsstand	Flächenanteil in v.H.	Bonitierung	Flächenanteil in v.H.
0 – 1°	–	Löß	21,1	leicht	–	Stufe 1	–	Stufe 1	–
1 – 2°	30,2	Verwitterungsböden	78,9	mittelschwer	47,1	Stufe 2	63,9	Stufe 2	1,4
2 – 4°	30,8	Diluvialböden	–	schwer	36,8	Stufe 3	20,0	Stufe 3	20,3
4 – 8°	34,6	Alluvialböden	–					Stufe 4	6,5
> 8°	4,4							Stufe 5	35,4
								Stufe 6	20,3
	100,0		100,0		100,0		100,0		100,0
				Nicht erfaßte bzw. nicht berücksichtigte Bereiche					
				W 16,1 HS – Al –	16,1		16,1		16,1

82

Lohne 2

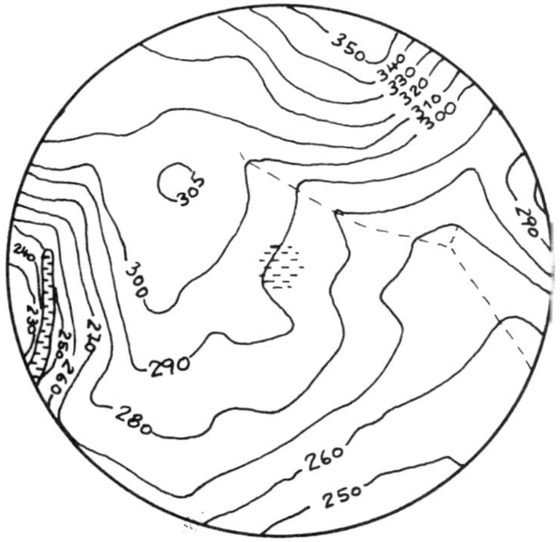

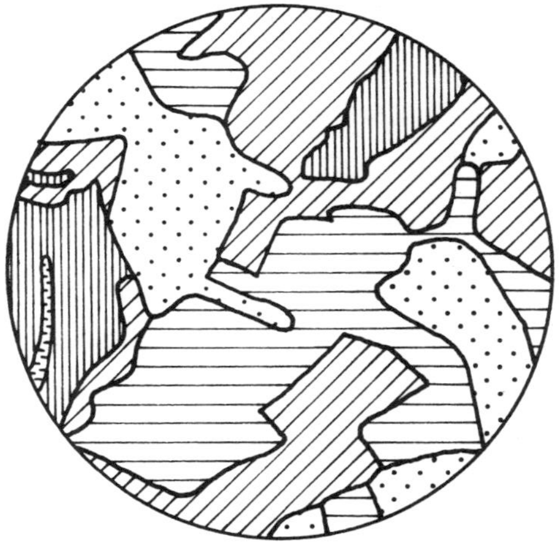

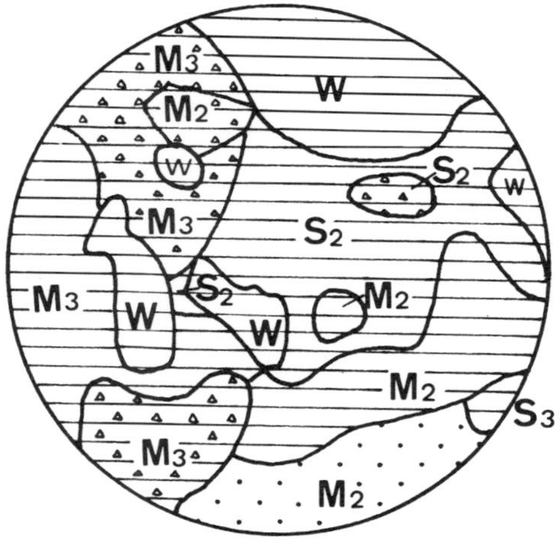

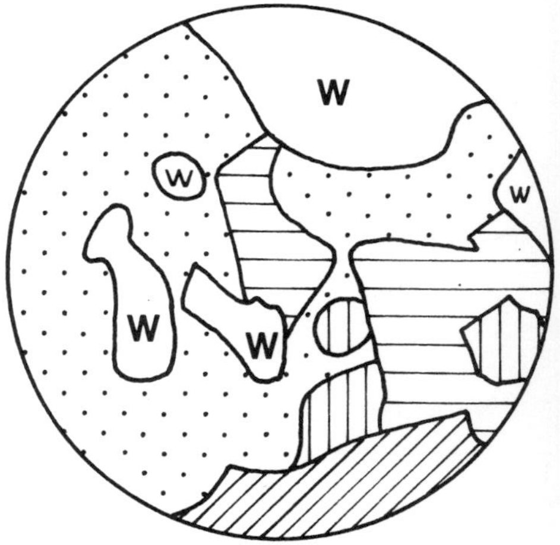

Bezeichnung u. Lokalisation		Art u. Einordnung des Fundmaterials		Standortmerkmale	
Gemarkung	Lohne	Fundumstände		Morphologischer Standort	Überhang / Rand einer Verflachung
Kreis	Fritzlar-Homberg	Lesefunde	Keramik, Steingeräte, Abschläge	Exposition	nach Südosten
Flur- oder Lagebezeichnung	'Beim Metzenborn'	Siedlungsindikatoren	Bischheim	Höhenlage	290 m
		Zeitliche Einordnung		Entfernung zum Wasservorkommen	225 m Bach
Koordinaten	35 17100/56 71680	Überlagerungen	keine	Entfernung zum Lößareal	500 m
Streubereich der Funde	125 m im Durchmesser			Lage zum vermutlich ackerbaulich genutzten Teil der Wirtschaftsfläche	zentral

Hangneigung		Boden								
	Flächenanteil in v.H.	Ausgangsmaterial	Flächenanteil in v.H.	Bodenart	Flächenanteil in v.H.	Entwicklungsstand	Flächenanteil in v.H.	Bonitierung	Flächenanteil in v.H.
0 – 1°	–	Löß	8,4	leicht	–	Stufe 1	–	Stufe 1	–
1 – 2°	22,7	Verwitterungsböden	91,6	mittelschwer	55,0	Stufe 2	43,4	Stufe 2	–
2 – 4°	31,5	Diluvialböden	–	schwer	21,0	Stufe 3	32,6	Stufe 3	8,5
4 – 8°	32,4	Alluvialböden	–					Stufe 4	6,0
> 8°	13,4							Stufe 5	15,7
								Stufe 6	45,8
				Nicht erfaßte bzw. nicht berücksichtigte Bereiche					
				W 24,0 HS – Al –	= 24,0		24,0		24,0
	100,0		100,0		100,0		100,0		100,0

Wellen

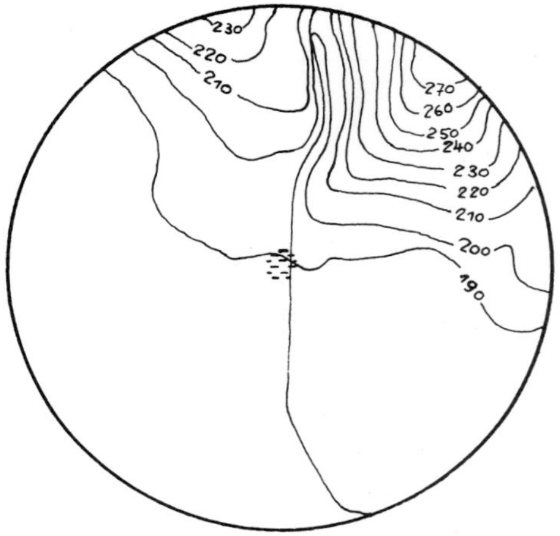

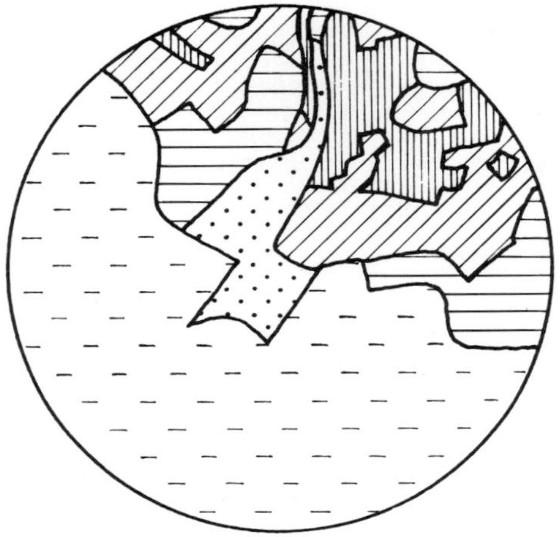

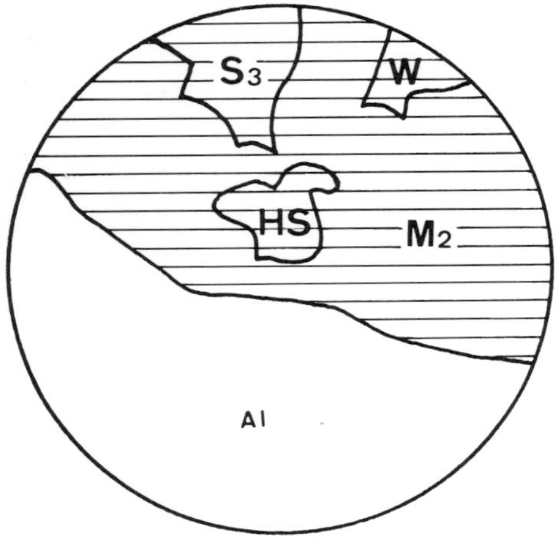

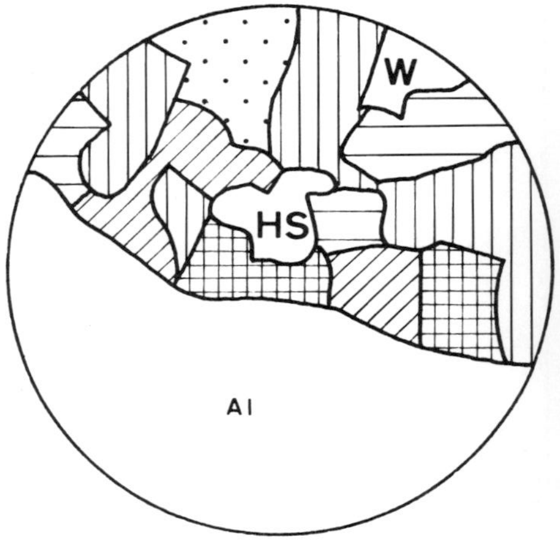

84

Bezeichnung u. Lokalisation		Art u. Einordnung des Fundmaterials		Standortmerkmale	
Gemarkung	Wellen	Fundumstände	Fundbergungen bei Ausschachtungsarbeiten	Morphologischer Standort	Hangfuß eines Flußtales
Kreis	Waldeck	Siedlungsindikatoren	Keramik	Exposition	nach Süden
Flur- oder Lagebezeichnung	Ortskern	Zeitliche Einordnung	Linienbandkeramik	Höhenlage	190 m
Koordinaten	35_12420/56_67700	Überlagerungen	Rössen, Bischheim	Entfernung zum Wasservorkommen	100 m Fluß
Streubereich der Funde	75 m im Durchmesser			Entfernung zum Lößvorkommen	über 750 m
				Lage zum vermutlich ackerbaulich genutzten Teil der Wirtschaftsfläche	randlich

Hangneigung		Boden						
	Flächenanteil in v.H.	Ausgangsmaterial	Flächenanteil in v.H.	Bodenart	Flächenanteil in v.H.	Entwicklungsstand	Flächenanteil in v.H.	Bonitierung	Flächenanteil in v.H.
0 – 1°	53,8	Löß	-	leicht	-	Stufe 1	-	Stufe 1	-
1 – 2°	7,8	Verwitterungsböden	55,4	mittelschwer	44,9	Stufe 2	44,9	Stufe 2	7,1
2 – 4°	13,4	Diluvialböden	-	schwer	5,7	Stufe 3	5,7	Stufe 3	9,2
4 – 8°	15,9	Alluvialböden	44,6					Stufe 4	20,5
> 8°	9,1							Stufe 5	8,1
								Stufe 6	5,7
	100,0		100,0	Nicht erfaßte bzw. nicht berücksichtigte Bereiche					
				W 2,0 HS 2,8 Al 44,6	= 49,4		49,4		49,4
					100,0		100,0		100,0

Bergheim

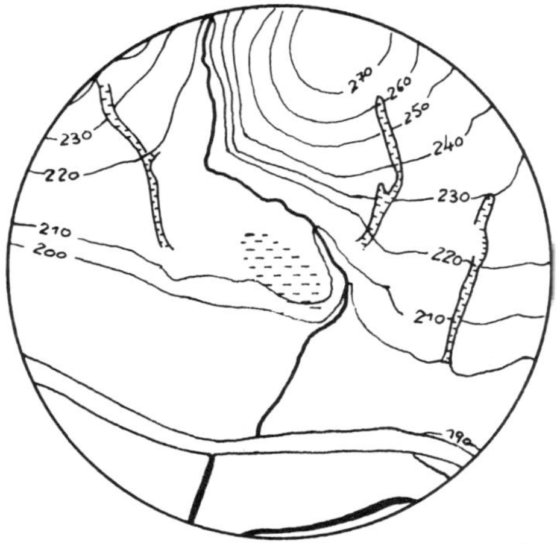

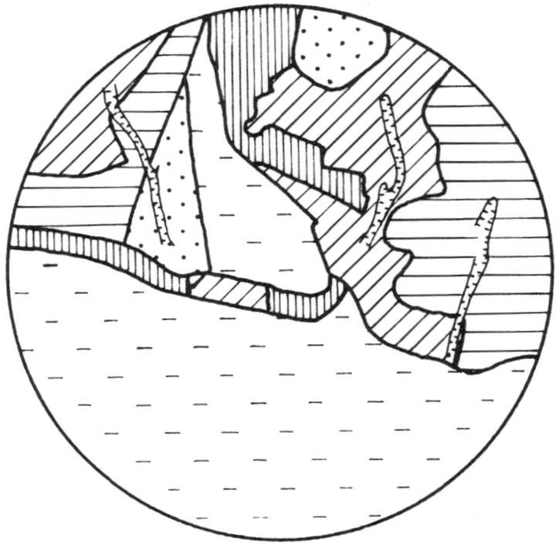

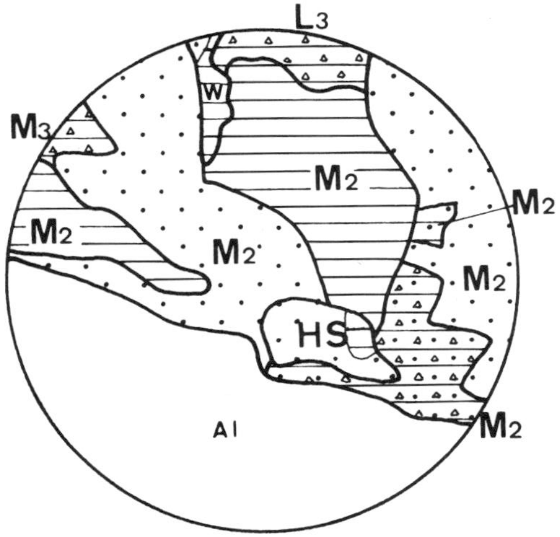

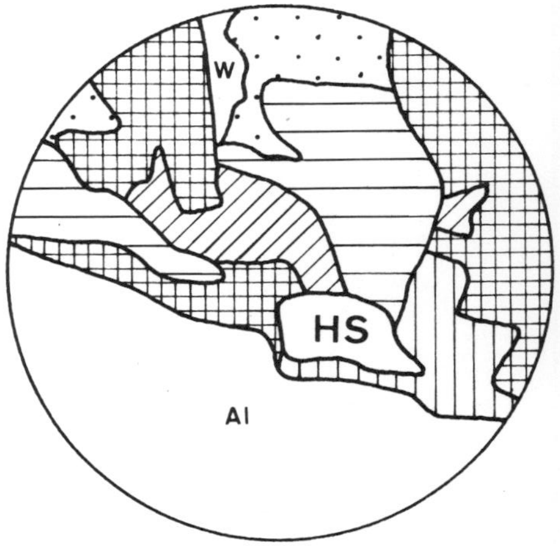

Bezeichnung u. Lokalisation		Art u. Einordnung des Fundmaterials		Standortmerkmale	
Gemarkung	Bergheim	Fundumstände	Fundbergungen bei Ausschachtungsarbeiten	Morphologischer Standort	Unterhang eines Flußtales/ Einmündung eines Bachtales
Kreis	Waldeck	Siedlungsindikatoren	Keramik, Gruben	Exposition	nach Südosten
Flur- oder Lagebezeichnung	Böhnerstraße	Zeitliche Einordnung	Linienbandkeramik Phase 6	Höhenlage	210 m
Koordinaten	35 09380/56 70520	Überlagerungen	keine	Entfernung zum Wasservorkommen	125 m Bach 175 m Fluß
Streubereich der Funde	SW - NO 125 m SO - NW 300 m			zum Lößareal	Lage im Löß
				Lage zum vermutlich ackerbaulich genutzten Teil der Wirtschaftsfläche	randlich

Hangneigung	Flächenanteil in v.H.	Boden			Bodenart	Flächenanteil in v.H.	Entwicklungsstand	Flächenanteil in v.H.	Bonitierung	Flächenanteil in v.H.
		Ausgangsmaterial		Flächenanteil in v.H.						
0 - 1°	48,0	Löß		41,5	leicht	3,0	Stufe 1	-	Stufe 1	-
1 - 2°	6,8	Verwitterungsböden		26,1	mittelschwer	59,4	Stufe 2	58,2	Stufe 2	24,8
2 - 4°	20,1	Diluvialböden		-	schwer	-	Stufe 3	4,2	Stufe 3	6,8
4 - 8°	18,2	Alluvialböden		32,4					Stufe 4	6,4
> 8°	6,9								Stufe 5	16,9
									Stufe 6	7,5
	100,0			100,0	Nicht erfaßte bzw. nicht berücksichtigte Bereiche					
					W 1,6 HS 3,6 Al 32,4 = 37,6			37,6		37,6
						100,0		100,0		100,0

85

Bad Wildungen

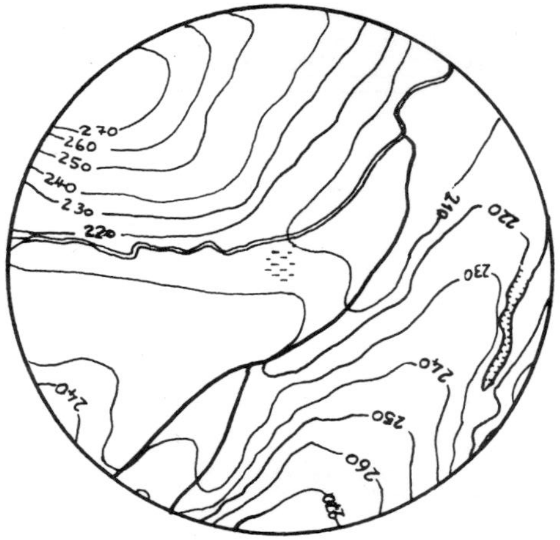

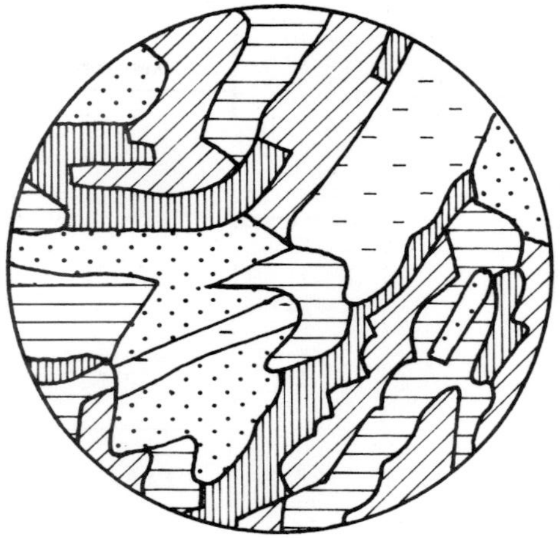

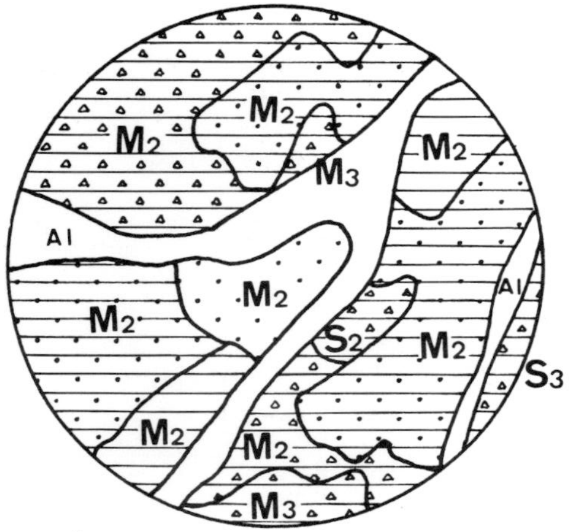

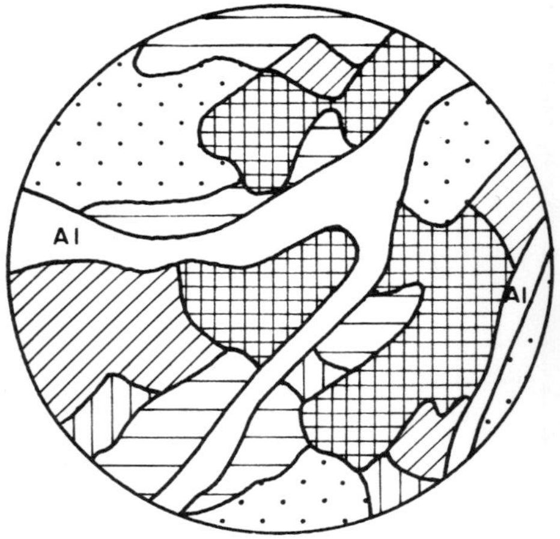

86

Bezeichnung u. Lokalisation		
Gemarkung	Bad Wildungen	
Kreis	Waldeck	
Flur- oder Lagebezeichnung	Neue Mühle	
Koordinaten	35 10320/ 56 64980	
Streubereich der Funde	75 m im Durchmesser	

Art u. Einordnung des Fundmaterials		
Fundumstände	Fundbergungen bei Ausschachtungsarbeiten	
Siedlungsindikatoren	Keramik	
Zeitliche Einordnung	Linienbandkeramik Phase 6	
Überlagerungen	keine	

Standortmerkmale		
Morphologischer Standort	Hangfuß im Winkel zweier Bachtäler	
Exposition	nach Nordosten	
Höhenlage	215 m	
Entfernung zum Wasservorkommen	75 m Bach 100 m Bach	
Lage zum Lößareal	Lage im Löß	
Lage zum vermutlich ackerbaulich genutzten Teil der Wirtschaftsfläche	randlich	

Hangneigung		Boden								
	Flächenanteil in v.H.	Ausgangsmaterial	Flächenanteil in v.H.	Bodenart	Flächenanteil in v.H.	Entwicklungsstand	Flächenanteil in v.H.	Bonitierung	Flächenanteil in v.H.
0 – 1°	15,0	Löß	43,3	leicht	-	Stufe 1	-	Stufe 1	-
1 – 2°	21,1	Verwitterungsböden	40,5	mittelschwer	79,9	Stufe 2	77,4	Stufe 2	26,7
2 – 4°	24,9	Diluvialböden	-	schwer	3,9	Stufe 3	6,4	Stufe 3	14,0
4 – 8°	24,1	Alluvialböden	16,2					Stufe 4	3,7
> 8°	14,9							Stufe 5	18,5
								Stufe 6	20,9
	100,0		100,0		100,0		100,0		100,0

Nicht erfaßte bzw. nicht berücksichtigte Bereiche
W -
HS -
Al 16,2 = 16,2

Uttershausen

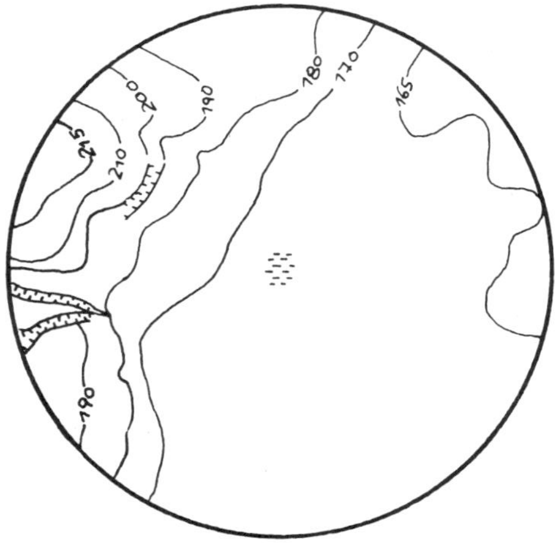

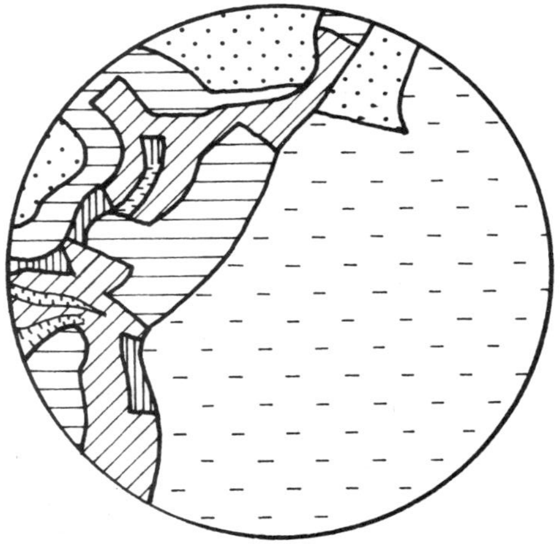

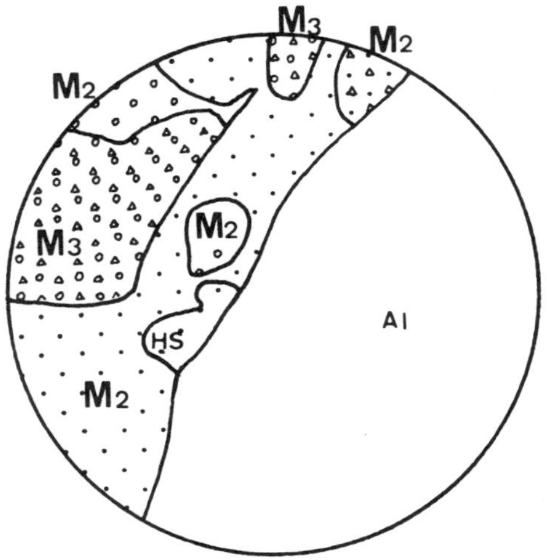

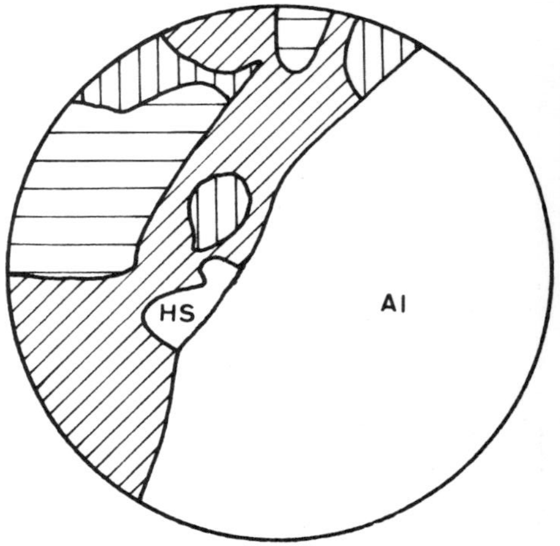

87

Bezeichnung u. Lokalisation		
Gemarkung	Uttershausen	
Kreis	Fritzlar-Homberg	
Flur- oder Lagebezeichnung	'Am Wabern Wege'	
Koordinaten	35 23740/56 60980	
Streubereich der Funde	75 m im Durchmesser	

Art u. Einordnung des Fundmaterials		
Fundumstände	Fundbergungen bei Ausschachtungsarbeiten	
Siedlungsindikatoren	Keramik, Steingeräte	
Zeitliche Einordnung	Linienbandkeramik	
Überlagerungen	keine	

Standortmerkmale		
Morphologischer Standort	Flußaue	
Exposition	-	
Höhenlage	167,5 m	
Entfernung zum Wasservorkommen	unmittelbare Lage am Wasservorkommen	
Entfernung zum Lößareal	Lage im Löß	
	Lage zum vermutlich ackerbaulich genutzten Teil der Wirtschaftsfläche	randlich

Hangneigung		Boden							
	Flächenanteil in v.H.	Ausgangsmaterial	Flächenanteil in v.H.	Bodenart	Flächenanteil in v.H.	Entwicklungsstand	Flächenanteil in v.H.	Bonitierung	Flächenanteil in v.H.
0 – 1°	63,0	Löß	25,9	leicht	-	Stufe 1	-	Stufe 1	-
1 – 2°	9,3	Verwitterungsböden	-	mittelschwer	40,5	Stufe 2	28,0	Stufe 2	-
2 – 4°	13,7	Diluvialböden	16,8	schwer	-	Stufe 3	12,5	Stufe 3	22,0
4 – 8°	12,4	Alluvialböden	57,3					Stufe 4	6,0
> 8°	1,6							Stufe 5	12,5
								Stufe 6	-
	100,0		100,0	Nicht erfaßte bzw. nicht berücksichtigte Bereiche					
				W -					
				HS 2,2					
				Al 57,3 = 59,5	59,5		59,5		59,5
					100,0		100,0		100,0

Gombeth

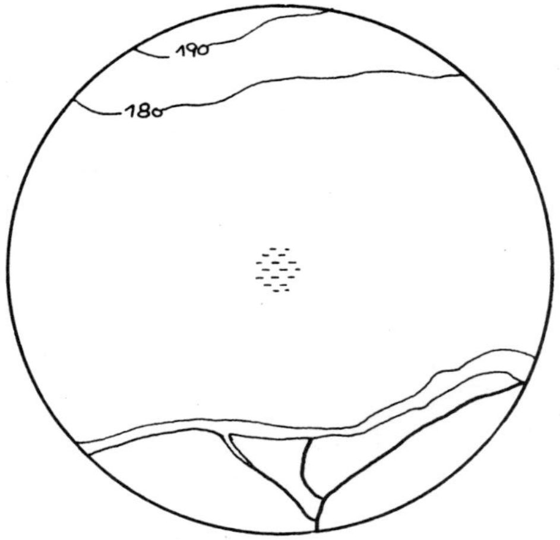

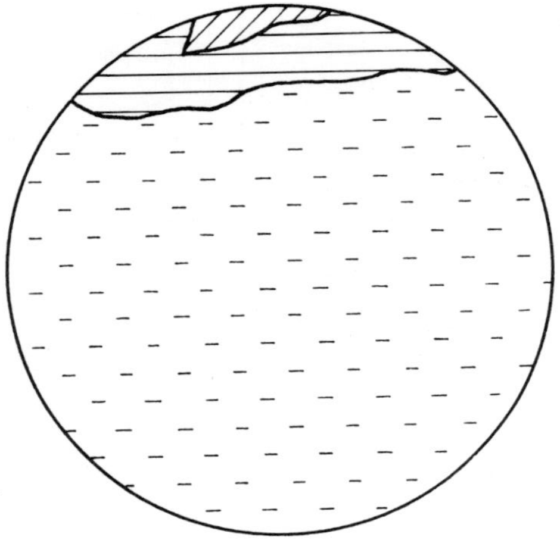

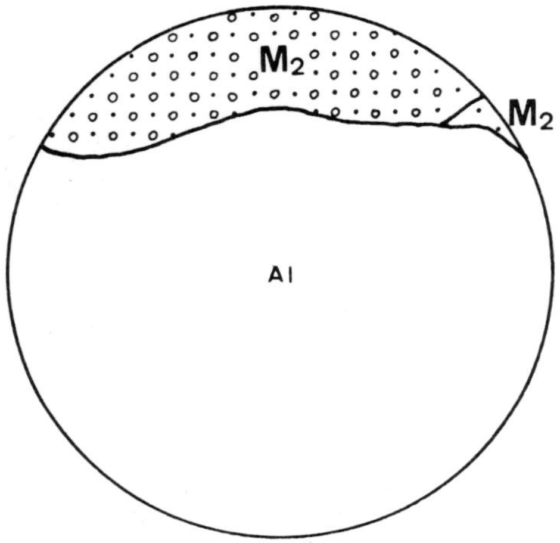

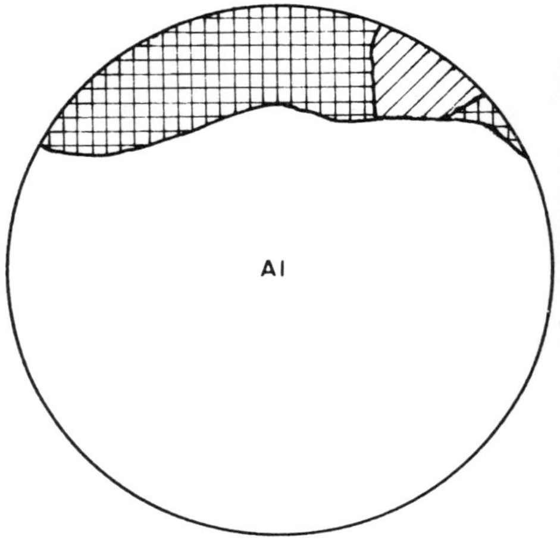

Bezeichnung u. Lokalisation		Art u. Einordnung des Fundmaterials		Standortmerkmale	
Gemarkung	Gombeth	Fundumstände	Fundbergungen beim Braunkohlenabbau	Morphologischer Standort	Flußaue
Kreis	Fritzlar - Homberg	Siedlungsindikatoren	Keramik, Steingeräte	Exposition	-
Flur- oder Lagebezeichnung	ehemaliger Tagebau Altenburg 2	Zeitliche Einordnung	Rössen	Höhenlage	175 m
Koordinaten	35 20040/ 55 9060	Überlagerungen	Bischheim	Entfernung zum Wasservorkommen	unmittelbare Lage am Wasservorkommen
				zum Lößareal	500 m
Streubereich der Funde	100 m im Durchmesser			Lage zum vermutlich ackerbaulich genutzten Teil der Wirtschaftsfläche	randlich

Hangneigung		Boden							
	Flächenanteil in v.H.	Ausgangsmaterial	Flächenanteil in v.H.	Bodenart	Flächenanteil in v.H.	Entwicklungsstand	Flächenanteil in v.H.	Bonitierung	Flächenanteil in v.H.
0 - 1°	89,3	Löß	17,7	leicht	-	Stufe 1	-	Stufe 1	-
1 - 2°	-	Verwitterungsböden	-	mittelschwer	17,7	Stufe 2	17,7	Stufe 2	14,5
2 - 4°	9,1	Diluvialböden	-	schwer	-	Stufe 3	-	Stufe 3	3,2
4 - 8°	1,6	Alluvialböden	82,3			Stufe 4	-	Stufe 4	-
> 8°	-							Stufe 5	-
								Stufe 6	-
				Nicht erfaßte bzw. nicht berücksichtigte Bereiche					
				W -					
				HS -					
				Al 82,3 =	82,3		82,3		82,3
	100,0		100,0		100,0		100,0		100,0

Arnsbach

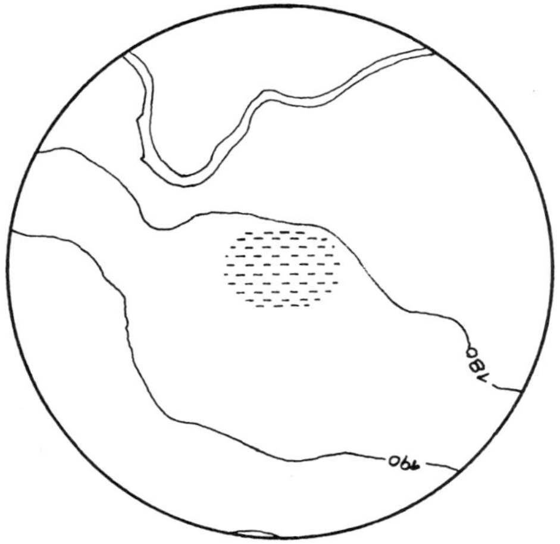

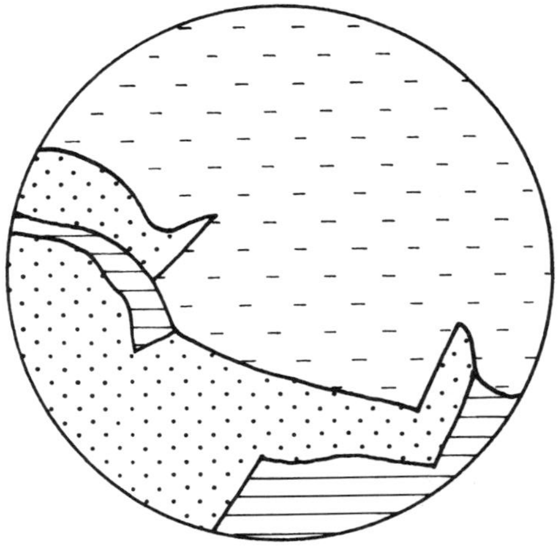

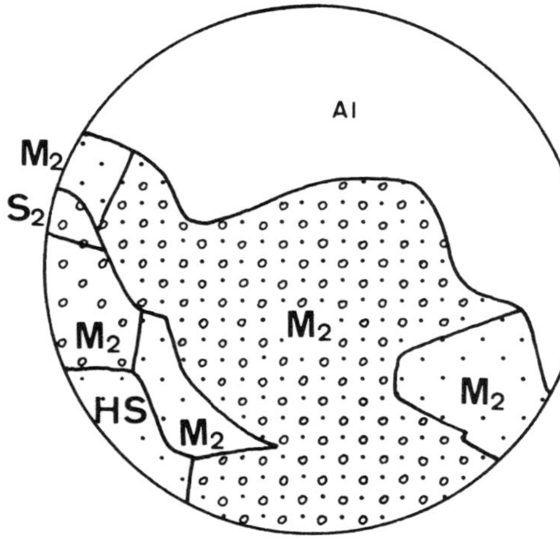

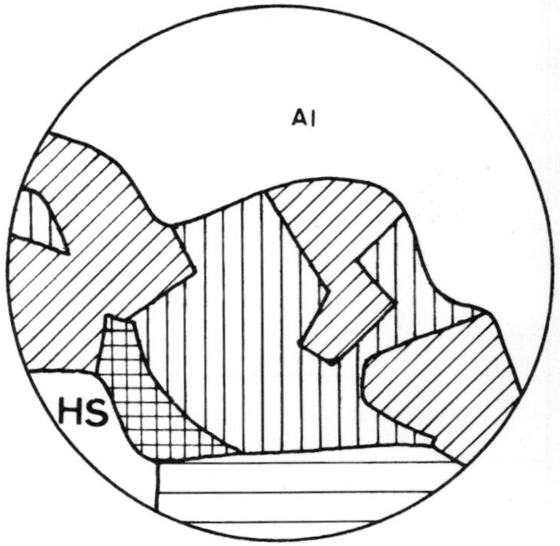

Bezeichnung u. Lokalisation		Art u. Einordnung des Fundmaterials		Standortmerkmale	
Gemarkung	Arnsbach	Fundumstände	Grabung	Morphologischer Standort	Unterhang eines Flußtales
Kreis	Fritzlar-Homberg	Siedlungsindikatoren	Keramik, Steingeräte, Hüttenlehm, Pfostenlöcher, Gruben	Exposition	nach Nordosten
Flur- oder Lagebezeichnung	'Im Ort'	Zeitliche Einordnung	Linienbandkeramik Phase 3 - 5	Höhenlage	182,5 m
Koordinaten	35,17850/568250	Überlagerungen	vorchr. Eisenzeit	Entfernung zum Wasservorkommen	125 m Fluß
Streubereich der Funde	W - O 325 m S - N 225 m			Lage zum Lößareal	Lage im Löß
				Lage zum vermutlich baulich ackerbaulich genutzten Teil der Wirtschaftsfläche	randlich

Hangneigung		Boden						Bonitierung	
	Flächenanteil in v.H.	Ausgangsmaterial	Flächenanteil in v.H.	Bodenart	Flächenanteil in v.H.	Entwicklungsstand	Flächenanteil in v.H.		Flächenanteil in v.H.
0 - 1°	59,9	Löß	57,7	leicht	-	Stufe 1	-	Stufe 1	-
1 - 2°	29,5	Verwitterungsböden	-	mittelschwer	58,0	Stufe 2	58,9	Stufe 2	3,8
2 - 4°	10,6	Diluvialböden	5,0	schwer	0,9	Stufe 3	-	Stufe 3	24,6
4 - 8°	-	Alluvialböden	37,3					Stufe 4	21,1
> 8°	-							Stufe 5	9,4
								Stufe 6	-
	100,0		100,0	Nicht erfaßte bzw. nicht berücksichtigte Bereiche W - HS 3,8 Al 37,3 = 41,1	41,1		41,1		41,1
					100,0		100,0		100,0

Niederurff

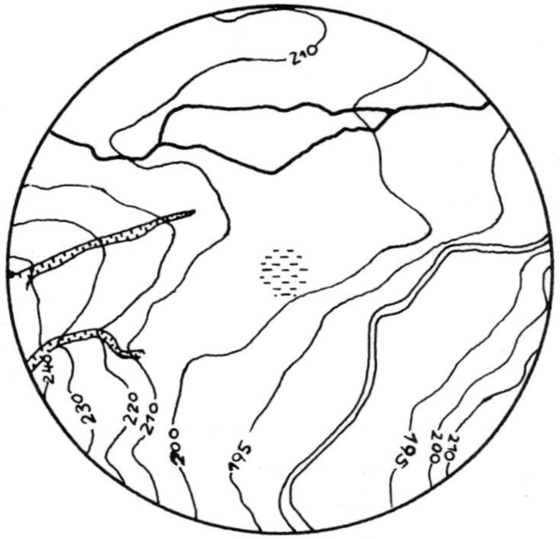

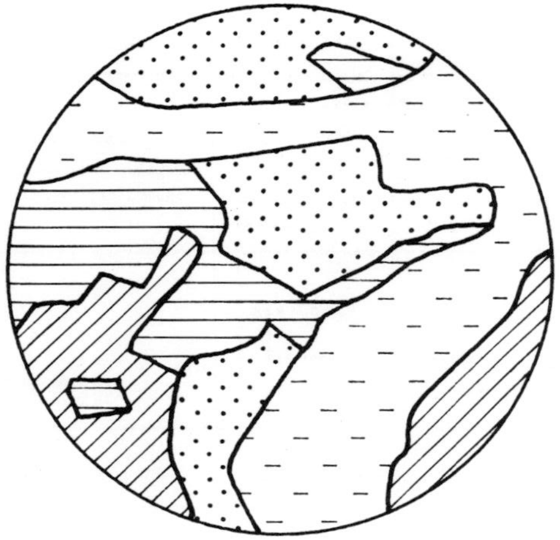

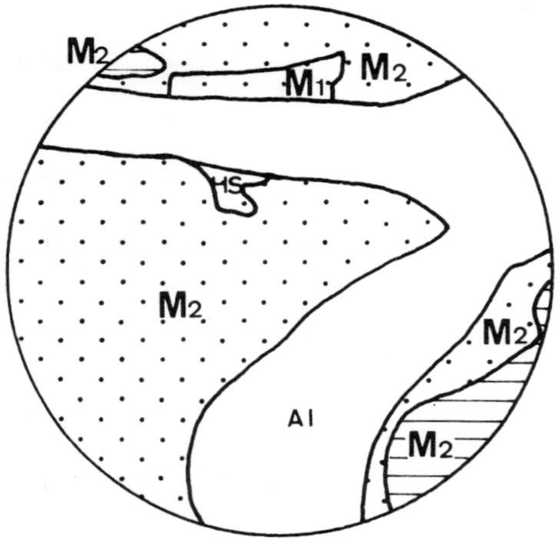

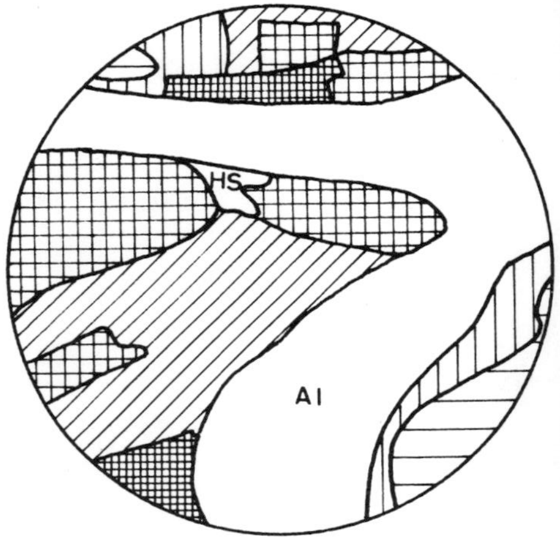

90

Bezeichnung u. Lokalisation		Art u. Einordnung des Fundmaterials		Standortmerkmale	
Gemarkung	Niederurff	Fundumstände	Lesefunde, Grabung	Morphologischer Standort	Unterer Mittelhang im Winkel eines Fluß- und Bachtales
Kreis	Fritzlar-Homberg	Siedlungsindikatoren	Keramik, Steingeräte, Hüttenlehm (Langhausgrundrisse im Luftbild)	Exposition	nach Osten
Flur- oder Lagebezeichnung	'Das Lötzelfeld'			Höhenlage	200 m
		Zeitliche Einordnung	Linienbandkeramik Phase 5	Entfernung zum Wasservorkommen	125 m Fluß 250 m Bach
Koordinaten	35 13680/56 55220	Überlagerungen	keine	zum Lößareal	Lage im Löß
Streubereich der Funde	125 m im Durchmesser			Lage zum vermutlich ackerbaulich genutzten Teil der Wirtschaftsfläche	randlich

Hangneigung	Flächenanteil in v.H.	Boden						Bonitierung	
		Ausgangsmaterial	Flächenanteil in v.H.	Bodenart	Flächenanteil in v.H.	Entwicklungsstand	Flächenanteil in v.H.		Flächenanteil in v.H.
0 – 1°	38,3	Löß	54,1	leicht	–	Stufe 1	1,6	Stufe 1	3,9
1 – 2°	26,2	Verwitterungsböden	5,2	mittelschwer	58,6	Stufe 2	57,0	Stufe 2	20,6
2 – 4°	19,1	Diluvialböden	–	schwer	–	Stufe 3	–	Stufe 3	22,1
4 – 8°	16,4	Alluvialböden	40,7	Nicht erfaßte bzw. nicht berücksichtigte Bereiche				Stufe 4	6,7
> 8°	–			W –				Stufe 5	5,3
				HS 0,7				Stufe 6	–
				Al 40,7 = 41,4		41,4			41,4
	100,0		100,0		100,0		100,0		100,0

Hesserode

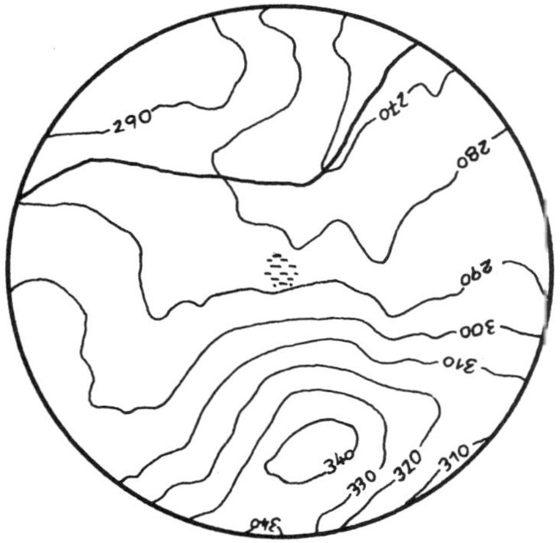

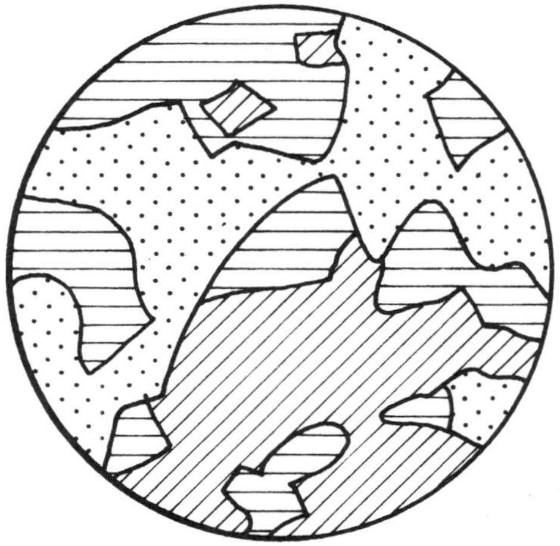

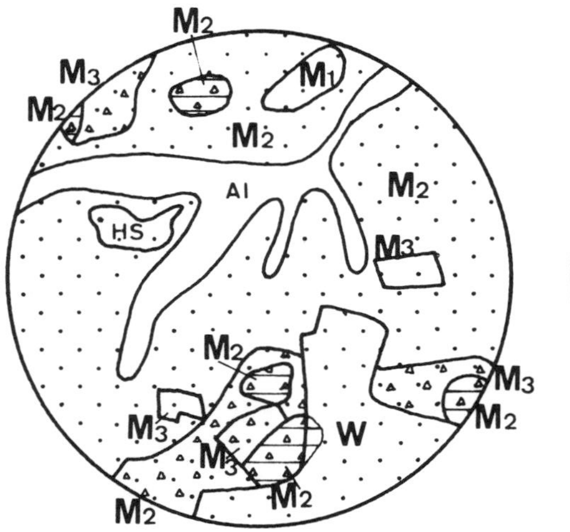

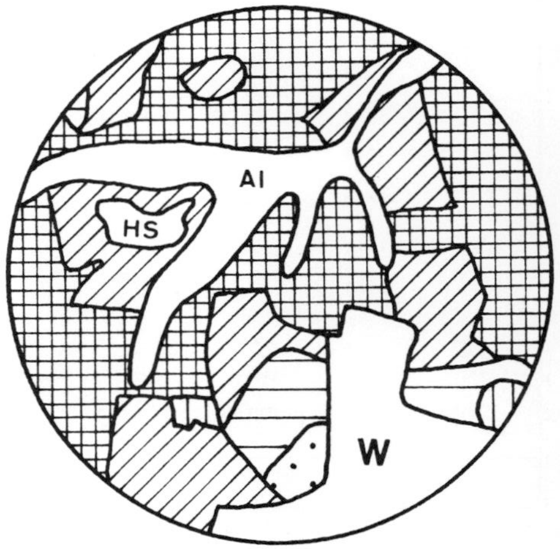

91

Bezeichnung u. Lokalisation		Art u. Einordnung des Fundmaterials		Standortmerkmale	
Gemarkung	Hesserode	Fundumstände	Fundbergungen bei Erdarbeiten	Morphologischer Standort	Mittelhang eines Bachtales
Kreis	Melsungen	Siedlungsindikatoren	Keramik, Hüttenlehm	Exposition	nach Norden
Flur- oder Lagebezeichnung	Östlich des Dorfes an der Straße nach Mosheim	Zeitliche Einordnung	Linienbandkeramik Phase 2/5	Höhenlage	285 m
Koordinaten	35 30320/56 61800	Überlagerungen	keine	Entfernung zum Wasservorkommen	unmittelbar an einer Quelle
				Lage zum Lößareal	Lage im Löß
Streubereich der Funde	75 m im Durchmesser			Lage zum vermutlich ackerbaulich genutzten Teil der Wirtschaftsfläche	zentral

Hangneigung	Flächenanteil in v.H.	Boden			Bodenart	Flächenanteil in v.H.	Entwicklungsstand	Flächenanteil in v.H.	Bonitierung	Flächenanteil in v.H.
		Ausgangsmaterial		Flächenanteil in v.H.						
0 – 1°	-	Löß		83,4	leicht	-			Stufe 1	-
1 – 2°	39,6	Verwitterungsböden		4,7	mittelschwer	74,4	Stufe 1	1,6	Stufe 2	40,7
2 – 4°	32,2	Diluvialböden		-	schwer	-	Stufe 2	66,4	Stufe 3	24,9
4 – 8°	28,2	Alluvialböden		11,9			Stufe 3	6,4	Stufe 4	1,4
> 8°	-								Stufe 5	6,0
									Stufe 6	1,4
	100,0			100,0		100,0		100,0		100,0
					Nicht erfaßte bzw. nicht berücksichtigte Bereiche					
					W 12,6 HS 1,1 Al 11,9 = 25,6			25,6		25,6

Mardorf

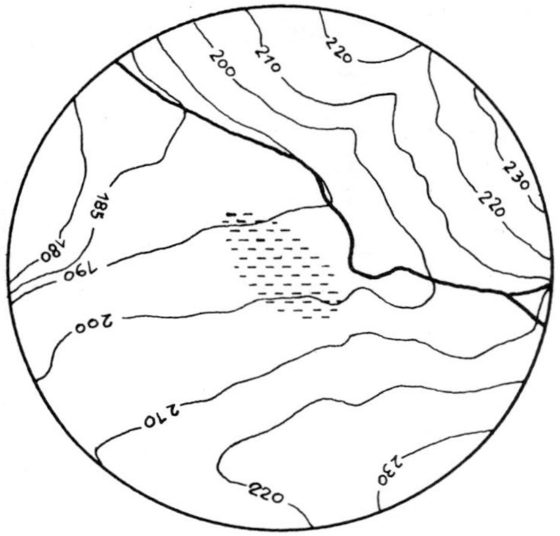

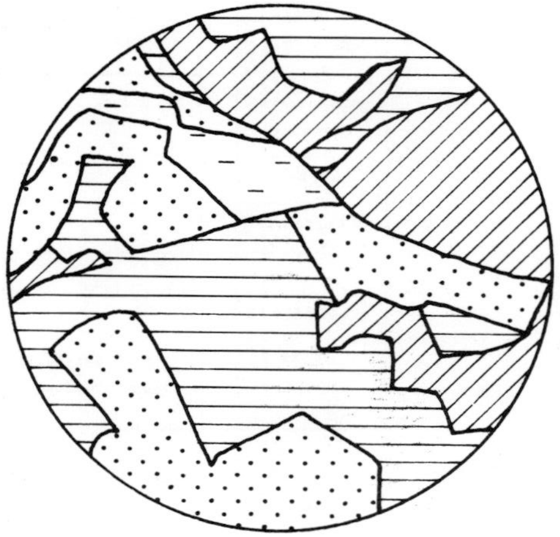

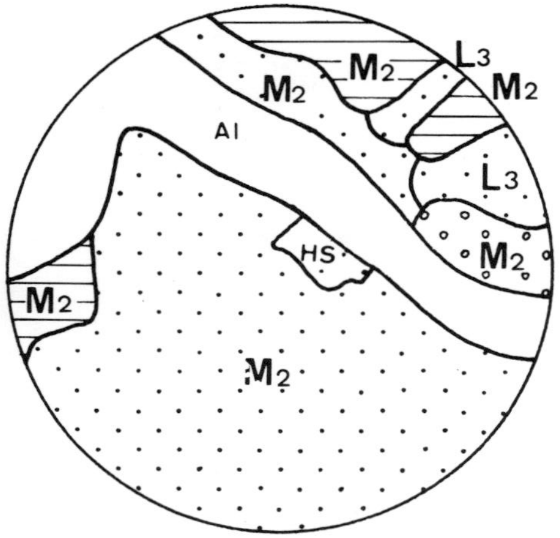

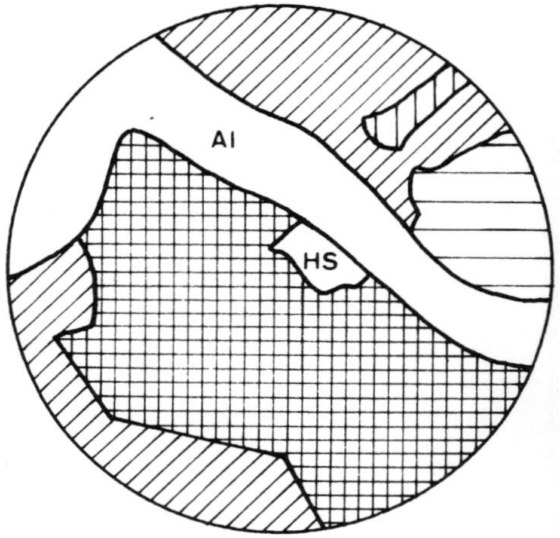

Bezeichnung u. Lokalisation

Gemarkung	Mardorf
Kreis	Fritzlar - Homberg
Flur- oder Lagebezeichnung	"Am Krautgarten"
Koordinaten	35 27700, 56 57140
Streubereich der Funde	SW - NO 200 m SO - NW 400 m

Art u. Einordnung des Fundmaterials

Fundumstände	Lesefunde
Siedlungsindikatoren	Keramik, Steingerät
Zeitliche Einordnung	Linienbandkeramik Phase 4 - 5
Überlagerungen	Bischheim

Standortmerkmale

Morphologischer Standort	Mittelhang eines Flußtales/ Einmündung eines Bachtales
Exposition	nach Nordwesten
Höhenlage	195 m
Entfernung zum Wasservorkommen	150 m Bach 600 m Fluß
Lage zum Lößareal	Lage im Löß
Lage zum vermutlich ackerbaulich genutzten Teil der Wirtschaftsfläche	zentral

Boden

Hangneigung	Flächenanteil in v.H.	Ausgangsmaterial	Flächenanteil in v.H.	Bodenart	Flächenanteil in v.H.	Entwicklungsstand	Flächenanteil in v.H.	Bonitierung	Flächenanteil in v.H.
0 - 1°	5,9	Löß	61,6	leicht	5,5	Stufe 1	-	Stufe 1	-
1 - 2°	31,6	Verwitterungsböden	12,6	mittelschwer	71,5	Stufe 2	71,5	Stufe 2	40,8
2 - 4°	38,5	Diluvialböden	4,0	schwer	-	Stufe 3	5,5	Stufe 3	26,6
4 - 8°	24,0	Alluvialböden	21,8					Stufe 4	1,6
> 8°	-							Stufe 5	8,0
								Stufe 6	-
	100,0		100,0		100,0		100,0		
				Nicht erfaßte bzw. nicht berücksichtigte Bereiche					
				W - HS 1,2 Al 21,8	23,0		23,0		23,0
					100,0		100,0		100,0

Wernswig

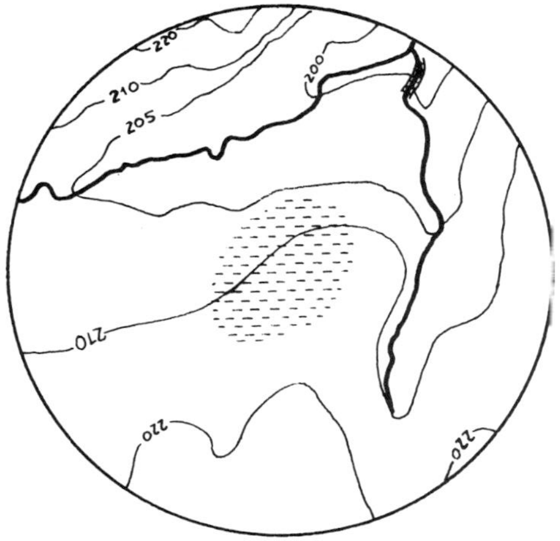

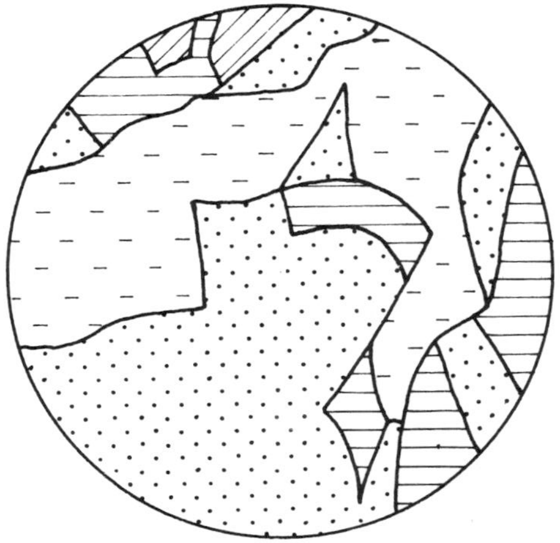

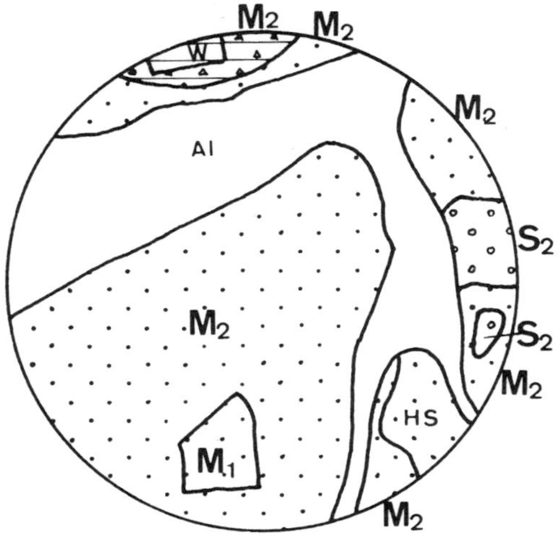

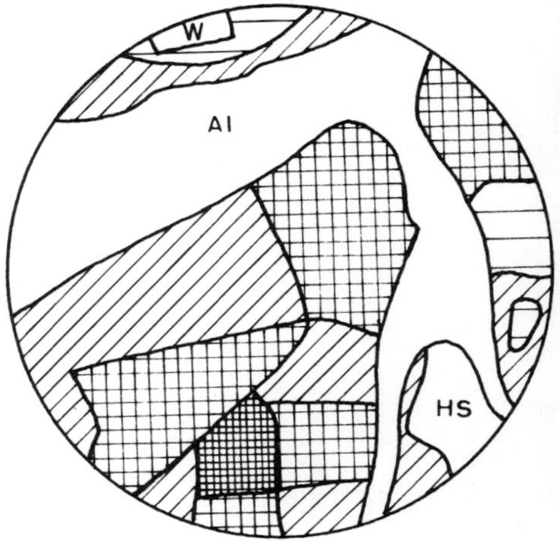

Bezeichnung u. Lokalisation		
Gemarkung	Wernswig	
Kreis	Fritzlar - Homberg	
Flur- oder Lagebezeichnung	'Auf dem Hucken' 'In der Aue'	
Koordinaten	35_{24960}/56_{51600}	
Streubereich der Funde	SW - NO 475 m SO - NW 325 m	

Art u. Einordnung des Fundmaterials		Standortmerkmale	
Fundumstände	Lesefunde, Fundbergungen bei Ausschachtungsarbeiten	Morphologischer Standort	Mittelhang im Winkel zweier Bachtäler
Siedlungsindikatoren	Keramik Steingeräte, ca. 25.000 Quarzitartefakte	Exposition	nach Norden
		Höhenlage	210 m
		Entfernung zum Wasservorkommen	225 m Bach 250 m Bach
Zeitliche Einordnung	Linienbandkeramik Phase 4 - 5	Lage zum Lößareal	Lage in Löß
Überlagerungen	keine	Lage zum vermutlich ackerbaulich genutzten Teil der Wirtschaftsfläche	zentral

Hangneigung		Boden				Entwicklungsstand		Bonitierung	
	Flächenanteil in v.H.	Ausgangsmaterial	Flächenanteil in v.H.	Bodenart	Flächenanteil in v.H.		Flächenanteil in v.H.		Flächenanteil in v.H.
0 - 1°	35,8	Löß	61,7	leicht	-		2,9	Stufe 1	2,9
1 - 2°	46,2	Verwitterungsböden	3,5	mittelschwer	60,6	Stufe 1 Stufe 2	60,3	Stufe 2	28,4
2 - 4°	15,7	Diluvialböden	3,2	schwer	3,2	Stufe 3	-	Stufe 3	25,4
4 - 8°	2,3	Alluvialböden	31,6					Stufe 4	-
> 8°	-			Nicht erfaßte bzw. nicht berücksichtigte Bereiche				Stufe 5	7,1
				W 1,0 HS 3,6 Al 31,6 = 36,2			36,2	Stufe 6	-
	100,0		100,0		100,0		100,0		100,0

III. Verzeichnis der benutzten Karten*

Nr. 1
- Topographische Karte 1:25 000
  Blatt 4413 Werl, Bad Godesberg 1972
- Bodenkarte auf der Grundlage der Bodenschätzung 1:5000
  Blatt $^{34}24$ Rechts $^{57}14$ Hoch Werl-Nord, Bad Godesberg 1960
  Blatt $^{34}26$ Rechts $^{57}14$ Hoch Haus Lohe, Bad Godesberg 1957
- Bodenübersichtskarte von Nordrhein-Westfalen 1:300 000,
  Hannover 1953

Nr. 2
- Topographische Karte 1:25 000
  Blatt 4413 Werl, Bad Godesberg 1972
- Bodenkarte auf der Grundlage der Bodenschätzung 1:5000
  Blatt $^{34}24$ Rechts $^{57}14$ Hoch Werl-Nord, Bad Godesberg 1960
  Blatt $^{34}22$ Rechts $^{57}14$ Hoch Budberg-Ost, Bad Godesberg 1958

Nr. 3
- Topographische Karte 1:25 000
  Blatt 4413 Werl, Bad Godesberg 1972
- Bodenkarte auf der Grundlage der Bodenschätzung 1:5000
  Blatt $^{34}24$ Rechts $^{57}12$ Hoch Werl, Bad Godesberg 1969
  Blatt $^{34}22$ Rechts $^{57}12$ Hoch Westbüderich,
  Bad Godesberg 1959

Nr. 4
- Topographische Karte 1:25 000
  Blatt 4413 Werl, Bad Godesberg 1972
- Bodenkarte auf der Grundlage der Bodenschätzung 1:5000
  Blatt $^{34}24$ Rechts $^{57}12$ Hoch Werl, Bad Godesberg 1969
  Blatt $^{34}22$ Rechts $^{57}12$ Hoch Westbüderich,
  Bad Godesberg 1959

Nr. 5
- Topographische Karte 1:25 000
  Blatt 4413 Werl, Bad Godesberg 1972
- Bodenkarte auf der Grundlage der Bodenschätzung 1:5000
  Blatt $^{34}24$ Rechts $^{57}12$ Hoch Werl, Bad Godesberg 1969
  Blatt $^{34}26$ Rechts $^{57}12$ Hoch Westönnen-West
  Bad Godesberg 1958

Nr. 6
- Topographische Karte 1:25 000
  Blatt 4413 Werl, Bad Godesberg 1972
- Bodenkarte auf der Grundlage der Bodenschätzung 1:5000
  Blatt $^{34}24$ Rechts $^{57}12$ Hoch Werl, Bad Godesberg 1969
  Blatt $^{34}24$ Rechts $^{57}10$ Hoch Blumenthal
  Bad Godesberg 1967

Nr. 7
- Topographische Karte 1:25 000
  Blatt 4413 Werk, Bad Godesberg 1972
- Bodenkarte auf der Grundlage der Bodenschätzung 1:5000
  Blatt $^{34}22$ Rechts $^{57}08$ Hoch Oevinghausen
  Bad Godesberg 1969
  Blatt $^{34}22$ Rechts $^{57}10$ Hoch Forsthaus Werl
  Bad Godesberg 1958
- Bodenübersichtskarte von Nordrhein-Westfalen 1:300 000
  Hannover 1953

Nr. 8
- Topographische Karte 1:25 000
  Blatt 4413 Werl, Bad Godesberg 1972
- Bodenkarte auf der Grundlage der Bodenschätzung 1:5000
  Blatt $^{34}20$ Rechts $^{57}08$ Hoch Wiehagen
  Bad Godesberg 1972
  Blatt $^{34}22$ Rechts $^{57}08$ Hoch Oevinghausen
  Bad Godesberg 1972
- Bodenübersichtskarte von Nordrhein-Westfalen 1:300 000
  Hannover 1953

Nr. 9
- Topographische Karte 1:25 000
  Blatt 4413 Werl, Bad Godesberg 1972
- Bodenkarte auf der Grundlage der Bodenschätzung 1:5000
  Blatt $^{34}26$ Rechts $^{57}12$ Hoch Westönnen-West
  Bad Godesberg 1958
  Blatt $^{34}28$ Rechts $^{57}12$ Hoch Mawicke, Bad Godesberg 1958
  Blatt $^{34}26$ Rechts $^{57}14$ Hoch Haus Lohe
  Bad Godesberg

Nr. 10
- Topographische Karte 1:25 000
  Blatt 4413 Werl, Bad Godesberg 1972
- Bodenkarte auf der Grundlage der Bodenschätzung 1:5000
  Blatt $^{34}28$ Rechts $^{57}12$ Hoch Mawicke
  Bad Godesberg 1958
  Blatt $^{34}30$ Rechts $^{57}12$ Hoch Ostönnen
  Bad Godesberg 1956

Nr. 11
- Topographische Karte 1:25 000
  Blatt 4413 Werl, Bad Godesberg 1972
- Bodenkarte auf der Grundlage der Bodenschätzung 1:5000
  Blatt $^{34}26$ Rechts $^{57}08$ Hoch Bremen, Bad Godesberg 1974
  Blatt $^{34}28$ Rechts $^{57}06$ Hoch Höingen, Bad Godesberg 1965
  Blatt $^{34}28$ Rechts $^{57}08$ Hoch Dahlhofs Busch
  Bad Godesberg 1968
  Blatt $^{34}26$ Rechts $^{57}06$ Hoch Lüttringen
  Bad Godesberg 1964

Nr. 12
- Topographische Karte 1:25 000
  Blatt 4414 Soest, Bad Godesberg 1972
- Bodenübersichtskarte von Nordrhein-Westfalen 1:300 000
  Hannover 1953

Nr. 13
- Topographische Karte 1:25 000
  Blatt 4414 Soest, Bad Godesberg 1972
- Bodenkarte auf der Grundlage der Bodenschätzung 1:5000
  Blatt $^{34}36$ Rechts $^{57}12$ Hoch Luisenhof
  Bad Godesberg 1956
  Blatt $^{34}36$ Rechts $^{57}10$ Hoch Deiringsen, Bad Godesberg 1959
- Bodenkarte von Nordrhein-Westfalen 1:25 000
  Blatt 4414 Soest, Krefeld 1967

Nr. 14
- Topographische Karte 1:25 000
  Blatt 4317 Geseke, Bad Godesberg 1967
- Bodenkarte auf der Grundlage der Bodenschätzung 1:5000
  Blatt $^{34}66$ Rechts $^{57}20$ Hoch Elsinger Warte
  Bad Godesberg 1951
  Blatt $^{34}68$ Rechts $^{57}20$ Hoch Hölterberg
  Bad Godesberg 1958

---

*Das Verzeichnis enthält nur die benutzten veröffentlichten Karten, nicht aber die unveröffentlichten Karten und Unterlagen der Reichsbodenschätzung, die nur bei den jeweiligen Katasterämtern lagern.

Nr. 15
- Topographische Karte 1:25 000
  Blatt 4320 Willebadessen, Bad Godesberg 1970
- Geologische Karte von Preußen und benachbarten
  deutschen Ländern 1:25 000
  Blatt pr. 2442 Willebadessen, Berlin 1908

Nr. 17
  verwendete Karten wie bei Nr. 16

Nr. 19
- Topographische Karte 1:25 000
  Blatt 4220 Peckelsheim. Bad Godesberg 1970
- Geologische Karte von Preußen und benachbarten
  deutschen Ländern 1:25 000
  Blatt pr. 2515 Schweckhausen, Berlin 1935

Nr. 21
  verwendete Karten wie bei Nr. 19

Nr. 23
  verwendete Karten wie bei Nr. 18

Nr. 25
- Topographische Karte 1:25 000
  Blatt 4521 Liebenau a. Diemel, Wiesbaden 1968

Nr. 27
- Topographische Karte 1:25 000
  Blatt 4422 Trendelburg, Wiesbaden 1969

Nr. 29
  verwendete Karten wie bei Nr. 28

Nr. 31
- Topographische Karte 1:25 000
  Blatt 4623 Kassel-Ost, Wiesbaden 1969
- Geologische Karte von Preußen und benachbarten
  deutschen Ländern 1:25 000
  Blatt pr. 2665 Cassel, Berlin 1901

Nr. 33
  verwendete Karten wie bei Nr. 31

Nr. 35
  verwendete Karten wie bei Nr. 34

Nr. 37
- Topographische Karte 1:25 000
  Blatt 4723 Oberkaufungen, Wiesbaden 1968
- Geologische Karte von Preußen und benachbarten
  deutschen Ländern
  Blatt pr. 2735 Oberkaufungen, Berlin 1901

Nr. 39
  verwendete Karten wie bei Nr. 37

Nr. 41
  verwendete Karten wie bei Nr. 40

Nr. 16
- Topographische Karte 1:25 000
  Blatt 4321 Borgholz, Bad Godesberg 1971
- Bodenübersichtskarte von Nordrhein-Westfalen 1:300 000,
  Hannover 1953

Nr. 18
- Topographische Karte 1:25 000
  Blatt 4421 Borgentreich, Bad Godesberg 1969

Nr. 20
  verwendete Karten wie bei Nr. 19

Nr. 22
  verwendete Karten wie bei Nr. 19

Nr. 24
- Topographische Karte 1:25 000
  Blatt 4421 Borgentreich, Bad Godesberg 1969
  Blatt 4521 Liebenau a. Diemel, Wiesbaden 1968

Nr. 26
- Topographische Karte 1:25 000
  Blatt 4520 Warburg, Bad Godesberg
  Blatt 4620 Arolsen, Wiesbaden 1963

Nr. 28
- Topographische Karte 1:25 000
  Blatt 4422 Trendelburg, Wiesbaden 1969
  Blatt 4522 Hofgeismar, Wiesbaden 1963
- Geologische Karte von Preußen und benachbarten
  deutschen Ländern 1:25 000
  Blatt pr. 2590 Hofgeismar, Berlin 1929

Nr. 30
  verwendete Karten wie bei Nr. 28

Nr. 32
- Topographische Karte 1:25 000
  Blatt 4622 Kassel-West, Wiesbaden 1969
- Geologische Karte von Hessen 1:25 000
  Blatt 4622 Kassel-West, Wiesbaden 1958
  Weitere verwendete Karten wie bei Nr. 31

Nr. 34
- Topographische Karte 1:25 000
  Blatt 4622 Kassel-West, Wiesbaden 1969
- Geologische Karte von Hessen 1:25 000
  Blatt 4622 Kassel-West, Wiesbaden 1958

Nr. 36
  verwendete Karten wie bei Nr. 34

Nr. 38
  verwendete Karten bei bei Nr. 37

Nr. 40
- Topographische Karte 1:25 000
  Blatt 4722 Kassel-Niederzwehren, Wiesbaden 1969
- Geologische Karte von Preußen und von benachbarten
  deutschen Ländern 1:25 000
  Blatt pr. 2734 Niederzwehren, Berlin 1901

Nr. 42
- Topographische Karte 1:25 000
  Blatt 4721 Naumburg (Hessen), Wiesbaden 1970

Nr. 43 - 50

    verwendete Karten wie bei Nr. 40

Nr. 52

    verwendete Karten wie bei Nr. 51

Nr. 53

- Topographische Karte 1:25 000
  Blatt 4822 Gudensberg, Wiesbaden 1968
- Geologische Karte von Preußen und benachbarten deutschen Ländern
  Blatt pr. 2795 Gudensberg, Berlin 1918

Nr. 63

    verwendete Karten wie bei Nr. 40

Nr. 66

    verwendete Karten wie bei Nr. 40

Nr. 68

- Topographische Karte 1:25 000
  Blatt 4821 Fritzlar, Wiesbaden 1970

    Weiterhin verwendete Karten wie bei Nr. 42

Nr. 70 und Nr. 71

    verwendete Karten wie bei Nr. 42 und Nr. 68

Nr. 73 und Nr. 74

    verwendete Karten wie bei Nr. 51

Nr. 85 und Nr. 86

- Topographische Karte 1:25 000
  Blatt 4820 Bad Wildungen, Wiesbaden 1970
- Geologische Karte von Hessen 1:25 000
  Blatt 4820 Bad Wildungen, Wiesbaden 1973

Nr. 88 - 90

- Topographische Karte 1:25 000
  Blatt 4921 Borken (Bez. Kassel), Wiesbaden 1970
- Geologische Karte von Preußen und benachbarten deutschen Ländern
  Blatt pr. 2857 Borken, Berlin 1925

Nr. 93

- Topographische Karte 1:25 000
  Blatt 5022 Schwarzenborn (Kr. Ziegenhain), Wiesbaden 1968

    Weiterhin verwendete Karten wie bei Nr. 91 und 92.

- Geologische Karte von Hessen 1:25 000
  Blatt 4721 Naumburg (Hessen), Wiesbaden 1971

Nr. 51

- Topographische Karte 1:25 000
  Blatt 4822 Gudensberg, Wiesbaden 1968
- Geologische Karte von Preußen und benachbarten deutschen Ländern
  Blatt pr. 2795 Berlin 1918

    Weiterhin verwendete Karten wie bei Nr. 40

Nr. 54 - 62

    verwendete Karten wie bei Nr. 53

Nr. 64 und Nr. 65

    verwendete Karten wie bei Nr. 53

Nr. 67

    verwendete Karten wie bei Nr. 40 und Nr. 42

Nr. 69

    verwendete Karten wie bei Nr. 42

Nr. 72

- Topographische Karte 1:25 000
  Blatt 4821 Fritzlar, Wiesbaden 1970

Nr. 75 - 84

    verwendete Karten wie bei Nr. 72

Nr. 87

- Topographische Karte 1:25 000
  Blatt 4922 Homberg (Bez. Kassel), Wiesbaden 1968
- Geologische Karte von Preußen und benachbarten deutschen Ländern
  Blatt pr. 2858 Homberg a.d. Efze (Bez. Kassel), Berlin 1918

    Weiterhin verwendete Karten wie bei Nr. 88 - 90

Nr. 91 und Nr. 92

- Topographische Karte 1:25 000
  Blatt 4922 Homberg (Bez. Kassel), Wiesbaden 1968
- Geologische Karte von Preußen und benachbarten deutschen Ländern
  Blatt pr. 2858 Homberg a.d. Efze (Bez. Kassel), Berlin 1918

IV. Verzeichnis der Aufenthaltsorte der benutzten Unterlagen zur Reichsbodenschätzung

Nr. 15 - 25

Katasteramt des Kreises Warburg in Warburg

Nr. 27 - 30

Katasteramt des Kreises Hofgeismar in Hofgeismar

Nr. 42 - 83, Nr. 88 - 90 und 92 - 93

Katasteramt des Kreises Fritzlar-Homberg in Homberg

Nr. 91

Katasteramt des Kreises Melsungen in Melsungen

Nr. 26

Katasteramt des Kreises Waldeck in Arolsen

Nr. 31 - 41

Katasteramt des Stadt- und Landkreises Kassel in Kassel

Nr. 84 - 87

Katasteramt des Kreises Waldeck in Korbach

LEGENDE ZU DEN DARSTELLUNGEN 1-93

LEGENDE

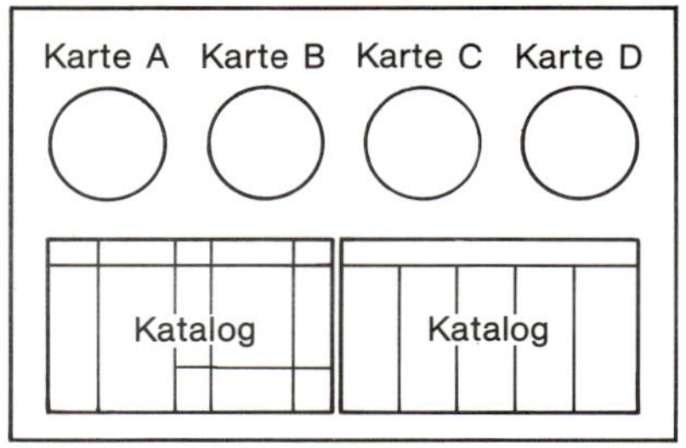

Karte A	Karte B	Karte C	Karte D
Katalog			Katalog

Maßstab 1 : 25 000

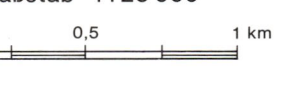

0,5   1 km

Karte A Orohydrographische Karte

- Böschung
- Fundstreugebiet bzw. ergrabene Siedlung

Karte B Hangneigungskarte

- 0 - 1°
- 1 - 2°
- 2 - 4°
- 4 - 8°
- > 8°

Karte C Bodenkarte

1. Ausgangsmaterial

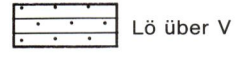

- Löß (Lö)
- Diluvialböden (D)
- Verwitterungsböden (V)
- Al Alluvialböden
- Lö über V
- D über V
- Lö über D

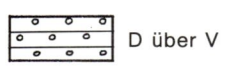

- W   Wald
- HS Heutige Siedlung
- △ △ △ hoher Skelettgehalt (g)

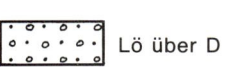

- F   Felsklippen
- B   Böschung
- ABF Abbauflächen

2. Bodenart

- L leichte Böden (S, Sl, lS)
- M mittelschwere Böden (SL, sL, L)
- S schwere Böden (LT, T)

3. Entwicklungsstand

- 1 Zustandsstufen 1 und 2 / I
- 2 Zustandsstufen 3 bis 5 (Lö 3 bis 4) / II
- 3 Zustandsstufen 6 und 7 (Lö 5 bis 6) / III

Karte D Bonitierung

- Spitzenwerte
- Sehr gute Böden
- Gute Böden
- Böden mittlerer Güte
- Schlechte Böden
- Geringwertige Böden

Geographisches Institut der Universität Kiel
Neue Universität

Bochumer Geographische Arbeiten

Herausgegeben vom Geographischen Institut der Ruhr-Universität Bochum
durch Dietrich Hafemann · Karlheinz Hottes · Herbert Liedtke · Peter Schöller
Schriftleitung: Alois Mayr

Heft 1 **Bochum und das mittlere Ruhrgebiet**
(Als Festschrift zum 35. Deutschen Geographentag erschienen), 1965, 215 Seiten, 128 z. T. farbige Abbildungen und Karten. Gebunden 36,– DM (vergriffen)

Heft 2 **Fritz-Wilhelm Achilles: Hafenstandorte und Hafenfunktionen im Rhein-Ruhr-Gebiet**
1967, XII, 169 Seiten, 55 Abbildungen und Karten. Gebunden 24,– DM (vergriffen)

Heft 3 **Alois Mayr: Ahlen in Westfalen**
Siedlung und Bevölkerung einer industriellen Mittelstadt mit besonderer Berücksichtigung der innerstädtischen Gliederung, 1968, XIV, 174 Seiten, 29 Tabellen, 19 Abbildungen, 31 Karten (davon 11 farbig), 20 Bilder. Gebunden 28,– DM (vergriffen). Veröffentlichung erschien zugleich als Band 2 der „Quellen und Studien zur Geschichte der Stadt Ahlen" (Selbstverlag der Stadt Ahlen); Lieferung in dieser Ausgabe noch möglich. Halbleinen 29,– DM

Heft 4 **Horst Förster: Die funktionale und sozialgeographische Gliederung der Mainzer Innenstadt**
1969, 94 Seiten, 21 Abbildungen, 42 Tabellen, 4 Bildtafeln, 4 beigegebene Karten (davon 2 farbig). Kartoniert 27,– DM

Heft 5 **Heinz Heineberg: Wirtschaftsgeographische Strukturwandlungen auf den Shetland-Inseln**
1969, 142 Seiten, 27 Tabellen, 54 einzelne Karten und Diagramme, 10 Bilder (z. T. Luftaufnahmen). Kartoniert 27,– DM

Heft 6 **Dietrich Kühne: Malaysia – Ethnische, soziale und wirtschaftliche Strukturen**
1970, 286 Seiten, 23 Abbildungen und Karten. Kartoniert 26,– DM (vergriffen)

Heft 7 **Zur 50. Wiederkehr des Gründungstages der Geologischen Gesellschaft zu Bochum**
(Festschrift mit 6 Beiträgen), 1970, 80 Seiten, 7 Karten, 41 Abbildungen. Kartoniert 20,– DM

Heft 8 **Hanns Jürgen Buchholz: Formen städtischen Lebens im Ruhrgebiet – untersucht an sechs stadtgeographischen Beispielen**
1970, 100 Seiten, 9 Farbkarten, 17 Abb., 16 Bilder, davon 7 Luftbilder, 51 Tabellen. Kartoniert 29,– DM (vergriffen)

Heft 9 **Franz-Josef Schulte-Althoff: Studien zur politischen Wissenschaftsgeschichte der deutschen Geographie im Zeitalter des Imperialismus**
1971, 259 Seiten. Kartoniert 20,– DM

Heft 10 **Lothar Finke: Die Verwertbarkeit der Bodenschätzungsergebnisse für die Landschaftsökologie, dargestellt am Beispiel der Briloner Hochfläche**
1971, 104 Seiten, 5 Abbildungen, 16 Tabellen, 6 beigegebene Karten (davon eine farbig mit achtseitiger Erläuterung). Kartoniert 36,– DM

Heft 11 **Gert Duckwitz: Kleinstädte an Nahe, Glan und Alsenz**
Ein historisch-geographischer, wirtschafts- und siedlungsgeographischer Beitrag zur regionalen Kulturlandschaftsforschung, 1971, 172 Seiten, 23 Tabellen, 48 Karten und Diagramme. Kartoniert 20,– DM

Heft 12 **Hans-Winfried Lauffs: Regionale Entwicklungsplanung in Südbrasilien**
Am Beispiel des Rio dos Sinos-Gebietes
1972, 232 Seiten, 27 Tabellen, 27 Abbildungen, 2 Farbkarten. Kartoniert 32,– DM

Heft 13 **Ländliche Problemgebiete. Beiträge zur Geographie der Agrarwirtschaft in Europa**
Mit Beiträgen von H. M. Bronny, J. Dodt, D. Glatthaar, H. Heineberg, A. Mayr, J. Niggemann, 1972, 208 Seiten, 30 Abbildungen. Kartoniert 32,– DM

Heft 14 **Peter Schöller, Hans H. Blotevogel, Hanns J. Buchholz, Manfred Hommel:**
Bibliographie zur Stadtgeographie. Deutschsprachige Literatur 1952–1970
1973, 158 Seiten. Kartoniert 14,– DM

Heft 15 **Liberia 1971**
Ergebnisse einer Studienbereisung durch ein tropisches Entwicklungsland. Von K. Hottes, H. Liedtke, J. Blenck, B. Gerlach, G. Grundmann, H. H. Hilsinger, H. Wiertz, 1973, 170 Seiten, 11 Tabellen, 53 Abb. Kart. 20,– DM

Heft 16 **Trends in Urban Geography**
Reports on Research in Major Language Areas. Edited by Peter Schöller. 1973, 75 Seiten, 4 Tabellen, 6 Abbildungen. Kartoniert 24,– DM

Heft 17 **Manfred Hommel: Zentrenausrichtung in mehrkernigen Verdichtungsräumen an Beispielen aus dem rheinisch-westfälischen Industriegebiet**
1974, XII, 186 Seiten, 82 Tabellen, 23 Karten und Diagramme. Kartoniert 28,– DM

Heft 18 **Hans Heinrich Blotevogel: Zentrale Orte und Raumbeziehungen in Westfalen vor der Industrialisierung (1780–1850)**
1975, X, 268 Seiten, 13 Tabellen, 63 Abbildungen. Gebunden 46,– DM

Heft 19 **Hans-Ulrich Weber: Formen räumlicher Integration in der Textilindustrie der EWG**
1975, XII, 114 Seiten, 45 Abbildungen, 28 Tabellen. Kartoniert 32,– DM

Heft 20 **Klaus Brand: Räumliche Differenzierungen des Bildungsverhaltens in Nordrhein-Westfalen**
1975, XI, 167 Seiten, 15 Abbildungen, 16 Karten, 31 Tabellen. Kartoniert 29,– DM

Heft 21 **Winfried Flüchter: Neulandgewinnung und Industrieansiedlung vor den japanischen Küsten. Funktionen, Strukturen und Auswirkungen der Aufschüttungsgebiete (umetate-chi)**
1975, XII, 192 Seiten, 28 Abbildungen, 16 Tabellen, 8 Bilder. Kartoniert 23,– DM

Heft 22 **Karl-Heinz Schmidt: Geomorphologische Untersuchungen in Karstgebieten des Bergisch-Sauerländischen Gebirges**
Ein Beitrag zur Tertiärmorphologie im Rheinischen Schiefergebirge. 1975, XII, 170 Seiten, 1 Karte, 24 Abbildungen, 17 Tabellen. Kartoniert 26,– DM

FERDINAND SCHÖNINGH - PADERBORN

Bochumer Geographische Arbeiten

Herausgegeben vom Geographischen Institut der Ruhr-Universität Bochum
durch Dietrich Hafemann · Karlheinz Hottes · Herbert Liedtke · Peter Schöller
Schriftleitung: Alois Mayr

Heft 23 **Horst-Heiner Hilsinger: Das Flughafen-Umland**
Eine wirtschaftsgeographische Untersuchung an ausgewählten Beispielen im westlichen Europa. 1976, 152 Seiten, 13 Fotos und Luftbilder, 9 Tabellen. Kartoniert 25,– DM

Heft 24 **Niels Gutschow: Die japanische Burgstadt**
1976, 138 Seiten, zahlreiche Fotos, Karten, Tabellen und Abbildungen. Kartoniert 19,– DM

Heft 25 **Arnhild Scholten: Länderbeschreibung und Länderkunde im islamischen Kulturraum des 10. Jahrhunderts**
Ein geographiehistorischer Beitrag zur Erforschung länderkundlicher Konzeptionen. 1976, 148 Seiten, 4 Abbildungen, 3 kartographische Skizzen. Kartoniert

Heft 26 **Fritz Becker: Neuordnung ländlicher Siedlungen in der BRD**
Pläne – Beispiele – Folgen. 1976, 120 Seiten, 23 Tabellen, 13 Karten, 8 Abbildungen. Kartoniert

Heft 27 **Werner Rutz: Indonesien – Verkehrserschließung seiner Außeninseln**
1976, 182 Seiten, 16 mehrfarbige Karten, 62 Tabellen, 2 Graphiken. Kartoniert

Heft 28 **Wolfgang Linke: Frühestes Bauerntum und geographische Umwelt**
Eine historisch-geographische Untersuchung des Früh- und Mittelneolithikums westfälischer und nordhessischer Bördenlandschaften. 1976, 205 Seiten, 14 Tabellen, 9 Verbreitungskarten, 93 Karten mit Katalog

Sonderreihe

Band 1 **Wilhelm von Kürten: Landschaftsstruktur und Naherholungsräume im Ruhrgebiet und in seinen Randzonen**
1973, 320 Seiten, 12 Tabellen, 47 Abbildungen und Karten (teils mehrfarbig und großformatig). Geb. 128,– DM

Band 2 **Julius Hesemann: Geologie Nordrhein-Westfalens**
1975, 416 Seiten, 119 Tabellen, 225 Abbildungen. Geb. 98,– DM

Band 3 **Detlef Schreiber: Entwurf einer Klimaeinteilung für landwirtschaftliche Belange**
1973, 104 Seiten, 20 Abbildungen, 13 teils farbige Karten im Anhang. Kartoniert 56,– DM

Band 4 **Werner Mikus: Verkehrszellen**
Beiträge zur verkehrsräumlichen Gliederung am Beispiel des Güterverkehrs der Großindustrie ausgewählter EG-Länder. 1974, 192 Seiten, 15 Tabellen, 25 Karten, 35 Abbildungen. Kartoniert 80,– DM

Band 8 **Jürgen Dodt und Alois Mayr (Hrsg.): Bochum im Luftbild**
Festschrift zum 20jährigen Bestehen der Gesellschaft für Geographie und Geologie Bochum e. V. 1976, 140 Seiten, 3 Tabellen, 6 Abbildungen, 43 Luftbilder. Gebunden 28,– DM

FERDINAND SCHÖNINGH - PADERBORN

Materialien zur Raumordnung

aus dem Geographischen Institut der Ruhr-Universität Bochum – Forschungsabteilung für Raumordnung.
Herausgeber: Dietrich Hafemann, Karlheinz Hottes, Herbert Liedtke und Peter Schöller

Band 1   Karlheinz Hottes und Dietrich Kühne:
Verkehrsfeld Lünen/Nord. 1969. (Bildband und Textband).
Vertrieb: Stadtverwaltung 4628 Lünen

Band 2   Karlheinz Hottes und Dietrich Kühne:
Die Verkehrsfelder Lünen West und Süd. 1969. (Textband und Bildband).
Vertrieb: Stadtverwaltung 4628 Lünen

Band 3   Karlheinz Hottes und Hanns Jürgen Buchholz:
Stadtbahntrassen und Citystruktur in Bochum. 1970.
Vertrieb: Stadtverwaltung 4630 Bochum

Band 4   Traute Weinzierl:
Raumordnende Flurbereinigungsmaßnahmen in Fremdenverkehrsgebieten. 1970.
Vertrieb: Landwirtschaftsverlag GmbH. 4400 Münster-Hiltrup

Band 5   Karlheinz Hottes und Josef Niggemann:
Flurbereinigung als Ordnungsaufgabe. 1971.
Vertrieb: Landwirtschaftsverlag GmbH. 4400 Münster-Hiltrup

Band 6   Jean-Claude Marandon:
Der kombinierte Güterverkehr Schiene/Straße in der BRD als Faktor der Industrieansiedlung.
Originaltitel: Les transports combinés de marchandises. Facteurs de localisation
industrielle et d'évolution des grands courants de trafic en Allemagne Fédérale.
(In französischer Sprache mit deutscher Zusammenfassung). 1973.
Vertrieb: Geographisches Institut der Ruhr-Universität, 4630 Bochum. 6,50 DM.

Band 7   Karlheinz Hottes und Günter Grundmann:
Bewertung der Flächennutzung im Gebiet südlich des Hauptbahnhofes Bochum.
1972. (vergriffen)
Vertrieb: Stadtverwaltung 4630 Bochum

Band 8   Karlheinz Hottes und Fritz Becker:
Wört – Eine ländliche Gemeinde im strukturräumlichen Entwicklungsprozeß
Ostwürttembergs. 1973. 7,– DM.
Vertrieb: Geographisches Institut der Ruhr-Universität, 4630 Bochum

Band 9   Hanns Jürgen Buchholz, Heinz Heineberg, Alois Mayr und Peter Schöller:
Modelle kommunaler und regionaler Neugliederung im Rhein-Ruhr-Wupper-
Ballungsgebiet und die Zukunft der Stadt Hattingen. 1971.
Vertrieb: Stadtverwaltung 4320 Hattingen

Band 10   Karlheinz Hottes, Hanns Jürgen Buchholz und Manfred Hieret:
Bochum-Gerthe. Analyse und Vorschläge zur Entwicklung. 1972.
Vertrieb: Stadtverwaltung 4630 Bochum

Band 11   Karlheinz Hottes und Fritz Becker:
Langenberg im bergisch-märkischen Grenzsaum. Strukturen, Grenzen,
Entwicklungen. 1972.
Vertrieb: Stadtverwaltung 5602 Langenberg

Band 12   Karlheinz Hottes und Horst H. Hilsinger:
Die Verkehrsfelder Lünen-Ost. 1972. (Textband und Bildband).
Vertrieb: Stadtverwaltung 4628 Lünen

Band 13   Peter Michael Pötke:
Retirement und Tourismus an der Westküste Floridas. 1973. 7,– DM.
Vertrieb: Geographisches Institut der Ruhr-Universität, 4630 Bochum

Band 14   Karlheinz Hottes, Rainer Teubert und Wilhelm von Kürten:
Die Flurbereinigung als Instrument aktiver Landschaftspflege. 1974.
Vertrieb: Landwirtschaftsverlag GmbH. 4400 Münster-Hiltrup

Band 15   Dietrich Badewitz:
Der Odenwaldkreis – ein Wirtschaftsraum? Zum Problem der Abgrenzung
von Wirtschaftsräumen. 1974. 9,50 DM.
Vertrieb: Geographisches Institut der Ruhr-Universität, 4630 Bochum

Band 16   Karlheinz Hottes, Fritz Becker und Josef Niggemann:
Flurbereinigung als Instrument der Siedlungsneuordnung. 1975. 14,– DM.
Vertrieb: Landwirtschaftsverlag GmbH. 4400 Münster-Hiltrup

Weitere Bände in Vorbereitung

Verkauf nur über die jeweils angegebenen Stellen. Anfragen bezüglich Schriftentausch
werden erbeten an das Geographische Institut der Ruhr-Universität, 4630 Bochum,
Universitätsstraße 150.